Michael Jackson
WHISKY

SCOTCH · MALT · IRISH
CANADIAN · BOURBON
TENNESSEE SOUR MASH
WHISKYS AUS DEUTSCHLAND
UND JAPAN

MIT EINEM GESCHMACKSFÜHRER FÜR ALLE
SINGLE MALTS
UND DIE BEKANNTESTEN BLENDS

Bearbeitung und Ergänzung der deutschen Ausgabe von
CLAUS ARIUS
Aus dem Englischen übersetzt von Hans-Ulrich Möhring

HÄDECKE VERLAG

Dieses Buch ist mit allen guten Wünschen
für eine glückliche Zukunft
meiner Mutter Margaret gewidmet.

Ein Dorling Kindersley Buch.
Originaltitel: Jackson, The World Guide to Whisky.
© Copyright 1987 by Dorling Kindersley Limited, London
Deutsche Übersetzung: © Copyright 1988 Walter Hädecke Verlag,
D-7252 Weil der Stadt

Photographie: Ian Howes mit ergänzenden Bildern von Tetsua
Fukui (Suntory), Katshiro Yokomura (Nikka und Sanraku Ocean)
und Akira Hoshiyama (Kirin Seagram).
Weitere Photos stammen von The Glenlivet (S. 25, 80), Royal
Commission on the Ancient and Historical Monuments of Scotland
(S. 37), D. C. L. (S. 49, 89, 90, 91), Tomatin (S. 67), Gordon and
MacPhail (S. 68, 69), I. Butterfield (S. 94, 95), Glenturret (S. 96),
Mansell collection (S. 105), National Museum, Dublin, Ulster
Museum (S. 106, 107) und Karen Sweetland von Bohn and Bland
(S. 119).
Illustrationen des Deutschland-Kapitels: Archiv Racke
(S. 220–227), Bruno Hausch (S. 230), G. Marcialis (S. 231) und Claus
Arius (S. 219, 231, 237, 240).

Satz: IBV Satz- und Datentechnik GmbH, Berlin
Printed in Hongkong, 1988

ISBN 3-7750-0180-8

Inhalt

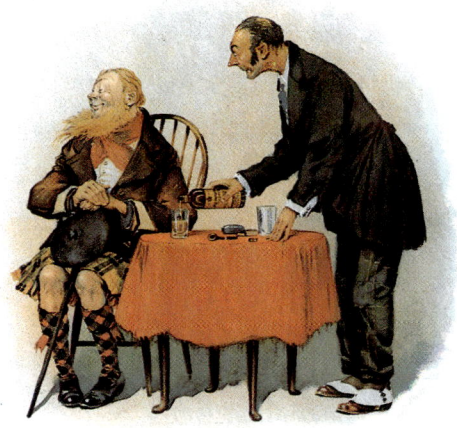

Das Wasser des Lebens 5

Kunst und Wissenschaft
der Whiskyherstellung 7

SCHOTTLAND 14

Schottlands Whiskys 16

Kleine Geschichte des
schottischen Whiskys 25

Die Lowlands 27
Campbeltown 32

Islay 36

Die Westlichen Inseln 45

Jura 45

Mull 46

Skye 48

Die Western Highlands 52

Orkney 54

Die Northern Highlands 58

Speyside 61

Findhorn–Gebiet 66

Lossie–Gebiet 68

Der obere Spey 71

Der untere Spey 74

Livet–Gebiet 78

Fiddich und Dullan 82

Strathisla 85

Bogie und Deveron 87

Die Eastern Highlands 89

Die schottischen Midlands 94

IRLAND 98

Irlands Whiskeys 102

Kleine Geschichte des
irischen Whiskeys 105

Poteen 106

Dublin 108

Cork 110

Tullamore 112

Bushmills 114

Irische Whiskeyliköre 119

KANADA 122

Kanadas Whiskys 124

Kleine Geschichte des
kanadischen Whiskys 128

VEREINIGTE STAATEN/
USA 134

Die Whiskeys der
Vereinigten Staaten 138

Kleine Geschichte des
amerikanischen Whiskeys 144

Maryland und Pennsylvania 147

Virginia 150

Kentucky 154

Frankfort 156

Lawrenceburg 159

Bardstown 162

Loretto 165

Clermont und Beam 168

Louisville 172

Owensboro 181

Tennessee 184

Lynchburg 188

Tullahoma 192

JAPAN 194

Japans Whiskys 198

Kleine Geschichte des
japanischen Whiskys 201

Suntory 202

Yamazaki 204

Hakushu 206

Nikka 208

Sanraku Ocean 211

Kirin Seagram 213

DEUTSCHLAND, ÖSTERREICH,
SCHWEIZ 218

Deutscher Whisky – eine
kleine Vorkriegsgeschichte 220

Deutscher Whisky – eine
kleine Nachkriegsgeschichte 223

Trinksitten 230

Whisky für Genießer
und Sammler 232

Importeure in Deutschland 236

*Importeure in
Österreich und der Schweiz* 244

Whisky und Whiskey von A bis Z 252

Index 254

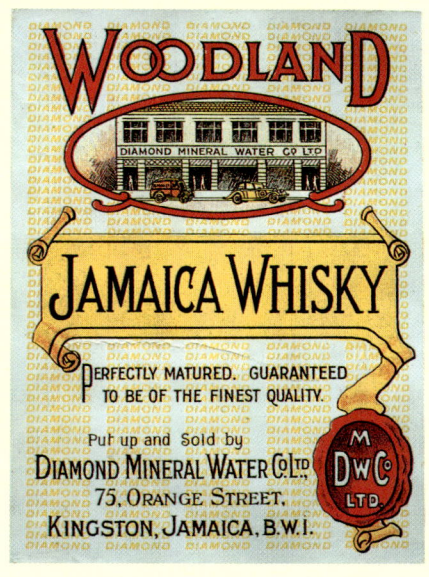

Whiskey in der irischen Schreibweise bietet die Isle of Man an. Das scheint logisch, denn der Sage nach wurde die Insel von einem Riesen aus der Landmasse Nordirlands herausgerissen, um für den Lough Neagh Platz zu schaffen. Die Tschechen schätzen Whiskys schottischer Art wie Private Club, aber sie stellen auch Ryes mit amerikanischem Akzent her, zumal bei ihnen viel Roggen angebaut wird. So ungleiche Länder wie Jamaika und Deutschland haben Whiskys schottischer Art. Indien hat sogar einen Malt – leicht und herb, der irischen Schreibung zum Trotz. Australien ist ein bedeutendes Erzeugerland von Whiskys weitgehend schottischen Typs.

Das Wasser des Lebens

Loch Lomond: Manch solcher See speist eine Brennerei, aber Wasser ist bloß der Anfang…

Es gibt Spirituosen, die eher zurückhaltend sind, andere verstellen sich gern, aber Whisky ist ehrlich und selbstbewußt. So mancher Geist wird, ob seines anstößigen Ursprungsstoffes, schier seines Atems beraubt und zu einer farb- und geschmacklosen Unterwerfung destilliert, die man im Westen für Wodka hält. Zu so etwas greift, wer an Geschmacksangst leidet, einer Krankheit unserer Zeit. Westliche Wodkas kann man nur in Fruchtsaft ersäufen. Andere Destillate werden geläutert, bis nichts mehr in ihnen steckt, und dann durch Zugabe von Kräutern, Beeren oder Früchten wiederbelebt, z. B. Aquavit, Korn und Gin. Aber manche Geister verraten furchtlos ihren Ursprung: traditioneller Rum und Tequila, die klassischen französischen Weinbrände, Whisky aus Schottland und Irland, Kanada und den USA und, in neuerer Zeit, aus Japan. Sie alle werden nicht neutral destilliert und in der Regel auch nicht aromatisiert außer durch das Holz, in dem sie reifen. Zaghaftere Geister macht man aus allem, was destillierbar ist – warum nicht, wenn man neutralen Geschmack will? Aber Rum und Tequila, Weinbrand und Whisky verraten das Zuckerrohr, die Meskal-Pflanze, den Wein oder das Getreide, aus denen sie stammen.

Die edelsten dieser Weingeister sind Frankreichs Cognac und Schottlands Whisky. Zu lange konnte in diesem Zweigestirn die Finesse des Cognac die Tiefgründigkeit des Scotch überstrahlen. Schuld daran sind die Schotten selbst. Erst nach 1980 rangen sie sich dazu durch, dem Rest der Welt genug Geschmacksempfinden für ihre Single Malt Whiskys zuzugestehen, über die man Scotch erst richtig schätzen lernt. Die Iren, Kanadier oder Kentuckier versäumten es ebenfalls, den Charakter ihrer Whiskys (oder Whiskeys, je nach der gerade bevorzugten Schreibweise) klarzumachen. In Tennessee gab man sich mehr Mühe. Inzwischen bekommt man Malt-Whisky,

sonst kaum außerhalb der heimatlichen Bergschluchten getrunken, in den Nobelhotels von London und den schicken Restaurants von New York, Los Angeles und Tokio. 1984 stellte Irland seinen ersten Single Malt überhaupt vor, und seine Whiskeys begannen den britischen Markt mit einem seit langem nicht mehr gesehenen Elan zu attackieren. Kanadas Whiskys haben eine lange Periode wachsender Beliebtheit hinter sich, aber das Angebot an amerikanischem Rye erwies sich, ebenfalls um 1984, als zu gering, um die Verbrauchernachfrage zu decken. Straight Rye war selten geworden, aber zum Glück kamen Whiskys wie Wild Turkey und Jack Daniel's, der sich zum »süffigen Whisky« erklärte.

Edel, tiefgründig, wuchtig und komplex – so ist Whisky und Whiskey ein Genuß für Männer und Frauen, die gern trinken und essen. Er empfiehlt sich nicht für Menschen, die sich vor dem eigenen Schatten fürchten. Als die Schotten Anfang des Jahrhunderts auf den englischen Markt rückten, produzierten sie leichtere Blends für die »Angelsachsen«. Die Iren taten es ihnen später nach. Nach der strengen Zeit der Prohibition wollten kanadische und amerikanische Brennereien unbedingt beweisen, daß ihre Produkte achtbar und harmlos seien. In den 60er und 70er Jahren stellten Whiskybrennereien in dem Bemühen, mit Wodka und weißem Rum zu konkurrieren, leichtere Blends her – vergeblich. Wer Fadheit für Feinheit hält, für den ist Whisky nichts. Der Massenmarkt mag in Geschmacklosigkeit schwelgen, aber der Kenner greift mehr und

mehr zu etwas Herzhaftem. Viele Völker haben ihre eigene traditionelle Art zu brennen, und mehr als eines bezeichnet seinen heimischen Geist als »das Wasser des Lebens«. Das ist die Bedeutung von *Aquavit*, vom französischen *Eau-de-vie* und vom gälischen *Whisky*. In wärmeren Ländern wie Frankreich baut man Reben an und macht daraus ein vergorenes Getränk, Wein, und im zweiten Schritt ein gebranntes, Weinbrand. Aus dem Getreide der kälteren Klimazonen aber wird (vergorenes) Bier und (gebrannter) Whisky. Gerste ist der entscheidende Rohstoff des Biers und der schottischen und irischen Whiskybrennerei.

Der Geschmack des Whiskys fängt mit dem Wasser an, das weich oder hart, torfig oder kristallklar sein kann. Er kann trocken vom Torfrauch sein, süß von Gerste oder Mais, würzig vom Roggen, fruchtig von der Hefe, mit einem Holzton vom Faß und vielleicht geküßt vom Sherry (der vorher in den Fässern schlummerte) oder gar von der Seeluft.

In Europa sind Schottland und Irland die klassischen Whiskyländer, jedes mit seinem eigenen Stil. In England wird kein Whisky gebrannt, wenn auch einige Hersteller dort ihren Hauptsitz haben. Zwar versuchen Wales und die Isle of Man Whisky zu machen, aber ihre Produkte sind Kuriositäten. In der Neuen Welt wurde die Tradition Kanada und den USA eingepflanzt. Japan darf bereits in Qualität und Quantität seines Whiskys als wichtiges Erzeugerland gelten. Auch sonst produzieren viele Länder Whisky, ohne jedoch einen wesentlichen Stilbeitrag zu leisten.

Bei anderen Getränken macht man sich anscheinend nicht so häufig oder gründlich die Mühe, sie nachzuahmen, aber Whisky war von jeher ein beliebtes Opfer. 1984 wurden 22500 Kisten »Johnnie Walker«, nur durch das Fehlen der Worte »Schottisches Erzeugnis« entlarvt, in einem italienischen Hafen beschlagnahmt. Sie kamen aus Bulgarien. Im britischen Parlament griff Lord

Boothby, ein namhafter Konservativer, seine eigene Regierung wegen der hohen Steuern auf Scotch an. Als er eine, wie ihm dünkte, »höfliche, aber recht inhaltsarme Antwort« erhielt, fragte er, »ob die Regierung Ihrer Majestät sich darüber im klaren ist, daß in der modernen Welt Scotch Whisky so ziemlich das einzige ist, was der Menschheit noch garantierte und nachhaltige Behaglichkeit verschafft«.

Auf der Labour-Bank unterstützte ihn Lord Shinwell. Nach einem fehlgeschlagenen Versuch, Whisky vom staatlichen Gesundheitsdienst ausgeben zu lassen, regte Shinwell an, Mitglieder des Oberhauses sollten ihn auf die Spesenrechnung setzen dürfen, »da die edlen Lords durchweg diese Flüssigkeit zu sich nehmen, und da viele von ihnen sie aufgrund ihres Arzneicharakters nicht entbehren können«. Lord Shinwell war zu dem Zeitpunkt 99 Jahre alt und schritt guter Dinge auf sein volles Jahrhundert zu, so daß er wahrhaft Zeugnis ablegen durfte für das »Wasser des Lebens«.

Torf wird auch maschinell gestochen, kann dann aber zu trocken und dicht werden. Das Torfstechen von Hand gehört auf manchen schottischen Inseln zum Jahreslauf. Der einsame Stecher (oben links) zahlt für das Recht, Brennstoff für den Eigenbedarf zu holen, ein geringes Entgelt. Er ist einer von etwa 300 Inselbewohnern, die Torf als Hausbrennstoff stechen. Er sticht ungefähr 600 Sack im Jahr, was in seinem Leben bis jetzt noch keinen halben Morgen ausmacht. Die Torfstecher links und oben sind Brennereiarbeiter bei Laphroaig. Die Firma hat ihr eigenes Torfmoor, die Garantie für den typischen Charakter ihrer Malts. Im Idealfall sticht und stapelt ein Dreierteam den Torf in fast maschineller Zügigkeit. Der schmale Spaten mit scharfem Blatt schneidet die Erde wie ein Messer die Butter. Ein breiterer Spaten und eine Gabel dienen zum Herausheben und Stapeln des Torfs.

Kunst und Wissenschaft der Whiskyherstellung

Whisky entsteht aus einer Kette von Verfahren, die auf jeder Stufe die Sinne anspricht. Am Anfang steht *Wasser*, das oft aus Quellen, Bächen oder Brunnen nahe der Brennereien in ein Sammelbecken oder Pumpenhaus fließt. Das zur Destillation benutzte Wasser wird über einfaches Filtern hinaus wenig behandelt, wenn überhaupt. Das Vorhandensein von sauberem Wasser war für die Lage der meisten Brennereien ausschlaggebend.

Gerste, Roggen oder Mais kommen auf Straße, Schiene oder Schiffsweg – Wagenladungen voll goldener Körner, die in die Giebelspeicher oder Silotürme gekippt oder gesaugt werden. Der Mälzer oder Brenner nimmt ab und zu eine Handvoll, einfach aus Spaß an dem Gefühl der durch die Finger rinnenden Körner.

Vielleicht kaut er ein Korn oder zwei, des frischen Gras- oder Nußgeschmacks wegen. Ist die Gerste schon gemälzt, schmeckt sie knusprig und wie gebacken. In Schottland hat sie möglicherweise eine rauchige Note vom *Darren* über einem Torffeuer. Außer Wasser und Gerste liefert die schottische Erde noch Torf als Brennstoff für die *Malzdarren*. Sonst wird nur noch Hefe benötigt, ein natürlicher Mikroorganismus. Die Hefe sieht so unschuldig aus wie die des Bäckers, aber während der Gärung wallt und blubbert sie und kann einen Raum mit Kohlendioxid füllen. Es ist, als ob die Gärgefäße hungrig die Luft verzehrten.

Alle Sinne werden ständig angeregt. Die eingeweichte Gerste hat ein grasartiges Bukett, fast ein wenig erinnernd an einen Frühlingsmarkt auf dem Lande. In Schottland entsteht beim Darren des Malzes über Torf dichter, beißender Rauch. Wird Malz in warmes Wasser gegeben oder wird der Mais gekocht, so werden süße, volle Aromen frei. Beim Vergären dieses Suds liegt eine scharfe Fruchtigkeit in der Luft, die an Äpfel oder Erdbeeren erinnert. Beim Destillieren haben sich die fruchtigen Düfte mehr vergeistigt, und dieses Aroma erfüllt auch die Lagerhäuser, in denen der Whisky ausreift. In Schott-

land kann manchmal noch die Salzigkeit der See dazukommen, die gegen die Außenwände des Lagerhauses klatscht.

In manchen Brennereien trifft man überall auf *Holz*: niedrige Balken, Stege und Treppen in den Gerstespeichern und Malzscheuern, die zu Maischräumen mit Gärbehältern aus Douglasie, Lärche oder Zypresse führen. In den USA werden Stapel von Zuckerahorn zu Holzkohle fürs Filtrieren verbrannt. Fässer aus Georgia-Weißeiche werden unter lautstarkem Flammen- und Dampfspucken vom Küfer innen angekohlt. Dank der Kohleschicht auf der Innenseite gibt das Holz mehr Geschmack und Farbe ab, zunächst dem Bourbon, dann dem Scotch. Whiskyholz wird mit Flammen behandelt, und doch ist Feuer der Alptraum jedes Destillateurs – nichts brennt besser als ein Lager eben dieser Fässer voll Alkohol. In der Geschichte fast jeder alten Brennerei hat es Brände gegeben.

Das Metall in einer Brennerei hat seine eigene Schönheit: mächtige gußeiserne Maischbottiche, oft mit glänzenden Kupferkuppeln und Rührrechen, die wie altmodische Erntemaschinen aussehen: kupferne Brennapparate, manche kessel-, andere säu-

Handarbeit, auch in Japan: Das Ausschütten der Gerste.

lenförmig, beide versehen mit Einblickluken und Auslaßventilen, spiegelblank poliert; und für das Ablaufen glänzende *»Safes«* aus Messing und Glas bzw. in den USA *»try-boxes«* (Probierkästen), in denen die Klarheit der Flüssigkeit (und damit Verwendbarkeit des Brandes) erkennbar wird.

Auf jeder Stufe – bei der Auswahl der Rohstoffe und Beurteilung ihrer Qualität und Eigenart, bei der Festsetzung der Dauer jedes Vorgangs und der jeweiligen Temperatur, bei den Eigenheiten der Geräte, selbst der Gebäude, beim Klima und örtlichen Bedingungen – hat der Destillateur es mit Variablen zu tun. Wie er sie und die daraus folgende Verschiebung der Wirkungen bestimmt und einsetzt, das macht seinen Whisky anders als andere. Die Grundvorgänge der Whiskyherstellung sind wohl verblüffend einfach, aber ein guter Brenner macht eine Kunst daraus – bei aller Wissenschaft und Forschung an diesem Thema. Die Grundvorgänge sind Mälzen, Maischen oder Kochen, Vergären, Destillieren, Reifen und Verschneiden:

Mälzen heißt es, wenn bei einem Getreide, in Schottland Gerste, andernorts Roggen, Mais, sehr selten auch Weizen, die in seinem Korn enthaltene Stärke besser löslich gemacht wird, um sich dann in Zucker und darauf in Alkohol zu verwandeln. Das Mälzen aktiviert Enzyme im Korn. Es wird dazu in Wasser eingeweicht, um den Keim im Samen zu wecken. Man läßt das befeuchtete Korn ankeimen und stoppt dann die Keimung durch Trocknen und leichtes Kochen in der Heißluft einer Darre. Das Darren entfaltet auch Geschmack und Farbe des Malzes. In Schottland wurden die Darren ursprünglich mit Torf beschickt, der dem Geschmack etwas Rauchiges gab. Obwohl Torf nicht mehr der Hauptbrennstoff ist, wird, um des traditionellen Scotch-Geschmacks willen, meistens eine gewisse Menge in der Darre mit verbrannt. Etliche schottische Whiskys, ein irischer und manche japanische werden ausschließlich aus gemälzter Gerste gebrannt. Sie heißen deshalb Malt Whiskys. Blended Scotches sind Ver-

Gerstenkörner (oben links) werden in großen Behältern eingeweicht und dann ausgebreitet, damit sie ankeimen (oben). Dieses »Grünmalz« muß regelmäßig gewendet werden, damit es nicht verfilzt. Die Keimung wird durch Darren angehalten. Das Ergebnis ist fertiges Malz (links).

Malzschaufeln und -gabeln – traditionelle Werkzeuge zum Wenden.

Traditionelle Mälzböden werden immer noch benutzt, wenn auch das Wenden in der Hauptsache mit Hilfe einer handgeführten Maschine erfolgt.

schnitte aus Malt und Grain, Malz- und Kornwhiskys. Letztere können aus ungemälzter Gerste oder, öfter noch, aus Mais gebrannt sein. Zur Erleichterung der nachfolgenden Vorgänge werden Malz und Mais in einer Brennereimühle gemahlen: Malz für gewöhnlich in einem Quetschwerk, Mais häufig in einem Hammerwerk. Nach Ansicht einiger Destillateure liefert das sanftere Quetschverfahren einen besseren Schrot.

Kochen dient zur Vorbereitung von ungemälztem Getreide, besonders Mais, bei der Herstellung von Grain Whiskys und allen klassischen nordamerikanischen Arten. Es löst die Zellulosewände auf, die die Stärkekörnchen beim Mais trennen. Die Stärke absorbiert dann Wasser und geliert. In einigen Brennereien wird die Maismaische unaufhörlich durch Kochröhren geleitet. In anderen wird ein Gefäß ähnlich einem häuslichen Dampfdruckkochtopf benutzt, das *Tempe-*

raturen bis zu 590°C verkraften kann. Bei einer anderen Methode wird ein offener Bottich genommen, in dem die Höchsttemperatur niedriger liegt, meistens um 414°C. Zum Kochen kann der Behälter selbst beheizt oder einfach Frischdampf eingeleitet werden. Einige Brenner sind der Ansicht, daß bei einem raschen Überbrühen mit Dampf die Gefahr, das Getreide zu verkochen oder zu versengen, geringer ist. Diese Methode wirkt nicht so gut beim Ausziehen gärfähigen Zuckers, und sie kann zudem unerwünschte Aromen hinterlassen. Ist der Mais gekocht, kann, als eine Art Würze bei verschiedenen klassischen amerikanischen Whiskeys, Roggen beigegeben werden. Zuletzt kommt immer Gerstenmalz dazu, es kann allein die Enzymtätigkeit anregen. Die Temperatur der Maische wird mit jeder Beigabe gesenkt. Jedes Getreide hat seine eigene bevorzugte Maischtemperatur.

Maischen schließt die Umwandlung der Stärke in gärfähigen Zucker ab. Bei der Herstellung vom Malt Whisky wird nicht gekocht, aber gemaischt. Das geschrotete Malz wird mit warmem Wasser vermischt und in ein Gefäß geleitet, in dem es während der natürlichen Umwandlung »ruhen« darf. Das Mischgerät nennt man eine Maischmaschine. Das Gefäß heißt Maischbottich. Er enthält manchmal mechanische Rührrechen, um die Maische zu homogenisieren. In modernen Bottichen wühlen Propeller die abgesetzte Maische auf. Der Maischbottich hat einen geschlitzten doppelten Boden, den man öffnet, um die Flüssigkeit abzulassen, die jetzt *wort* heißt, Würze. Die *wort* wird dann zwei- oder dreimal umgewälzt. Je nach Malzart und Apparatur füllen manche Destillateure die Maische drei- oder viermal mit Wasser auf. Da das Einlassen in den Maischbottich jedesmal eine Stunde dauern kann, gefolgt von einer Stunde Ruhe, dann gut zwei oder drei Stunden zum Ablaufen, kann dies ein langwieriges Verfahren sein.

Gärung wandelt den Zucker in Alkohol um. Schottische Malt-Brenner bevorzugen meist geschlossene Gärbehälter, in denen ein rotierendes »Schnappmesser« den Schaum schneidet, wenn die Flüssigkeit »überzukochen« droht. Grain-Brenner haben geschlossene oder, vor allem in den USA, offene Behälter. Geschwindigkeit und Stärke der Gärung lassen sich durch ein Kühlsystem kontrollieren, entweder im Behälter selbst oder in der Halle, wo die Gärgefäße stehen, mitunter Maischraum genannt. Gärbehälter aus Holz sind immer noch weithin im Gebrauch, manchmal neben solchen aus Stahl im selben Maischraum. Während die *wort* des Malt-Brenners vor dem Vergären durch den Boden des Maischbottichs gefiltert wurde, kann eine Grain-Maische trüb bleiben, besonders beim amerikanischen Verfahren. Es gibt eine Reihe unterschiedlicher Gärtechniken. Da die Hefe sich im Gärprozeß vervielfacht, besteht eine Methode darin, diese zur Weitervermehrung einfach zu entnehmen. Nach einer anderen bewahrt man eine Probe der

Traditioneller torfgeheizter Darrofen bei Laphroaig in Schottland (oben). Mit einer mehrbahnigen Wendeanlage arbeitet diese Mälzerei in Japan (links). Bei diesem System (Typ Saladin) kann auch Kaltluft unter das Grünmalz geblasen werden.

Maischbottiche mit flacher Kupferkuppel trifft man vor allem in schottischen Brennereien an. Mechanische Rührrechen (oben) sind in den traditionellen Gefäßen üblich. Die Filterplatten des Bodens kann man zum Reinigen herausnehmen (Mitte rechts).

Haushefe unter Laborbedingungen auf und vermehrt sie. Eine dritte ist, Hefe anzukaufen, meist in getrockneter Form. Hefe läßt sich in kleinen Mengen Malzmaische vermehren, bevor sie in die Gärbehälter gegeben wird. Manche Destillateure nehmen nur eine Hefe, andere erachten mehrere für nötig.

Destillieren ist das Kochen der vergorenen *wort*, in Schottland *wash* (Bier) genannt und in den USA recht treffend *beer*. Das Wasser bleibt dabei weitgehend zurück, und der Alkohol wird extrahiert. Da Wasser nicht so schnell kocht wie Alkohol, sind die Dämpfe sehr alkoholreich. Sie werden aufgefangen und kondensieren zu einer Alkohol-Wasser-Mischung. Bei der Herstellung von Malt Whiskys wird die *wash* zwei- oder auch dreimal in einer *Brennblase (pot-still)* destilliert, einem geheizten Kupferkessel,

von dem aus eine Abzugshaube die Dämpfe zu einer spiralförmigen Röhre bringt, die von kaltem Wasser umspült ist. Beim Passieren der Röhre kondensieren die Dämpfe. Das Kondenswasser erwärmt sich bei dem Vorgang und findet in der Brennerei an anderer Stelle Verwendung. Es wird auch als Dampf abgegeben – ein typischer Anblick in Brennereien. Das Pot-Still-Verfahren hat sich seit den Anfängen der Destillation kaum verändert und ist ziemlich unrationell. Gerade deshalb jedoch ergibt es Destillate mit Charakter und Individualität, an die modernere Methoden nicht heranreichen. Während die Pot-*Still* chargenweise arbeitet, werden Grain Whiskys und alle klassischen US-Marken kontinuierlich in einem säulenförmigen Brennapparat (*continous* oder *column-still*) hergestellt. Im Innern befinden sich etliche Siebbleche. Das *beer* wird

Sauberkeit muß sein zum Schutz gegen unerwünschte mikrobiologische Einflüsse beim Gären. Geschlossene Gefäße wie hier in Kanada helfen auch, obwohl manche Firmen offene Gärbehälter vorziehen. Je nach Art des Whiskys kann die Gärung 1 1/2 bis fünf Tage dauern.

Das Schloß (unten) am »spirit safe« (Mitte) wahrt die Interessen des britischen Steuereinnehmers. Die Einblickluke (ganz rechts) am Brennkessel ist ein weiteres klassisches Detail der Whiskywelt.

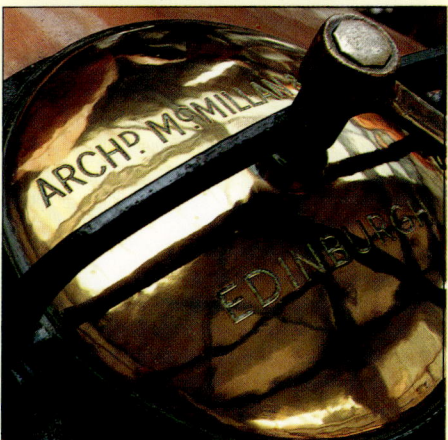

Das klassische alte Pot-Still-Design (oben links) ist in Schottland noch typisch. Für Glenmorangie skizziert, ist es bei Glengoyne in Betrieb zu sehen (rechts Mitte); oben: typische Column-Still in Kentucky.

Bei der Whiskyherstellung ist das Faß nicht nur Behältnis, sondern auch Reife-hilfe. Das Holz kommt in Dauben geschnitten zu dieser Küferei in Kentucky. Sie werden ein Jahr im Freien gelagert, dann in Darren getrocknet, bevor man sie hobelt und anpaßt (unten rechts). Dann setzt man die Fässer locker zusammen (Mitte) und macht das Holz 15 Minuten lang in einem Dampftunnel elastisch.

Die Deckel werden auf offenen Heiz-platten angekohlt (rechts).

Nach dem Form-dämpfen werden die Fässer in einer Maschine gepreßt, so daß sie bereift werden können. Nach dieser Tortur rollen sie in den Strahl einer Gas-flamme, der sie 40 bis 55 Sekunden lang innen aus-brennt. Man prüft die Fässer in Was-ser auf Löcher und stellt sie von Hand fertig.

ziemlich weit oben eingeleitet und sickert durch die Bleche langsam nach unten. Unten wird Dampf eingelassen, der durch die Ble-che aufsteigt. Auf seinem Weg die Säule hin-unter wird das *beer* mehrmals durch den aufsteigenden Dampf gekocht. Wenn es schließlich unten ankommt, besteht es nur noch aus Wasser und Feststoffen: der ganze Alkohol ist verkocht. Solche Column-Stills gibt es in verschiedenen Ausführungen, je nach dem Grad der erforderlichen »Rektifi-kation« (Läuterung), und sie können in Zweier- bis Fünfergruppen betrieben wer-den. Die Destillation kann unliebsame Aro-men aussondern und erwünschte konzen-trieren. Eben dieser Vorgang ist die schwie-rige Kunst des Destillateurs.

Reifen muß der Whisky, um milder zu werden, und zwar in Eichenfässern. Scotch Whisky muß drei Jahre reifen, und die klas-

sischen US-Marken lagern gewöhnlich nicht unter vier Jahren. Die optimale Zeit hängt vom Whisky, den örtlichen Bedingungen und dem Geschmack des Käufers ab. Viele Whiskys gelangen erst nach 10 bis 15 Jahren zur Vollendung, ein beliebtes *Alter* bei Pre-mium-Marken. Mit höherem Alter werden manche Whiskys unangenehm holzig, aber andere bringen es auf ein halbes Jahrhun-dert. Weil einige Whiskys schneller als an-dere »erwachsen« werden, achten Brenner und Blender mehr auf Reife als auf Alter. Uneinigkeit allerdings besteht darüber, ob es nützt, wenn man Lagerhäuser gleichmä-ßig temperiert hält oder Ventilatoren zur Durchlüftung einsetzt. Traditionalisten meinen, der Temperaturwechsel im Wandel der Jahreszeiten helfe dem Whisky zu rei-fen. Beim Zusammenziehen im Winter und Ausdehnen im Sommer atmen die Fässer ein und aus, was tatsächlich das Ausstoßen eines flüchtigen »schlechten« Geschmacks för-dern und dem Whisky einen Anflug von schottischem Nebel oder Kentucky-Gras verleihen könnte. Die Oxydation einiger Whiskybestandteile ist ein Phänomen, das beim Lagern stattfindet, Auszug von Aro-men aus dem *Holz* ein anderes. Forschun-gen zufolge könnten Vanillin (in Bourbons deutlich erkennbar) und Gerbsäure aus der Eiche stammen. Möglicherweise kommen so auch Kiefer- und Senfspuren mit hinein, wenngleich der Reifungsvorgang keines-wegs gänzlich geklärt ist.

Verschneiden (Blending) geht wahr-scheinlich auf alte Zeiten zurück, als die Brenner noch keinen Weingeist von trink-barer Reinheit zustande brachten und ihn deshalb mit Kräutern aromatisierten. Es gab damals noch keine deutliche Unterschei-dung zwischen den Schnäpsen der einzelnen Länder. Das moderne Blending fing um die Jahrhundertwende an, als die Schotten ihre Malt Whiskys mit Kornsprit leichter mach-ten und das Resultat auf dem englischen Markt gut verkaufen konnten. Ungefähr zur gleichen Zeit verschnitt man in Kanada Rye Whiskys mit leichterem Sprit und hatte auf dem US-Markt damit Erfolg. Dem schotti-schen Modell folgten später Japan und viele andere Länder: die kanadische Art wurde von den Amerikanern für ihre Blended Whiskeys übernommen.

Langweiler geben ausschließlich diesem oder jenem Stil ihr Jawort, aber ein derart monogam mißhandelter Gaumen wird zu-letzt der Trunksucht verfallen. Die Lust liegt in neuen Bekanntschaften und Entdek-kungen.

SCHOTTLAND

Ausländer, Engländer eingeschlossen, denken vielleicht bei einem Glas Whisky an ein Pub, aber in Reinkultur ist diese Lokalität weiter im Süden zu Hause. Der Pub tut sich schwer, die Cheviot Hills oder die Cumbrian Mountains, den Tweed oder die Solway Firth, die schottische Grenze und das Wollegebiet um Hawick, Galashiels und Peebles zu überqueren. In den schottischen Großstädten gibt es prunkvolle *Pubs* und derbere, eher keltische *Bars* sowie Kreuzungen der beiden. Ansonsten muß man zum Trinken oft Hotels aufsuchen, deren mitunter etwas schnöde Art aber durch die Öffnungszeiten gemildert wird, einst die strengsten in ganz Großbritannien, jetzt die flexibelsten. Schottland ist ein anderes Land.

Wer durchs Grenzgebiet fährt, kann im *Peebles Hydro* Hotel, im Städtchen gleichen Namens, vorbeischauen, um die erlesene Auswahl von Single Malt Whiskys zu testen. Oder er kann Station machen und auf Lachsfang gehen, Tweed- oder Stricksachen kaufen oder das Land von Sir Walter Scott erkunden, bevor er in die Hauptstadt weiterfährt.

Noch in den Lowlands gelegen, zwischen den Pentland Hills und der Firth of Forth und mit Ausblick auf beide, ist *Edinburgh* eine herrliche Stadt zum Whiskytrinken. Die Altstadt aus dem 15. bis 17. Jahrhundert hat viele historische Pubs. Nach dem *White Horse* in Canongate ist ein Whisky benannt (in derselben Straße hat die Firma *Cadenhead* ein Spezialgeschäft für Single Malts). Die berühmtesten Pubs sind Deacon Brodie's in Lawnmarket, ein beliebter Treff, und der touristische Greyfriars Bobby in Candlemaker Row.

Das viktorianische Edinburgh leugnet die Existenz alkoholischer Getränke scheinheilig, was Engländer wohl als typisch schottisch und andere Schotten als echt edinburghisch bezeichnen würden. Als es in Princes Street, der Hauptdurchgangsstraße einst keine Pubs und Bars geben durfte, beherbergte die versteckte Rose Street dahinter kaum etwas anderes. Über

Claret-Fässer in der Barwand, Ale- und Whiskyreklame in den Spiegeln der Old Toll Bar, einem unerwartet prunkvollen Pub im Werftgebiet am Clyde bei Govan.

ihr liegt der Schatten ihrer früheren Sünden, aber sie hat immer noch prächtige viktorianische Pubs wie The Abbotsford, gut sortiert in Single Malts, mit seiner holzgeschnitzten Inseltheke. In der Nähe, am West Register Place, befindet sich das Café Royal mit Marmorfußboden, Kachelwandbildern und dekorativem Austernbüfett.

Hier soll James Hogg seinen Ausspruch über Whisky getan haben: »Könnt' einer man bloß genau Maß und Menge rausfinden, die er täglich zu trinken hätt', und auch dabeibleiben, ich mein', der dürft' ewig leben und nicht am Alter sterben, und Ärzte und Friedhöfe würden aus der Mode kommen.«

Die Menge ist in Schottland größer als in England, aber immer noch so knickerig, daß man alles unter einem Doppelten gar nicht

merkt. Der schottische Fünftel-Gill macht etwa 2,5 cl, das elende englische Sechstel ist da bloß noch von einem Mathematiker auszurechnen. Das korrekte Maß ist, schottischen Whisky-Witzbolden zufolge, »halb und halb, mit viel Wasser«. Weniger Wasser, aber genug, um das Aroma freizusetzen, wird von ernsthafteren Zechern verordnet. Whiskyhändler Wallace Milroy, ein Schotte im Exil an den Fleischtöpfen von Soho, drückt es romantisch aus: »Ein Tropfen Wasser wie der Tau auf einer Rose.« Er würde wohl zustimmen, daß einfaches Quellwasser, selbst aus der Flasche, einem gechlorten Cocktail vorzuziehen ist. Das Wasser, mit dem der Whisky gebrannt wurde, verträgt sich am besten dazu, aber das ist in der Ferne nicht immer zu bekommen.

Ein breites Spektrum an Single Malts finden Trink- und Eßpuristen in Edinburgh bei *Henderson's*, einer Bar an der Ecke Thistle und Hanover Street in der »Neustadt«, Edinburghs prächtigem georgianischen Viertel. Zu ihren Spezialitäten gehören Whisky, Sherry, Vollwertkost und Salate.

Im West End von Edinburgh in der Leven Street, neben dem King's Theatre und daher zur Festspielzeit (selbst für ihre Verhältnisse) besonders voll, liegt die reich geschmückte Bar *Bennet's*, die eine große Auswahl von Singles führt und ihren eigenen Blended Whisky vom Faß serviert – man versuche den malzigen »Special« statt des alltäglichen »Ordinary«. Sie hat Buntglastüren, gravierte Spiegel und ein reizendes Finde-siècle-Interieur. Wer Pubs oder Whisky liebt, sollte sie keinesfalls versäumen.

Daß Whisky wieder zu Ehren kam, besonders Single Malt, beeinflußte Mitte der 80er Jahre auch die Wahl vieler Edinburgher Pubs, und Bennet's ist ein gutes Beispiel. Das gleiche gilt für viele Hotels, etwa das Roxburghe in Charlotte Square (einem von Robert Adam entworfenen Teil der Neustadt) und zwei moderne Häuser, das Ladbroke Dragonara über dem Water of Leith im Westen der Stadt und das King James nahe dem Leith Walk.

Edinburgh liegt nicht gerade an einem Fluß, jedoch recht unbeteiligt neben einem Flüßchen, dem Water of Leith, das in die Firth of Forth fließt. Obwohl seit langem von Edinburgh vereinnahmt, bleibt die Hafenstadt *Leith* an der Firth of Forth eine berühmte Adresse in der Welt des Whiskys. Leith ist die Urheimat des Whisky-*Blending* und einer der Haupthäfen für den Versand des Destillats zu den Märkten in aller Welt.

Leith war zudem einmal der Welt größtes Importzentrum für Bordeaux-Wein. Obwohl dies ursprünglich zurückgeht auf die »alte Allianz« zwischen Frankreich und Schottland gegen England vom 15. bis 17. Jahrhundert, war »Claret« das Getränk der Kaffeehausgesellschaft im literarischen Edinburgh des 18. Jahrhunderts. Qualitativ erreichte der Handel einen Gipfel in den

Jahren um 1870. Die Zeiten sind vorbei, als Claret in Schottland ein Pub-Getränk war, aber in den großen Häusern des Landes blieb die Pflege guter Weine ein tief verwurzelter Brauch. Claret ist immerhin das ideale Getränk zu schottischem Rindfleisch (dem besten der Welt) und könnte notfalls auch zu Moorhuhn genossen werden; Whisky könnte Aperitif oder Digestif sein, oder beides, allerdings jeweils ein anderer.

Das Nebeneinander dieser zwei großen Getränke in Leith wurde in den frühen 80er Jahren geschickt besiegelt, als die *Scotch Malt Whisky Society* dort einen Weinkeller erwarb, in dem die Gesellschaft einen Salon für ihre Mitglieder, eine Wirtschaft samt Restaurant mit einem breit gefächerten Whiskyangebot, eine Weinschenke und ein Whisky-Museum einzurichten begann. Dies gab dem Besucher Gelegenheit, Whiskys zu kosten, die man in Edinburgh so lange sträflich vernachlässigt hatte.

In Sachen Whisky, wie in andern Dingen, sind die zwei größten Städte Schottlands seit langem Rivalen. An der Firth of Forth Edinburgh: patrizisch, stolz, Hauptstadt zu sein, wenn auch eines Provinzlandes; voll quirligem geistigen und kulturellen Leben; mit Festspielen und Tourismus für fröstelnde Boulevardiers, Malt Whisky in der Hand. Auf der anderen Seite des Central Valley an der Firth of Clyde *Glasgow*: die größte Stadt des Landes; voll lebhaftem Handel und Gewerbe, wenn auch nicht so wie einst; das herrliche viktorianische Stadtzentrum mit berechtigtem Stolz großteils wiederhergestellt; unmittelbar freundlich (entgegen dem Image) mit ureigenem schottisch-irisch-italienisch-jüdischem Humor; kulturell und politisch ein Stadtstaat. Das Problem in Glasgow besteht darin, Malt Whisky zu trinken, ohne als Snob zu erscheinen (Ausländer sein hilft), und mit dem Durst der Einheimischen mitzuhalten.

Bei allem Spott über derlei Flausen fing Glasgow zuerst mit einem speziellen Whisky-Pub an: dem »Pot Still« in der Hope Street mit wenigstens 225 Whiskys, oft mehr. Es ist ein kleiner Pub für alle Tage mit

gemischter Kundschaft, die dort eine imposante holzgeschnitzte Barwand, Wasserhähne aus Messing am Tresen, ein Messinggeländer, Säulen samt Anaglyphendecke und Polsterbänke vorfindet.

Vom Namen bis zum Faßstützblock hat das Pot Still sich auf Whisky spezialisiert, aber es gibt etliche Pubs in Glasgow mit guter Auswahl. The Outside Inn in der Argyll Street 1260, nahe der Gemäldegalerie und dem Museum, hat ein großes Sortiment. Einige ungewöhnliche Whiskys finden sich im Dunrobin in der George Street 143, östlich des Marktes, einem deftigen, charaktervollen Pub, klein, mit Nischen, die eigene Türen haben.

Beide Städte, Edinburgh mehr als Glasgow, haben Brauereitradition, und schottische Biere sind eigentümlich malzig, genau wie seine Whiskys. Edinburgh war einmal die größte Brauereistadt Europas, besonders bekannt für sein dunkles *Ale*, und ein paar exzellente dunkle Ales hat es immer noch zu bieten. In beiden Städten, in Edinburgh weniger als in Glasgow, ist es nicht ungewöhnlich, den Whisky mit einem Bier hinunterzuspülen. Diese Kombination kann als ein »half and half« bestellt werden. Da er weiß, daß das Leben gemein sein kann, bezeichnet »half« für den Schotten einen ganzen Single Whisky. Manchmal nennt er ihn einfach ein »Schlückchen«, »nip« oder »dram«. Darin schwingt auch etwas Abschätzigkeit, denn ein »dram« kann in manchen Teilen Schottlands als Doppelter aufgefaßt werden. Die »Halbe« Bier ist klar, obwohl sie nicht immer das bevorzugte Quantum ist. Manch einer zieht ein kleineres Glas ohne Stiel vor, das knapp 0,2 l enthält und »pony« heißt.

Ein explosives Gemisch der Völker und Glaubensbekenntnisse schürt in Glasgow wüste Fußballbesäufnisse, während sich anderswo in Schottland die eher düsteren Seiten des Kelten mit denen des Skandinaviers verbinden und an Prohibition und Sabbat erinnernde Einstellungen hervorbringen können. Schottland ist nicht nur *ein* anderes Land, es sind mehrere. Vielleicht sind so aber alle Länder.

Schottlands Whiskys

Scotch ist von allen Whiskys der komplexeste, zweideutig in seiner Vermählung von Süße und Trockenheit. Die Süße stammt von gemälzter Gerste, in der schottischen Tradition der Bestandteil überhaupt. Die Trockenheit stammt vom Torf, mit dem die Schotten meist ihr Malz räuchern. So verbinden sich eigentliche Trockenheit, Rauch-, Torf- und andere Geschmackstöne.

Diese stammen von der Heide der Torfmoore, dem Wasser, das sie auf seinem Weg von der Quelle im Granit zur Brennerei durchfließt, der klaren Bergluft der Highlands oder den Meeresbrisen der Inseln, die die Moore und die Luft in den Lagerhäusern, wo der Whisky reift, salzig anhauchen; oder von dem zur Reifung verwendeten Holz. Scotch Whisky hat seinen Charakter zum Teil von der Reifung in Sherry-, selten in Portwein- und öfter auch in Bourbonfässern. Auch unbenutztes oder weingetränktes Holz teilt sich mit. Ein im Portweinfaß gereifter Whisky ist nicht nur ein sanftes Beruhigungsmittel, sondern inspiriert auch zu wunderbaren Träumen.

Diese und andere Elemente tragen zur Komplexität des Scotch bei. Man kann die Bedeutung des Wassers romantisch übertreiben oder die Eigenarten der Pot Still vielleicht nicht genug beachten, aber das bestimmende Merkmal ist sicherlich die, wenn auch noch so feine, Torfrauchnote. In manchen Scotches ist sie stark, in anderen kaum merklich, aber sie ist immer da.

Es soll tatsächlich ängstliche Seelen geben, die Scotch nicht mögen. Ihr Mißfallen wird meist erregt durch den, wie sie sagen, Beigeschmack nach Medizin (genauer nach Phenol). Das ist der Torf. Mit dieser Klage könnte man auch einen erstklassigen Cabernet aus Bordeaux abtun, weil er einen Anflug von Zedernholz hat.

Schottlands klassische Whiskys sind die puren, die »single« Malts, die in den meisten Fällen schlicht nach der Brennerei benannt sind, aus der sie kommen. In wenigen Fällen tragen sie einen untergeordneten Markennamen, den sich ein Importeur oder Zwischenhändler ausgedacht hat. Der Verbraucher muß die Herkunft des Whiskys raten. Jeder Whisky mit der Bezeichnung *Single Malt Scotch* muß aus einer (und nur einer) Brennerei kommen, und die muß natürlich in Schottland stehen. Es gibt in Schottland fast 120 Malt-Brennereien, aber über ein Dutzend davon sind geschlossen. Eine ähnliche Anzahl hat seit Jahren nicht mehr produziert. Wenn die Brennerei schon lange die Produktion eingestellt hat, können in ihren Fässern immer noch Whiskybestände reifen, die nach und nach abgefüllt und vermarktet werden. Wie Schauspieler von einem »dunklen« Theater sprechen, sagen Whiskyleute, eine Brennerei sei »still«, ob nun kurzzeitig oder für immer. Viele seit langem stille Brennereien »geistern« sozusagen noch fern der Heimat durch Barwände und Spirituosenläden. Unter diesen über 100 Malt-Brennereien haben nur vier oder fünf ihren Whisky nie als Single verkauft. Manche Malts wurden nur dann und wann auf Flaschen gezogen, andere gibt es ständig.

Knapp die Hälfte der Brennereien hat, gelegentlich oder regelmäßig, Erzeugerabfüllungen ihrer Whiskys gemacht. Die meisten übrigen werden, oder wurden hin und wieder, von Händlern vertrieben.

Variierend nach Alter (vom Minimum drei Jahre bis zum Optimum zwischen acht und 15 und mitunter zu exzessiven 50) und nach Alkoholstärke (von den normalen 40% auf dem Binnenmarkt und 43% für den Export bis zu »Specials« von 60%) kann das Produkt eines Brenners in bis zu einem Dutzend Versionen auftreten. Manchmal kaufen Händler neuen Whisky und lagern ihn im eigenen Sherryholz, um eine Spezialversion herzustellen. In all diesen Variationen findet man die *Malt Whiskys* von etwa 100 Brennereien gelegentlich in Spezialitätenläden und Pubs mit einem Sortiment von 200 bis 300 Abfüllungen. Die Gesamtzahl gleichzeitig zirkulierender Abfüllungen hat sich in den letzten Jahren 400 genähert.

Diese klassischen Malt-Whiskys sind sehr eigen, teuer und nicht für den Massenver-

In der Ferne die Berge, die das Wasser, näher die Hügel, die den Torf liefern. Mit Pagodentürmen die Mälzerei. Bei Wind klatscht die See gegen die Gebäude.

»... in einer Pot-Still aus reinem Gerstenmalz.« Auch damals verstanden sie zu werben.

kauf gedacht, obwohl einige davon sich zunehmend eines internationalen Rufs erfreuen. Am bekanntesten sind die aus den Highlands, nicht aus dem nördlichsten Teil des Landes, sondern aus den Tälern *(olens)* des Spey und seiner Nebenflüsse, besonders des Livet. Jener eine Whisky, der gesetzlich befugt ist, sich *The Glenlivet* zu nennen, wird historisch als klassisches Beispiel dieser Art anerkannt, aber etwa 20 Malt-Brenner haben die Bezeichnung benutzt. Neuerdings haben einige dieser Bindestrich-Whiskys, etwa Macallan-Glenlivet, das Anhängsel beseitigt, um ihre eigenen stolzen Namen derart gereinigt hervorzuheben. Ein fester Begriff unter den Single Malt Scotches ist am ehesten noch *Glenfiddich*, und auch *Glen Grant* und *Glenmorangie* genießen zunehmende Beliebtheit.

Glenmorangie stammt höher aus dem Norden, und es gibt etliche bemerkenswerte Single Malts aus anderen Gegenden: *Highland Park* von den Orkney-Inseln; *Talisker* von Skye; jeder Whisky von Islay; *Glen Scotia* und *Springbank* aus Campbeltown; *Littlemill* und *Rosebank* aus den Lowlands.

Viele der selteneren Single Malts erscheinen auf einer Liste von etwa 125 Abfüllungen der Händler *Gordon & MacPhail* – unter Scotch-Freunden international berühmt, obwohl sie von einem freundlichen kleinen Lebensmittelladen in dem Städtchen Elgin am Nordrand von Speyside aus operieren. Gordon & MacPhail bieten ihre seltensten Whiskys und ausgefallensten Altersstufen in einer Spezialitätenkollektion an, die Connoisseur's Choice heißt. Sie haben auch eine Palette von Single Malts in Miniflaschen. Eine Kollektion von etwa 80 Single Malts, darunter einige in Eigenabfüllungen der Destillateure, bietet der Händler William *Cadenhead*. Eine Kollektion von hervorragenden »Singles«, abgefüllt in Faßstärke (meistens um 60%) und ohne den Geschmacksverlust, den die Kühlfilterung nach sich zieht, hat die *Scotch Malt Whisky Society* Edinburghs vorzuweisen.

Die *Single Malt* Whiskys der einzelnen Regionen sind unterschiedlich nuanciert. Die aus den Highlands sind aufgrund ihrer Vielzahl die abwechslungsreichsten, aber im allgemeinen rauchig und weich, manchmal mit mehr als bloß einem Hauch von Sherry. Die von den Inseln sind meist torfiger, vor allem in Islay, das für die »Seetang«-Note in seinen Whiskys berühmt ist. Die Campbeltown-Whiskys sind fast salzig und die aus den Lowlands bemerkenswert mild.

Gemeinsam ist den besten von ihnen Individualität, und eben deswegen haben sie wohl nie einen größeren Käuferkreis angesprochen. Jeder der großen Singles verbindet, unvermischt, die zwei bestimmenden Merkmale von Scotch Whisky: die Trokkenheit des Torfes und die Süße des Malzes. Diese Geschmacksfülle wird oft mit Körperreichtum verwechselt, aber beides ist grundverschieden.

Weil sie befürchten, Individualität und Geschmack der Single Malts könnte den Verbraucher verschrecken, konzentrieren sich die Schotten seit Jahrzehnten auf Blends. Auf der ersten Stufe des traditionellen Blending nimmt man eine Reihe von Single Malts und vermählt sie in einer Kufe *(vat)*. Etliche *Vatted Malts* sind auch auf den Markt gekommen, keine Singles mehr, da mehrere Whiskys enthaltend, aber immer

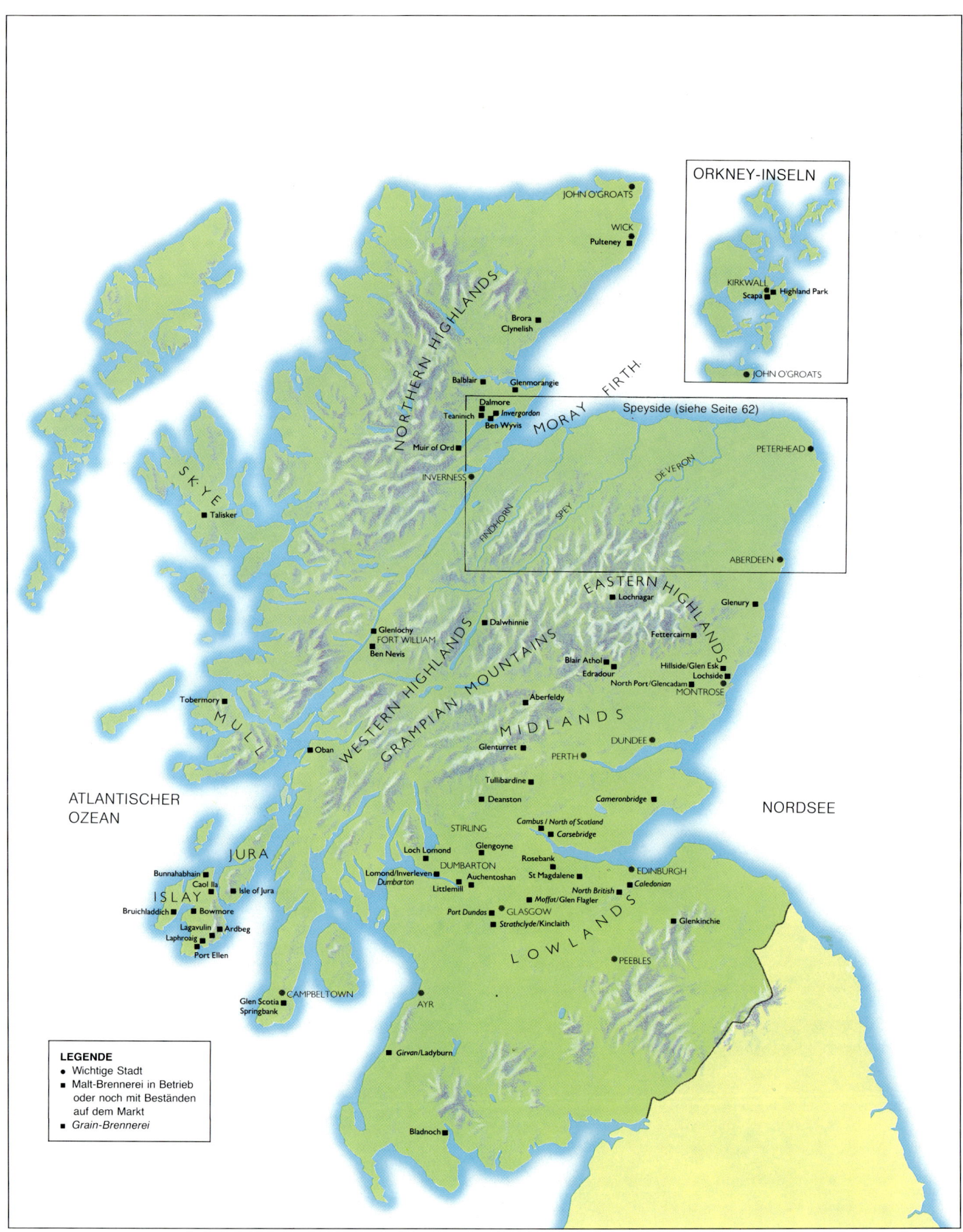

ORKNEY-INSELN

JOHN O'GROATS

WICK
■ Pulteney

KIRKWALL
Scapa ■ ■ Highland Park

JOHN O'GROATS

JOHN O'GROATS

WICK
■ Pulteney

NORTHERN HIGHLANDS

Brora ■
Clynelish

Balblair ■
■ Glenmorangie

Dalmore ■
Teaninch ■ ■ *Invergordon*
■ Ben Wyvis

Muir of Ord ■

INVERNESS

MORAY FIRTH

Speyside (siehe Seite 62)

DEVERON

PETERHEAD

FINDHORN   SPEY

ABERDEEN

EASTERN HIGHLANDS

■ Lochnagar   Glenury ■

Glenlochy ■   ■ Dalwhinnie
FORT WILLIAM
Ben Nevis ■

Fettercairn ■

Blair Athol ■   Hillside/Glen Esk ■
Edradour ■   Lochside ■
North Port/Glencadam ■
MONTROSE

WESTERN HIGHLANDS

GRAMPIAN MOUNTAINS

Aberfeldy ■

MIDLANDS

Tobermory ■

MULL

Oban ■

Glenturret ■   DUNDEE
PERTH

Tullibardine ■

ATLANTISCHER
OZEAN

Deanston ■   Cameronbridge ■

NORDSEE

JURA

STIRLING   Cambus / North of Scotland
■ *Carsebridge*

Loch Lomond ■   Glengoyne ■

Bunnahabhain ■

Caol Ila ■   ■ Isle of Jura

ISLAY

Bruichladdich ■   ■ Bowmore

Lagavulin ■   ■ Ardbeg
Laphroaig ■
■ Port Ellen

DUMBARTON
Lomond/Inverleven
Dumbarton   Littlemill ■   Auchentoshan ■

Rosebank ■
St Magdalene ■

Moffat/Glen Flagler
Port Dundas ■   GLASGOW
■ *Strathclyde/Kinclaith*

EDINBURGH

North British   Caledonian ■

Glenkinchie ■

LOWLANDS

PEEBLES ■

Glen Scotia ■   CAMPBELTOWN
Springbank ■

AYR

Girvan/Ladyburn ■

Bladnoch ■

LEGENDE
● Wichtige Stadt
■ Malt-Brennerei in Betrieb
  oder noch mit Beständen
  auf dem Markt
■ *Grain-Brennerei*

SKYE

■ Talisker

Rechts: Single Grain Whiskys haben den Reiz des Ungewöhnlichen. Cameron Brig ist die einzige »offizielle« Abfüllung. Andere, etwa Caledonian und Dumbarton, kommen von unabhängigen Händlern.

DIE WHISKYREGIONEN SCHOTTLANDS

Schottland teil man historisch in vier allgemein anerkannte klassische Whiskyregionen ein: die Lowlands, Campbeltown, Islay und die Highlands. Es ist zwar das Schöne an Single Malt Scotches, daß sie an sich schon geschmacklich verschieden sind; dennoch weist jede Region spezielle Merkmale auf, durch die sich ihre Whiskys gemeinsam auszeichnen.

Mehrere Studien über Single Malt Whisky haben sich bemüht, die Inseln und die Highlands in übersichtlichere Unterregionen einzuteilen, ohne zu einer allgemein gebilligten Klassifizierung zu kommen. Dieses Buch versucht, Whisk(e)y-Erkundungen zu erleichtern, indem es Brennereien geographisch gruppiert. Für Schottland wurden Unterregionen gebildet, welche die Highlands in Westen, Norden, Speyside, Osten und Midlands aufteilen und die Westlichen Inseln (samt Islay) zusammenfassen.

Jede Insel und jedes wichtige Tal wird als eigener Bezirk betrachtet. Dabei treten in manchen Fällen bei den Single Malt Whiskys eines bestimmten Tals gemeinsame Züge zutage. Manche Inselwhiskys haben gemeinsame Merkmale, desgleichen einige aus den Speyside-Glens, vor allem solche, die ihr Wasser aus dem Livet beziehen. Obwohl diese Stile nicht streng definiert sind, sind sie für Malt-Kenner bedeutungsvoll.

Die Karte (links) zeigt die Brennereien Schottlands: Etliche produzieren nicht mehr, sind aber betriebsfähig. Kinclaith (südl. Glasgow) gehört zu den Ausnahmen: Man findet ihren Whisky ab und zu, obwohl die Brennerei abgerissen wurde.

---

noch Malts. Manche Vatted Malts werden als typische Beispiele für eine bestimmte Whiskyregion erzeugt und tragen Namen, die das widerspiegeln. Öfter wird das entgegengesetzte Ziel verfolgt: ein Gleichgewicht zwischen den Eigentümlichkeiten verschiedener Malts herzustellen.

Der wohl bekannteste Vatted Malt ist *Strathconon* von Buchanan's, die ihn nach eigenen Angaben aus vier Malts komponieren: »einer fürs Bukett, ein anderer für den Geschmack, ein dritter für den Körper, der letzte, weil er alle vier zu einem ausgewogenen, sanften Geschmacksganzen verschmilzt.« Ein anderes bekanntes Beispiel ist *Glenleven* von John Haig, der aus sechs Malts besteht und ein würziges Bukett, einen relativ leichten Körper und einen langen, trockenen Abgang hat. Ein drittes Beispiel ist *Glencrinan*, köstlich, ausgewogen und würzig, der u. a. Malts von Glengoyne, Tamdhu und Bunnahabhain enthält. Jeder dieser Vatted Malts ist 12 Jahre alt.

Um Malts schätzen zu lernen, sind die Vatted Whiskys ein hilfreicher Zwischenschritt, aber darin liegt auch ihre Grenze, und vielleicht gibt es deswegen nur wenige größere Marken auf diesem Markt. Die verschiedenen Brennereifirmen führen nur ein rundes Dutzend Marken. Allerdings bietet das Vatting einem Blender oder Weinhändler die Möglichkeit, sich eine erstklassige Hausmarke zu schaffen. Die Versicherung »pure malt« kann ebenso einem Single (etwa im Fall von Glenfiddich) wie einem Vatted Malt gelten. Ein »Highland malt« kann ein Single aus einer ungenannten Brennerei sein, aber auch ein Vatted. Eine Reihe von ähnlichen Bezeichnungen sollen dem Käufer sagen, daß er einen reinen Malt bekommt, ohne mitunter jedoch klarzumachen, ob er single oder vatted ist, und ohne die genaue Herkunft anzugeben. In manchen Fällen kann der Hersteller des Originalwhiskys aus kommerziellen Erwägungen den Verzicht auf nähere Angaben verlangt haben.

Blending zielt darauf ab, die rauhen Kanten der einzelnen Whiskys zu glätten und etwas zu erzeugen, das einen breiteren Anklang findet. Die erfolgreichsten Scotches werden alle nicht nur aus Malts verschnitten, sondern auch mit den leichteren und neutraler schmeckenden Grain Whiskys, die aus ungemälzter Gerste oder überwiegend aus Mais destilliert werden. Während sich die über 100 Malts geschmacklich extrem unterscheiden, sind *Grain Whiskys* von Haus aus weniger eigen. Dennoch haben sie ihre Unterschiede, und es gibt Variationen in den Whiskys der etwa ein Dutzend Grain-Brennereien. Diese Brennereien sind viel größer, in der Regel weniger malerisch und überwiegend in den Lowlands gelegen, manchmal im Bereich einer Stadt. Nur ein Grain Whisky, von Cameronbridge in Fife, wird regelmäßig als »Single« angeboten: *Old Cameron Brig,* der wohl auch als ausgesprochene Rarität verkauft wird; Cameronbridge war die erste Brennerei der Welt, die Grain Whisky erzeugte. So ein Kornwhisky ist zwar von Haus aus körperleicht, doch Cameronbridge ist einer der volleren und weicher und charaktervoller, als man erwartet.

Dem Blender stehen zur Verfügung: die weichen, rauchigen Highland Malts; die trockenen, torfigen Produkte der Inseln; die salzigen, scharfen Campbeltown-Whiskys; und die milden, süßen Lowland-Destillate. Aus diesen verschiedenen Regionen wählt er 10 oder 12 Whiskys aus, die den Geschmack seines *Blends* formen sollen. Einige davon werden aus den Highlands kommen, da diese Region die Vielfalt komplexer, eleganter Whiskys bietet, mit der er eine Licht- und Schattenwirkung erzielen kann. Die Inseln liefern viel »beißendere« Whiskys, die weit spärlicher eingesetzt werden müssen. Sie setzen sich schon in kleinster Menge stark genug durch. Mit nur zwei Brennereien wird Campbeltown heutzutage nicht immer im Blend verwendet, nur manchmal, wegen seines besonderen Charakters. Die Lowland-Whiskys machen den Blend mild und weich, können aber auch, wegen ihrer Unaufdringlichkeit, »Masse« machen.

Bei der Auswahl seiner Malts denkt der Blender auch daran, wie die verschiedenen Reifezeiten und das verwendete Holz zum Geschmack beitragen. Junge Whiskys bringen Ungestüm und Schwung mit, ältere sind reif und rund. Wenn der fertige Blend keine

Altersangabe hat, können die jüngsten Whiskys drei Jahre alt sein. Ansonsten ist das Alter auf dem Etikett das der jüngsten Whiskys. Neue Fässer geben mehr Geschmack ab als altes Holz, Sherryfässer einen anderen Charakter als Bourbonfässer.

Für jeden Malt erster Wahl nimmt der Blender einen oder gar zwei ähnliche Whiskys zur Unterstützung dazu. Sogar von den neutraleren Grain Whiskys wird ein guter Blend zwei und öfter drei Sorten enthalten, die in ihrem Akzent leicht voneinander abweichen. Wenn 10 oder 12 Malts erster Wahl jeweils von ein oder zwei anderen Whiskys unterstützt werden und noch zwei oder drei Grains hinzukommen, sieht man gleich, wie die Zahlen steigen. Ein guter Blend wird nie weniger als zwei Dutzend Whiskys umfassen, 30 sind ungefähr Durchschnitt, 40 sind nicht außergewöhnlich.

Diese unterstützenden Whiskys sollen zum einen selbst die Spur einer Härte seitens der Erste-Wahl-Sorten ausräumen, zum andern sollen sie Sicherheit bieten: Wenn es in der Zukunft mit der gleichbleibenden Qualität oder Lieferung eines der Whiskys erster Wahl Probleme gibt, ist immer ein bereits erprobter Ersatz da. Die meisten *Blended Scotch* Whiskys gibt es schon lange. Erstes Anliegen des Blenders ist die gleichbleibende Qualität seines Produkts, um seine treuen Käufer nicht zu enttäuschen. Wenn er einen neuen Blend kreieren muß, wird er nicht bei Null anfangen, sondern bestehende Erzeugnisse als Richtschnur seiner Arbeit benutzen.

Den höchsten Anteil Malt Whisky in einem Blend findet man bei einigen ganz kleinen Marken. Manche englischen Brauer kaufen Scotch Whiskys, um sie als Eigenmarke für ihre Haus-Pubs zu verschneiden. Ein kleiner Brauer, der sich vor Jahren mit Single Malts zum damaligen Preis eingedeckt hat, kann heute freigebiger damit umgehen, als es in der schnellebigeren Welt der Großen Brauch ist. Die unabhängige Brauerei Holts in Manchester hat einen hervorragenden malzigen Blend. Solche »Funde« sind aber rar. Unter den größeren Namen

Die Qualität des für den Whisky verwendeten Wassers wird in der Werbung oft erwähnt. Typisch ist der obige Loch, der die Brennerei Ardbeg versorgt. Dieser Whisky spielt unter den Proben, die hier von einem Ballantine-Blender beschnuppert werden, eine Hauptrolle.

hat Teacher's mit der Marke »60« (% Malt Whisky) eine Sonderstellung.

Heute spricht man bei mehr als 35% Malt von einem *De-Luxe-Blend,* obwohl die Qualität solcher Produkte auch von der besonderen Reife ihrer Whiskys herrührt. Einer der kurioseren Namen auf diesem Markt ist *Usquaebach,* der in antik anmutenden Steingutkrügen verkauft wird. Er enthält, dem Vernehmen nach, einige Whiskys von 27 Jahren, der jüngste hat volle 18. Die meisten Whiskyhersteller haben wenigstens eine De-Luxe-Marke im Angebot, gute Beispiele sind die sanften, weichen Chivas-Produkte (Royal Salute mit 21 und Regal mit 12 Jahren). Seagram's besitzt *Chivas,* die ihrerseits mehrere eigene Speyside-Brennereien haben, darunter *The Glenlivet.* Es ist anzunehmen, daß ein Blending-Haus, das mehrere Brennereien besitzt, sich seiner eigenen Malts großzügig bedient.

Es ist möglich, einen Qualitätswhisky mit beachtlichem Malt-Anteil, aber relativ leicht im Geschmack zu erzeugen, indem man einen hohen Anteil der milderen Lowland-Malts und von den Grain Whiskys die leichtesten nimmt. Die klassischen Beispiele für diesen Stil sind eine andere Chivas-Marke, *Passport,* und zwei Renner auf dem amerikanischen Markt, *J & B Rare* und *Cutty Sark.* Von den zweien hat J & B einen bemerkenswert sauberen Geschmack und Cutty Sark etwas mehr Charakter. Zufällig gehören beide Weinhändlern mit imposanten Häusern in der Londoner St James's Street. J & B steht für *Justerini & Brooks,* die der größeren Gruppe IDV gehören, ihrerseits Teil von *Grand Metropolitan,* die wiederum ihre eigenen Malt-Brennereien in Schottland hat. Cutty ist im Besitz von *Berry Brothers & Rudd,* einer auf seltene Malts spezialisierten Personalgesellschaft. Ihr Whisky wird in

DIE WICHTIGSTEN BLENDED SCOTCHES – EIN GESCHMACKSFÜHRER

Im Sprachgebrauch unterscheidet man beim Whisky aus Schottland zwischen Malt (pure oder blended) und Scotch. Scotch ist auch ein Blending, also eine Mischung, aber aus Malt- und neutralem Grain-Whisky. Die überwältigende Mehrzahl schottischer Whiskys auf den Weltmärkten sind Scotchmarken. Einige haben aber nur auf einzelnen Märkten Bedeutung. (Weitere bei uns bekannte sind weiter hinten extra aufgeführt.)

Bell's »Extra Special« ist die Standardmarke der bekannten Firma. Ein kerniger, nicht übermäßig komplexer Whisky, der leicht süß anfängt und im Abgang zusammenziehend wirkt. Nicht nur in englischen Pubs, sondern auch bei uns beliebt.

The Famous Grouse hat keinen übermäßig hohen Malt-Gehalt, aber durch gekonntes Blending entsteht ein mittelschwerer bis leichter Whisky, rund und nachhaltig. Eine Zeitlang eine Art »Kult«-Blend in Schottland.

J&B Rare. J&B steht für die bekannte Londoner Weinfirma Justerini & Brooks. Mild, mit bemerkenswertem Duft, leicht süßem Geschmack und langem Abgang – besonders spürbar in den Versionen mit Altersangabe.

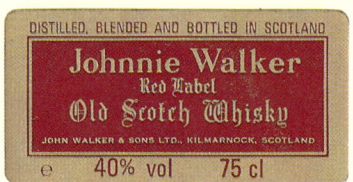

Teacher's Highland Cream ist, wie schon der Name sagt, ein weicher, leicht süßlicher Whisky, wenigstens für eine Alltagsmarke. Dies rührt zum Teil von dem für einen Standard-Blend hohen Malt-Gehalt her.

Johnnie Walker Red Label, das Flaggschiff von DCL, ist der meistverkaufte Whisky der Welt. Sein eindringliches Aroma rührt vom Talisker als tonangebendem Malt her.

Johnnie Walker Black Label, die De-Luxe-Version, ist – wie zu erwarten – von ähnlichem Charakter, aber wesentlich voller im Aroma wie auch in seiner malzigen »Mitte«. Ein guter, nuancenreicher Whisky, mit eher raschem Abgang.

Cutty Sark – von Berry Brothers & Rudd herausgebracht – ist in den USA besonders bekannt und wird jetzt auch hier forciert. Mild, doch dabei fruchtig und recht aromatisch.

Haig 12-year-old, die De-Luxe-Version mit Dellenflasche (Dimple oder Pinch), hat eine weichige, malzige Trockenheit. Der Standard-Blend ist jetzt bei Whyte & Mackay, aber der 12jährige bleibt bei DCL.

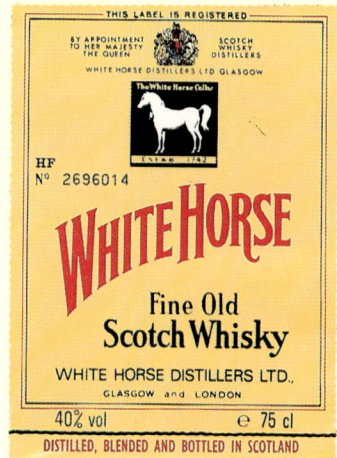

White Horse weist unter allen großen Blends eine besondere Torfnote auf, speziell im Aroma. Ein traditionsreicher DCL-Blend, für den fast 40 hochwertige Malts – darunter wertvolle Islays – mit fünf Grains vereint werden.

Black & White gehört zu den ausgeprägten weichen, leichten, trockenen Whiskys von James Buchanan. Für den herausragenden 12jährigen Premium werden besonders wertvolle Singles verwendet.

Ballantine's Blends, mild im Körper, aber nuancenreich im Geschmack, haben Anflüge von Islay- und Highland-Trockenheit, abgerundet durch Lagerung in Bourbonfässern. Leise, besinnliche Whiskys, in Europa sehr beliebt.

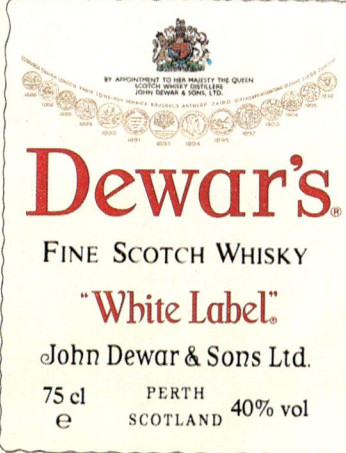

Dewar's »White Label«, erzeugt von DCL, ist der meistverkaufte Blend in den Staaten und auch bei uns im Aufwind. Er hat einen ausgeprägt frischen, sauberen Duft, ausgewogenen Geschmack und einen (mittel-)vollen Körper.

Long John Blends haben eine Spur Seeluft von Islay an sich, wenn auch in der Standardmarke sehr versteckt. Mehr Islay-Charakter steckt in der 12jährigen De-Luxe-Version.

Chivas Regal hat sich mit Erfolg ein Luxus-Image geschaffen. Ein De-Luxe-Blend mit einer Spur Speyside-Rauch, mildem, aber kräftigem Geschmack und einem süßen Abgang.

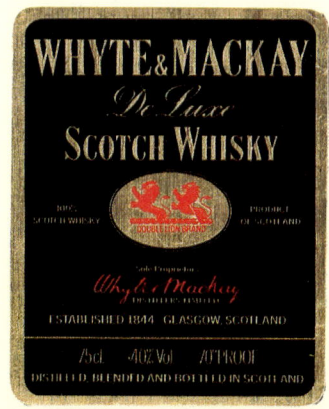

Whyte & Mackay legen Wert darauf, daß ihre Blends in einer zweiten Reifungsperiode »vermählt« werden. Ihre aromatischen und fein süßen Whiskys mit dem langen, sauberen Abgang sind in der Tat nuancenreich.

Schottland geblendet von *Lang Brothers*, einer Tochtergesellschaft von *Robertson & Baxter*.

Getrennt davon führt Lang Brothers eine hervorragende Reihe von Blended Whiskys unter eigenem Namen. Diese Lang's Whiskys sind im Stil völlig anders: körpervoll, angenehm »ölig« schmeckend und mit duftigem Bukett. Um alles noch komplizierter zu machen, hängt Robertson & Baxter, durch gegenseitige Aktienanteile, mit *Highland Distilleries* zusammen, deren Tochterfirma *Matthew Gloag The Famous Grouse* erzeugt, den in Schottland meistverkauften Whisky. Seine Liebhaber bestellen ihn einfach als »Grouse«. Es ist ein großartiger Blend mit einer dezenten süßen Malzigkeit und einer Spur Sherry in seinem langen Abgang.

Obwohl ein milder Malt für einen körperleichten Whisky förderlich ist, sind die zwei Eigenschaften nicht synonym. Es ist nicht so sehr Leichtigkeit als Milde, mit einer Spur Bourbonholz, was die *Ballantine*-Whiskys auszeichnet. Sie werden in verschiedenen Altersstufen abgefüllt, und die Firma hat etliche andere Reihen. *Old Smuggler*-Whiskys sind komplex und trocken, die Marken *Lauder* und *Ambassador* relativ leicht, letztere vielleicht etwas rauchiger. Eine Schwesterfirma mit eigenen Malt-Beständen, *Grand Macnish*, hat voller schmeckende Whiskys mit pikanter Fruchtnote. Ballantine hat in den Lowlands, in Dumbarton, sowohl Grain- als auch Malt-Brennereien,

letztere auch andernorts in Schottland. Die Firma gehört *Hiram Walker*.

Die weitaus umfangreichste Palette von Blended Scotches brachte die *Distillers Company (DCL)* zwischen ihrer Gründung 1877, ihren großen Wachstumsjahren in den 20ern und dem Verlust ihrer Unabhängigkeit 1986 zusammen. Was als Zusammenschluß von Grain-Brennern in den Lowlands anfing, wuchs sich derart aus, daß es *Johnnie Walker, Dewar, Buchanan, Haig, White Horse* und viele andere Namen umfaßte, mit einem Netz von Tochterfirmen als Besitzer und Betreiber. Als sie als unabhängiger Konzern zu existieren aufhörte, hatte DCL mehr als 100 Blended Scotches auf den Märkten der Welt.

Da ihr zudem ungefähr die Hälfte der Malt-Brennereien in Schottland gehörte, lieferte DCL mehr Malt Whisky als irgendeine andere Firma für die Tausende von kleinen Blends, die Getränkekonzernen auf der ganzen Welt gehören, und hatte stets die größten und vielseitigsten Lagerbestände. Dies kommt in der Komplexität, Ausgewogenheit und Feinabstimmung einiger ihrer Blends zum Ausdruck. Die Kämpfe um die Aktienmehrheit Mitte der 80er Jahre setzten Umstellungen in Gang, die sich auf lange Sicht darauf auswirken sollten, was in die Gläser der Käufermillionen gelangte.

Die ersten Schüsse feuerte Jimmy *Gulliver* ab, ein internationaler Einzelhandels- und Getränkemagnat. Gullivers Vater hatte einst einen Lebensmittelladen in Campbel-

town. Der junge Gulliver brachte sich über seine Firmen *Argyll, ADP* und *Barton* in den Besitz von immer mehr Brennereien und versuchte Mitte der 80er Jahre, durch ein Gebot für DCL seine Position gewaltig auszubauen. Ein Gegengebot von *Guinness*, der irischen und internationalen Brauerei, vereitelte diesen Schritt. In dem Wunsch, weniger abhängig von Bier zu sein, war Guinness bestrebt, eine der weltgrößten Getränkegruppen aufzubauen, und hatte dazu bereits die Erzeuger des großen Blended Whiskys Bell's aufgekauft. Als die Übernahme von DCL eine Anfrage von seiten des britischen Handelsministeriums auf sich zog, gab es auch um Guinness Verkaufs- und Fusionsspekulationen, woraufhin Gulliver abermals sein Interesse anmeldete.

Gleichzeitig war *Hiram Walker* – eine kanadische Firma – in langwierige Übernahmeverhandlungen verwickelt. Hiram Walker hatte sich über die Jahre zu einem Konglomerat entwickelt und war einmal schon so weit, ihren Brennereizweig, mit dem sie angefangen hatte, abzustoßen. Als Käufer standen die britischen *Allied Breweries* zur Debatte. Der andere kanadische Gigant, *Seagram's*, machte zur gleichen Zeit Schlagzeilen wegen eines internen Gerangels zwischen Mitgliedern der Familie *Bronfman* (die die Aktienmehrheit besaß) über ihre jeweiligen Positionen in der Firmenleitung. Von den internationalen Whiskygiganten hielt sich damals nur *Suntory* aus Japan im Hintergrund.

Kleine Geschichte des schottischen Whiskys

Die Schotten nennen sich selbst Scots (substantivisch wie adjektivisch gebraucht) oder Scottish. Trotz Burns und Sir Walter Scott wird die Kontraktion *Scotch* in dem damit bezeichneten Land nur für Dinge gebraucht, die ganz besonders schottisch sind: etwa für den Nebel oder eine Graupensuppe, die man am besten mit einem ordentlichen Schuß Whisky zubereitet – sie sind »Scotch«. *Scotch* ohne Zusatz bedeutet Whisky. Aber auch da bezeichnen die Schotten ihr Nationalgetränk lieber einfach als »Whisky«, da ihrer Meinung nach ohnehin kein anderes Land einen ernsthaften Rivalen abgibt.

Sicher, bei Whisky fällt einem Schottland ein. In keinem anderen Land ist er so sehr unverzichtbarer Bestandteil der nationalen Kultur und Wirtschaft, und keines besitzt etwas den vielen Whiskybrennereien Vergleichbares. Und das, obwohl die Destillationskunst spät nach Schottland kam, das damals nicht eben leicht erreichbar war und teilweise auch heute noch mit Unzugänglichkeit gesegnet ist. Sie faßte in Schottland im 15. Jahrhundert Fuß, obwohl man – wie andernorts auch – Branntweine zuerst nur als Arznei ansah. Die Baderzunft erhielt 1505 das Herstellungsmonopol, aber schon bald mußte die Verletzung dieses Privilegs verfolgt werden.

In allen Ländern wurde anfangs ein Sprit gebrannt, der ohne kaschierende Aromatisierung, meist mit einer Kräutermischung, untrinkbar war. Schottland machte da keine Ausnahme. Als Rohstoff, aus dem man den Alkohol destillierte, dienten über die Jahrhunderte mehrere Getreidesorten, aber Malz wurde schon im 16. Jahrhundert bevorzugt. Um die Mitte des 18. Jahrhunderts wurden Branntweine mit und ohne Geschmacksverbesserung offenbar als zwei getrennte Arten angesehen und letztere »plain malt« genannt.

Als das schottische Parlament 1644 Getränke besteuerte, sprach die Verordnung englisch von »strong waters« (starken Wassern) und lateinisch von *aqua vitae*. Uisge

1824 bekam George Smith aus Glenlivet die Lizenz für seine Brennerei. Hundert Jahre später war die Brennerei schon weitgehend so ausgestattet wie heute. Noch immer benutzt man hölzerne Gärbehälter (»wash-backs« in Schottland). Unsere Bildfolge aus den 20er Jahren zeigt Gärung, Destillation und Füllung der Fässer in Smith's Brennerei Glenlivet.

beatha, usque baugh und andere schottisch- und irisch-gälische Abwandlungen waren wohl umgangssprachlich längst gang und gäbe und zu *usky* oder *wusky* verfälscht worden; behaupten jedenfalls die Iren. Förmlich anerkannt wurde das Wort *whisky* schließlich 1755 mit seiner Aufnahme in das Wörterbuch des – sonst eher schottenfeindlichen – frühen Lexikographen Dr. Samuel Johnson.

Die ersten »starken Wasser« auf den Britischen Inseln waren wahrscheinlich Wein- und Apfelbrände aus Spanien und Frankreich. Solche Importe wurden von Wilhelm von Oranien verboten, dessen holländische Herkunft dem Gin half, Englands Nationalschnaps zu werden. Der *Genever* aus Leiden und Schiedam wurde zum trockenen Gin Londons und Plymouths. Whisky wurde Schottlands Nationalbrand.

Durch die Vereinigung von England und Schottland 1707 wurde Whisky paradoxerweise erst richtig als besonderes Produkt der Nation im Norden begriffen. Die Union – samt Behörden und Steuern, die ihr folgten – wurde von den Schotten, vor allem den rauhen und isolierten Bewohnern der Highlands und Inseln, nicht eben begeistert aufgenommen. Als eine der vielen Maßnahmen zur Förderung und Besteuerung des Brennereiwesens wurden 1784 Schottlands Grafschaften in Lowlands und Highlands geteilt, und diese Linie hat sich bis heute in den regionalen Benennungen der Brennereien erhalten. Da die Hochland- und Inselbewohner durch Granit und Torf fließende Gebirgsbäche besaßen, hatte ihr Whisky zweifellos am meisten Charakter, und die gesetzliche Trennung konnte seinen Zauber nur noch verstärken.

Bei allen Nachteilen, die die Vereinigung von England und Schottland brachte, stellte das (einwohnermäßig) größere Land einen hervorragenden Markt für die Erzeugnisse des kleineren dar. Da die Berge und Breitschwerter nach gängiger englischer Vorstellung gleich hinter der Grenze anfangen, konnte Schottlands Brennereigewerbe sich diesen Zauber zunutze machen.

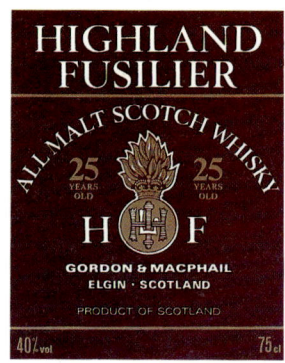

Das Wort »Highlands« beschwört noch immer die Mischung aus Wildheit und warmem Kaminfeuer herauf, die der Hintergrund für echt schottischen Whisky ist. Die Schotten haben einen Hang zu Kürzeln wie »Hielanman« (»Highland Man«). »Liqueur Whisky« hat mit Whiskylikör allerdings nichts zu tun.

Allerdings fanden die Engländer die schottischen Whiskys ein wenig wuchtig. Jeder Scotch wurde damals, wie die meisten heute noch, in einem einfachen Kupferkessel nur aus Malz gebrannt. Dieser sogenannte »Pot« produziert schubweise. 1826 erfand ein Mitglied der Brennerfamilie Haig, *Robert Stein,* eine neue Destillationsmethode, die weitaus weniger wuchtige Whiskys mit leichterem Körper aus billigerem Korn erzeugte, und das kontinuierlich. Sein Kolonnenapparat, die »patent still«, war säulenförmig und konnte mit ungemälzter Gerste beschickt werden; heute nimmt man überwiegend Mais. Die Patent-Still revolutionierte Schottlands Whiskyindustrie, und bald schon entwickelte ein Mann mit dem wunderlichen Namen Aeneas Coffey eine verbesserte Ausführung. Noch wunderlicher als Whisky aus dem »Kaffeeautomaten« ist es, daß Coffey früher Steuereinnehmer in Irland war.

Die traditionellen Malt Whiskys wurden weiter produziert. Etliche gab es stets als »Single«, aber das Gros der Produktion wurde allmählich verschnitten. Im großen kommerziellen Maßstab begann die Edinburgher Firma *Andrew Usher* mit dem Blending, was anfangs hieß, daß mehrere verschiedene Malts in ein Faß (vat) wanderten, aber Grain Whiskys wurden bald schon zu einem wichtigen Element, ergaben sie doch ein weniger wuchtiges Produkt für den breiteren Geschmack.

Die klassischen Malt Whiskys kommen immer noch von den Highlands und Inseln, wo Wasser und Torf ihren Geschmack prä-

gen. Aber die nüchterneren Grain-Destillate werden vor allem in den Lowlands erzeugt, näher den Märkten – den großen schottischen Städten und Häfen – und England. Der finanzielle Aufschwung des Gewerbes fand unter den Grain-Brennern und Blendern statt, aus denen heraus auch die DCL entstand und sich ein organisierter und starker Wirtschaftszweig formte.

Eine turbulente Phase erlebte die schottische Whiskyindustrie zu Beginn dieses Jahrhunderts. In der *Reblauskrise* hatte in Frankreich die Reblaus Phylloxera die Weinberge verheert. Eine Wein- und Weinbrandknappheit war die Folge. Britische Pubs verkauften aus allem, was schlecht war, gepanschte Brandys. Darauf beschlossen einige Londoner Stadträte, für den trinkenden Bürger eine Lanze zu brechen. Denn nach dem Lebensmittelgesetz gehörte es auch zu ihrer Pflicht, für ordnungsgemäße Ware in den Pubs ihres Bezirks zu sorgen. Ein Musterprozeß verlief erfolgreich. In Islington, einem Londoner Bezirk, wurde daraufhin 1905 gerichtlich darüber befunden, ob nur Pot-Still-Produkte sich »Whisky« nennen durften oder auch mit »Patent«-Destillaten verschnittene. Das Urteil lautete, nur Pot-Still-Whisky sei des Namens würdig. Eine Berufung blieb erfolglos. In ihrer Existenz durch ein Urteil dieses kleinen Amtsgerichtes bedroht, drückte die mächtige DCL mit ihrer Lobby dann eine Königliche Kommission durch. Nach 37 Sitzungen und 116 gehörten Zeugen beschloß die Kommission 1909 zur Erleichterung der DCL, beide Whiskys anzuerken-

nen. Whisky wurde als Destillat definiert, das mit oder ohne Getreidezusatz aus Malz gebrannt ist. Ein kleiner Teil Malz muß benutzt werden, um die Verzuckerung der anderen Getreide zu erleichtern, so daß die Definition auch für hauptsächlich aus Mais gemachten Whisky gilt.

Die gesetzliche Definition wurde sechs Jahre später durch die zusätzliche Vorschrift einer Reifezeit von mindestens drei Jahren für Malt *und* Grain Whiskys in Blends erweitert. Gibt das Etikett ein höheres Alter an, muß dies auch für den Grain-Anteil gelten. Das Gesetz bestimmt, daß die Reifung in Fässern erfolgen muß, aber nicht die Holzsorte. Traditionell nahmen Scotch-Brenner gebrauchte Sherryfässer, oft aus amerikanischer Eiche. Obwohl man diese wegen des besonderen Charakters, den sie verleihen, immer noch nimmt, sind sie doch seltener geworden, seit die Briten Sherry in größeren Tanks importieren. Im Gegenzug hat die Verwendung von Bourbonfässern, auch aus amerikanischer Eiche, zugenommen. Selbst ein Single Malt-Brenner nimmt mitunter für sein Produkt eine wohlüberlegte Mischung aus Sherry- und Bourbonfässern verschiedenen Alters. Das ist in Schottland allgemein Brauch.

Scotch Whisky muß mit weniger als 94,8% Alkohol so gebrannt werden, daß das Destillat von den verwendeten Rohstoffen Aroma und Geschmack annimmt. Am allerwichtigsten ist vielleicht, daß ein Scotch eine klare Bedingung erfüllen muß: In Schottland gebrannt und gereift zu sein. Dies wurde 1909 erstmals zum Gesetz erhoben.

Die Lowlands

Wie zu erwarten, zeichnen sich die Lowlands, das schottische Tiefland, weder durch plätschernde Gebirgsbäche aus noch durch sturmgepeitschte Torfmoore. Folglich schmecken ihre Whiskys traditionell weniger nach Granitquellen und Torf als nach milder Malzsüße und einer Art Fruchtigkeit der Hefe.

Da Scotch, dem Image zufolge, dramatischen Landschaften entspringen und entsprechend schmecken muß, standen die Erzeugnisse der südlichen Brennereien, wenigstens bei Freunden der Single Malts, jahrelang niedrig im Kurs. Wegen ihres dezenten Geschmacks werden Lowland Malts inzwischen auch als »Hintergrund« in Blends benutzt, wobei die Malts anderer Regionen den Ton angeben. Aus diesen beiden Gründen genießen Lowland Malts ein geringeres Ansehen, als sie verdienen. Dies wird neuerdings, bei der breiteren Hinwendung zu Single Whiskys, allmählich erkannt.

Die Lowlands sind zwar nicht sehr gebirgig, aber weder flach noch langweilig. Das Land legt die Verwendung von Torf nicht eben nahe, aber verbietet sie auch nicht. Brennereien, die selbst mälzen wollten, konnten andernorts Torf kaufen; heute kaufen die meisten gleich das fertige Malz. Indessen hat die Tradition den Lowlands einen eigenen Stil verschafft: jene milde Süße und Fruchtigkeit ihrer Malts. Dem Whiskyfreund, der auf den Single Malt-Geschmack kommen will, bieten die Lowland-Marken eine behutsame Einführung. Der kundige Liebhaber schätzt ihre regionale Eigenart und den würdigen Kontrast zu den torfigeren und trockeneren Whiskys anderer Landesteile.

Für die Lowland-Whiskys ist der Single Malt der Brennerei *Glenkinchie* ein gutes Beispiel. Sie liegt nahe dem Dorf Pencaitland, etwa 25 km östlich von Edinburgh, zwischen den sanften, grünen Lammermuir Hills und den kleinen Seebädern, wo Förde und Meer sich treffen. Die Brennerei wurde nach 1830 gegründet, zwischen den beiden Weltkriegen weitgehend umgebaut und hat ein kleines Museum. Sie gehört der Firma *Haig* von *DCL*. Der Whisky hat ein zugleich rauchiges und mildes Aroma, das schwach an einen Hickoryholzgrill erinnert. Der Geschmack ist ziemlich süß, weich, mit angenehm trockenem Abgang. Ein oder zwei Abfüllungen sind davon erhältlich, aber keine von der Brennerei selbst.

Edinburgh selbst hat nur zwei Grain-Brennereien – und natürlich etliche namhafte Blender –, aber ein weiterer Single Malt stammt aus dem alten Städtchen Linlithgow nahe der Firth of Forth. Leider hat die dortige DCL-Brennerei *St. Magdalene* in den letzten Jahren nicht produziert, aber ab und zu findet man noch eine Abfüllung ihres Whiskys. Er hat ein leichtes Raucharoma, einen süßen Geschmack und zeichnet sich durch einen anhaltenden, extrem trockenen Abgang aus.

Der bekannteste, oft klassisch genannte Lowland Malt kommt etwas weiter westlich aus Falkirk, einer kleinen, alten Industriestadt, wo im späten 18. Jahrhundert Nelsons Carronaden-Haubitzen hergestellt wurden. Zu diesem frühindustriellen Motiv paßt der Forth-Clyde-Kanal, neben dem die Brennerei *Rosebank* steht, deren älteste Gebäude zwischen 1850 und 1870 gebaut wurden. Rosebank benutzt das weiche städtische Wasser und maischt in einem traditionellen gußeisernen Bottich mit blankpoliertem Kupferaufsatz. Die Gärung erfolgt in gut erhaltenen *wash-backs* aus Lärche, die in einer scheunenartigen Halle in einen Lattenrostboden eingelassen sind. Sie ist eine der wenigen Brennereien, die das alte Dreistufenverfahren praktizieren: Zwischen Wash-Still und Spirit-Still (Rauhbrand- und Feinbrandkessel) steht noch ein weiterer Brennkessel. Diese Dreifachdestillation trägt zu Rosebanks leichter, sauberer, zarter Qualität bei. Der Whisky ist in Duft und Geschmack mild, leicht fruchtig mit dezenter Süße und etwas trockenem Abgang mit Sherrytönen. Dreifach destillierte Whiskys reifen rasch, und die Brennerei verkauft ih-

In diesem Fall dient das Wasser nicht für einen Whisky, sondern ist ein kleines Stück des Forth-Clyde-Kanals. Die Brennerei Rosebank liegt in der Mitte des Central Valley im schottischen Flachland.

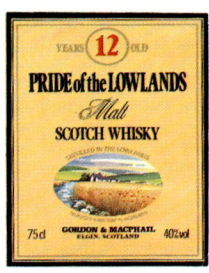

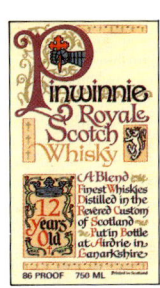

Aromatische Lowlands, auch in der Vatted-Malt-Serie »Pride« von Gordon & MacPhail. Pinwinnie, mild und schwach süß, ist ein De-Luxe-Blend mit Lowland-Akzent.

ren Single Malt gewöhnlich mit 8 Jahren, während einige ihrer Kollegen ein höheres Alter bevorzugen. Rosebank wird von der DCL-Tochter betrieben, die auch den Blended Whisky *King George IV* herausbringt.

Zwischen Forth und Clyde bildet das Central Valley mit Schafzucht auf den sanften Hängen und Industriestädten im Hinterland die Achse der Lowlands. In einer dieser Industriestädte, Airdrie, wurde eine Papierfabrik in eine Grain-Brennerei umgewandelt und eine Malt-Brennerei errichtet, beides 1965 von *Inver House*, einem Ableger der amerikanischen Firma *Publicker*. Der Moffat genannte Komplex brachte einige Jahre lang einen Single Malt namens *Glen Flagler* heraus, einen typischen Lowland Malt mit mittelsüßem Geschmack, der seit einiger Zeit nicht mehr zu haben ist. Die Firma hat aber noch einen De-Luxe-Blend namens *Pinwinnie*, der sich in den USA gut verkauft.

In einer Mulde zwischen den Kilpatrick Hills und dem Clyde versteckt, am Nordrand des Einzugsgebietes von Glasgow, liegt die Brennerei, die einen immer bekannter werdenden Single Malt mit dem herrlichen Namen *Auchentoshan* erzeugt (Otschentoschen gesprochen). Als von der Brennerei abgefüllter Single Malt ist er vielleicht nicht gerade klassisch, aber ein gutes Beispiel für

den Lowland-Stil. Sein frisches Aroma, sein bemerkenswert leichter Körper – süß, aber nicht klebrig – und sein sanfter Abgang kommen gut in der fünfjährigen Version heraus. Er wird auch mit acht Jahren abgefüllt, wenn Aroma und Geschmack etwas reifer und voller geworden sind; mit 10, leicht trocken; und mit 12 und 18, inzwischen sehr weich und mit leichten Holztönen. Die lokale Wasserversorgung aus dem Loch Cochno speist die Brennerei. Es gibt vier verschiedene Hefen. Die Gärung findet in *wash-backs* aus Lärche und aus Stahl statt. Die Brennerei hat ein besonders strenges Verfahren der Dreifachdestillation, auf das sie sehr stolz ist.

Wer die Lowlands besucht und sehen will, wie dort Single Malts produziert werden, geht am besten zu Auchentoshan als hervorragendes Beispiel einer Lowlands-Malzbrennerei. Besuchergruppen sind willkommen. Die Brennerei wurde um 1800 gegründet, nach dem Zweiten Weltkrieg stark umgebaut und 1974 neu eingerichtet. Sie hatte mehrere Besitzer und wurde 1894 von der Firma Stanley P. Morrison als Ergänzung zu ihren exzellenten Islay- und Highland-Brennereien Bowmore und Glen Garioch erworben. Diese dynamische Firma, ursprünglich waren es Whiskymakler, stieg in den 60er Jahren ins Brennereigeschäft ein.

Trickreiche Lowlands: Dreifachdestillation bei Auchentoshan, die urige alte Brennerei Littlemill und die Pot-Column-Stills bei Loch Lommond, einer »Highland«-Brennerei in den Lowlands.

rei zu sein. 1875 wurde sie umgebaut. Little-mill war einige Jahre im Besitz von *Argyll* und wurde später von einer Firma gekauft, die jetzt als *Barton International* arbeitet. Argyll besaß auch eine Schwesterbrennerei auf einem Industriegelände in Alexandria, das etwa 8 km nördlich in Richtung Loch Lomond liegt. Die Industriumgebung sieht eindeutig nach Lowlands aus – die Brennerei steht in einer umgewandelten Baumwollfär-berei –, aber der Platz liegt um Haaresbreite über der Highland-Grenze. Die Brennerei hat einen romantischen Namen: *Loch Lo-mond.*

Littlemill und Loch Lomond haben beide ungewöhnliche Brennapparate, die den tra-ditionellen »Pot« und eine Rektifiziersäule in sich vereinigen und Whiskys mit unter-schiedlichem Körper erzeugen können. Loch Lomond produziert zwei Malts, einen Littlemill ähnlichen und einen leichteren, trockeneren. Beide werden bis jetzt noch nicht als Singles verkauft. Argyll stieß die Brennerei an *Inver House* ab, die sie ihrer-seits an eine unabhängige Firma namens *Glen Catrine* veräußerte, die Whiskys la-gert, blendet und abfüllt. Nach dem Erwerb von Loch Lomond brachte diese Firma den Vatted Malt *Inchmurrin* heraus, einen leich-ten Typ mit würzigem Charakter.

Glasgow ist heute in diesem Teil Schott-lands, Strathclyde, die beherrschende Stadt. *Dumbarton* andererseits war Hauptstadt, als Strathclyde ein Königreich war. In der großen Schiffsbauzeit am Clyde waren Glasgows Schiffe größer als Dumbartons, aber was Whisky anbelangt, liegen die Dinge nicht so klar. Glasgow ist die Zentrale vieler Blender und Makler, aber es hat nur zwei Grain-Brennereien. Einer davon, *Strathclyde* genannt, ist eine Malt-Brennerei angegliedert, die aber abgebrochen wurde (ein Jammer, denn *Kinclaith*, ihr Single Malt, besitzt einen verführerischen fruchti-gen Geschmack, der an die leckere Kombi-nation einer mit Ingwer bestäubten Melo-nenscheibe denken läßt). Dumbarton ist viel kleiner und mit seinen Lagerhäusern an den Hauptstraßen offensichtlicher eine Whisky-stadt.

Ein weiterer für die Lowlands typischer Single Malt wird an der alten Straße Glas-gow-Dumbarton erzeugt: *Littlemill.* Er ist mit fünf und acht Jahren erhältlich, zeigt aber seinen Charakter viel besser mit höhe-rem Alter. Als 12jähriger wird er gern in Blends benutzt. Littlemill hat ein frisches Aroma mit mildem Bukett. Der Geschmack ist mild, malzig und würzig, mit sanftem, leicht öligem Abgang. Littlemill liegt eben-falls unterhalb der Kilpatrick-Hügel und be-zieht das Wasser von einem Waldbach. Die Mälzerei, eine frühe automatisierte Form, steht auf einer Seite der Straße und die klei-nen, überwachsenen Gebäude der Brennerei gegenüber um einen offenen Hof herum. Sie soll 1772 gegründet worden sein und bean-sprucht für sich, Schottlands älteste Brenne-

Der Bau von Ballantine's Brennereienkonglomerat wacht über den Leven, der einem seltenen Whisky seinen Namen leiht.

»Dum« heißt »Fort«, »Barton« ist eine Verballhornung von »Briton«. Ein früher Stamm Briten hatte hier ein Fort, auf dem vulkanischen Felsen am Zusammenfluß von Clyde und Leven, der vom Loch Lomond geflossen kommt. Dumbarton Rock war bestimmt schon im 5. Jahrhundert eine Feste und wird von einer hauptsächlich im 17. und 18. Jahrhundert gebauten Burg gekrönt. Felsen und Burg überragen die Stadt, und davor erhebt sich das rote Backsteingebäude aus den späten 30er Jahren mit *Hiram Walkers* Ballantine-Komplex, der zwei Brennereien beherbergt. Eine brennt Grain, die andere erzeugt zwei Malt Whiskys mit verschiedenen Namen.

Beide Malts werden aus derselben vergorenen Würze produziert, aber in verschiedenen Stills. Obwohl der Unterschied zwischen den beiden Produkten fein ist, hat jedes einen eigenen Namen, damit die Blender auch genau wissen, was sie bekommen. Eine der Stills, die entfernt mit einem Brennkolben für Branntwein verwandt ist, produziert einen Whisky namens *Lomond*, der noch nie zum kommerziellen Verkauf abgefüllt wurde. Den »Kolben« nennt man eine Lomond-Still; er erbringt einen schweren, »öligen« Whisky. Die andere, etwas normaler geformte Still produziert einen Whisky namens *Inverleven*. Obwohl von der Brennerei nicht als Single Malt vertrieben, findet man ab und zu eine Abfüllung. Er hat ein zart fruchtiges Aroma, eine herbe Süße im Geschmack und einen überraschend vollen Abgang.

Die meisten Lowland-Brennereien liegen im Clyde-Forth-Gürtel, aber zwei oder drei auch weiter im Süden. *William Grant* hat zwei moderne Brennereien – eine für Grain, die andere für Malt – in Girvan, einem Seebad an der Ayrshire-Küste. Ihren leicht süßen Malt Whisky *Ladyburn* bringt die Brennerei nicht als Single auf den Markt, wenn man auch dann und wann eine Abfüllung findet. Besucher sind gern gesehen. Es gibt

im Whiskygeschäft ungefähr ein halbes Dutzend Firmen mit dem Namen Grant. Diese, ein Familienbetrieb, ist am ehesten für ihren Speyside Single Malt *Glenfiddich* und ihre Blends bekannt.

Wer Ayrshire besucht und viele Single Malts probieren möchte, findet im *Turnberry Hotel* nördlich von Girvan eine gute Auswahl. Dieses eduardianische Hotel ist auch für seine zwei Meisterschafts-Golfplätze bekannt. Der eigentliche *Johnnie Walker* war ein Ayrshirer, der Mitte des 19. Jahrhunderts in Kilmarnock Whisky verschnitt und Lebensmittel verkaufte. Johnnie Walker, der meistverkaufte Whisky der Welt, wird immer noch in Kilmarnock abgefüllt. Allerdings kann man vom heutigen Johnnie-Walker-Whisky keinesfalls behaupten, er besäße Lowlands-Charakter, falls er den überhaupt je hatte.

Die südlichste aller Brennereien ist *Bladnoch*, am gleichnamigen Fluß, in Wigstown auf Galloways Halbinsel Machars. Dieses idyllische Eckchen ist reich an keltischer Geschichte und erlebte die Anfänge des Christentums in Schottland. Auch Robert the Bruce hat hier gewirkt. Die Brennerei wurde Anfang des 19. Jahrhunderts gegründet, schloß 1938, öffnete in den 50er Jahren neu und hatte mehrere Besitzer. 1983 wurde sie von Bell's gekauft. Der Whisky wird als 8jähriger Single Malt vertrieben. Er hat einen leichten Zitrusduft, schmeckt süß und eindeutig nach Lowlands.

LOWLAND-WHISKYS – EIN GESCHMACKSFÜHRER

Wer auf die sanfte Art ins Land der Single Malts Eingang finden will, kann es über die Lowlands versuchen. Die Malts dieser klassischen Region sind im großen und ganzen mild, etwas süß und oft leicht. Ihre fehlende Intensität ist oft ein Grund, weshalb man kaum Notiz von ihnen nimmt.

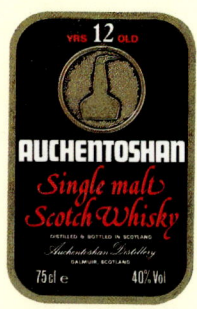

Auchentoshan ist einer der wichtigsten Malts aus den Lowlands. Er hat ein frisches Aroma, ist leicht süß und doch nicht klebrig. Er hat einen guten Abgang, der im ausgewogenen 12jährigen schön zur Geltung kommt.

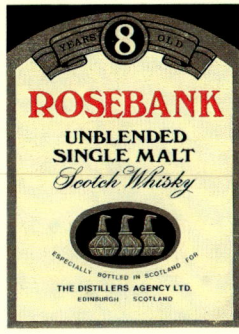

Rosebank gilt meist als klassische Marke der Region. Ein sehr zarter, hintergründiger, eleganter Malt mit Elementen von Frucht, leichter Sherry-Süße und – im Abgang – Trockenheit.

Littlemill, ein klassischer Lowland, schmeckt ausgesprochen mild, malzig und aromatisch. Manche finden ihn unangenehm, andere dagegen, er sei ideal zur Stärkung nach einem Spaziergang.

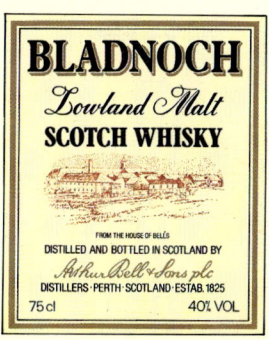

Bladnoch, jahrelang schwer erhältlich, wurde Mitte der 80er Jahre durch Bell's besser vermarktet. Mit sehr zartem Aroma von ausgeprägtem Zitronencharakter, wirkt aber in seinem süßen Geschmack voller.

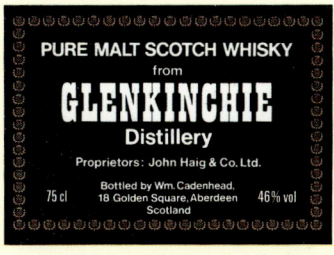

Glenkinchie, der trockenste Lowland Malt, deutlich rauchig. Nicht ganz so leicht im Körper wie manche seiner »Nachbarn«. Die Brennerei selbst verkauft ihren Whisky nicht als Single Malt.

St Magdalene hat Seltenheitswert, da die Brennerei geschlossen wurde. Dieser Single Malt hat etwas Rauch, einen vollen, süßen Geschmack und einen ziemlich bitteren – vielleicht »fauligen« – Abgang.

Inverleven, nur selten in der Flasche. Mit zartem Aroma – Spuren von Rauch und eindeutig Frucht –, herber Süße im Geschmack und einem vollen Abgang. Eine Ballantine-Komponente.

Ladyburn findet man nur selten in der Flasche. Bourbon-Aroma und leicht süßer Geschmack, der sich zu einem überraschend mächtigen, nachhaltigen, trockenen Abgang entfaltet. Ein Lowland-Partner von Glenfiddich.

Kinclaith für Sammler von Raritäten. Die Brennerei steht nicht mehr, aber der Malt ist noch zu bekommen. Er hat Spuren von Ingwer im Aroma und Süße ähnlich einer Melone.

Campbeltown

Die Campbeltown-Region produziert einen eigenen Likör. Sconie ist nicht ganz so süß wie manche anderen Whiskyliköre.

Nebel von der See auf der Halbinsel Kintyre, ganz wie Paul McCartney es besungen hat. Vieh weidet an der Straße zum Campbeltown Loch.

Paul McCartney hat der Welt vom Mull of Kintyre vorgesungen, wo er einen Wohnsitz hat, aber vergessen, seine klassischen Whiskys zu erwähnen. Ein Mull – das Wort wurzelt im Isländischen und Gälischen – ist ein Vorgebirge. Das Mull of Kintyre hängt so locker am Südwesten Schottlands, daß es fast eine Insel ist. Es schiebt sich zwischen eine Gruppe Inseln und wird zu Verwaltungszwecken manchmal als eine betrachtet. Am Fuße des Mull of Kintyre, an seiner Ferse, liegt das Städtchen Campbeltown, die kleinste Whiskyregion. Es ist die einzige Stadt auf dem Mull of Kintyre, mit einem Hafen an einer Bucht, die Campbeltown Loch heißt und in einem populären schottischen Liedchen voll Whisky ist.

Von Glasgow aus fährt man drei Stunden: nach Norden an den Ufern des Loch Lomond entlang, nach Westen durch Bergpässe an der Spitze der Grampians, dann nach Süden am Loch Fyne entlang, der für seine Räucherheringe berühmt ist. Die letzten 50 km fährt man hoch über der felsigen Küste von Kintyre und kann auf den Morgennebel niederschauen, der gespenstisch vom Meer hereinrollt. Wenn die Destillationskunst wirklich, wie manche meinen, den Nebeln des Westens entstieg, dann darf man wohl annehmen, daß sie zuerst in diesem Landesteil ankam. Ganz früher war Kintyre ein Schwarzbrennerparadies, und bei seinem Reichtum an Gerste und Torf wurde es eines der ersten Zentren kommerzieller Produktion. Hier war das einzige Kohlebergwerk in den Western Highlands, das Heizstoff für die Stills lieferte, und in seinen geschützten natürlichen Hafen konnten Dampfer einlaufen. In seiner Blütezeit Anfang bis Mitte des 19. Jahrhunderts hatte Campbeltown etwa 30 Brennereien, aber seitdem ging es stark bergab. Das Kohlebergwerk war völlig abgebaut, der Trend wechselte von vollaromatischen westlichen

CAMPBELTOWN-WHISKYS – EIN GESCHMACKSFÜHRER

Die kleinste der klassischen Single-Malt-Regionen ist Campbeltown.
Sie besteht nur aus einer Stadt, und auch die ist ziemlich klein.
Heute hat sie nur zwei Brennereien, und keine produziert mehr.
Doch die ausgereiften Whiskys von Campbeltown genießen noch Wertschätzung.

Springbank wurde als »Premier Grand Cru Classé« bezeichnet. Die meisten Liebhaber von Single Malts würden diesen vollen, schweren Whisky sicher zu der Handvoll ihrer Favoriten zählen. Er gilt allgemein als klassische Marke der Region.

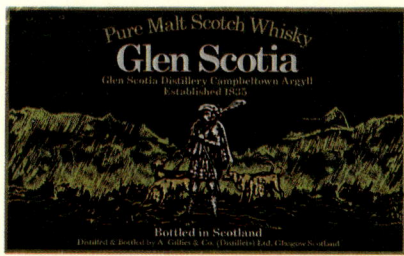

Glen Scotia ist als Name zu allgemein, da ein so benannter Whisky von überallher aus Schottland kommen könnte. Aroma, Geschmack und Abgang jedoch verraten stolz Campbeltowner Art. Ein unterschätzter Single Malt.

Scotia Royale, ein De-Luxe Blended Whisky, trägt den Namen der Brennerei, aus der er stammt. Ein eleganter Blend mit einem Hauch von Campbeltown und der für das Haus charakteristischen Frische.

Longrow ist ein ganz aus torfgetrocknetem Malz gemachter Campbeltown-»Single«. Seine Torfigkeit ist aber gut mit malziger Süße ausgewogen. Ein kerniger »Erwecker« mit dem für Campbeltown typischen langen Abgang.

Royal Culross müßte dem Namen nach in die Grafschaft Fife auf der gegenüberliegenden Seite Schottlands gehören, ist aber ein Vatted Malt aus Campbeltown (mit Glasgower Adresse).

Old Court ist ein ebenfalls zur Brennerei Glen Scotia gehöriger Standard-Blend. Für einen solchen ist er recht füllig.

Whiskys zu den weicheren aus Speyside, und die Wirtschaftsentwicklung kehrte sich gegen die ältesten kleinen Brennereien. Vielleicht aus Verzweiflung versetzten mehrere Campbeltown-Brenner sich selbst den Todesstoß, als sie während der Prohibition »Bootleg«-Whisky zum Einschmuggeln auf den amerikanischen Markt lieferten. Die Nachfrage war so groß, daß Qualität der Quantität geopfert wurde, worunter Campbeltowns Ruf litt.

Die zwei Brennereien, die sich seit dem Zweiten Weltkrieg gehalten haben, haben einige köstliche, sehr eigene Flaschen-Single-Malts erzeugt, deren Charakter zeigt, daß Campbeltown in der Welt des Whiskys nicht so hätte zurückstecken sollen. In ihrer Blütezeit waren Campbeltown-Whiskys für ihre Geschmackstiefe berühmt, und eben die gaben sie später an die Blends ab. Aber nicht nur Tiefe, sondern einen ganz eigenen Campbeltown-Charakter haben sie.

Dessen Geheimnis liegt zum Teil im schwachen Torfen. Dadurch bleibt in den Campbeltown-Malts ein anderes Geschmackselement besonders deutlich erhalten: salzige Frische, die vom Meer kommt. Das wird nicht jedermann glauben mögen, aber die Indizien sprechen für sich: Campbeltown liegt auf einer schmalen, offenen Halbinsel. Die Seenebel auf Kintyre sind nicht zu leugnen, und daß sie bei der Reifung von den atmenden Fässern aufgenommen werden, liegt nahe. Manche Leute im Whiskygeschäft meinen, daß die salzige Atmosphäre auch die Erdfußböden der Lagerhäuser durchdringt. Auch diese Theorie klingt einleuchtend.

Dieses »Seenebel«-Aroma ist am frischesten in *Glen Scotia*, dem Single Malt der gleichnamigen Brennerei. Er hat ein großartiges, mächtiges Aroma, einen weichen, salzigen Geschmack und einen warmen Abgang. Er ist als 5jähriger zu haben, aber eher noch 8jährig. Die Firma hat auch einen körperreichen, würzigen Vatted Malt namens *Royal Culross*, der ursprünglich an den gleichnamigen Burgflecken in Fife auf der anderen Seite des Landes geliefert wurde. Dann einen weichen, eleganten, leichteren

12jährigen Blend, *Scotia Royale;* einen Haus-Blend mit ziemlich vollem Körper, *Old Court;* und den Whiskylikör *Sconie*, der nicht ganz so süß ist wie das bekannteste Beispiel seiner Art, der *Drambuie*. Die Brennerei Glen Scotia stellte 1983 zeitweise die Produktion ein, hielt aber ihr, oft gußeisernes, Gerät in hübsch rot gestrichener Ordnung. Die um 1832 gegründete Brennerei wird von einem dreistöckigen Gebäude mit zwei kleinen Lastengiebeln beherbergt. Angeblich spukt darin der Geist eines Besitzers, der sich, um eine große Summe Geldes betrogen, im Loch ertränkte. An der Ecke des Anwesens stand einmal ein Lebensmittelladen, der Jim Gullivers Vater gehörte. Die Brennerei gehörte seinem Vater zwar nie, wohl aber dem Magnaten *Gulliver*, bis

dieser sie dann später an *Barton International* abstieß.

Vom Hang hinter Glen Scotia kann man über den Hafen auf die Stadt sehen und drei oder vier Brennereien ausmachen. Es gibt auch eine große Zahl Kirchen, etliche davon von Brennern gestiftet, die sich ihren Platz im Himmel sichern wollten, vor allem während der Abstinenzära Mitte des 19. Jahrhunderts. Neben einer Kirche liegt die Brennerei *Springbank*. Um einen Hof angelegt und mit eigener, nicht mehr benutzter Mälzerei hat diese sehr traditionelle Fabrik seit einigen Jahren nicht mehr produziert, aber lagert noch Whisky. Sie hat drei Stills, die aber keine Dreifach-Brennanlage darstellen. Sie erzeugt einen kernigen, stilvollen Single Malt.

Bei Springbank fällt Campbeltowns »Seenebel«-Charakter rund und tiefgründig aus, mit langem Abgang. Springbank wird von der Brennerei in vielen Altersstufen abgefüllt, von 5 bis 50 Jahren. Die Hauptversion ist der 12jährige, der von einem erlesenen Forum, das 1983 für die Londoner »Times« eine »Blindverkostung« durchführte, einstimmig zum »Premier Grand Cru Classé« erklärt wurde. Ein so einstimmiges Urteil ist selten bei Whiskyproben, und bei dieser waren sogar alle klassischen Marken vertreten. Die Vorsitzende war die Weinkolumnistin Jane MacQuitty, mit einem der feinsten Gaumen in Großbritannien. Springbank gibt es mit üblichem Alkoholgehalt und mancherorts in Faßstärke von 57 Vol.%. Die Brennerei hat auch einen zweiten, torfi-

geren Malt, *Longrow*, den es in der Flasche mit 12 Jahren und 46% gibt. Weiterhin gibt es zwei Blends, den *Premium Campbeltown Loch* und die preiswertere Abfüllung *Eaglesome's*, benannt nach dem Whisky- und Lebensmittelladen am Ort. Ungewöhnlich an der Brennerei ist, daß sie ihre eigene kleine Abfüllanlage hat, die auch *Cadenhead* für seine Kollektion von Single Malts benutzt. Springbank, Eaglesome's und Cadenhead gehören zusammen. Cadenhead hat einen hervorragend weichen und malzigen Blend namens *Putachieside*.

Springbank soll 1828 gegründet worden sein und ist seit Mitte des 19. Jahrhunderts im Besitz derselben Familie. In ihrem Angebot von Keramikgefäßen und Miniflaschen hat sie ab und zu Vatted Malts zum Geden-

ken an andere Campbeltown-Brennereien wie Glengyle, Rieclachan, Springside, Toberanrigh, Longrow und Drumore herausgebracht. Auch wenn es sie nicht mehr gibt, so kann man doch immer noch auf sie trinken.

Indessen schlingt sich die hügelige kleine Steinhausstadt rings um den Hafen, baut und repariert Fischerboote und wirft auch mal Schleppnetze aus. Im Haupthotel an der Hafenfront hängt ein altes Foto, auf dem Hunderte von Fässern auf der Mole liegen. Ein eindrucksvolles Bild, nur enthielten sie nie Whisky; es waren Heringsfässer.

Campbeltown (links) ist immer noch ein stolzer Name in der Whiskybranche, trotz des Niedergangs seiner Industrie. Es ist eine Ein-Stadt-Region, wo Meer und Berge eine lockere westliche Halbinsel bilden. Die einfache Zeichnung des Brennhauses (rechts) bei Springbank aus den Tagen der Kohlefeuerung gibt einen klaren Eindruck. Sechs berühmte Campbeltowner Brennereien leben, wenn auch nur dem Namen nach, in einer Reihe von Miniflaschen (mit gleichem Inhalt) fort, die von Springbank abgefüllt werden.

Islay

Der wuchtigste aller schottischen Whiskys kommt von der Insel Islay. Für manche Liebhaber stellen die Worte »Islay Single Malt« die heiligste Anrufung in der Whiskysprache dar. Auf englisch wird Islay »Ailäi« ausgesprochen. Die, bedauerlich wenigen, gälisch sprechenden Islayer sagen meistens »Ila«.

Islay ist eine der Südwestküste vorgelagerte schottische Insel der Inneren Hebriden und hat, obwohl nur 40 km lang, acht Brennereien. Ihre Whiskys sind doppelt scharf, vom Meer und vom Torf – eine intensive, aber glückliche Vermählung: Zuerst durchdringen die Inselbrisen – mit ihrem leichten Seetangaroma – den Torf, aus dem die Insel zum großen Teil besteht. Dann fließt das Wasser zur Whiskyherstellung in Bächen durch den Torf und nimmt das erdige Aroma zu den Brennereien mit. Manchmal wird dieses torfige Wasser beim Mälzen zum Einweichen benutzt. Dann wird der Torf selbst im Darrofen verbrannt und verleiht seine Schärfe dem Malz. Und schließlich dringt die Seeluft auch noch durch die atmenden Fässer in den Lagerhäusern, die alle an der Küste liegen, manche von der See bespült, in den Whisky ein. Im Winter weht eine steife Brise, und Salzablagerungen sind an Land sichtbar.

Obwohl manche der Burns (Bäche) im Fels entspringen, setzt der Torf sich stärker durch. Brenner witzeln, das Wasser auf Islay sei so voller Feststoffe, daß man darauf gehen könne, oder, das Leitungswasser sei so torfig, daß es wie Whisky schmecke – fast schon eine Beleidigung für die wunderbaren Whiskys von Islay.

Die Vermählung von Meer, Erde und Feuer (von der andernorts geernteten Gerste und der Lebenskraft der Hefe ganz zu schweigen) erzeugt stark torfige Whiskys mit ausgeprägtem Beigeschmack. Ihr Duft ist als »algig«, »jodig« oder »medizinisch« beschrieben worden. Von allen Whiskys sind sie die phenolhaltigsten. Ein torfiger Phenolduft ist den meisten schottischen Whiskys zu einem gewissen Grad eigen, er ist eines ihrer Kennzeichen, aber bei den Is-

lay Malts ist er am hervorstechendsten. In dieser Beziehung sind sie am schottischsten. Deshalb werden sie von Scotch-Begeisterten gepriesen und – in geringem Maß wegen ihrer Intensität – in fast allen Blends benutzt. Ihr Charakter ist es, der einen Blended Scotch unverwechselbar schottisch macht (und Leute mit zimperlichem Gaumen abschreckt).

Die Islay Malts sind beim Whisky, was Lapsang Souchong beim Tee ist. In der »stillen Jahreszeit« der Frühsommermonate, wenn die Brennereien für Wartungsarbeiten schließen, ziehen manche ihrer Arbeiter bei Tagesanbruch zum Torfstechen in das windige Moorgebiet im Landesinneren. Ihren Frühstückstee kochen sie über einem Torffeuer. Der Tee ist vollmundig, stärkend, zugleich trocken und dick, nachgerade teerartig. Er ist Inselschottlands erdiges Gegenstück zu Südchinas Lapsang Souchong.

James Hoggs Bemerkung, besonnenes Whiskytrinken könne einem die Unsterb-

lichkeit sichern, war wohl Wunschdenken. Auch schottische Whiskytrinker gehen hinüber, wahrscheinlich nach Islay zum ewigen Tröpfchen. Man kann auch konventioneller reisen. Mit der schottischen Binnenluftlinie Loganair braucht man im Achtzehnsitzer von Glasgow aus etwa eine Stunde. Eine Autofähre vom Mull of Kintyre aus braucht zwei. Fähren gehen dreimal am Tag, abwechselnd zum Süd- oder Nordhafen der Insel; vom ersteren aus gelangt man schneller zu den Brennereien.

Wenn die Fähre sich der Insel nähert, kommen nacheinander vier Brennereien in Sicht, deren Namen in großen schwarzen Lettern auf den weißen Gebäuden prangen: *Ardbeg,* mit dem eindringlichsten Whisky der Insel, den man nicht immer leicht bekommt; *Lagavulin,* mit ihrem äußerst trockenen, aristokratischen Whisky; *Laphroaig,* wohl der bekannteste Name, mit ihrem schweren, öligen, stark »algigen« Whisky; *Port Ellen,* mit ihrem aufreizend bitter-sü-

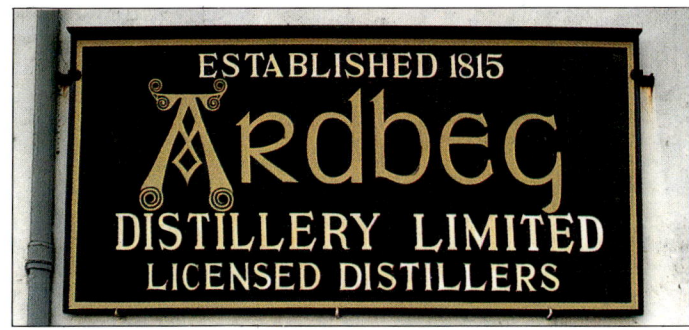

Die Fischerboote und trutzigen Häuschen schottischen Insellebens… Neben Schalentieren gibt es Wild, ein wenig Landwirtschaft, etwas Tourismus und Golf, aber Whisky ist Islays Haupterwerbsquelle.

ßen Whisky, der in der Flasche noch nie leicht zu finden war und immer rarer wird.

Selbst diese winzige Insel kennt regionale Unterschiede. Die meeroffene Südseite erzeugt salzigere Whiskys, und ihre Brennereien beziehen alle ihr Wasser aus Bächen und Seen des Torfmoors. Wo die Küste sich krümmt und in die Insel einschneidet, produziert die Brennerei *Bowmore* einen für Islay-Verhältnisse eher »mitteltrockenen« Whisky. *Bruichladdich*, um die Bucht herum, ist etwas sanfter. Auf der Nordseite hat *Bunnahabhain* einen noch milderen Whisky, aber *Caol Ila*, falls man ihn findet, durchbricht die Serie und ist überraschend torfig und trocken.

Als diese Brennereien gebaut wurden, war das Meer für alle der Hauptzugangsweg; das Innere der Insel ist verkehrs- und menschenarm (auf Islay leben nur 4000 Menschen). Die Brennereien haben – und nutzen manchmal – noch ihre eigenen Molen und liegen in kleinen Buchten, an einer Küste, deren Geschichte reich ist an Schmugglern und Briganten. Ihre Gebäude sind verwittert, oft weiß getüncht und gedrungen, manchmal in dem schmuddeligen Grauton, der auf den schottischen Inseln oft anzutreffen ist.

Das archetypische Beispiel ist die Brennerei *Ardbeg* an der Südküste, wo die Straße schlechter wird und eine kurze Piste zum Strand hin abfällt. Sie hat noch ihre eigene Mälztenne, und ihre Pagoden sind ungewöhnlich, weil ohne Ventilatoren. Der Effekt dabei ist, daß die torfigen Phenole wegen des fehlenden Luftzugs das Malz besser durchdringen, das dann beim Darren gewendet werden muß, damit es nicht schmort. Ungewöhnlich war auch, daß ausschließlich über Torffeuern gedarrt wurde. Es ist eher üblich, die Torfigkeit vorher durch Darren mit Trockenluft aus einer Ölfeuerungsanlage zu mildern.

Ardbeg ist die traditionalistischste Brennerei der Insel, obwohl die meisten in ihren Geräten und Methoden konservativ sind. Ardbegs Anfänge gehen auf das Ende des 18. Jahrhunderts zurück, aber die offizielle Geschichte beginnt um 1817. 1977 fiel sie an

Hiram Walker. Seit 1983 arbeitet sie nicht mehr. Damals wurde Ardbeg gerade als 10jähriger Single Malt in Firmenabfüllung allgemeiner erhältlich: ein erdiger Whisky mit kompromißlos torfigem Geschmack, veredelt durch einen vollen Sherryabgang.

Eine Meile weiter stehen die schmucken, cremefarbenen Gebäude der Brennerei *Lagavulin* direkt am Straßenrand in einer scharfen Kurve. Ein Schild erinnert Besucher daran, daß Lagavulin zur *White-Horse*-Gruppe von *DCL* gehört. Auf den ersten Blick könnte das Gebäude ein Wirtshaus »Zum Weißen Pferd« sein, aber dahinter sind rote Pagoden und nüchterne Zweckbauten, die zu einem Hafen hinunterführen. Auf einer Seite wird dieser von einer felsigen Landzunge geschützt und auf der anderen von einem langen hölzernen Landungssteg. Die an ihm vertäuten Boote gehören Brennereibeschäftigten, die in ihrer Freizeit Krabben und Hummer fangen. Man muß das Gewässer kennen, um hier zu segeln; die

Eine gespenstige Stimmung lag auf der Malzscheuer bei Ardbeg, als sie 1980 photographiert wurde. Obwohl die Brennerei 1983 die Produktion einstellte, weist sie weiter stolz mit ihrem Schild auf sich hin.

ISLAY-WHISKYS – EIN GESCHMACKSFÜHRER

Unter den westlichen Inseln Schottlands wird nur auf den Inneren Hebriden Whisky hergestellt. In dieser Gruppe gilt Islay als eigene, klassische Region. Andere Inseln haben nur ein oder zwei Brennereien, aber Islay ist übersät mit ihnen – und ihre intensiven Malts spielen in vielen Blends eine Charakterrolle.

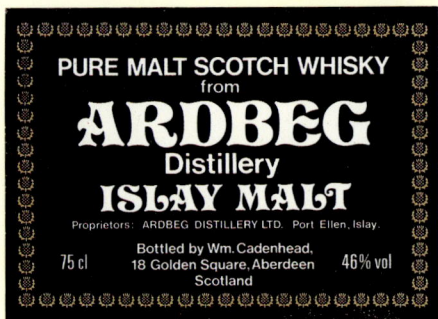

Ardbeg, Abfüllung Cadenhead

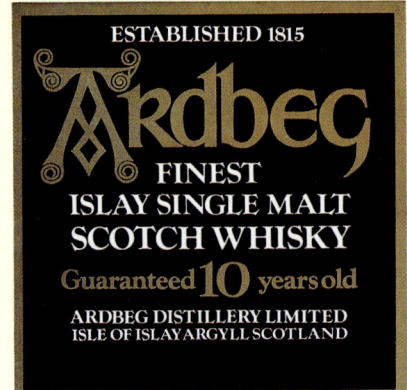

Ardbeg, Brennerei-Etikett

Ardbeg, Abfüllung Gordon & MacPhail

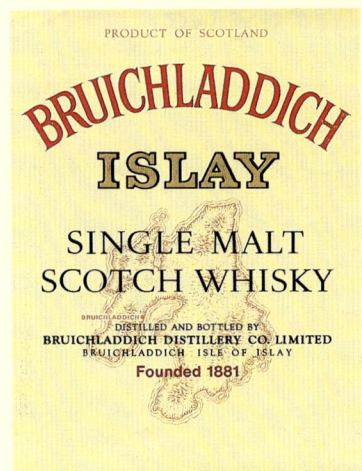

Bruichladdich, Brennerei-Etikett

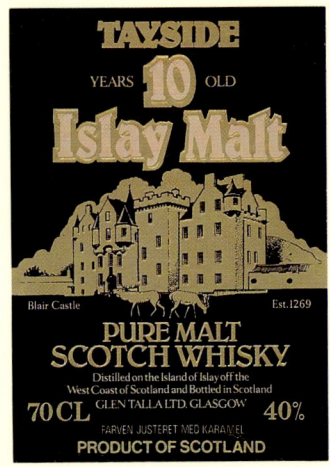

Tayside, Händlerabfüllung von Bruichladdich

Caol Ila (nur in Händlerabfüllungen), für einen Whisky von der Nordküste ziemlich torfig und trocken, mit rundem Körper und weichem Abgang. Bestandteil des Vatted Malt Glen Ila und der Blends von Bulloch & Lade.

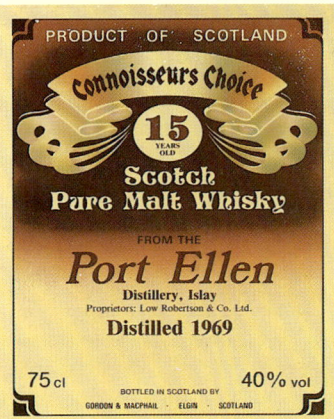

Ardbeg gehört mit seiner ausgeprägten und ausgewogenen Fülle zu den intensivsten Islay Single Malts, ist aber nicht so bekannt wie sein naher Nachbar. Man findet ihn in mehreren Abfüllungen.

Bruichladdich ist leicht torfig, sauber, herb und trocken, aber nicht ganz so leicht wie manchmal behauptet, und hat einen köstlichen Abgang. Ein feiner, stilvoller Single Malt, der beharrlich »Islay« zu flüstern scheint. Vor dem Essen zu genießen. »Tayside« irritiert, und eine Glasgower Adresse macht die Verwirrung nicht kleiner. Der Tay liegt auf der anderen Seite von Schottland, aber ein Händler mit Verbindungen dorthin (und einer Glasgower Adresse) vertreibt diesen Bruichladdich, der eindeutig ein Islay Malt ist.

Port Ellen gibt es nur in Händlerabfüllungen. Dafür, daß er von der Südseite der Insel kommt, ist sein Torfton relativ schwach. Das zeigt sich am deutlichsten im Bukett. Er hat nur einen mittelschweren Körper, aber sein öliger, trockener Abgang verrät Islay klar. Eine interessante Rarität.

Laphroaig, Brennerei-Etikett

Laphroaig, Abfüllung Cadenhead

Laphroaig ist der bekannteste Islay Single Malt. Zusätzlich zu seinem berühmten »Seetang«-Charakter hat sein Körper eine von Kennern geschätzte Fülle und Öligkeit. Ein eher strenger Whisky, der in den letzten Jahren etwas an Intensität verloren hat.

Lagavulin, intensiv trocken und sehr kräftig im Körper, ist ein edler Single Malt, der seinem unmittelbaren Nachbarn den Rang als Klassiker der Region streitig macht. Manche meinen, er habe von allen Islay Malts am meisten Charakter.

Bowmore, ein gelungenes Gleichgewicht zwischen der Eindringlichkeit der Süd- und der Verhaltenheit der Nordküste, charaktervoll und komplex. Islay-Geschmack in einem köstlich abgerundeten, wärmer werdenden Single Malt für nach dem Essen.

Bunnahabhain hat eine Spur von Torf, doch vielleicht etwas Islayer Öligkeit. Ein nußartiger, blumiger Single Malt, zart, mit ganz eigenem Charakter. Köstlich als Aperitif oder Digestif.

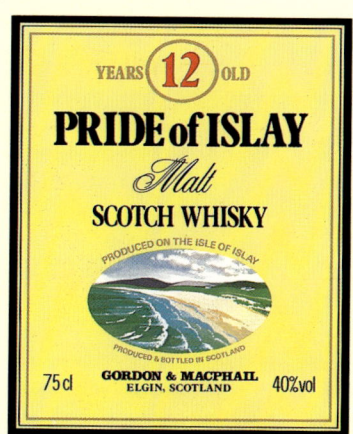

Pride of Islay, ein Vatted Malt aus der Serie, die klassische Regionen oder inoffizielle Bezirke der Malt-Whisky-Produktion repräsentieren soll. Das Blenden besorgt Gordon & MacPhail.

Glen Ila Vatted Malt klingt an die Trockenheit und Torfigkeit von Caol Ila an, seinem bestimmenden »Single«. Dieser Vatted Malt ist in Italien und anderen Importländern beliebt.

Islay Mist ist ein achtjähriger De-Luxe-Blend aus demselben Haus wie Laphroaig. Selbst Malt-Liebhaber bevorzugen mittags oft die Zurückhaltung eines Blend. Islay Mist ist trotzdem immer noch ein gewichtiger, charaktervoller Inselwhisky.

Oben: Black Bottle
ist ein Premium-
Blend, der über
Laphroaig und ih-
ren gemeinsamen
Vater Long John
mit Islay verbun-
den ist. Neben et-
was Speyside hat er
eine Spur Islay in
seinem frischen
Aroma. Die Marke
stammt aus Aber-
deen.

Die hübsche, flori-
rende Brennerei
Laphroaig (links)
erzeugt wohl den
bekanntesten Islay
Single Malt.

See ist mit Klippen vermint. Hier gedeiht der Aberglaube: In die Außenwand eines Gebäudes ist ein Grabstein eingelassen, der eigentlich übers Meer zum Friedhof gebracht werden sollte. Doch beim Verladen des Steins brach eine Kette, und die abergläubische Besatzung weigerte sich, ihn noch einmal anzurühren.

Mit den Burgruinen vor der Küste ist dies ein reizvoller Fleck, und die Brennerei hat unlängst ein Besucherzentrum eröffnet. Obwohl Lagavulin nicht mehr selbst mälzt, ist sie ansonsten sehr traditionell. Die Brennerei ist glücklich über ihr Wasser aus einem rasch talwärts stürzenden Bach, der zweifellos unterwegs reichlich Torf aufnimmt; ihre Gärbehälter sind aus Lärche; ihre Stills haben besonders steil herabgezogene Abläufe; und manche ihrer Lagerhäuser werden merklich vom Meer umspült.

Dem Whiskyhistoriker Alfred Barnard zufolge gab es Mitte des 18. Jahrhunderts in dieser Bucht zehn Schwarzbrenner. Bestimmt gab es Anfang des 19. Jahrhunderts hier zwei Brennereien, die sich bald darauf verbanden. Heute ist Lagavulin der einzige Islay-Whisky von DCL, den die Firma als Single Malt herausbringt, und zwar mit 12 und 15 Jahren und 43%. Es ist ein wuchtiger, aber edler Whisky mit angenehm torfiger Nase, einem vollen, kräftigen, malzigen Körper und einem außerordentlich trockenen Abgang. Harrods' periodische Beurteilung von Single Malts hat ihn als »fast moorig« beschrieben. Die meisten Scotch-Liebhaber würden ihn als klassisch bezeichnen. Ein Teil Lagavulin wandert in die White-Horse-Produkte. Zur Familie zählt auch der süßere Blend *Logan*.

Anhänger von Islay Malts streiten sich gern über die Vorzüge der engen Nachbarn und Rivalen Lagavulin und Laphroaig. Sogar die Namen, beide gälisch, ähneln sich. Lagavulin bedeutet »Mulde, wo die Mühle ist«. *Laphroaig* (Lafreug gesprochen) ist eine nicht mehr genau übersetzbare Zusammenziehung, aber die Brennerei gibt sie lyrisch mit »schöne Mulde an der breiten Bucht« wieder. Unter früheren Besitzern trugen die zwei Brennereien etliche lange und bittere Zänke aus. Heute gehört Laphroaig zu *Long John*.

Die zwei Whiskys gelten meist als ähnlich, aber tatsächlich schmecken sie deutlich verschieden. Laphroaig ist nicht ganz so trocken, aber in Geschmack und Körper öliger, rundum »algiger« – in Duft, Geschmack und Abgang, obwohl sich seine Schärfe mit den Jahren etwas gemildert hat. Einen Bergahornhain hinunter, an einem ummauerten Garten vorbei, liegt, geschützt in einer Bucht, das schöne Anwesen der Brennerei Laphroaig. Auch ihr Wasser ist sehr torfig, was die Brennerei betont. Sie hält ihren Whisky für torfig und nicht algig (aber der Torf selbst kann algig sein). Manche Kenner

Port Ellen produziert seit Jahren keinen Whisky mehr, aber die Malzdarren sind sichtlich rege. Ihr scharfes, torfiges Aroma ist das Bukett der ganzen Insel.

behaupten allerdings, Laphroaig sei nicht mehr so torfig wie früher.

Laphroaigs Mälztenne ist hervorragend gepflegt, wenn man auch nicht so penibel ist, die traditionellen Spatzen zu verscheuchen. Durch eigenes Mälzen sichert Laphroaig zusätzlich die Individualität ihres Whiskys. Eine eigene Mälzerei, vor allem mit den traditionellen Böden, zu haben, ist nicht sehr ökonomisch. Deshalb sind etliche solcher brennereieigenen Mälzereien nicht mehr in Betrieb. Eine Mälztenne allein genügt nicht für die Kapazität einer modernen Brennerei, aber sie kann für die »Torfblume« sorgen. Wenn es genug »hausgemachtes« Malz gibt, um Aroma und Geschmack zu gewährleisten, kann der Rest angekauft werden.

Der gestiegene Absatz von Laphroaig als Flaschen-Single Malt hat den Islay-Whiskys zu mehr Bekanntheit auf fernen Märkten verholfen. Im Brennhaus herrscht immer Betrieb. Es gibt vier Paar rötliche kupferne Brennkessel in einem Glasbau, für die willkommenen Besucher einsehbar. Diese Stills sind klein, und das trägt ebenfalls sehr zum vollen Aroma und angenehm öligen

Geschmack des Whiskys bei. Laphroaigs Single Malt ist 10 Jahre alt. Behutsam zum Laphroaig-Charakter hinführen kann einen der *Islay Mist*, ein 8jähriger De-Luxe-Blend derselben Firma. Die Islay-Komponente stammt ausschließlich von Laphroaig, verschmilzt aber mit zwei oder drei der feinsten Glenlivet-Whiskys. Auch in dem normalen Blend *Long John*, der auch in einer 12jährigen Version erhältlich ist, findet sich ein Hauch Laphroaig. Die Firma hat zudem den Premium-Blend *Black Bottle*.

Der am schwersten erhältliche Islay-Whisky, der vielleicht ganz vom Markt verschwinden wird, ist Port *Ellen*: ein komplexer Whisky mit zartem, trockenem und leicht torfigem Duft, einem fruchtigen, bitter-süßen Geschmack, einem nur mittelschweren Körper und einem langen, leicht öligen Abgang. In den letzten Jahren war er nur in seltenen Händlerabfüllungen erhältlich. Die Brennerei, die seit einiger Zeit nicht mehr produziert hat, wurde 1984 auf unbestimmte Zeit geschlossen. Port Ellen wurde 1825 gegründet und war schon einmal, von 1929 bis 1966, geschlossen. Bei der Wieder-

eröffnung wurde sie auch erweitert. Sie gehört *DCL* und wird als Teil der Tochterfirma *Low, Robertson* geführt. Ihre weißen Lagerhäuser bilden in Port Ellen eine reizvolle »Straße« dicht am Meer, aber beherrscht wird das Anwesen von der großen, modernen DCL-Mälzerei. Vor ihr wartet Torf in Draisinen auf seine Verbrennung, und ein beißender Qualm aus dem Gebäude läßt die Insel angenehm nach ihrem berühmten Produkt riechen.

Port Ellen ist eines der drei Hauptdörfer auf Islay. Es erwacht zu rasselndem Leben, wenn ein Küstenschiff mit Gerste anlegt oder die Autofähre zwei oder drei Sattelschlepperladungen mit leeren Fässern, Baustoffen oder Vorräten ausspeit. Die Anhänger werden von Traktoren verschoben und durch andere, beladen mit Whisky und Schalentieren, ersetzt, dann kehrt wieder Friede ein, und man geht erst einmal einen trinken.

Islay ist seit der mittleren Steinzeit bewohnt, und unter den frühen Siedlern waren Gälen, Pikten und Norweger. Im 15. Jahrhundert erlangte es als Sitz des Herrn der Inseln einige politische Bedeutung und fiel 1614 nach der Niederlage der Macdonalds an die Cawdor Campbells. Es blieb bis zur Kartoffelkrankheit und Wirtschaftskrise Mitte des 19. Jahrhunderts in den Händen eines anderen Zweigs der Familie Campbell und wurde dann von der Familie Morrison gekauft, deren Gut Margadale heute der größte Grundbesitz ist. Obwohl im 18. Jahrhundert Flachsanbau und Leinweberei betrieben wurde, ist das Brennereigewerbe auf der Insel alteingesessen und angesichts ihrer westlichen Lage vermutlich älter als urkundlich belegbar.

Von Port Ellen aus steigt die Hauptstraße der Insel steil in ein zentrales Torfmoorgebiet an. Die höchste Erhebung ist der 470m hohe Beinn Bhan. Die Küstenvögel – Eiderenten, Gänsesäger, Krähenscharben, Austernfischer und verschiedene Möwenarten – bleiben zurück, aber Gänse kann man hier mitunter fliegen sehen. Über hundert Vogelarten brüten auf Islay. Es ist eine der wichtigsten Heimstätten Europas

Scotch nicht ganz on the rocks bei Bruichladdich. Kleines Bild darunter: Hofanlage bei Bunnahabhain.

für die Bleßgans. Der bedeutendste Brutplatz dieser »lachenden« Gänse ist ein Teil der Insel namens Duich Moss, zugleich ein potentielles Gebiet zum Torfstechen für die Whiskyindustrie, was zu einigen Konflikten geführt hat.

Weitere Vogelarten auf der Insel werden aus anderen Gründen geschätzt. Wie den Hasen, die über die Inselstraßen hoppeln, und dem Rotwild, das meist aus sicherer Entfernung herüberäugt, droht Fasanen vom Oktober bis Dezember ein Ende auf der Tafel. Besucher können das einheimische Wild in bescheidenen, aber gemütlichen Landhotels wie dem Machrie, dem Bridgend und dem Dower House probieren. Jedes hat eine Auswahl von Malt Whiskys.

Von März bis Mai/Juni ist die Zeit des Torfstechens. Zu den mit Maschinen oder Handwerkzeugen ausgerüsteten Stechergruppen der Brennereien kommen etwa 300 Haushalte, die Bauern oder Landbesitzern für das Recht, häuslichen Brennstoff zu stechen, ein geringes Entgelt zahlen. Der Torf erneuert sich nicht sehr schnell, ist aber teilweise 9 m tief, und selbst die wenigen Hauptmoore bedecken über 16 000 Morgen. Der dunkelbraune, fast schwarze freigelegte Torf, das strohfarbene tote Queckengras, das Blaue Pfeifengras, das Heidekraut und das zutageliegende Quarzitgestein schaffen Farbschattierungen, die sich im Laufe des Jahres wandeln.

Wo das abfallende Torfland Ausblicke über die schmale Bucht Loch Indaal gewährt, sieht man das Dorf Bowmore, die »Hauptstadt« der Insel, mit seiner rührigen Brennerei. Am auffälligsten ist die von einem französischen Architekten entworfene, kreisrunde Kirche. Man hat die Ecken beseitigt, weil man glaubte, daß sich darin der Teufel verstecken könnte. Die Kirche steht in beherrschender Höhe am Ende der steilen, breiten Hauptstraße, die zu Mole und Hafen hinunterführt. Das Ladedock der Brennerei und ein Großteil des Dorfes liegen in einem dichten Gebäudeknäuel am Wasser.

Bowmore wurde 1768 gegründet, mit der

Abendstimmung über Lochs voll whiskywertem Wasser.

Die Berge reichen bis dicht an Lagavulin, aber die Brennerei grenzt auch ans offene Meer, hat Landungsstege und kleine Boote. Man kann sich vorstellen, wie damals, als die Bucht noch Schwarzbrenner barg, den Zollbeamten das Leben sauer gemacht wurde.

Mit kaum mehr als zwei Straßen ist Bowmore (links) die »Hauptstadt« der Insel. Ihr geschützter Hafen war im Zweiten Weltkrieg ein Stützpunkt für Flugboote, aber Bowmore ist längst zum friedlichen Brennen zurückgekehrt mit eigener Mälzerei zur Versorgung von Mühle (oben), Maischmaschine und -bottich.

Von Hummerfängen ist in Port Askaig (links) am meisten zu sehen, aber in den nahe gelegenen Buchten gibt es auch Whisky in Mengen: bei Caol Ila und Bunnahabhain.

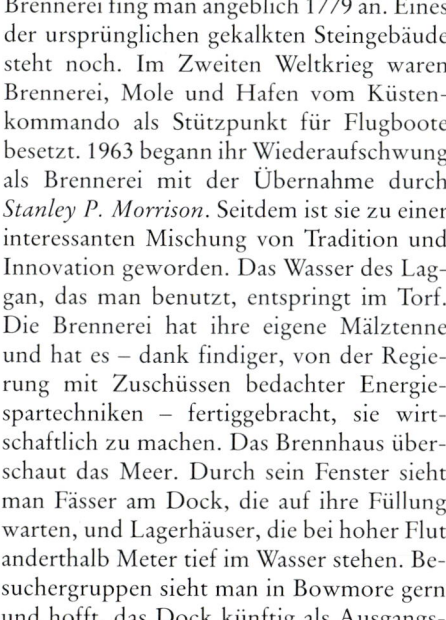

Brennerei fing man angeblich 1779 an. Eines der ursprünglichen gekalkten Steingebäude steht noch. Im Zweiten Weltkrieg waren Brennerei, Mole und Hafen vom Küstenkommando als Stützpunkt für Flugboote besetzt. 1963 begann ihr Wiederaufschwung als Brennerei mit der Übernahme durch *Stanley P. Morrison*. Seitdem ist sie zu einer interessanten Mischung von Tradition und Innovation geworden. Das Wasser des Laggan, das man benutzt, entspringt im Torf. Die Brennerei hat ihre eigene Mälztenne und hat es – dank findiger, von der Regierung mit Zuschüssen bedachter Energiespartechniken – fertiggebracht, sie wirtschaftlich zu machen. Das Brennhaus überschaut das Meer. Durch sein Fenster sieht man Fässer am Dock, die auf ihre Füllung warten, und Lagerhäuser, die bei hoher Flut anderthalb Meter tief im Wasser stehen. Besuchergruppen sieht man in Bowmore gern und hofft, das Dock künftig als Ausgangs-

punkt für Kreuzfahrten zu anderen Inseln zu nutzen. Unterdessen kurbelt die Firma den Verkauf ihres Produkts als Single Malt an. Es ist ein »mitteltorfiger« Whisky mit lieblichem, rundem Körper und einem deutlich wärmer werdenden Abgang. Als gute Einführung in die Art hat er genug Islay-Charakter, ohne zu mächtig zu sein. Bowmore ist zwar mit fünf und acht Jahren abgefüllt worden, häufiger aber mit zwölf.

Von Bowmore aus windet sich die Straße um den geschützten Loch Indaal, wo das Land flach und mancherorts marschig wird. Auf der Halbinsel The Rhinns gibt es Strände. Gegenüber von Bowmore liegt die Brennerei *Bruichladdich*. Wegen des Charakters ihres Whiskys steht sie bei den anderen Brennereien der Insel in hohem Ansehen. Es ist ein sauberer, herber, trockener Whisky mit einer unverwechselbaren Torfigkeit – aber gedämpft. Das Wasser der Brennerei kommt aus einer Hügelquelle, die

zwar über Torf fließt, aber nicht so weit wie das Wasser anderer Brennereien auf der Insel. Die Brennerei hat seit Mitte der 60er Jahre kein eigenes Malz mehr gemacht, ist aber ansonsten sehr traditionell. Ihre Apparate sind im allgemeinen sehr alt, aber außerordentlich gepflegt. Sie hat, noch von der Gründung 1881 her, schöne gußeiserne Braukessel, einen offenen Maischbottich desselben Materials, Gärbehälter aus Douglasie, und eine ihrer zwei Stills ist vernietet statt geschweißt. Die Stills haben hohe Hauben, die ein relativ leichtes, sauberes Destillat erzeugen. Die meisten Lagerhäuser haben noch die alten Erdfußböden, was jene dunkle, feucht-dunstige Atmosphäre schafft, die Traditionalisten bevorzugen. Die niedrigen, weiß getünchten Gebäude stehen um einen Hof, und die Brennerei blickt über die Küstenstraße auf ihren Landungssteg am Meer. Bruichladdich ist die am weitesten westlich gelegene, noch arbeitende Brennerei Schottlands. Eine stillgelegte steht ein Stück weiter in *Port Charlotte*, dem dritten Dorf auf Islay. Whiskyforscher sollten auch Port Charlotte wegen des Museum of Islay Life besuchen.

Bruichladdich wird als Single Malt mit dem Brennereinamen und unter den verwirrenden Namen *Tayside* und *Glen Talla* von einem Händler in Ayrshire vertrieben. Beide Versionen sind meist 10 Jahre alt. Bruichladdich gehört zur *Invergordon*-Gruppe, die auch mehrere Highland-Brennereien besitzt und selbst Teil eines britischen Konglomerats ist. Nach Auskunft der Brennerei ist ihr Whisky der leichteste Islay-Malt, aber das sei dahingestellt. Leichtigkeit ist zudem bei Islay-Malts nicht unbedingt ein Plus, wenngleich kein Fehler. Auch hier liegt wieder ein Fall vor von ähnlichen Whiskys mit verwirrenden Namen für den, der nicht gälisch spricht. Bruichladdich, »Brukläddi« gesprochen, bedeutet »Uferhang«. Der andere leichte Islay-Malt heißt *Bunnahabhain*, gesprochen »Bunahäwen«, was »Flußmündung« bedeutet. Bunnahabhain kommt weiter aus dem Norden, von der bergigen Küste, wo der Margadale in den Jura-Sund fließt.

Die Hauptstraße nach Norden führt durch die sanft und eher südenglisch aussehenden Laubwälder des Gutes Margadale, bevor man die dramatisch steile Felsenküste erreicht. Kurz vor dem Ende der Straße geht ein Zubringer ab, der sich die Hügel hinunter nach Bunnahabhain windet. Dieser Platz liegt so isoliert, daß der Bau von Häusern für die Brennereiarbeiter unerläßlich war. Die Firma baute auch »Villen« für die Steuerbeamten, ein Lesezimmer und eine Schule. Wie viele schottische Brennereien ist Bunnahabhain um einen Hof angelegt, in diesem Fall aber so schön, daß sie wie das nördliche Gegenstück zu einem Château in Bordeaux aussieht. Sie fing mit einer eigenen Mälzerei an, importiert aber ihren Rohstoff inzwischen. Das Wasser kommt aus Bächen in den Margadale Hills in Rohren nach Bunnahabhain. Es ist daher nicht so torfig wie das meiste Wasser, mit dem auf der Insel gebrannt wird, aber das sind nur Nuancen.

Bunnahabhain ist eine traditionell eingestellte Brennerei. Ihre Spirit-Stills haben eine ungewöhnliche Birnenform und erzeugen einen Whisky, der ölig, aber leicht im Körper ist. Er hat einen Nußgeschmack mit Untertönen blumiger Süße. Die Brennerei verkauft ihn meist 10jährig. Wegen seiner Zartheit ist er auch eine beliebte Komponente einiger auf dem amerikanischen Markt gängiger Blended Scotches. Da Bunnahabhain im Besitz der *Highland Distilleries* ist, wird dieser Malt wohl auch im Scotch *Cutty Sark* vertreten sein. Passend zu diesem Seefahrtsmotiv verwendet die Firma in ihrer Werbung die traditionelle Ballade »Westering Home«. Im Lied ist es Islay, wohin die Matrosen »westwärts heimfahren«. Fremde hatten weniger Glück; es hat um Islay 250 amtlich erfaßte Wracks oder Strandungen gegeben, und ein Hochseefischkutter liegt seit 1974 bei Bunnahabhain vor der Küste.

Die Bucht, in der Bunnahabhain liegt, ist durch etwa 3 km Klippen von Port Askaig getrennt, einer wichtigen Fähranlegestelle,

Inselfischer verleihen der modernisierten Brennerei Caol Ila einen Hauch Romantik.

aber das Dorf am Fuße eines steilen Hügels besteht aus kaum mehr als der Pierbehörde, einem Gemischtwarenladen und einem Hotel. Nahe Port Askaig an der Küste liegt die Brennerei *Caol Ila*, ebenfalls in einer abgelegenen Bucht. Ausgesprochen wird der Name verschieden, aber »Kall Ila« ist am häufigsten zu hören. Caol, schottisch »kyle«, ist das gälische Wort für »Sund, Meerenge«. Caol Ila heißt »Sund von Islay«. Die Brennerei wurde 1846 erbaut, später von *Bulloch & Lade* erworben und 1879 umgebaut. Sie wird noch heute von dieser Tochterfirma der DCL geführt. In den 70er Jahren wurde die einst reizvolle Brennerei mit eigener Mälzerei ohne viel ästhetisches Empfinden umgestaltet. Der Whisky jedoch ist immer noch eine Probe wert, wenn man ihn findet. Er hat die charakteristische Islayer Torfigkeit mit der typischen Arzneinote und ist sehr trocken. Er wird von ein oder zwei Händlern abgefüllt, aber von der Brennerei selbst nicht als Single Malt auf den Markt gebracht. Mancherorts findet man ihn in dem Blended Malt *Glen Ila*.

Das Geheimnis der Islay Malts liegt darin, daß sie alle das Charakteristische der Insel haben und doch deutlich voneinander verschieden sind. Es gibt genug davon, um Islay Malt erkundenswert zu machen, und wenig genug, um jeden probieren zu können. Jeder ist auf seine Art erlesen, und die klassischen Marken liegen nicht so deutlich auf der Hand wie andernorts in Schottland. Wer sich unter den Singles nicht entscheiden kann, mag den 10jährigen Blended Malt *Pride of Islay* versuchen. Er hat einen Anflug von Islays »Seetang«-Charakter, aber auch einen weichen, leicht süßen, malzigen Geschmack mit Sherrytönen und einem langen, wärmer werdenden Abgang. Er ist einer von mehreren solcher »Vattings«, die *Gordon & MacPhail* den Regionen Schottlands gewidmet haben.

Angesichts der Schärfe seines Whiskys fragt man sich auf Islay manchmal, ob er nicht zuviel des Guten abbekommen hat. Hat er nicht. Islay sollte wirklich stolz sein, und auch an ferneren Orten erkennt man das mehr und mehr.

Die Westlichen Inseln – Jura

Die Insel Jura ist am ehesten für ihre auffälligen Berggipfel bekannt, die Paps. Das Wort, skandinavischen Ursprungs, wird in manchen Teilen Schottlands und Nordenglands noch für Brüste gebraucht. Über den Sund von Islay betrachtet, haben die Paps die Form eines altmodischen Büstenhalters. Von anderen Blickwinkeln aus kommt ein dritter Pap in Sicht und verdirbt den derben Spaß.

Der höchste Gipfel dieser Quarzitkette, die den Großteil der Insel bedeckt, ist 784 m hoch. In den Waldgebieten tummeln sich 6000 Stück Rotwild. Die 225 Menschen der Insel leben fast alle in einem Halbdutzend an der Ostküste verteilter Weiler. Die Insel mißt an der breitesten Stelle 13 km und hat nur eine Straße – einspurig, mit Überholstellen für Autos –, die sich über 52 km Länge an die Ostküste klammert.

Auf den Paps soll eine liebeskranke Hexe gehaust haben. Die ganze Insel strotzt vor blutigen Sagen über Hirschjagd, Viehdiebstahl, Whiskyschmuggel, Räuberei und Clan-Überfälle. Ein Weiler, Cnocbreac, wurde in den 40er Jahren des 19. Jahrhunderts verlassen, angeblich weil seine Bewohner fälschlicherweise beschuldigt wurden, den Lachs des Gutsherrn gefangen zu haben.

Auf Jura schrieb George Orwell nicht lange vor seinem Tod im Jahre 1950 sein letztes Buch, »1984«. Das in dem Buch geschilderte Szenario ist der windgepeitschten Insel denkbar fern, aber gerade dort war dieser Städter fähig, mit Weitblick zu schreiben.

Auf der Karte sehen Islay und Jura zunächst wie eine einzige Insel aus. Ein schmaler Sund trennt sie, an der Fährstelle nur einen knappen Kilometer breit. Das Deck der einfachen Fähre reicht gerade für drei oder vier Wagen. Die zwei Inseln sind so eng verbunden, daß ein Besuch Islays ohne Abstecher nach Jura undenkbar ist. Beide sind klein und flächenmäßig etwa gleich, aber gegenüber dem unergründlichen Jura wirkt Islay großstädtisch. Islay ist bekannt für die Zahl seiner Brennereien und deren Beson-

Unergründliches Jura... wer ließe sich nicht gern zur Überfahrt, zum Erforschen der Insel verleiten?

derheiten; Jura hat nur eine Brennerei, die einen angenehmen, aber zurückhaltenden Whisky erzeugt, der Art nach weniger ein Insel- als ein Highland Malt.

Von der Fähre aus sind es etwa 13 km zur Brennerei in dem Weiler Craighouse, aber die steile, kurvenreiche Straße läßt die Fahrt länger erscheinen. Ein modernes Brennerei-Lagerhaus soll angeblich die Aussicht auf Craighouse verbauen, aber das Dorf an der Small Isles Bay besteht nur aus der Brennerei, einem Pier, einem Laden, einer Kirche und ein paar verstreuten Häusern. Jenseits der Bucht liegt eine Kette winziger Inseln vulkanischen Ursprungs, menschenleer, aber voller Tiere, darunter eine Robbenkolonie.

Das Wasser der Brennerei kommt von 300 m Höhe aus den Hügeln, läuft durch eine Höhle, einen früheren Schmugglerschlupfwinkel, und fließt über mehr Fels als Torf, obwohl es unterwegs auch ein bißchen »Insel«-Charakter mitnimmt. Die Brennerei wurde wohl 1810 gegründet, im selben Jahrhundert noch umgebaut und offenbar während des Ersten Weltkrieges aufgegeben. Zwei Gebäude aus den Anfangstagen sind noch in Benutzung, aber die jetzige Brennerei wurde von *Mackinlay's*, dem Whiskyableger der Scottish and Newcastle Breweries, Ende der 50er, Anfang der 60er Jahre gebaut und in den 70ern erweitert. Sie ist jetzt im Besitz von *Invergordon*. Die

grauen Schieferdachbauten wirken zweckbestimmt, fast landwirtschaftlich, die schlimmsten Kanten hat das Wetter abgeschliffen. Die Brennerei mälzt nicht selbst. Das von ihr importierte Malz ist nur leicht getorft, ansonsten wird der Geschmack stark beeinflußt von den hohen Hauben der Stills. Die beim Destillieren erzeugten schwereren Öle können solche hohen Hauben nicht hinaufsteigen, und das Ergebnis ist ein leichtes, sauberes Destillat. Die Firma begann mit dem Vertrieb ihres *Isle of Jura* als Single Malt Mitte der 70er Jahre. Der Whisky, der 8- und 10jährig verkauft wird, hat im Duft eine Spur Inselcharakter, ist aber sehr sauber und leicht mit frischem, blumigem Abgang.

Naturfreunde interessiert es vielleicht, daß am Rande des Dorfes der Market Loch Burn in seinen Tiefen ungewöhnliche Moose nährt. Viele andere Besucher fahren, aus Neugier oder Verehrung, bis fast ans Ende der Insel zu der Kate in Barnhill, wo George Orwell lebte. »Orwell scheint sich Jura nicht sehr tief eingeprägt zu haben«, schreibt Peter Youngson in seinem Büchlein »The Long Road«. »Und Jura sich ihm auch nicht.«

Das werden wir nie sicher wissen. Er war in seiner Zeit auf Jura bereits krank, erzählte aber Freunden, er wolle nach »1984« noch weitere Bücher schreiben. Dazu sollte es nicht kommen.

Die Westlichen Inseln – Mull

So schön die Insel Mull ist, die meisten Besucher sind anderswohin unterwegs. Wohin von einer Hebriden-Insel aus? Zu den vorgelagerten Inselchen *Iona* (wo St. Columbanus mit der Verbreitung des Christentums in Schottland begann) und *Staffa* (wo Fingals Höhle ist). In seinem lyrischen Erguß über die Inseln traf der Schriftsteller und Whiskyfreund Derek Cooper genau den richtigen Ton: »Inseln mit magischen und oft mystischen Namen… Iona, Eriskay, Canna, Staffa, Tiree…«

Iona scheint schon vor St. Columbanus ein heiliger Ort gewesen zu sein, aber er machte daraus eine Stätte der Gelehrsamkeit. Whiskykenner mögen es bemerkenswert finden, daß er aus Irland kam, wo der Bach, der *Bushmills* Whiskey speist, seinen Namen trägt. Es weist jedoch nichts darauf hin, daß er die Destillationskunst nach Schottland brachte.

Fingal (Fion na Gael) war ein gälischer Held, der in den Epen des schottischen Schriftstellers James Macpherson aus dem 18. Jahrhundert zu Ehren kam. Diese regten Mendelssohn, der 1829 Staffa besuchte, zu seiner »Hebriden-Ouvertüre« an, die er drei Jahre später schrieb. Turner widmete Fingals Höhle eines seiner aussagekräftigsten Gemälde.

Der Literaturwissenschaftler Dr. Samuel Johnson fand Mull »peinvoll«, aber Boswell gefiel es: »Mull entsprach genau der Vorstellung, die ich stets davon hatte: ein Hügelland, mit Heide und Gras aufgelockert, und viele Flüßchen.« Keats erkältete sich auf Mull, und Wordsworth fand es überfüllt: er war wohl in der Ferienzeit da. Sir Walter Scott, Robert Louis Stevenson (»Die Entführung«) und John Buchan benutzten alle Mull als Hintergrund ihrer Geschichten, und Siegfried Sassoon hatte dort viele Jahre lang einen Wohnsitz.

Die Insel hat immer noch Sommer- und Ruhestandshäuser, Tourismus und Ackerbau, wenn sie auch nicht mehr, wie früher, ein großer Stützpunkt für Fischereiflotten ist. Mull mißt am breitesten Punkt 42 km, hat 2700 Einwohner, 80000 Schafe, 5000 Stück Rindvieh und über 3000 Stück Rotwild. Es hat ein breites Freizeitangebot, darunter Rotwildpirsch, Angeln (in Seen, Flüssen und Meer) und Segeln. Und es hat eine Whiskybrennerei.

Von Oban auf dem schottischen Festland, in der Mitte der Westküste, braucht die Hauptautofähre nur 45 Minuten nach Mull, zu dem Dorf *Craignure*. Von dort aus führt die Hauptstraße der Insel 58 km weit westlich zur Ablegestelle nach Iona. In nördlicher Richtung verläuft sie 39 km weit nach *Tobermory*, dem Hauptdorf der Insel und Sitz der Brennerei.

Wo die Straße einen waldigen Hügel nach Tobermory hinein abfällt, taucht vor dem übrigen Dorf, das eine breite Bucht umlagert, die Brennerei auf. »Dieser Hügel wird von Massen grünsten Laubwerks belebt, das hier und dort einen phantastisch geformten Felsen in sanfter Umarmung zu halten scheint«, berichtete *Barnard.* »An seinem Fuß wuchern Sträucher und Farne in üppiger Fülle.« Es hat sich in hundert Jahren nicht sehr verändert.

Oben auf dem Hügel gibt es einen Steinbruch, von dem aus man die Steine für den Bau eines beeindruckenden vierstöckigen Whiskylagerhauses mit Fenstern wie Schießscharten herabrollte. Im Zweiten Weltkrieg war es ein Waffenarsenal. Die Brennerei selbst, deren Mälzerei außer Betrieb ist, ist um einen sechseckigen Hof angelegt. Sie wurde 1798 gegründet. Die jetzigen Bauten wurden während ihrer ersten Betriebsphase bis 1826 errichtet. Die Brennerei war Mitte des 19. und Mitte des 20. Jahrhunderts phasenweise lange »still« und wurde während der 70er Jahre zweimal wieder in Betrieb genommen, zeitweise unter dem Namen *Ledaig.* 1980 stellte sie die Produktion wieder vorübergehend ein, wurde aber instand gehalten und brachte weiter ihren Whisky unter dem Namen *Tobermory* heraus. Sie ist im Besitz eine Personalgesellschaft.

Zwei torfführende Flüsse versorgen die Brennerei. Sie benutzt mittelstark getorftes Malz, hat einen ansehnlichen Maischbottich mit hoher Kuppel, Gärbehälter aus Dougla-

Mit seinem regen Touristenverkehr ist Mull eine der adretter aussehenden schottischen Inseln.

sie und Stills mit hohen Hauben, die ein leichtes, sauberes Destillat erzeugen. Tobermorys Malt Whisky hat etwas Torf im herzhaften Bukett, einen trockenen Geschmack und einen leichten, etwas süßen Abgang. Er wird von Tobermory ohne Altersangabe als 8jähriger Single Malt vertrieben. Mancherorts ist er auch 12jährig erhältlich. Die Firma bringt zudem einen 5jährigen Blended Whisky heraus, der 40% Malt enthält.

Die Brennerei gehörte einmal *DCL.* Ihre Tochterfirma *John Hopkins* auf dem Festland gegenüber, in Oban, führt als Haupt-Blend eine Marke, die *Old Mull* heißt, einen angenehmen, schmackhaften Blend mittlerer Schwere mit einem Anflug von Torf in der Nase.

Obwohl Pausen im Whiskygeschäft üblich sind, hatte Mull Mühe, nicht den Anschluß zu verlieren. Eine Mull-Marke auf dem Festland ehrt zwar, ist aber nicht ganz dasselbe. Einmal war Tobermory nicht einmal mehr auf Lageplänen der Brennereien verzeichnet – für eine so stolze Insel wie Mull wäre es eine Schande, wenn sich das wiederholen würde.

Der Engel mit der Wasserflasche (unten rechts) wurde Mull 1883 von dem Ingenieur geschenkt, der gerade die Wasserrohre der Insel verlegt hatte. Die Brennerei (rechts) stammt von 1798. Das ältere Duart Castle (links) war im 13. Jahrhundert eine Feste der Inselherrscher.

Unten: Die Burg leiht ihren Namen dem Whisky eines Festlandhändlers. Nach St. Columbanus wird ein Sahnelikör auf Whiskybasis benannt.

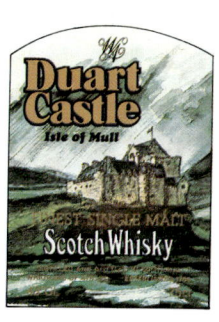

Die Westlichen Inseln – Skye

Tragt den Knaben, den künftigen König, über die See nach Skye

Bootslied von Skye

Jede schottische Insel kommt in Lied oder Sage vor, aber Skye ist wohl am überschwenglichsten gefeiert worden. Die Insel ist reich an Zauber- und Heldengeschichten und besonders mit *Bonnie Prince Charlie* verbunden. Hier entstand auch ein Getränk auf Whiskybasis, das seinen Ruhm dem Fürsten verdankt – *Drambuie.*

Bonnie Prince Charlie mag für den Rest der Welt eine nebulöse Figur sein, doch die Schotten gedenken liebevoll seines kurzen erfolgreichen Englandfeldzugs zur Wiedereinsetzung des Königshauses Stuart. Die Schotten verpassen den Engländern immer noch gern ein blaues Auge, während deren Geschichtsschreibung so eine Invasion lieber vergißt, zumal sie nach der Vereinigung der beiden Länder stattfand.

Als er nach Schottland zurückgetrieben wurde, suchte der Bonnie Prince auf der Insel Skye Asyl. Seine Gastgeber waren die *Mackinnons,* die ihm zu Ehren ein aus Whisky, Heidehonig und Kräutern oder Gewürzen bereitetes Getränk aufgetischt haben sollen. Damals wurden Branntweine nicht eigens geläutert, sondern im allgemeinen mit irgendwelchen Pflanzen aromatisiert. Eine andere Version der Geschichte ist laut Marian *McNeills* köstlichem Buch »The Scots Cellar« weniger wahrscheinlich: Danach soll das Rezept des Getränks ein Geschenk des dankbaren Fürsten, der es aus Frankreich hatte, an die Familie gewesen sein. Es stimmt, daß er in Frankreich im Exil lebte und dort seine späteren Jahre vertrank, aber da pichelte er Weinbrand. Die Briten betrachten eben die Likörherstellung als etwas Kontinentaleuropäisches, und das erklärt vielleicht diese romantischere Version.

Nach »The Scots Cellar« wurde der Likör der Mackinnons auf Skye erzeugt und privat im Laufe des nächsten Jahrhunderts abgefüllt. Der Name Drambuie, vage übersetzt mit »der Trunk, der Zufriedenheit schafft«, wurde 1892 eingetragen. 1906 beschloß dann ein Mitglied der Familie, das Getränk kommerziell herzustellen, und gründete ein Unternehmen in der Hauptstadt, etwas näher an den Märkten. Die Firma gehört immer noch der Familie, und der Likör wird weiterhin in Edinburgh produziert. Er basiert auf Malt und Grain Whiskys, Heidehonig und anderen, geheimen Ingredienzen.

Anfang der 80er Jahre, als süße Sachen stark gefragt waren, brachte die Firma auch den Likör »Scotch Apple« heraus. Drambuie blieb aber das Paradepferd und der bei weitem beste Renner unter Produkten dieser Art, die zur gleichen Zeit zahlreich auf den Markt kamen. Wenn auch manche angeben, bis zu einem Dutzend geheimer Zusätze zu enthalten, sind ihre Ähnlichkeiten weitaus größer als ihre Unterschiede.

Wenn Single-Malt-Anhänger allgemein von den »Insel«-Whiskys sprechen, ohne Art oder Herkunft zu spezifizieren, denken sie oft an den wunderbaren *Talisker,* der auf Skye gemacht wird. Die Inselwhiskys stellen keine Art für sich dar, aber einige zeichnen sich durch viel Körper und Geschmack aus, Talisker ist ein gutes Beispiel und einer der beliebtesten dieses Typs aus einer renommierten und erfolgreichen Brennerei, die von einer DCL-Tochterfirma geführt wird. Der Whisky ist als Single Malt unter dem Brennereinamen problemlos erhältlich, meistens mit 8 Jahren und 45,8% Alkohol. Spuren seines Charakters finden sich in den *Johnnie-Walker*-Blends.

Beim Kyle of Lochalsh setzt man in kurzer Fahrt auf die Insel über, und dann sind es über 50 km zur gegenüberliegenden Westküste, wo die Brennerei liegt. Nach einigen Fehlstarts an anderen Plätzen wurde sie 1831 gegründet und 1900 erweitert. Lange Zeit verfuhr sie nach der Dreifachdestillation. Damals rühmte R. L. Stevenson den Talisker wegen seines eigenen Stils, vergleichbar den Islay- und Glenlivet-Whiskys. 1928 ging die Brennerei zur Doppeldestillation über, wurde 1960 nach einem Feuer teilweise umgebaut und riß 1972 leider ihre Mälzerei ab.

Sie steht, nach Derek *Coopers* Worten, an den »algenüberwucherten Ufern des Loch Harport«, mit den wilden Cuillin Hills im Rücken. Ein guter Whisky lobt sich selbst, aber Talisker verdient Coopers häufige Hymnen. Er wohnt auf Skye und schreibt in Büchern, für die BBC und verschiedene Zeitschriften und Zeitungen über die Hebriden und Feinschmeckerthemen, darunter mit die besten Berichte über Malt Whisky. In seinem Buch »The Century Companion to Whiskies« verulkt er sich selbst:

»Ich erinnere mich an einen akuten Anfall von Übertreibung, als ich vor Jahren auf einen besonders potenten Talisker stieß: ›Die scharfe, leicht ölige, torfige Schroffheit des Buketts steigt mir in die Nase. Der Corpus wälzt sich wie die Lava der Cuillins meine Kehle hinunter. Dann wumm! Die Schläfen dampfen, ein Erdbeben erschüttert das Haus, die Augen tränen, Wangen brennen, ich stütze mich auf einen Stuhl…‹«

Drambuie, der Likör von Skye, mag eine längere Geschichte haben, aber klassisch für die Insel ist ihr Single Malt Talisker.

Die Brennerei Talisker (rechts) hat jetzt ein Empfangszentrum für Besucher.

Er hätte auch sagen können, daß Talisker einen algigen, zugleich pfefferigen und pikanten Duft mit sauren und süßen Tönen hat und einen mächtigen, warmen, torfigen Abgang. Aber irgendwie gibt Coopers Theatralik das Aufregende dieses charaktervollen Whiskys besser wieder.

Apropos Lava der Cuillins: auch diese Skyer Berge darf man nicht unterschätzen. Sie veranlaßten H. V. *Morton* in seinem Buch »In Search of Scotland« seinerseits zur Theatralik: »Wenn man plötzlich zum erstenmal auf die Coolins stößt, bleibt einem der Mund sperrangelweit offen stehen. Man stelle sich Wagners ›Walkürenritt‹ zu Stein erstarrt und wie eine kolossale Leinwand am Himmel aufgehängt vor.«

Auf Skye gibt es noch eine Whiskyfirma, die einen Scotch und einen Blended Malt anbietet. Beide sind körpervoll, mit etwas mal-

ziger Süße und wenig Torfigkeit. Beide enthalten Talisker, aber mehr Speyside-Whisky. Der Blended Malt, 12jährig, heißt *Poit Dhubh*, »Potsch Dhu« gesprochen. Das »dh« ist ein weicher Kehllaut. Der Name ist gälisch für »schwarzer Topf«, d. h. eine Schwarzbrennerei. Der Scotch heißt *Té Bheag nan Eilean*, »Tschei Weck nan Jellan« gesprochen, was »kleine Dame der Inseln« bedeutet und ein Whiskylein meint.

Einige gälische Mythenspinner bestehen darauf, daß diese Whiskys durch die Sprache auf dem Etikett besser werden. Vielleicht ist etwas dran. Alle Getränke und Speisen schmecken in der Ursprungsregion – ihrer natürlichen Umgebung – am besten, und die Heimatsprache schafft eine beruhigende Glaubwürdigkeit. Die Namen Poit Dhubh und Té Bheag erschallen nicht nur über Skye, sondern auch auf den gälisch spre-

chenden Inseln der Äußeren Hebriden, die keinen eigenen »uisge beatha« haben. Sie sind auch andernorts in Schottland zu haben, aber in England schwerer. In der Neuen Welt werden sie sinnigerweise in Neuschottland vertrieben, von wo aus sie, wie man hört, nach Ontario einsickern. Es gibt auch einen Blend namens *Isle of Skye* von den Edinburgher Händlern Ian *Macleod* & Co., einen trockenen, duftigen Whisky mit leichtem bis mittelschwerem Körper.

Wenn doch der schneidige Trinkerfürst Whisky als Waffe benutzt hätte, er hätte vielleicht nicht nur die Engländer unterworfen.

WESTERN-ISLAND- UND WESTERN-HIGHLAND-WHISKYS –
EIN GESCHMACKSFÜHRER

Außer Islay sind die westlichen Inseln keine klassische Region. Malt-Liebhaber sagen
»Inselwhisky« und meinen »intensiv«; das kennzeichnet kaum die Produkte von Jura oder Mull,
wenn es auch sicherlich auf Talisker von Skye paßt. Alle diese Whiskys können gut mit denen
der Western Highlands zusammengefaßt und als Highland Malts klassifiziert werden.

--- Jura ---

--- Skye ---

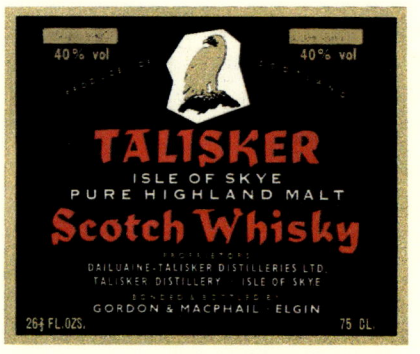

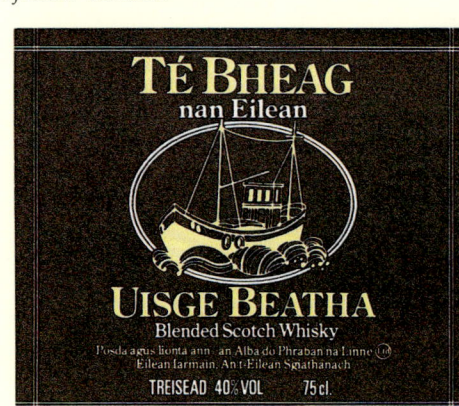

Isle of Jura hat einen Anflug von Torf im Duft, ist aber für einen Insel-Malt leicht im Geschmack. Ein sauberschmeckender Single Malt mit blumigem, rundem Abgang. Bestandteil der hervorragenden Mackinlay-Blends.

Talisker, der berühmte Whisky von Skye, legt jene Intensität und Kraft an den Tag, an die Whiskyfreunde denken, wenn sie von einem »Insel-Malt« sprechen. Ein klassischer Single Malt.

Té Bheag ist ein Blended Whisky mit Skye-Adresse in der Sprache der äußeren Inseln und der schroffen nordwestlichen Highlands. Ein mittelschwerer Blend mit Spuren seiner Herkunftsregion.

--- Mull ---

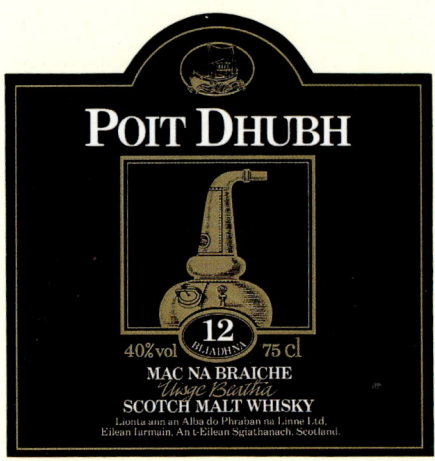

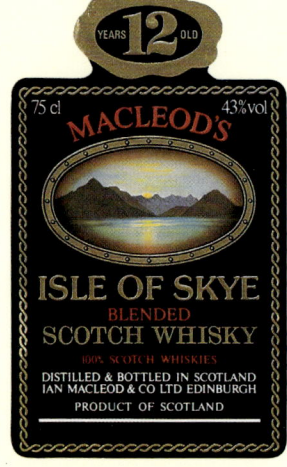

Tobermory hat nicht nur einen Anflug von Torf, sondern auch fruchtige und feurige Noten im Bukett, einen trockenen, sanften Geschmack und einen milden, leicht süßen Abgang. Als Single Malt, aber auch als Blended Whisky aus gleichem Haus erhältlich.

Poit Dhubh stammt von einer Firma namens Praban na Linne auf der Insel Skye. Neben mehreren Speyside Malts soll er Talisker enthalten. Ein guter Insel- und Highland-Malt.

Isle of Skye ist ein duftig schmeckender Blend einer Edinburgher Firma von leichter bis mittlerer Schwere. Ein gut genießbarer Whisky, der Skye Ehre macht, aber ohne ausgeprägten Inselcharakter.

— Die Western Highlands —

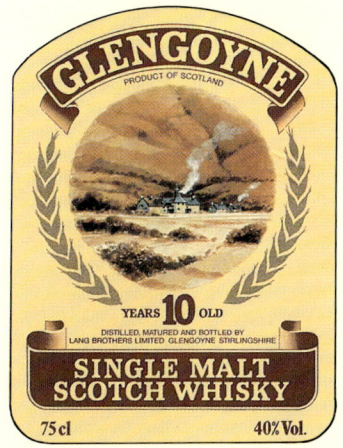

Glengoyne kann geographisch gerade noch als Western-Highland-Whisky gelten. Obwohl kein berühmter Malt, wird er zunehmend geschätzt. Er hat einen leichten bis mittelschweren Körper mit abgerundeter Fruchtigkeit.

Glencoe ist ein Vatted Malt, dessen Name mit der blutrünstigen Landesgeschichte verknüpft ist. MacDonalds wuchtiger Whisky bietet eine trotzige Kostprobe »schottischer Kühnheit«.

Ben Nevis, Schottlands (und Großbritanniens) höchster Berg (1343 m), hat auch einem Blend seinen Namen gegeben. Am Fuße des Berges, in Fort William, steht die Brennerei, deren Whisky in diesen charaktervollen Blend eingeht.

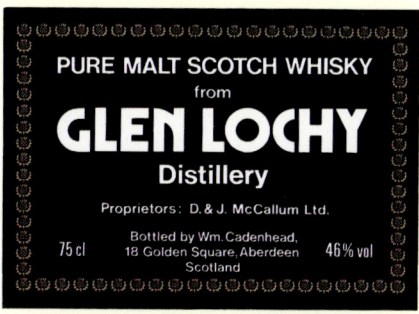

Glenlochy, Abfüllung Cadenhead

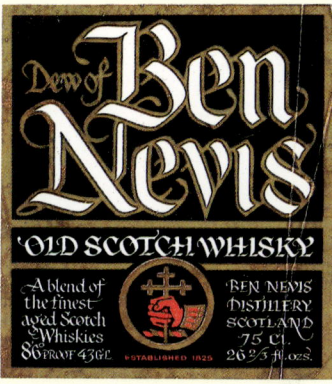

Ben Nevis Single Malt war jahrelang nur in Händlerabfüllungen zu haben. In dieser Form ist er aromatisch und fruchtig-blumig. Malt-Freunde warten gespannt auf neue »Jahrgänge« von Ben Nevis.

Glenlochy, Abfüllung Gordon & MacPhail

Oban ist ein nach seinem kleinen Heimatort, der »Hauptstadt« der Western Highlands, benannter Single Malt. Mit Torfaroma, weichem Körper und ausgleichender Süße ist dieser Whisky ein Beispiel für den Stil der Region.

Glenlochy ist ein nur in Händlerabfüllungen erhältlicher Single Malt mit Seltenheitswert, da die Brennerei zugemacht hat. Ein guter Western-Highland-Charakter mit einem typisch leichten bis mittelschweren Körper.

Die Western Highlands

Von den größten schottischen Städten aus fährt man nicht weit zu den Highlands. Highlands heißen sie, weil sie hoch sind: bergig, aber keineswegs abgelegen oder hoch im Norden. Nur 32 km von Glasgow liegen die Ufer des Loch Lomond; von da an wird Schottland weitgehend ein Land der Seen und Berge. Loch ist schottisch für ein langes, schmales, spaltförmiges Gewässer, sei es ein See oder ein Meeresarm. *Loch Lomond* ist über 30 km lang, aber an den meisten Stellen nur ein, zwei Kilometer breit. Er ist dicht gesäumt mit Picknickplätzen, Bootsstegen und kleinen Hotels. Zu beiden Seiten des Loch steigt das Land jäh und steil an, wirft sich, fichtenbewaldet, dann und wann zu einem Gipfel auf – flachen, breiten Bergdreiecken in weichen, regelmäßigen Formen und Proportionen, deren Farben, gefiltert durch das schottische Licht, von dunkelgrün zu grau zu malvenfarben verschwimmen.

Das sind die Western Highlands, und Whiskyhändler oder Bars fassen manchmal die Single Malts von dieser Seite Schottlands lose unter dieser Bezeichnung zusammen, ob sie nun Erzeugnisse des Festlands, der Halbinsel oder des Archipels sind. Die Westerners betonen aber zu Recht, daß sie auch eigene Whiskys haben. Es gibt mehrere Highland- und Insel-Malts, die weder nach Campbeltown noch nach Islay gehören.

Die am leichtesten zu erreichende, gut auf Besucher eingerichtete Malt-Whiskybrennerei der Western Highlands auf dem Festland ist *Glengoyne*. Im Sommer sind dort täglich fünf Führungen, Voranmeldung ist nicht erforderlich. Sie liegt nur etwas über 20 km vom Zentrum Glasgows entfernt, bei Dumgoyne, 10 oder 11 km vom Loch Lomond. Vom Hochland ist hier noch nicht viel zu sehen, doch die Brennerei befindet sich knapp hinter der imaginären Linie, wo es anfängt. Sie liegt beiderseits einer Landstraße im Tal eines Flüßchens, das in den Loch Lomond mündet, und hat die Campsie Fells im Rücken, rauhe, runde Hügel, auf denen Schafe grasen. Ein Wasserfall ergießt sich in die rote Sandsteinmulde, wo Enten

im Wehr der Brennerei schwimmen. Obwohl Glengoyne nicht mehr selbst mälzt, ziert die weißen Gebäude immer noch eine Pagode. Mit ihrem Maischbottich mit Kupferkuppel, Gärbehältern aus Douglasie und lackierten Stills ist sie ein schmuckes Haus. Glengoyne-Whisky wird als Single Malt unter dem Brennereinamen abgefüllt und kann mit acht, öfter mit 10 und manchmal mit 12 Jahren gefunden werden. Es ist kein besonders gängiger Malt, aber einer, der ständig Bewunderer dazugewinnt: weich, abgerundet, würzig und leicht fruchtig, mit einem frischen, etwas süßen Abgang. Glengoyne ist im Besitz von *Robertson & Baxter*.

Von Glengoyne aus fährt man 130 km, an den Ufern des Loch Lomond entlang und durch einen Bergpaß in den Grampians, nach *Oban*, der wichtigsten Stadt an der mittleren Westküste Schottlands und Fährhafen nach Mull und anderen Hebriden-Inseln. Oban ist die Hauptstadt der Western Highlands und reich an kuriosen Bauten. Die Hafenfront ist mit Hotels in bunt gemischten Baustilen gesäumt – die Schotten

Das Colosseum hoch über einem schottischen Hafen ist eine der vielen Wunderlichkeiten aus viktorianischer und eduardischer Zeit. Oban ist eine exzentrische Kleinstadt mit großen Erinnerungen. Sie genießt ihre Position als Tor zu den Inseln … und erzeugt immer noch einen eindeutigen Western Highlands Malt Whisky. Kein Colosseum in Glengoyne (links), nur eine schmucke Pagode. Wirklich exotisch, dieses Schottland.

viktorianischer und eduardianischer Zeiten mochten Altertümeleien, die hier neben Anklängen an Flämisches und Elisabethanisches stehen. Hoch über der Stadt ist das wunderlichste Bauwerk, eine Nachbildung des römischen Colosseums; es wurde um die Jahrhundertwende von einem Bankier namens McCaig als Familienmonument gebaut. Unterhalb von McCaig's Tower, dicht am Stadtkern in den Hang gedrückt, steht *John Hopkins'* Oban-Brennerei, eine klobige, hohe Gruppe von Steinbauten. Diese Brennerei soll 1794 gegründet worden sein, aber die jetzigen Gebäude stammen wohl aus den 80er Jahren des vorigen Jahrhunderts. Sie wird von einer DCL-Tochterfirma betrieben und ist, wie viele DCL-Brennereien, nicht auf Führungen eingerichtet. Obans Whisky wird unter dem Brennereinamen 12jährig als Single Malt verkauft. Er hat ein schwach torfiges Aroma, einen weichen, (mittel-)schweren Körper und einen würzigen, leicht süßen Geschmack und Abgang. Die Firma führt auch einige Blends, darunter *Glen Garry* und *Glen Royal*.

Knapp 50 km nördlich von Oban liegt *Glencoe*, der Schauplatz des Massakers der *Campbells* an den *Macdonalds* im 17. Jahrhundert. Die Straße führt durch dieses wilde Glen, zwischen 1000 m hohen Bergen hindurch. Trotz der Gnadenlosigkeit der Campbells leben in der Gegend immer noch Macdonalds, und einer von ihnen hat im Dorf Glencoe eine Firma gegründet, die einen Blended Malt Whisky vertreibt. Dieses Produkt, Glencoe genannt, wird mit 8 Jahren und 57% Alkohol verkauft. Es hat einen torfigen, lebhaften Duft, einen vollen, würzigen Geschmack und einen weichen, etwas süßen, malzigen Abgang.

Der Gründer der Firma Glencoe ist der Urenkel von »Long John« Macdonald, einer im wörtlichen wie übertragenen Sinne überlebensgroßen Figur in der Geschichte des schottischen Whiskys. *Long John* war Nachfahre eines Königs von Argyll und eines Herrn der Inseln (Argyll war ein Königreich, das die Western Highlands umfaßte). Er war 1,93 m groß, »was vor 150 Jahren als ungewöhnliche Größe galt«, wie Philip

Morrice in seinem »Schweppes Guide to Scotch« bemerkt. Long John war Brenner und Publizist. 1825 baute er an den Hängen des Ben Nevis bei Fort William eine Brennerei. Diese erste legale Brennerei in der Gegend erzeugte einen Whisky, der Long John's Dew of Ben Nevis hieß. Die Brennerei und der Markenname Long John trennten sich später und gingen an verschiedene Firmen, wurden aber 1981 wieder vereint. Damals war einige Jahre nicht produziert worden, und der Whisky war schwer auffindbar gewesen, obgleich ihn einer seiner früheren Besitzer im *Inverlochy Castle Restaurant* von Fort William weiter verkaufte. Dies ist nach einhelliger Meinung eines der besten Restaurants und Hotels in Schottland, wenn es auch sehr teuer ist und gewöhnlich lange im voraus gebucht werden muß. 1984 begannen Bestrebungen zur Wiederaufnahme des Brennens in Long Johns altem Betrieb, wo es Grain- und Malt-Stills gibt. Der Malt Whisky, der früher dort gebrannt wurde, hatte viel Charakter, einen süßen, malzigen Duft, einen angenehm öli-

gen, kräftigen Körper, einen leicht aromatischen Geschmack und einen langen, blumigen Abgang.

Die Wiedervereinigung des Namens Long John mit einer wiedereröffneten Brennerei *Ben Nevis* war in einer für die schottische Whiskyindustrie schweren Zeit eines der freudigeren Ereignisse. Leider wurde *Glenlochy*, die andere Brennerei in Fort William, von seinen Besitzern, DCL, auf unbestimmte Zeit geschlossen. Diese 1898 errichtete Brennerei erzeugte einen Whisky von der gleichen angenehm öligen Art, aber in jeder Hinsicht viel trockeneren Torfigkeit: in Duft, Geschmack und Abgang. Wenn man etwas als typisch für die Western Highlands bezeichnen kann, dann diese Verbindung eines malzigen, öligen Charakters mit einer Torfnote.

Nördlich von *Fort William* führt ein System künstlicher und natürlicher Wasserwege über den sagenumwobenen *Loch Ness* bis hinauf nach Inverness und der Moray Firth. Hinter dieser Linie liegen die Northern Highlands.

Orkney

Der eiserne Torbogen von Highland Park weist den Besucher auf das Gründungsjahr 1798 hin und verrät stilistisch seine Herkunft. Er würde sich auch an einer Wollfabrik in Yorkshire gut machen.

Orkneys Whiskys sind die nördlichsten. Die Orkney-Inseln wurden 500 Jahre lang von Norwegen und Dänemark regiert. Die gälische Kultur blieb ihnen fremd, obwohl sie 1468 an Schottland fielen. König Christian I. von Norwegen gab seiner Tochter bei ihrer Heirat mit James III. von Schottland die Orkney- und Shetland-Inseln als Mitgift.

Orkney hat 65 Inseln, 30 davon bewohnt, und knapp über 18000 Einwohner. Die »Orcadians«, wie die Leute auf Orkney heißen, nennen die Hauptinsel einfach *Mainland*, »das Festland«. Verwaltungssitz ist das Städtchen Kirkwall. Dort liegen auch die

beiden Brennereien. Eine davon, *Scapa*, erzeugt einen gefälligen, nicht außergewöhnlichen Single Malt. Die andere, *Highland Park*, brennt einen hervorragenden Whisky, der breitere Anerkennung verdient. Neben der Whiskyherstellung ist die Hauptbeschäftigung der »Orcadians« die Landwirtschaft. Sie sind bekannt für ihr Rindfleisch.

80 km nördlich der Orkneys liegen die Shetland-Inseln, 100 an der Zahl, 15 bewohnt, mit knapp unter 18000 Einwohnern. Sie haben keine Brennereien und leben von ihren reichen Fischgründen. Die Shetlands sind mit prähistorischen Stätten gut bestückt und haben einer Ponyrasse und einer Wollart ihren Namen gegeben. Im Westen,

auf halbem Weg nach Island, liegen die Färöer Inseln, ein selbstverwalteter Teil von Dänemark. Alle diese Nordatlantik-Inseln sind mit Touristenfähren zu erreichen.

Der Hauptseeweg vom schottischen Festland nach Orkney geht von Scrabster in der Thurso Bay aus. Die Autofähre nach Stromness auf Mainland braucht zwei Stunden. Es gibt 20-Minuten-Flüge in Achtsitzern von Wick nach Kirkwall und Linienflüge von mehreren anderen schottischen Flugplätzen aus.

Von dem winzigen Flugplatz Kirkwall aus führt die Straße zur Stadt links an der Brennerei Highland Park vorbei. Die Brennerei, mit täglichen Führungen zu festen Zeiten, liegt halb versteckt zwischen Feldern in einer Senke. Hinter ihrem schönen schmiedeeisernen Tor hat sie lange, niedrige Lagerhäuser aus dem hiesigen Walliwall-Stein, der wie Sandstein geschichtet ist und neben Granitgrau satt gelbe und ziegelrote Einsprengsel aufweist. Die Brennerei hat zwei Pagoden. Ihre Mälztenne ist noch in Betrieb.

Highland Park wurde 1795 gegründet und Ende des vorigen Jahrhunderts vergrößert. Ihre ältesten Gebäude stammen aus dieser Zeit: einige Walliwall-Lagerhäuser mit Erdfußböden. Walliwall auch bei der Wasserversorgung: Das sehr harte Wasser entspringt einer Felsquelle, knapp einen Kilometer von der Brennerei entfernt, und wird in einer ehemaligen Walliwall-Abbaugrube gesammelt. Der Torf für die Mälzerei kommt aus dem Hobbister Moor auf der anderen Seite von Scapa Flow. Die Torfbetten dort sind flach, so daß der Torf einen deutlich »jungen« Heide- und Wurzelgeschmack abgibt. Eben diesen Charakter versuchten einige Mälzer zu erzielen, indem sie Heidekraut in das brennende Torf warfen. Bei Highland Park wird stark getorftes Malz verwendet. Ein glänzender stählerner Maischbottich modernen Typs ist das einzige nicht traditionelle Gerät im Hause. Die *wash-backs* sind aus Holz, und man benutzt dreierlei Hefe. Die unten zwiebelförmig gewölbten Stills sind flach in den Boden eingelassen. Der unter dem Brennereinamen als

Single Malt verkaufte Whisky ist durchweg in teils mehrmals verwendeten Sherryfässern gereift.

Der Whisky hat ein sehr ausgeprägtes Aroma, eine Verbindung von Torfrauch und Heidehonig. Der Geschmack ist sauber süß mit einem üppigen, mittelschweren Körper. Das Heide- und Torfaroma kehrt dann in einem weichen, nachhaltigen Abgang wieder. Als Single Malt findet man ihn ab und zu mit acht Jahren, aber häufiger mit 12. Er reift langsam und sollte vielleicht auch 15jährig verkauft werden. Er ließe sich wohl auch besser präsentieren als in einer »modernen« Flasche, die aussieht, als enthielte sie eine Urinprobe.

Highland Park ist das einzige Produkt, das bei einem Geschmackstest je auf 100% kam – so bewertet 1984 vom regulären Team der Zeitung »The Scotsman«, immerhin Schottlands Nationalzeitung. Zufällig wurde Highland Park nach einem Halbdutzend anderer Malts als letzter gekostet, als die Gaumen der Tester eigentlich schon hätten abgestumpft sein müssen. In dem Bericht über die Probe stand, Highland Park »löste Äußerungen derartiger Ekstase aus, daß unser zynisches Team sich fast schämte, sie einzugestehen. Er entlockte uns auch Kommentare wie ›superb, hintergründig, vielseitig und doch geschlossen‹, ›lang und golden, mit vielen Geschmacksschattierungen‹ und ›tief und lang verweilend‹«. Fairerweise sollte angemerkt werden, daß die gekostete Probe Faßstärke hatte, über 60% Alkohol. Bei Standardstärke verliert der Whisky etwas im Abgang.

Geschmackstests wie dieser und die Berichterstattung darüber in der angesehenen Londoner Zeitschrift »Decanter« haben den Ruhm dieses Whiskys verbreiten helfen. Trotzdem gehört er noch nicht zu den bekannteren Single Malts. Er sollte wirklich als klassischer Insel-Malt gelten. Von Blendern wird er seit langem geschätzt, weil er in Blends als Katalysator wirkt, der in anderen Whiskys das »Flavour« herausbringt. Die Besitzerfirma gehört zu *Highland Distilleries*, es bestehen also Familienbande zu *Lang's* und *The Famous Grouse*.

Trotz (oder besser wegen) ihrer Abgelegenheit sind die Orkneys whiskygeschichtlich bedeutsam. Das Wasser, das Highland Park versorgt, wurde angeblich erstmals von einem berühmten Brenner namens Magnus Eunson benutzt, damals, als Whiskymachen noch illegal war. Orkney war einer jener abgelegenen Teile Schottlands, wo man *bere*, einen primitiven Vorläufer der Gerste, zur Whiskyherstellung nahm. Gemahlen wird es auf der Insel noch immer zum Backen von Bannocks benutzt, Gerstekuchen auf dem Backblech. Orkney-Torf ist in der Whiskyherstellung so beliebt, daß er einst zu Brennereien auf dem schottischen Festland exportiert wurde. Früher gab es noch zwei Brennereien in der Gegend von Kirkwall und vielleicht drei in Stromness.

Highland Parks Anspruch, die nördlichste Brennerei zu sein, gilt nur knapp. Weniger als eine halbe Meile weiter südlich liegt die Brennerei *Scapa*, etwas näher an dem Meeresbecken, dessen Namen sie trägt. Scapa wurde 1885 gegründet und hat noch zwei alte Lagerhäuser, in denen jetzt leere Fässer gestapelt werden. Die Firma hat ein Wasserrad restauriert, das einmal die Brennerei mit Strom versorgte, aber die übrige Fabrik datiert zum Großteil von 1959, als sie umgebaut wurde. Scapa besitzt einen ungewöhnlich kleinen Maischbottich mit Kegelhut, gußeiserne Gärbehälter und eine »Lomond«-Wash-Still, die zu einem leicht öli-

gen Destillat beiträgt. Die Brennerei hörte ungefähr zur Zeit ihres Umbaus zu mälzen auf. Sie verwendet zwar, ungewöhnlicherweise, völlig ungetorftes Malz, aber ihr Wasser ist sehr torfig. Der Whisky hat etwas Torf in der Nase, einen sauberen, leichten, abgerundeten Geschmack und einen leicht öligen, trockenen Abgang. In Bourbonfässern gereift, wird er als Single Malt abgefüllt. Scapa gehört einer Tochterfirma von *Hiram Walker*, aber als Single Malt gibt es den Whisky nur 8jährig von *Gordon & MacPhail*.

Gordon & MacPhail produzieren auch einen Blended Malt und einen Scotch mit Orkney-Charakter. In ihrer Regionalserie von Blended Malts hat *Pride of Orkney* mit 12 Jahren etwas Torfigkeit und einen Geschmack »zum Kauen«. Ihr Blend *Old Orkney* hat einen schwach bitter-süßen Abgang.

Diese Whiskys sind außerhalb des hohen Nordens nicht immer leicht zu finden. In den kleinen Hotels von Kirkwalls gepflasterter Altstadt zwischen dem Hafen und der Kathedrale St. Magnus sind sie natürlich ohne weiteres zu haben. Die Kathedrale wurde 1137 gestiftet. Während der Renovierungsarbeiten 1919 fand man den Schädel von St. Magnus in einer Säule eingemauert. Er war entzweigespalten – nach einer nordischen Saga war St. Magnus mit einer Axt ermordet worden.

Die Sprossenfenster der Altstadt von Kirkwall. Der Torbogen führt zu einem Museum. Die Abgelegenheit hat Kirkwall geschützt, wenn es auch langsam Touristen anzieht. Der zu Recht wachsende Ruf seines Single Malt Whiskys kann das nur fördern.

ORKNEY- UND NORTHERN-HIGHLAND-WHISKYS – EIN GESCHMACKSFÜHRER

Fern von den anderen whiskyproduzierenden Inseln ist Orkney in jeder Beziehung isoliert.
Seine beiden Brennereien erzeugen Whiskys mit Heidetönen, und dieser blumig-würzige
Charakter hat Gemeinsamkeiten mit den Destillaten vom nördlichen Festland.
Ob Insel oder Festland, der hohe Norden stellt einige herausragende Highland Malts her.

——— Orkney ———

Highland Park, ein machtvoller Malt voller »Insel«-Charakter und mit weicher, heidesüßer Saftigkeit. Ein Gedicht nach dem Essen und Konkurrenz für jeden Cognac oder Armagnac.

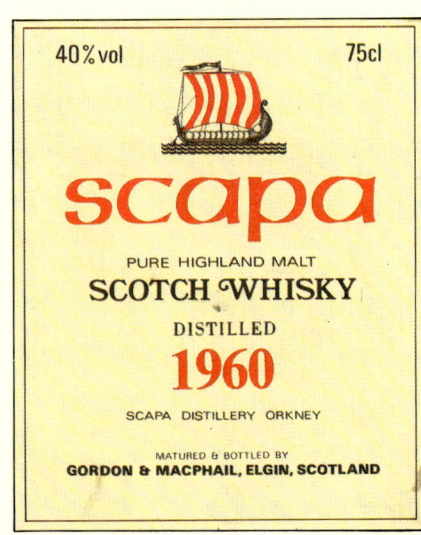

Scapa, ein Single Malt mit eigenen Heidetönen, vor allem im Aroma, mittelschwerem, abgerundetem Körper und kräftigem, weichem Abgang. Er schmeckt nach Orkney, aber dezenter als sein Nachbar.

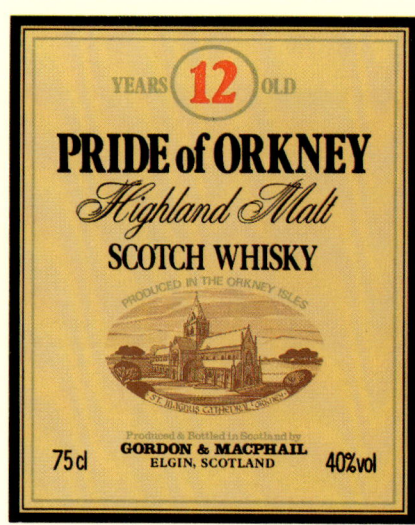

Pride of Orkney ist ein Blended Malt in der Regionalserie von Gordon & MacPhail. Orkney ist vielleicht keine klassische Region, wird aber allmählich geschätzt. Ein torfiger, wohlschmeckender Malt.

Old Orkney, ein Blended Whisky mit lokalem Akzent, abermals von Gordon & MacPhail. Torfig mit dem für Orkney typischen süßen Rauchton, der im Abgang intensiv trocken sein kann. Gut vor dem Essen.

——— Die Northern Highlands ———

Old Pulteney, ein Single Malt aus der nördlichsten Brennerei des schottischen Festlands. Kommt sein »Manzanilla«-Charakter aus der Seeluft oder durch das Holz der Sherryfässer?

Clynelish, ein Single Malt von großem Charakter. Er verkörpert alle Qualitäten eines Northern Highlands Malt. Er ist nicht sehr bekannt, hat aber seine Kultgemeinde.

Glenmorangie gehört eindeutig in die Northern Highlands, hängt aber seine Herkunft nicht an die große Glocke: ein hintergründiger, einnehmender Whisky mit ureigenem Charakter. Erfolgreich und beliebt auch bei uns.

Dalmore ist ein großartiger Single Malt, der mehr Bekanntheit verdiente. Ein voller, weicher, aromatischer Whisky, der seinen Hauch von Süße bis zum Schluß zurückhält – köstlich als Digestif.

Balblair, Brennerei-Etikett

Balblair, Abfüllung Gordon & MacPhail

Balblair, ein trockener, würziger, etwas scharfer Single Malt von feiner Art. Er kommt in die Ballantine-Blends und wird als Single hauptsächlich für den Export abgefüllt, in Großbritannien von Gordon & MacPhail.

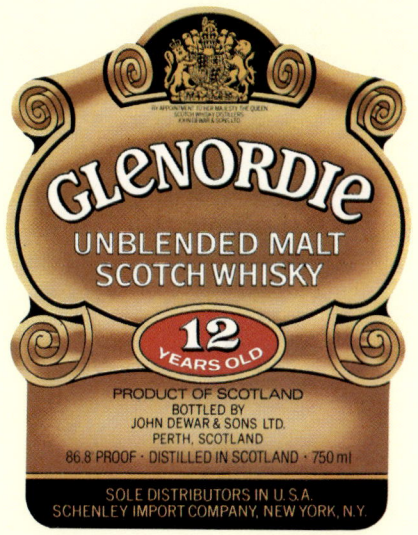

Glenordie ist ein »gefährlich« trinkbarer Single Malt, vor allem nach dem Essen. Früher hieß er einfach Ord. Merkwürdig, daß auf dem Etikett dieses guten Whiskys nicht die Herkunft vermerkt ist.

Teaninich ist ein Single Malt, der nur in Händlerabfüllungen zu haben ist. Zudem hat die Brennerei seit ein, zwei Jahren nicht mehr produziert. Wegen der Gesamtwirkung von leichtem Torfton, Frucht und Milde ist der Whisky die Suche wert.

Die Northern Highlands

Von Cape Wrath aus ziehen sich die Berge über den entlegensten Teil des schottischen Festlands, ein abgetrennter Brocken geradezu, felsiger Zufluchtsort für Wildkatzen und Goldadler, aber weniger behaglich, um menschlichen Genüssen zu frönen. Und doch gibt es hier, an die Ostküste geklammert, zehn Brennereien. Die Whiskys der Northern Highlands haben im allgemeinen viel Geschmack, oft mit erdigen, blumigen oder pikanten Tönen. Der hiesige Torf ist mitunter von der krümeligen Art, die eine erdige Note abgibt und wohl den Geschmack der Region mitgeprägt hat. Das Wasser ist teilweise hart, was dem Scotch Whisky einen ungewöhnlichen Charakter gibt, wenngleich es von Bierbrauern gelobt wird. Auch die Seeluft spielt wieder ihre Rolle.

In der Whiskywelt ist dieser Teil der Highlands nicht eben der meistgeschätzte, aber es gibt dort ein paar exzellente, individuelle Malts, darunter mit die bekanntesten.

Von *John O'Groats* aus, dem nördlichsten Dorf, sind es etwa 30 km zur nächsten Brennerei: *Pulteney* in der alten Stadt *Wick*. Sie produziert einen sehr eigenen Whisky mit erdiger, salziger Note. Der Whisky *Old Pulteney* ist mit einem Manzanilla verglichen worden, was zum Teil daher kommen muß, daß er in Fässern aus jenem Teil der Welt gereift ist. Der »Manzanilla des Nordens« ist von *Gordon & MacPhail* als achtjähriger Single Malt zu haben. Die Brennerei wurde 1826 gegründet und 1955 an *Hiram Walker* verkauft, der sie 1959 umbaute. Es gibt keine Führungen, aber Besucher sind willkommen (das ist bei Hiram-Walker-Brennereien oft der Fall). In der Gegend von Wick gibt es eine neolithische Grabkammer und mehrere Burgen, und in ihren wilden Tagen, als Sammelplatz für umherziehende Crews von Heringsfischern, verhängte die Stadt sogar einmal die Prohibition.

In dem Angel- und Golfort *Brora*, knapp 70 km die Küste hinunter, liegen zwei DCL-Brennereien nebeneinander. Die eine, schlicht Brora genannt, wurde 1819 gegründet, von einer Brauereifirma Ende des vorigen Jahrhunderts umgebaut und Anfang der 80er Jahre auf unbestimmte Zeit geschlossen. Die Brennerei hieß früher einmal *Clynelish*, aber diesen Namen trägt jetzt ihre 1967 gebaute neue Nachbarin. Die Betreiberfirma von Clynelish bringt den Whisky 12jährig als Single Malt auf den Markt. Er ist charaktervoll – sehr trocken, erdig, pikant, mit einem Hauch von Salz und einem vollen Körper.

Wo die Dornoch Firth die Küste zerklüftet, gibt der *Balblair Forest* einer hübschen, kleinen Brennerei bei Edderton seinen Namen. Die Brennerei Balblair fing in den 90er Jahren des 18. Jahrhunderts an, bezog aber erst nach 1870 den jetzigen Platz, der sich seitdem kaum verändert hat. Mit seinem einzelnen (nicht mehr benutzten) Mälzturm, Gewächshausfenstern auf dem First und Gebäuden, die zu einer Farm gehören könnten, sitzt sie in einer Mulde zwischen Schafweiden mit den Bergen im Rücken. Sie gehört Hiram Walker, und ihr Whisky wird von Gordon & MacPhail als Single Malt verkauft: ein trockener, zart pikanter Whisky mit leicht scharfem Abgang.

In der Nähe, bei dem hübschen Städtchen *Tain*, liegt die Brennerei *Glenmorangie*, die den bekanntesten Whisky der Northern Highlands und den meistverkauften Single Malt auf dem schottischen Markt erzeugt. Tain, ein königlicher Burgflecken seit 1066, erhebt neben etlichen anderen Orten den Anspruch, die älteste Stadt Schottlands zu sein. Es hat nur 4000 Einwohner, die Bohrtürme in der nahen Cromarty Firth bauen, landwirtschaftliche Mischbetriebe haben oder in der Whiskyherstellung arbeiten. »Die sechzehn Männer aus Tain« prangten in Anzeigen für Glenmorangie auf schönen Holzschnitten: Archie Murdoch, der Maischer; Ken Murray, der Brauer; Ian Macleod, der Destillateur; Stuart Thompson, der Küfer, und so weiter. Tain ist aus dem senffarbenen hiesigen Sandstein gebaut, der sehr dauerhaft ist und über den das Wasser aus Glenmorangies Quelle fließt.

Es bestehen Meinungsverschiedenheiten über die Bedeutung von »Morangie« – auch über die Aussprache –, aber die Firma übersetzt es mit »große (Seelen-)Friede«. Zweifellos vom Whiskytrinken. Das Glen des großen Seelenfriedens mündet gleich vor der Stadt in die Dornoch Firth. Der kurze Privatweg zur Brennerei führt zu einem massiven Steingebäude, das eine alte Wollfabrik sein könnte (eine Wassermühle ist noch da), obwohl das Anwesen bis 1843 eine Brauerei war und ein Großteil des jetzigen Äußeren von 1887 stammt. Es verrät sich aber durch die Pagoden, wenn sie auch eine flache, weniger romantische Zweckform haben.

Wie viele Brennereien, die ihre Pagoden aus einem Gefühl für Tradition und Image behalten, mälzt Glenmorangie nicht mehr selbst. Die Firma kauft Malz von verschiedenen Quellen, wenn sie auch die Gerste der Gegend bevorzugt, und sie will es nur leicht getorft. Dies ist ein Faktor, der den Charakter des Whiskys bestimmt; das harte Wasser von Tain ist ein anderer. Anders als viele Brenner, die auf die Verbindung von Bier- und Whiskyhefe schwören, nimmt Glenmorangie nur die letztere, in zwei Reinkulturen. Ihre Haushefen geben dem Whisky einen Estercharakter, der zu seinem sehr eigenen Bukett beiträgt.

Glenmorangies Stills sind die höchsten in den Highlands. 5,14 m hoch, um genau zu

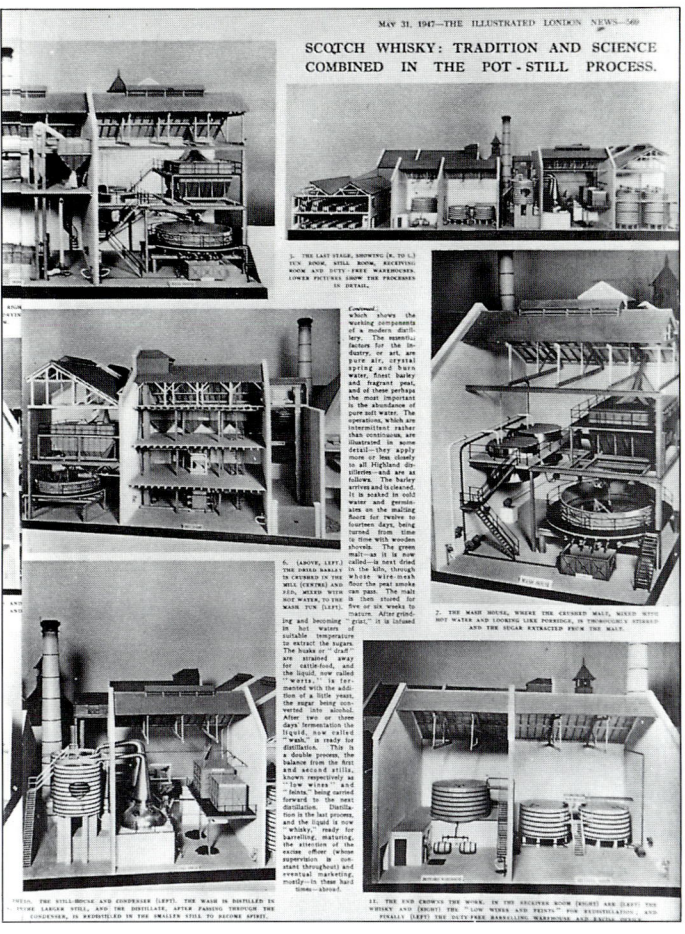

Oben: Balblair, eine hübsche und unscheinbare Brennerei, liegt hoch in den Highlands, doch in sanfter Landschaft. Ein malerischer Anblick, kaum getrübt durch ein Eisenbahngleis. Links: Die Mühlteich-Idylle von Glenmorangie gehört zu einer Brennerei, die in ihrer Werbung von den täglichen Aufgaben ihrer Arbeiter aus der Kleinstadt Tain erzählte. Sehr angetan ist die Firma von einem Artikel in den »Illustrated London News« von 1947 (rechts) ... eine weitere Darlegung, wie Whisky gemacht wird. Das Maischen (Mitte rechts), Brennen (unten links) und Abfüllen (unten rechts) werden besonders deutlich gezeigt.

sein, und die Firma streicht das sehr heraus. Sie erzeugen, wie sollte es anders sein, ein sehr sauberes und ziemlich leichtes Destillat. Die Brennerei lagert zudem ihren Whisky in Bourbonfässern und stellt das ebenfalls heraus. Anderen ist vielleicht das traditionelle Sherryholz mit der Fülle, die es verleiht, lieber, aber Glenmorangie entscheidet sich kompromißlos für die weicheren Vanilletöne der Neuen Welt.

Glenmorangie ist ein köstlicher und nuancenreicher Whisky der leichteren, trockeneren Art. Er hat eine sehr helle Farbe (wie ein Sherry fino, wenn der Vergleich auch hinkt). Sein individuellstes Merkmal jedoch ist ein sehr blumiger Duft, gefolgt von einem leichten, tanzenden, trockenen Geschmack (aber mit einer Ahnung süßer Malztöne). Der Abgang ist lang und abgerundet. Er taugt sicherlich eher als Aperitif denn als Digestif, wie die Brennerei meint, ist aber in beiden Fällen ein Genuß.

Fast die gesamte Produktion von Glenmorangie, das ist ungewöhnlich, wird in Flaschen als 10jähriger Single Malt unter dem Brennereinamen verkauft. Der zum Blending verwendete Teil bleibt im Hause, in dem Familienbetrieb *Macdonald & Muir*, deren verschiedene Tochterfirmen ein brei-

tes Angebot an Marken produzieren, worunter die verschiedenen *Highland-Queen*-Whiskys wohl die bekanntesten sind. Der Firma gehört auch die Brennerei *Glen Moray* in Speyside.

Zwischen Dornoch und Cromarty Firth gibt es noch fünf Brennereien, von denen eine einen hervorragenden Whisky erzeugt, der viel breitere Anerkennung verdient. Als erste kommen, zusammen in einem häßlichen modernen Komplex, eine Malt- und eine Grain-Brennerei, *Ben Wyvis* und *Invergordon*. Ben Wyvis fing 1965 zu brennen an, ihr Whisky ist bisher als Single Malt noch nicht zu haben. Die Besitzerfirma Invergordon nennt sich nach der Hafenstadt dieses Namens. Invergordons Produktion fließt zum Großteil in Eigenmarken von Importeuren anderer Länder.

Der hervorragende Single Malt der Brennerei *Dalmore* kommt aus dem nahegelegenen Dorf *Alness. Dalmore Highland Malt* findet man mit 8, öfter 12 und gelegentlich 20 Jahren. Er hat den tiefen Farbton von Orangenmarmelade, was vielleicht Nase und Gaumen beeinflußt, im Whisky ähnliche Töne zu entdecken. Mit Sicherheit hat er ein volles, fruchtiges Aroma, eine samtweiche Trockenheit im Geschmack und einen

sehr vollen Körper, der kräftig und malzig ist, ohne je süß oder klebrig zu werden. Der Abgang ist lang, mit einem bitter-süßen leisen Orangenton. Ein Dessertwhisky, edel wie die größten Cognacs.

Zur Brennerei Dalmore geht es ein steiles, kurvenreiches Waldsträßchen hinunter, an dessen Ende sich die Ruinen alter Lagerhäuser befinden. Die Büros der Brennerei haben eine entfernte Ähnlichkeit mit einem Landbahnhof; im Innern sind sie zum Teil eichengetäfelt. Die Rückseite begrenzt die Cromarty Firth. Landeinwärts schweift der Blick über den Ardross Forest und Berge, die gut über 600 m hoch sind.

Dahinter liegt der Loch, aus dem der Alness kommt, der seinerseits wieder das weiche und saubere Wasser für die Brennerei liefert. Dalmore kauft leicht getorftes Malz. Die Fruchtigkeit des Whiskys muß zum Teil von den verwendeten Hefen herrühren und seine Eigenart von zwei ungewöhnlich geformten Stills. Die Wash-Stills sind in der Mitte schmal und verbreitern sich zu einer kugelförmig zulaufenden Haube, die oben flach abschließt. Die Spirit-Stills haben eine flaschenförmige Rückflußkammer. Es ist auch ungewöhnlich, daß es Paare von Stills in verschiedenen Größen gibt. Der indivi-

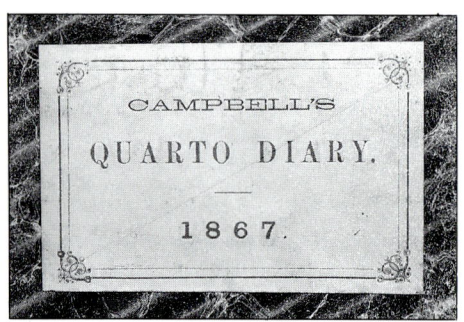

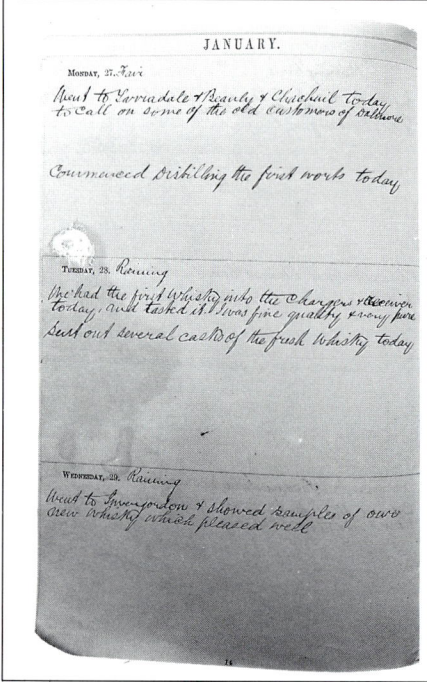

Damals, als ein Tagebuch noch Aufzeichnung des eben Gewesenen und nicht Programm für die Zukunft war, ließ es eine Tür offen, durch die wir eine andere Welt sehen. In der Whiskybrennerei Dalmore von heute liest noch ein Mackenzie aus dem Tagebuch seines Großvaters von einer Epoche vor, in der täglich Zeit war, neben dem Einfetten der Jungschafe auch noch das Wetter einzutragen. Mackenzie kaufte Dalmore im Oktober 1867. Schon Januar 1868 hieß es: »Proben unseres neuen Whiskys fanden Anklang.«

duelle Whisky, den sie abgeben, reift größtenteils in Sherryfässern, von denen manche mehrmals benutzt werden.

Die Brennerei, 1839 gegründet, wurde 1867 von den *Mackenzies* erworben, einer angesehenen einheimischen Familie. Ein Tagebuch, das Schritt für Schritt festhält, wie die Mackenzies ihren ersten Whisky erzeugten, ist noch im Familienbesitz. Es zeigt klar und einfach die Rolle, die das Brennen von Malt Whisky in Landwirtschaft und Handel der Region spielte, und ist ein bemerkenswertes soziales Dokument. Der Enkel des ersten Mackenzie leitet die Brennerei immer noch, obwohl sie der Familie nicht mehr gehört. Von Anfang an unterhielt die Familie freundschaftliche Beziehungen zu dem Händler James Whyte, der sich mit Charles Mackay als Partner einen berühmten Namen im Whiskygeschäft machte. Später fusionierten die Firmen zu *Dalmore, Whyte & Mackay*. Darauf wurde das Whiskyunternehmen unter einem weiteren berühmten schottischen Namen, Sir Hugh *Fraser*, ein Teil von Scottish and Universal Invest-

ments, die ihrerseits ein Teil von *Lonrho* wurden. Außer Dalmore gehören noch die Brennereien *Tomintoul-Glenlivet* und *Fettercairn* zur Whyte & Mackay-Gruppe. Ihre Whiskys sind folglich Bestandteile der verschiedenen Blends von Whyte & Mackay.

In der Nähe von Alness liegt auch die DCL-Brennerei *Teaninich*. Teaninich wurde 1817 gegründet, aber von den heutigen Gebäuden wurden die meisten in den 70er Jahren errichtet. Die Stills kann man durch große Fenster von der Straße aus sehen. Der leicht getorfte Whisky wird in *R.-H.-Thomson*-Blends wie *Robbie Burns* verwendet, aber ab und zu findet man Händlerabfüllungen. Die Brennerei hat seit 1985 nicht mehr produziert.

Es gibt nur noch eine DCL-Brennerei ein paar Meilen weiter südlich in Muir of Ord, ursprünglich von der Tochterfirma Peter *Dawson*, jetzt für *Dewar's* geführt. Der Whisky wird unter dem Namen *Glenordie* 12jährig als Single Malt vertrieben. Es ist ein leicht torfiger, körpervoller Whisky mit trockenem, weichem Abgang, »gefährlich«

trinkbar. Die Brennerei wurde 1838 gegründet und hat einige alte Lagerhäuser aus dem rötlichen Gestein der Gegend, aber das moderne Brennhaus stammt erst von 1966. Es gibt auf dem Gelände auch offene Schuppen voll Torf sowie moderne Saladin- und Trommelmälzereien.

Hinter der Brennerei liegen in der Ferne die Berge der Northern Highlands. Direkt südlich beißt die Moray Firth in Schottlands Flanke. Die Straße windet sich um die Förde nach Inverness, und vor uns liegt Speyside, die größte whiskyproduzierende Region der Welt. Vielleicht könnte man Speyside mit der Gegend um Cognac vergleichen, obwohl die Mannigfaltigkeit seiner Produkte eher an Bordeaux denken läßt.

Speyside

Der Abschnitt des Spey, der ein breites Tal, ein »strath«, bildet, zieht sich über mehr als 30 km an gut 20 Brennereien vorbei. Diese hier ist Speyburn, mit einem charaktervollen Whisky, den man als Single Malt kaum findet.

Die größte whiskyerzeugende Region der Welt, was die Zahl ihrer Brennereien, die geschmackliche Vielfalt ihrer Produkte und womöglich die Qualität anbelangt, liegt zwischen Loch Ness (bzw. Moray Firth), Grampian Mountains (besser, der Cairngorm Range) und der Nordsee. Sie erstreckt sich zwischen den Highland-Städten Inverness und Aberdeen. Großzügig betrachtet, d. h. innerhalb der natürlichen Grenzen, ist sie 130 km breit. Die Spanne der Hauptproduktionszentren, der Kleinstädte Elgin, Rothes, Dufftown und Keith, mißt nur 25 km.

Die Berge bewässern die Region mit Flüssen wie dem Findhorn, dem Lossie, dem Spey und dem Deveron, die nach Norden ins Meer fließen. Ihr Wasser, das oft im Granit entspringt und über Torf läuft, ist die Basis für die rassigen Whiskys der Region. Das saubere Bergwasser schwemmt genug Torf mit, um die Rauchigkeit zu übertragen, die sie auszeichnet. Oft hält man es nicht für nötig, das Malz auch noch stark zu räuchern, läßt also den Eigencharakter des Malzes stark zur Geltung kommen. Daneben tun einige der klassischen Marken ihre Reifung in Sherryholz nachdrücklich kund. Rauchig, mit kräftigem Körper und mehr als nur einer

Spur Sherrysüße, so sind sie die komplexesten aller Whiskys und die elegantesten.

Von den über 100 Malt-Brennereien in Schottland liegen hier mehr als 60. Mehr als 50 zählt man zu Speyside. Keineswegs alle liegen in der Nähe des Flusses, aber doch eine beträchtliche Zahl. Sein Tal ist das Rückgrat der Region. Daher der Ausdruck Strathspey: »strath« ist das schottische Wort für ein breites Tal. Der *Spey* entspringt südlich und westlich des Cairn Gorm (1245 m), fließt an Aviemore und Grantown vorbei ins Whiskygebiet und zwischen Elgin und Buckie ins Meer. Einer der Nebenflüsse des Spey ist der kleine Livet. Das Glen des *Livet*

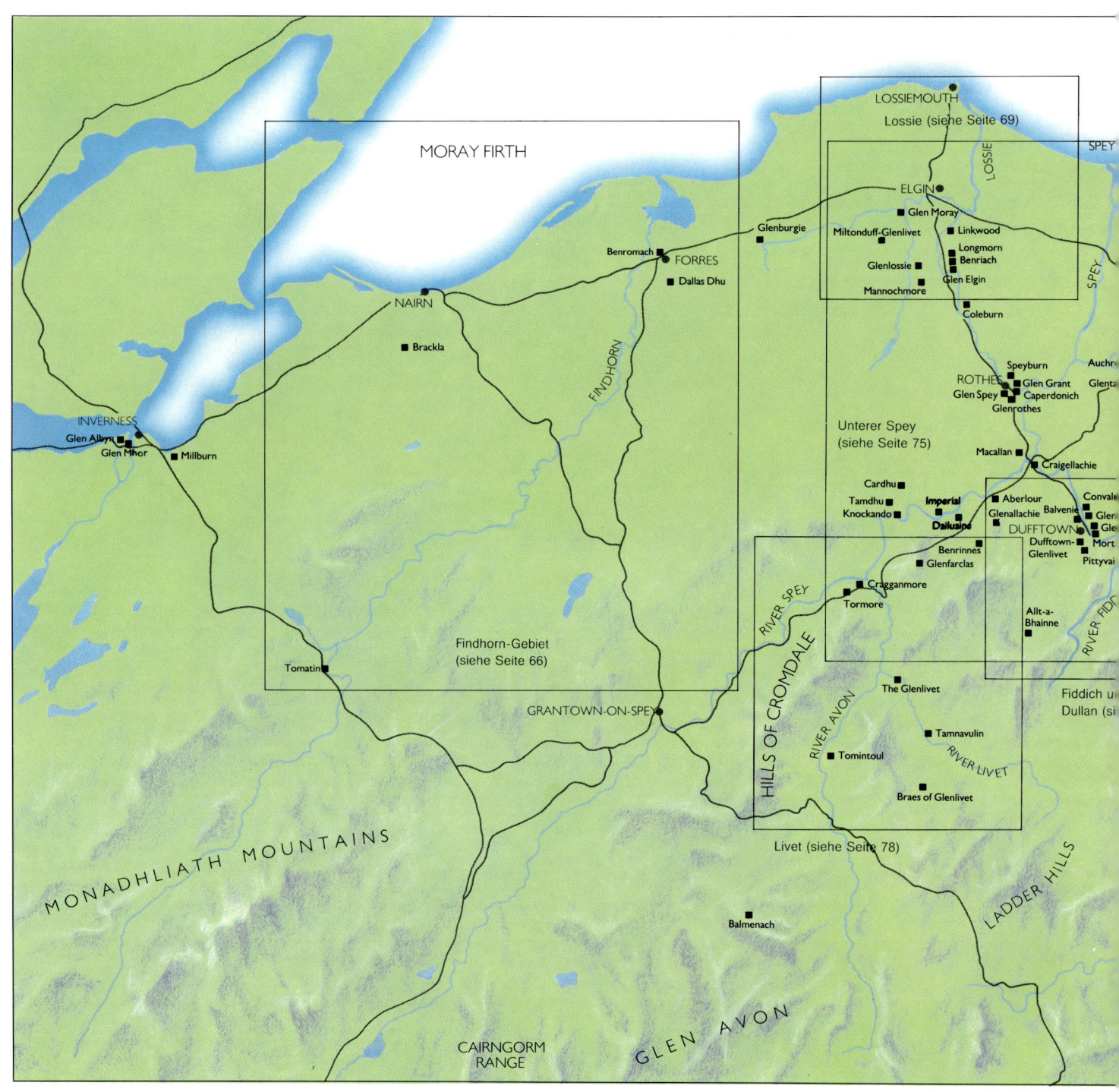

MORAY FIRTH

LOSSIEMOUTH

Lossie (siehe Seite 69)

SPEY

LOSSIE

ELGIN

Glen Moray

Miltonduff-Glenlivet · Linkwood

Glenlossie · Longmorn
Benriach

Mannochmore · Glen Elgin

Coleburn

Glenburgie

Benromach · FORRES

Dallas Dhu

NAIRN

SPEY

Speyburn · Auchro

ROTHES · Glen Grant

Glen Spey · Caperdonich

Glenrothes · Glenta

Brackla

FINDHORN

Unterer Spey
(siehe Seite 75)

Macallan · Craigellachie

INVERNESS

Glen Albyn

Glen Mhor · Millburn

Cardhu

Tamdhu · Aberlour · Convale
Imperial · Glenallachie · Balvenie · Glen

Knockando · DUFFTOWN · Glen

Dailuaine · Dufftown- · Mort

Glenlivet · Pittyvai

Benrinnes

Glenfarclas

RIVER SPEY

Cragganmore

Tormore

Allt-a-
Bhainne

RIVER FID

Findhorn-Gebiet
(siehe Seite 66)

HILLS OF CROMDALE

Tomatin

The Glenlivet

Fiddich u
Dullan (si

GRANTOWN-ON-SPEY

RIVER AVON

Tamnavulin

RIVER LIVET

Tomintoul

Braes of Glenlivet

Livet (siehe Seite 78)

LADDER HILLS

MONADHLIATH MOUNTAINS

Balmenach

CAIRNGORM
RANGE

GLEN AVON

ist das Herz des Whiskylandes. Wenn man Speyside mit *Cognac* vergleicht, dann entspricht der Name Glenlivet dem der Grande Champagne. Etwa 20 Brennereien führen den Namen Glenlivet oder haben ihn früher geführt, aber nur drei oder vier können sich rühmen, wirklich in dem Glen zu liegen.

Inverness, eines der Tore zu Speyside, hat drei eigene Brennereien, alle im Besitz von DCL. Von ihnen war nur eine, *Millburn*, in den letzten Jahren in Betrieb. 1985 stellte sie bis auf weiteres die Produktion ein. Sie er-

zeugte einen köstlichen, für die Region typischen Whisky: ein reiches Aroma, ein weicher, trockener, voller Körper mit etwas Frucht und ein langer Abgang mit Untertönen von Torf. Händlerabfüllungen dieses Whiskys kann man finden, aber die Firma vertreibt ihn nicht als Single Malt. Er ist jedoch ein wesentlicher Bestandteil des 12jährigen Vatted Malt *The Mill Burn* und der *Macleay-Duff*-Blends. Anfang des 19. Jahrhunderts gegründet, wurde Millburn 1876 und noch einmal 1922 nach einem Brand

umgebaut und seither beträchtlich modernisiert. *Glen Albyn*, 1846 gegründet, 1884 umgebaut und Anfang der 80er Jahre auf unbestimmte Zeit geschlossen, produzierte einen Whisky mit leichtem Geschmack, schwach süß, aber doch mit recht vollem Körper. Abfüllungen gibt es, obwohl der Whisky von der Firma nicht als Single Malt vertrieben wurde. *Glen Mhor*, 1892 gebaut und Anfang der 80er Jahre geschlossen, erzeugte einen leichten, süßen, nußartigen Whisky, der von *Gordon & MacPhail* abgefüllt wurde.

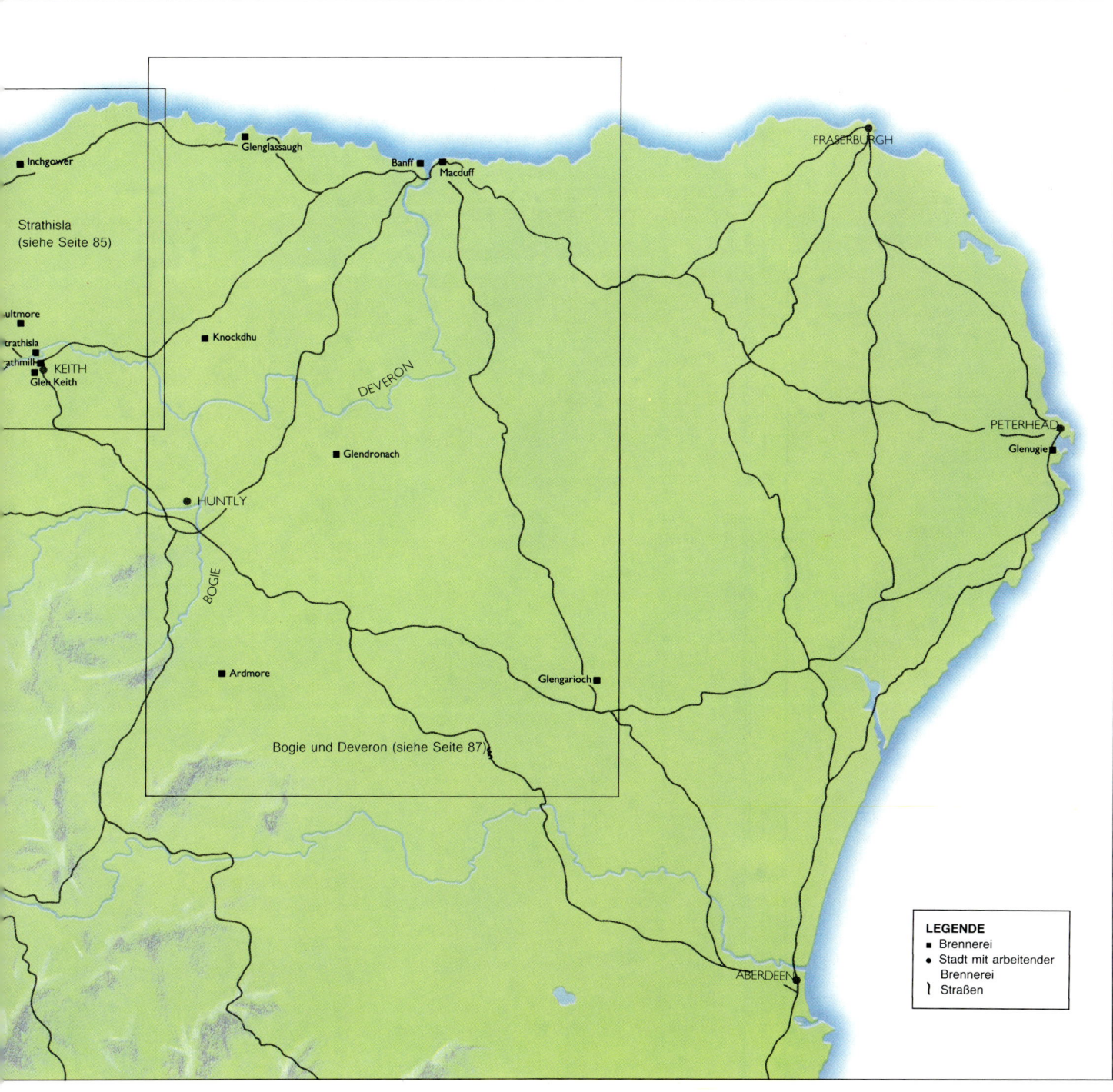

LEGENDE
■ Brennerei
● Stadt mit arbeitender
Brennerei
⌇ Straßen

Eine weitere DCL-Brennerei mit einem exzellenten Whisky liegt östlich von Inverness in Cawdor, auf dem Weg nach Nairn: *Brackla* wurde 1812 gegründet und darf sich seit 1835 »Royal« nennen – weil König William IV der Whisky schmeckte. Sie wurde 1898 und abermals 1966 umgebaut und 1970 erweitert, obwohl sie 1985 vorübergehend zu produzieren aufhörte.

Royal Brackla Single Malt Whisky wird ab und zu von Händlern abgefüllt, nicht unter dem Brennereinamen vertrieben, kommt jedoch in die *Bisset*-Blends. Als Single Malt ist er ein ideales Beispiel für einen Highland-Whisky. Er hat genau das komplexe Gleichgewicht von Torfrauch und kräftiger Malzigkeit, aber keinerlei eigene Allüren. Er hat einen vollen, rauchig-süßen Duft, fast mit Melasseton, einen kräftigen Körper, Spuren von Frucht und Torf im Geschmack und einen langen, trockenen, torfigen Abgang.

Ein schönes Präludium zu den Symphonien aus Speyside.

Der nach Norden fließende Spey ist mit seinen Nebenflüssen wie Livet und Dullan die Achse einer ausgedehnten Region. Im Süden grenzen die Bergketten an; die Täler haben ein mildes Klima, das beim Lagern hilft, den Speyside-Charakter auszubilden; die Flüsse streben einer einzigen Küste zu, die vom Findhorn bis Deveron die Region ungefähr begrenzt.

WHISKYS AUS INVERNESS – EIN GESCHMACKSFÜHRER

Jeder Ort ist Tor zu irgend etwas. Inverness, Großbritanniens nördlichste größere Stadt und allgemeine »Hauptstadt« der schottischen Highlands, kann ohne Ironie und mit berechtigtem Stolz behaupten, das natürliche Tor zum Gebiet von Speyside zu sein.

Millburn (ein Wort, ohne Artikel) ist die Brennerei am Bahngleis, die verschlafene Reisende im Nachtzug aus London nach elfstündiger Fahrt jeden Morgen in Inverness begrüßt. Ein voller, köstlicher Single Malt, aber schwer zu finden.

Glen Mhor ist laut Etikett »rare« (selten). Mit solchen Attributen sind Etiketten großzügig; hier stimmt es, denn die Brennerei ist geschlossen. Abfüllungen dieses angenehm nach Nuß schmeckenden Single Malt sind jedoch noch zu finden.

Glen Albyn ist ein kaum faßbarer Single Malt: schwer zu finden und hintergründig im Charakter. Er hat einen leichten Geschmack, aber einen gut abgerundeten Körper und vollen Abgang. Er ist schwach süß, mit etwas Rauch.

The Mill Burn (zwei Worte, mit Artikel) ist ein Blended Malt mit Firmenetikett. Er erinnert an das reiche Aroma, den vollen Körper und den langen Abgang des Singles.

Royal Brackla ist ein voller Single Malt – gut als Digestif –, in dem Torf, Süße und Frucht zusammenwirken. Er kommt aus einer Brennerei in Nairn, östlich von Inverness. Leider ist der Whisky schwer zu bekommen.

Old Inverness ist ein Blended Whisky von einem Wein- und Spirituosenhändler in der Stadt. Die Firma heißt H. D. Wines. Der Whisky ist sehr aromatisch, vielleicht mit einer Spur Gewürznelke, und ziemlich vollmundig für einen Blend.

FINDHORN-WHISKYS – EIN GESCHMACKSFÜHRER

Ist das Findhorn-Tal die Westgrenze von Speyside oder liegt es bereits in dieser klassischen Unterregion des Malt-Gebietes? Speyside ist nicht genau abgesteckt, nur soweit, als es sich ein gutes Stück über das eigene Flußtal hinaus erstreckt und zu beiden Seiten von Flüssen eingefaßt ist, die nach Norden zur Küste fließen.

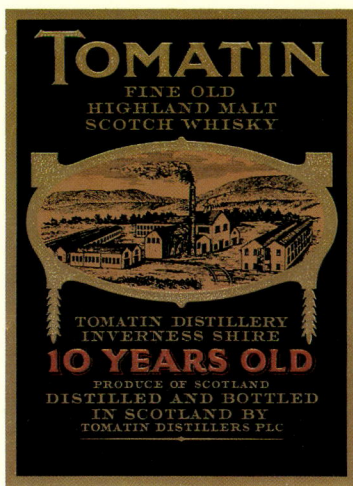

Tomatin stammt aus Schottlands größter Malt-Brennerei. Ihre Produktion wird von vielen Blendern in Mengen abgenommen. Er ist eher »breitschultrig« als besonders eigen, aber ein gefälliger »Single«.

Big »T« ist der Markenname des Haus-Blends der Firma Tomatin. Er ist ein sauberer, etwas süßer Blend mit mittelschwerem Körper.

Old St. Andrews ist nach dem Golfplatz in Fife benannt. Dieser Qualitäts-Blend gehört zu Tomatin und hat den Geschmack von Findhorn.

Dallas Dhu hat nichts mit Texas zu tun. Sein Name ist gälischen Ursprungs. Diesen mächtigen, torfigen Whisky sollte man kosten, solange es ihn noch gibt.

Benromach ist ein hintergründiger, blumiger Single Malt, den es nur in Händlerabfüllungen gibt. Historisch mit The Antiquary verbunden, einem De-Luxe-Blend.

Glenburgie, ein Single Malt mit charakteristischem Geschmack, der fast an Wodka mit Büffelgras erinnert. Vielleicht mögen Whiskyhersteller keinen Vergleich mit Wodka, aber dies ist ein köstlicher Tropfen.

Glencraig hat einen eindeutig exotischen Charakter. Ein interessanter Drink nach Tisch, wenn er nur leichter als Single Malt in Flaschen zu finden wäre. Er wird, als zweiter Whisky, bei Glenburgie in Lomond-Stills hergestellt.

Speyside – Findhorn-Gebiet

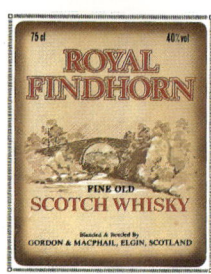

Royal Findhorn ist ein Blend, der die duftige Süße der Malt-Whiskys dieses Tals vermittelt. Benromach, ist mit The Antiquary verbunden, einem milden, etwas süßen Blend von hervorragendem Charakter.

D ie größte Malt-Whiskybrennerei in Schottland ist *Tomatin*, deren Produktionskapazität der von *Suntorys* Brennerei *Hakushu* in Japan nahekommt. Mit ihren 23 Stills (eine weniger als bei Hakushu) bietet Tomatin, 313 m hoch in den Ausläufern der Monadhliath Mountains gelegen, einen eindrucksvollen Anblick.

1897 gegründet, wurde Tomatin in den Aufschwungsjahren der 50er und 60er und selbst noch in den 70ern stetig erweitert. Ihr Schicksal spiegelt wegen ihrer Größe das der ganzen Branche wider, und in den späten 70er und frühen 80er Jahren hatte sie entsprechende Einbrüche. Malt Whisky, der in solchen Mengen hergestellt wird, muß von Blendern mit verkaufsstarken Marken abgenommen werden. In jener Zeit war es still im Saal der Berggeister. Ganz Schottland saß

auf seinem »Whiskyberg«. Tomatin war damals eine Aktiengesellschaft. Nach einer Kapitalaufstockung übernahm *Heineken*, die holländische und internationale Brauerei (mit ihrem Genever auch im Brennereigeschäft vertreten), dann 20%. Trotz der Beteiligung einer so potenten internationalen Getränkefirma wurde Tomatin 1985 liquidiert.

Für einen Kauf der Brennerei galten japanische Firmen als wahrscheinlichste Anwärter. Japan hatte lange schon schottischen Whisky in großen Mengen bezogen, zum Weiterverkauf im Importgeschäft und für eigene Blends. Frühere Versuche japanischer Firmen, Brennereien in Schottland zu kaufen, waren an patriotischen Empfindungen gescheitert, aber in diesem Fall lagen die Dinge anders. Als Tomatin zum Verkauf angeboten wurde, hatten die japanischen Her-

steller durch die Konkurrenz von *shochu*, ihrem einheimischen Branntwein, selbst Absatzsorgen. Tomatin bot sich als Kaufobjekt für Suntory eigentlich an, aber deren Kapazität reichte für die Massenproduktion von Malt bereits aus. Schließlich wurde die Brennerei von *Takara, Shuzo & Okura* erworben. Sie waren lange schon Großimporteure von Tomatin-Whisky gewesen, machen aber das größere Geschäft in Japan ironischerweise mit *shochu*.

Trotz seiner Rolle als »Füller« ist Tomatin, als Single Malt mit fünf und öfter noch mit 10 Jahren abgegeben, ein vorzüglicher Whisky. Er war nie sehr gängig, aber seine früheren Besitzer waren in der Hinsicht vielleicht unnötig bescheiden. Tomatin ist frisch und sauber in Aroma und Geschmack, ein ausdrucksstarker Whisky. Ein gelungenes Gleichgewicht herrscht zwischen leichter Torfigkeit in Duft und Abgang und süßer Malzigkeit im Geschmack. Wer einmal das Malz unter den Elementen des Scotch Whiskys herausschmecken will, koste diesen.

Der gleiche Charakter zeichnet in gewissem Maße Tomatins Blend *Big »T«* als 5jährigen aus. In der 10jährigen Version scheint sich das Malz abgerundet und der Torf stärker durchgesetzt zu haben. Den Tomatin-Whiskys merkt man die Bourbonlagerung deutlich an, obwohl das kaum einen Namen wie Big »T« rechtfertigt, der eher an ein Rinderbrandzeichen denken läßt. (Eine verwandte Marke, *Old St Andrews*, hört sich schottischer an, wenn auch der Name in das Königreich Fife gehört.)

Die Brennerei ist nach dem nahen Dorf Tomatin benannt, 25 km südlich von Inverness. Der Name wird Te-mätin ausgesprochen und ist gälisch für »Hügel der Büsche«. Er soll von den Wacholderbüschen kommen, die man im schottischen Moor häufig antrifft und bei deren Anblick sich jeder holländische Besucher zu Hause fühlen müßte. Ein Kontinentaleuropäer würde vielleicht auch befriedigt Tomatins halblauteren Maischbottich deutschen Stils vermerken, der erste seiner Art in einer schottischen Whiskybrennerei.

Das Brennhaus bei Tomatin *ist das größte in Schottland und eines der größten der Welt. Sein Malt findet sich in einer Vielzahl von Blended Scotches.*

Als größte Malt-Brennerei Schottlands ist Tomatin auch eine der modernsten. Das gesamte Brennhaus kann von zwei Arbeitern betrieben werden. Der Hang der Brennerei zu technischer Entwicklung führte durchweg zu Personal- und Energieeinsparungen. Zeitweise hat man das von den Kondensatoren abgegebene warme Wasser benutzt, um Aale und Forellen darin zu züchten.

Tomatin bekommt sein Wasser aus einem Burn, der im Granit der Monadhliath Mountains entspringt und eine leichte Torfigkeit annimmt, bevor er in den Findhorn fließt. Der Fluß selbst schlängelt sich durch

prächtiges Rinderland, bevor er westlich von *Forres* (in »Macbeth« Sitz von König Duncans Hof) in die Findhorn Bay mündet. Die Gegend ist in neuerer Zeit auch als Sitz der Findhorn Foundation bekannt geworden, einer alternativen spirituellen Gemeinschaft, die sich allerdings nicht mit unserer Art von Spiritus befaßt. Es gibt allerdings zwei Brennereien in Forres und eine östlich der Stadt.

In Forres wurde 1899 die Brennerei Dallas Dhu (nicht amerikanisch, sondern gälisch für »Schwarzwassertal«) gebaut und 1939 wiederhergestellt. Sie hat seit Anfang

der 80er Jahre nicht mehr gebrannt und wird gerade von Schottlands Amt für Denkmalpflege in ein Museum umgewandelt. Sie wurde von *Benmore,* einer DCL-Tochter geführt, die mehrere Scotches und einen Blended Malt anbietet. Der Single Malt von *Dallas Dhu* wurde von seinen Besitzern als *Dallas Mhor* und von Händlern unter seinem eigenen Namen vertrieben. Er hat einen vollen, torfigen Duft, einen reichen Geschmack mit malziger Süße und einen trockenen, aromatischen, torfigen Abgang. In seiner Kontrapunktierung von Torf und Malz gewinnt der Whisky eine mächtige Resonanz.

Die andere Brennerei in Forres ist *Benromach* von DCL. Sie wurde 1898 gebaut und machte ihren Umbau 1966 und 1974 durch. Ihr Whisky findet sich als Single Malt nur in Händlerabfüllungen. Er hat ein köstliches, duftiges, leicht süßes Bukett, einen blumigen Geschmack und einen langen, betont trockenen Abgang. Ein hintergründiger und charaktervoller Whisky.

Östlich von Forres, bei Alves, liegt noch die Brennerei *Glenburgie* (1829 gegründet). Nach einer Unterbrechung wurde sie 1878 wieder in Betrieb genommen, 1930 von *Hiram Walker* erworben und 1958 mit zwei Lomond-Stills bestückt, die die Firma bevorzugt. Ihre Single Malts sind in mehreren Abfüllungen herausgekommen. Die alten, normal geformten Stills erzeugen einen Whisky mit ausgeprägtem Duft (süß, grasig, fast nach Büffelgras), einem leichten, tänzelnden Geschmack und trockenem, herben Abgang. Der Whisky aus den Lomond-Stills bekam im ersten Jahrzehnt den eigenen Namen *Glencraig*. Er hat einen ähnlichen Charakter, doch mit einem noch exotischeren Aroma (Guave?), einem kräftigeren, öligeren Körper und einem langen, trockenen Abgang.

Die Brennerei benutzt den Beinamen Glenlivet. Von denen, die das tun, ist sie mit am weitesten von dem Glen entfernt, aber dessenungeachtet sind ihre Whiskys köstlich.

Speyside – Lossie-Gebiet

Zwar ist der Lossie einer der kürzeren Flüsse der Region, aber er fließt durch eines der fruchtbarsten Gersteanbaugebiete Schottlands. An seinen Ufern liegt der schöne Marktflecken *Elgin* (ein wichtiges Zentrum für die Abfüllung von Single Malt Whiskys), und er rühmt sich ganzer neun Brennereien in seinem Hinterland. Für den Whiskyfreund ist der Besuch dieses Ballungsgebiets in mehr als einer Hinsicht berauschend, wenn auch keine der Brennereien im Lossie-Gebiet zu den allerbekanntesten gehört.

Südwestlich von Elgin liegt eine der bekannteren, *Miltonduff-Glenlivet*. Die Brennerei produziert einen Single Malt unter ihrem eigenen Namen, aber mit Bindestrich geschrieben: Milton-Duff Glenlivet, einen aromatischen, weichen Malt mit jener Zartheit des Geschmacks, die man oft bei den leichtesten »Glen«-Whiskys findet. Obwohl der Name in dieser Beziehung berechtigt scheint, ist Miltonduff über 30 km vom Livet weg.

Der Standort von Miltonduff war »fast sicher« einmal der einer Schwarzbrennerei, meint der Whiskyautor Philip *Morrice*, und daß ein Großteil der alten Anlage 1824 in die legale Brennerei einging. Diese wurde in den 30er und noch einmal in den 70er Jahren drastisch modernisiert. Sie gehört *Hiram Walker* und hat außer den normalen noch zwei Lomond-Stills, deren Erzeugnis dann und wann gesondert unter dem Namen *Mosstowie* abgefüllt wurde. Es gibt eine Reihe von Hiram-Walker-Brennereien mit herkömmlichen und Lomond-Stills. Aber der Unterschied zwischen ihren Produkten ist in diesem Fall besonders ausgeprägt. Der Mosstowie-Whisky ist viel voller und hat einen sehr eindringlichen Geschmack. In seinem knochentrockenen Aroma liegt viel Rauch, der im Abgang abgeschwächt wiederkehrt.

Die einzige andere Brennerei auf dieser Westseite des Lossie ist *Glen Moray*, die sich auch »Glenlivet« nennt. Auch ihr Whisky ist einer der leichtesten »Glens«, mit frischem Aroma und Geschmack und heller Farbe. Abgefüllt findet man diesen Single Malt unter dem Brennereinamen mit 8, 10 und öfter noch mit 12 Jahren.

1897 aus einer Brauerei umgewandelt, hat die Brennerei noch eine Dampfmaschine. 1958 wurde sie erweitert und ist jetzt eine Schwesterbrennerei der bekannteren *Glenmorangie* in den Northern Highlands. Glen Moray ist auf dem Markt zu einer Art, vielleicht untergeordneter, Parallelmarke zu Glenmorangie geworden. Bei einem Erfolg der Firma mit Single Malts könnte sie durchaus bekannter werden.

Die am höchsten flußaufwärts gelegene Brennerei östlich des Lossie ist *Coleburn*: Lizenznehmer ist die DCL-Tochterfirma J. and G. *Stewart*, der die Marke *Andrew Usher* gehört. Den Coleburn-Whisky findet man gelegentlich in Händlerabfüllungen. Er hat ein leichtes Bukett und einen blumigen, angenehm öligen Geschmack mit etwas schwachem Abgang. Die Brennerei wurde 1896 gebaut und scheint bis zu ihrer vorübergehenden Schließung 1985 eine ereignislose Geschichte gehabt zu haben. Ganz in der Nähe liegt *Glen Elgin*, eine weitere DCL-Brennerei, geführt von *White Horse*. Sie erzeugt einen würzigen Whisky mit fruchtigem, eher lieblichem Geschmack, weichem Körper und etwas Rauch im Abgang. Als Single Malt wird Glen Elgin 12jährig unter dem Brennereinamen vertrieben. Die Brennerei wurde 1898 gebaut und 1964 umgebaut.

Glenlossie und *Mannochmore* sind Nachbarn. Betreiberfirma bei beiden ist *Haig* von DCL. Glenlossie wurde 1876 gebaut, 1896 umgebaut und 1962 erweitert. Sie produziert einen von Blendern gelobten, aber leider nicht mit dem Brennereinamen vertriebenen Malt Whisky. Händlerabfüllungen sind jedoch zu haben. Glenlossie hat einen vollen, fruchtigen Duft, einen leichten, lebhaften Geschmack und einen langen, trockenen, aromatischen Abgang. Mannochmore wurde erst 1971 gebaut und 1985 vorübergehend geschlossen; ihr Whisky wurde nie als Malt abgefüllt. Daß Brennereien dicht beieinanderstehen, ist nicht ungewöhnlich. Taugt das verfügbare Wasser für eine Brennerei, dann paßt es auch für eine

andere. Das gleiche gilt für andere Ressourcen, örtliche Arbeitskräfte und Zufahrtswege. In Konjunkturzeiten wurde vom Besitzer einer erfolgreichen Brennerei oft ein Neubau daneben gestellt.

Noch ein anderes Paar, Ende des 19. Jahrhunderts gebaut, lange zusammengehörig und jetzt über *The Glenlivet Distillers* im Besitz von *Seagram's*, sind *Longmorn* und *Benriach*. Beide wurden in den 70er Jahren erweitert, auch wenn keine ganz modern ist. Longmorn hat ein Wasserrad und eine Dampfmaschine, Benriach hat Mälzböden. Longmorns Whisky wird von Single-Malt-Freunden geschätzt und ist neuerdings leichter erhältlich, vor allem in einer 15jährigen, 43%igen Version mit dem Brennereinamen. Er hat einen vollen Duft und Körper, einen frischen, eindringlichen Ge-

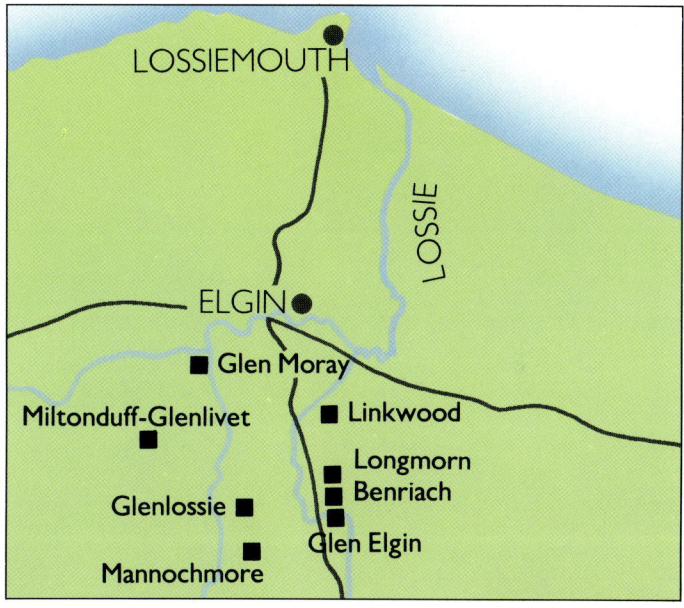

Seit diesen Aufnahmen hat es im Geschäft von Gordon & MacPhail *in Elgin einige Modernisierungen gegeben, aber es ist immer noch ein Familienbetrieb mit eigenen Lagerhäusern zum Reifen des Whiskys, heute im Besitz der Familie* Urquart, *die das Unternehmen jetzt in der dritten Generation führt.*

schmack und einen nußartigen, trockenen Abgang. Longmorn ist bei Blendern sehr gefragt, Benriach auch, vor allem weil er schnell reift. Deshalb ist er auch als Single Malt schwerer zu finden, obwohl es Händlerabfüllungen gegeben hat. Benriachs Whisky hat eine trockene Nase, einen Malzgeschmack, und er hat einen vollen, süßen Abgang.

Die am weitesten flußabwärts gelegene Lossie-Brennerei ist *Linkwood* mit einem von Blendern und Genießern bewunderten Whisky, einem der rauchigsten Speyside Malts, im Geschmack wie auch im langen Abgang, mit einem vollen, eindringlichen, malzigen Körper. Er wird 12jährig als Single Malt mit dem Brennereinamen vertrieben. Linkwood gehört DCL, und zwar durch ihre weniger bekannte Tochterfirma John *McEwan*, zu deren Blends *Abbot's Choice* und *Chequers* gehören. Die Brennerei wurde 1824 gegründet und 1872, 1962 und 1971 umgebaut. Bei allem Wachstum pflegt man die Tradition. Philip Morrice erinnert sich, daß die Firmenleitung einmal sogar die Entfernung eines Spinnennetzes verbot, damit eine Veränderung des Umfeldes sich nicht auf den Whisky auswirke.

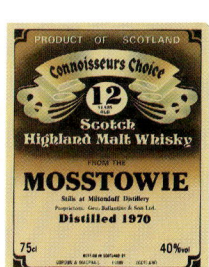

Seltenere Lossie-Malts: der rauchige, eindringliche Mosstowie und der trocken-süße Benriach.

LOSSIE-WHISKYS – EIN GESCHMACKSFÜHRER

*Die Stadt Elgin ist ein wichtiges Zentrum für die Malt-Whisky-Industrie. Hier werden
viele »Singles« abgefüllt, es ist der wesentliche Umschlagsort für das ganze Speyside.
Die unmittelbare Umgebung ist mit Brennereien übersät, darunter etliche hervorragende Namen.*

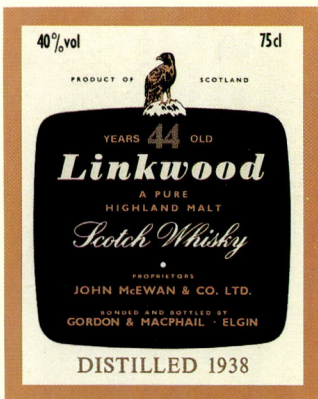

Linkwood, in seiner Rauchigkeit,
Eleganz, ausgleichenden Süße und Fülle
einer der klassischen Speyside Malts. Die
ihm zugehörige DCL-Marke *Abbot's
Choice* ist auf manchen Märkten ein
wichtiger Blend.

Glen Moray ist der »Juniorpartner« des
ähnlich klingenden und bekannteren
Glenmorangie. Ein frischer, leichter Single
Malt mit einer angenehm sauberen
Malzigkeit im Geschmack.

Longmorn ist ein nach Nuß schmeckender, nuancenreicher Single Malt, der sich
früher als Glenlivet ausgab, aber jetzt
davon Abstand nimmt.

Glenlossie ist ein Single Malt, für den sich
die Suche lohnt. Er hat eine volle, süße,
fruchtige Nase, einen leichten und etwas
lebhaften Geschmack und einen langen,
trockenen, aromatischen Abgang.

Milton-Duff ist dem Lossie viel näher als
dem Livet, aber nichtsdestoweniger ein
Single Malt. Dieser aromatische Whisky
mit seinem leichten bis mittelschweren
Geschmack und zarten Abgang ist auf
seine eigene Art ein exzellenter Malt.

Glen Elgin ist ein Single Malt aus einer
Brennerei der White-Horse-Gruppe von
DCL. Der Elginer Malt ist weich, mit einer Heidehonigsüße und einem kräftig
ausgleichenden Rauchton. Ein guter,
solider, typischer Speyside Malt.

Coleburn ist ein leichter, blumiger, angenehm öliger Single Malt, den man schwer
bekommt. Die ihm zugehörige Marke
Usher's Green Stripe ist in vielen Ländern
ein wichtiger Blended Whisky.

Speyside – Der obere Spey

Qualität und Romantik schottischen Whiskys beruhen auf Bergen, Felsbächen, Torfmooren und frischer Luft. Daher überrascht es kaum, daß viele Brennereien ihre Standorte gern als abgelegen betrachten. Wenige jedoch sind so abgelegen wie *Dalwhinnie,* 327 m über dem Meeresspiegel in einem hohen Glen, mit den Monadhliath Mountains zur einen Seite und dem Forest of Atholl, den Cairngorms und den Grampians zur anderen.

Dalwhinnie ist gälisch und heißt »Treffpunkt«. Die Brennerei steht an der Kreuzung alter Viehtriebrouten aus dem Westen und Norden in die Central Lowlands hinunter. Clan-Heere sind dort aufeinandergeprallt, und viel Whiskyschmuggel ging über diese Route. Es gibt Torf in den Mooren und sauberes Wasser in den kleinen Berglochs. Im Süden liegt ein großes Gewässer, Loch Ericht; vor der Brennerei nordwärts fließt der Truim, einer von mehreren Flüssen, die den Spey speisen. Großzügig betrachtet ist Dalwhinnie eine Speyside-Brennerei, wenn auch um die 40 km vom Beginn des dichten Brennereigebietes im Norden entfernt.

Die Brennerei hieß Strathspey, als sie 1897 aufmachte. 1934 wurde sie durch ein Feuer schwer beschädigt, 1938 neu eröffnet und wird nun von der DCL-Tochterfirma geführt, die die bekannten *James-Buchanan*-Blends (z. B. den berühmten *Black & White*) produziert. Der Dalwhinnie Single Malt ist vorzüglich. Wie zu erwarten, hat er einen entschieden torfigen Highland-Charakter, vor allem in seinem übermächtigen Duft, etwas zarter anklingend in seinem trockenen Abgang. Er ist körpervoll, sehr weich und geschmacksintensiv.

Gute 40 km weiter liegt das Dorf *Aviemore,* Schottlands Hauptskizentrum, mit Eislauf- und Curlingbahnen. Eines schönen Tages wird Aviemore wohl auch als Probierzentrum von Malt Whiskys bekannt werden. Seit Anfang der 80er Jahre ist es der Sitz des *Cairngorm Whisky Centre and Museum,* das seinen eigenen Verkauf und Probierraum hat und jeden November ein einwöchiges Fest veranstaltet. Das Zentrum organisiert auch Gruppenwanderungen, Farmbesuche und Forellenfischen.

Die nächste Brennerei liegt etwa 15 km weiter, über Grantown-on-Spey hinaus, in den *Haughs of Cromdale.* Die Haughs sind eine von etlichen Tälern gebildete wellige Ebene, die von sieben oder acht Nebenflüßchen des Spey bewässert wird. Bevor das Brennen in den Highlands legalisiert wurde, war diese Gegend bekannt für ihre illegale Produktion. Die Brennerei in Cromdale, für die James *MacGregor* 1824 die Lizenz bekam, war eine der ersten in den Highlands, die legalisiert wurden. Da war sie allerdings schon weit und breit für die Qualität ihres Whiskys berühmt, wie MacGregors Urenkel *Sir Robert Bruce Lockhart* in seinem unterhaltsamen Buch »Scotch« schreibt. In diesem Buch widmet er *Balmenach* in Cromdale ein Kapitel. Die Brennerei wird heute von der DCL-Tochterfirma geführt, die die *Crabbie*-Blends erzeugt. Es hat Händlerabfüllungen des Balmenach-Whiskys als Single Malt gegeben. Er hat einen vollen, duftigen Geruch, einen trockenen, sauberen, blumigen Körper mit blütenartigem Geschmack und einen leicht fruchtigen Abgang.

Der Spey erreicht das Herz des Whiskylandes, wenn plötzlich nach langer Öde die bemerkenswert elegante Brennerei *Tormore* bei Advie auftaucht mit dem Curlingsee und schönen Springbrunnen, schmucken weißen Gebäuden, dekorativen Giebelfenstern und einem Glockenturm mit melodischem Schlag. Tormore könnte ein Kurbad sein, das Waldluft und Heilwasser offeriert. Statt dessen offeriert sie Lebenswasser, *uisge beatha.* Erbaut wurde sie nicht etwa im 19. Jahrhundert, sondern 1958, als Schaustück für schottischen Whisky. Tormore wurde entworfen von Sir Albert Richardson, einem früheren Präsidenten der Königlichen Akademie der Künste, und von *Long John* Distillers gebaut. Sie war die erste völlig neue Malt-Brennerei, die im 20. Jahrhundert in den Highlands entstand, wenn auch einige andere während des Aufschwungs Ende der 50er, Anfang der 60er Jahre aufmachten. Tormores Whisky wird unter dem Brennereinamen 10jährig als Single Malt abgefüllt. Es ist ein exzellenter Whisky mit einem Mandelhauch in Aroma und Geschmack, weich und kräftig, aber überhaupt nicht schwer, mit einem langen Abgang.

Nahe der Stelle, wo der Spey den Avon aufnimmt (in welchen bereits der Livet geflossen ist), liegt die Brennerei *Cragganmore,* die einen von Blendern hochgeschätzten Whisky produziert. Cragganmores Whisky hat ein trockenes Aroma, einen sehr intensiven Malzgeschmack und einen rauchigen Abgang. Ein herber, stolzer Whisky, der manchmal als 12jähriger Single Malt unter dem Brennereinamen zu finden ist. Cragganmores DCL-Betreiberfirma erzeugt auch die *McCallum*-Blends. Die Brennerei wurde 1869 gegründet, 1902 umgebaut und 1964 erweitert.

Von jetzt an folgen die Brennereien Schlag auf Schlag.

Das »Strath« des Spey umfaßt Teile des oberen und unteren Flußlaufs. Das ganze Tal kommt in diesem Malt zu Ehren: sauber, elegant und von mittlerer Schwere. Das Etikett zeigt ein Wahrzeichen bei Craigellachie. Die Brücke wurde von dem großen schottischen Ingenieur Thomas Telford entworfen.

WHISKYS VOM OBEREN UND UNTEREN SPEY – EIN GESCHMACKSFÜHRER

*Der Spey entspringt inmitten der Berge auf dem Dach Schottlands. Am Oberlauf des Flusses
sind nur eine Handvoll Brennereien. Aber zum Meer hin findet man plötzlich an jeder
Flußbiegung welche. Das Gebiet am unteren Spey gilt im allgemeinen nicht als Bezirk,
aber es gibt hier mehr Malt Whiskys als irgendwo sonst.*

—— Am unteren Spey ——

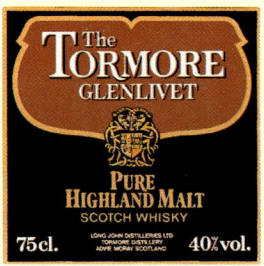

Dalwhinnie ist ein aromatischer und
trockener Single Malt mit sehr ausdrucks-
starkem Körper. Die verschiedenen Abfüllungen, die im Lauf der Jahre auf den
Markt gekommen sind, weichen etwas
voneinander ab, was sicher dem Alter und
benutzten Holz zuzuschreiben ist.

Tormore ist ein Single Malt aus der elegantesten Brennerei Schottlands. Charakteristisch sind die leichten Mandeltöne
und ein mittelschwerer Körper. Er ist
nicht weit vom Livet entfernt – weder in
der Distanz noch in der Art.

—— Am oberen Spey ——

Glenfarclas gehört zu Schottlands größten
Malts. Er wäre fraglos die klassische
Marke des unteren Spey, wenn er darum
nicht mit The Macallan konkurrieren
müßte. Zwei volle Malts mit Sherrynote.

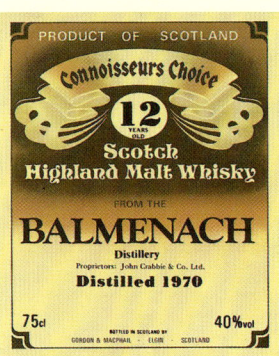

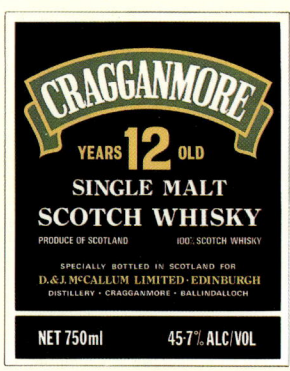

Balmenach ist ein aromatischer und blumiger Single Malt aus einer sehr alten
Brennerei mit interessanter Geschichte.
Der dazugehörige Blended Whisky ist von
der Firma John Crabbie, die auch für ihren grünen Ingwer-»Wein« bekannt ist.

Cragganmore ist ein edler Single Malt
mit rauchigem Charakter. Ein guter Highland-Whisky, von Blendern geschätzt. Die
zu ihm gehörigen Blends, die *McCallum's*,
sind vor allem in Australasien beliebt.

Cardhu ist der wichtigste Single Malt der
DCL-Tochter Johnnie Walker. Cardhus
leichte bis mittlere Schwere und sanfte
Süße spricht geschmacklich einen breiten
Käuferkreis an.

The Singleton of Auchroisk ist samtig
weich mit viel Finesse. Er hat Anflüge
von Rauch und Frucht, aber ein leichter
Sherrycharakter setzt sich schließlich
durch.

The Macallan ist einer von Schottlands größten Single Malts und Favorit vieler Whiskyfreunde. Berühmt für seinen vollen Körper, seine »Calvados«-Töne und – vor allem – seinen Sherryhauch zum Abgang.

Glen Grant, Klassiker aus Rothes. Seit vielen Jahren und in vielen Altersstufen als Single Malt zu haben. Leicht, trocken, mit Spuren von Haselnuß in seinem komplexen Charakter.

Tamdhu ist ein zarter, milder, runder Single Malt. Er hat Spuren von Rauch, aber sein Schlußakzent geht eher ins Süße. Ein ausgezeichneter Speyside-Malt mit typischer Livet-Neigung.

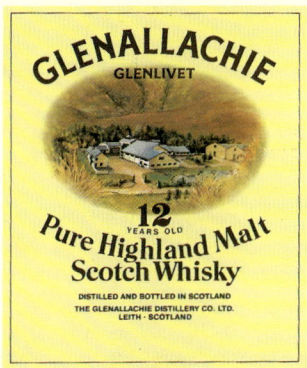

Glenallachie ist ein eleganter Single Malt, aromatisch, nuancenreich, ziemlich leicht, aber mit einem wunderbar nachhaltigen Abgang. In seiner leichten Komplexität zum Livet neigend.

Knockando, trotz seines eigenwilligen Namens ein sehr »seriöser« Single Malt mit leichtem bis mittelschwerem Körper und Nußgeschmack (ein Koster erwähnte gebrannte Mandeln). Er gewinnt mit dem Alter viel Charakter.

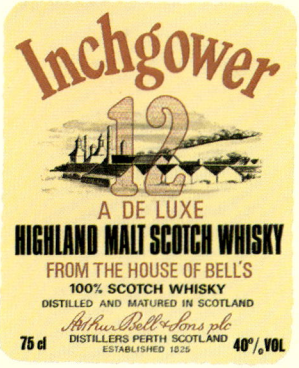

Inchgower liegt am untersten Teil des Spey: seiner Bucht. Das reicht, um ihn als Speyside Single Malt auszuweisen. Er hat Torf, Malz und vielleicht etwas Meersalz in seinem sehr eindringlichen Charakter.

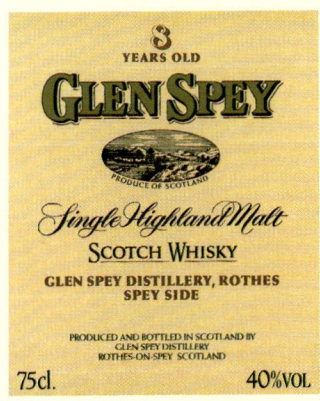

Glen Spey ist ein aromatischer Single Malt mit weichem Geschmack und leichtem bis mittelschwerem Körper. Obwohl die Brennerei alteingesessen ist, war er lange nicht als Single Malt zu haben.

Aberlour ist ein Single Malt im vollen, abgerundeten Stil eines Digestifs. Die Brennerei ist in französischem Besitz, und der Whisky ist in seinem Adoptivland besonders beliebt. Die »alte Allianz« Schottland–Frankreich könnte in *Cognac* Stirnrunzeln verursachen.

Glentauchers ist ein sehr gefälliger Single Malt mit Fruchtigkeit in Aroma und Geschmack, ausgeglichen durch einen trockenen Abgang. Gut als Digestif.

Speyside – Der untere Spey

Abseits der Hauptstraße auf der Ostseite des Spey-Tales steht die Brennerei *Glenfarclas* am Fuße des Ben Rinnes (841 m), von dem ihr Wasser stammt. Mit dem wachsenden Interesse an Single Malt Whiskys ist sie zu einem der renommiertesten Erzeuger geworden. Ihre Whiskys haben ein reiches Sherryaroma, einen vollen Fruchtgeschmack und einen langen, milden Abgang. Sie sind unter dem Brennereinamen in unterschiedlichem Alter erhältlich, von 8 bis zu den vielgekauften 15 und sogar 25 Jahren, und in mehreren Stärken, von den üblichen 40% bis zu kräftigen 60%. Bei den meisten Malt-Freunden zählen sie wohl zu den 10 oder 12 Spitzenreitern.

Die Brennerei ist eine der wenigen, die an Ort und Stelle verkaufen darf. Besucher sind stets willkommen. Obwohl einige Gebäude aus der Mitte des 19. Jahrhunderts stammen, hat Glenfarclas keine eigene Mälzerei mehr. Maischraum und Brennhaus sind sehr modern. Die Stills, die größten in Speyside, sind Nachbildungen der Originale.

1836 als Farmbrennerei begonnen, wurde sie 1865 von der jetzigen Besitzerfamilie erworben, *John and George Grant*. Sie ist stolz auf ihre reinrassigen Aberdeen-Angus-Rinder, auf ihre Brennerei – und ihre Unabhängigkeit. Das Unternehmen hat nichts mit den anderen Firmen namens Grant im Whiskygeschäft zu tun, obwohl sicher Familienbeziehungen bestehen.

An diesem Stück des Spey finden sich zu beiden Seiten einige der berühmtesten Malt-Whisky-Namen. Auf derselben Seite wie Glenfarclas liegen *Dailuaine, Benrinnes, Glenallachie* und *Aberlour*. Dann kommt das Dorf und die Brennerei *Craigellachie*, der Fluß streift *Rothes*, und bei *Mulben* liegen die Brennereien *Glentauchers* und *Auchroisk*. An der Küste in der Spey Bay ist *Inchgower*. Auf der Westseite des Spey liegen *Knockando* und *Tamdhu, Cardhu* und *Imperial*, dann *Macallan* – vielleicht die angesehenste von allen – und die fünf Brennereien von Rothes.

Dailuaine, 1852 gegründet und mehrmals umgebaut, zuletzt 1960, wird von der DCL-Tochterfirma Scottish Malt Distillers geführt. Eine lange Verbindung besteht zu der DCL-Brennerei *Talisker* auf Skye, so daß ihr Whisky vermutlich in die *Johnnie-Walker*-Blends wandert. Der Whisky – fruchtig, mit vollem Geschmack und herbem Abgang – wird im allgemeinen nicht abgefüllt.

Benrinnes hat ein ungewöhnliches System der weitgehenden, doch nicht völligen Dreifachdestillation. Anders als das entsprechende Lowland-System erzeugt diese Mischanlage ein recht intensives Destillat von ganz entschiedenem Highland-Charakter. Der Whisky hat einen rauchigen Duft und Geschmack, einen vollen, angenehm öligen Körper und einen mächtigen, trockenen Abgang. Er ist ein Whisky von Charakter, von Blendern sehr geschätzt, wenn auch als Single Malt nur in Händlerabfüllungen zu haben. Die Brennerei wurde schon bald nach 1820 gegründet, aber ihre eigentliche Geschichte beginnt nach 1860. 1956 wurde sie umgebaut. Ihre DCL-Betreiberfirma erzeugt auch die *Crawford*-Blends.

Glenallachie ist ein feiner, zarter Whisky, ganz im »Glen«-Stil. Er hat eine aromatische, rauchige Nase, einen leichten, duftigen, schwach öligen Geschmack und einen überraschend kräftigen, langen Abgang. Manchmal gibt es ihn als Single Malt unter dem Brennereinamen, doch der Löwenanteil geht in die *Mackinlay*-Blends. Die moderne Brennerei von 1967 ist äußerlich eher ein Zweckbau.

Aberlour, 1826 gegründet und im späten 19. Jahrhundert mehrmals umgebaut, sieht trotz einer Instandsetzung 1973 noch sehr viktorianisch aus. Sie ist, neben der winzigen *Edradour*, die einzige Brennerei in Schottland, die von *Pernod Ricard*, der internationalen Getränkefirma aus Frankreich, kontrolliert wird. Der Aberlour-Whisky wird als 12jähriger unter dem Brennereinamen vertrieben. Er hat ein volles, reiches Aroma, einen runden, fruchtigen Geschmack und einen sauberen Abgang; ein angenehmer Digestif. Die Gruppe hat eine ansehnliche Palette von Blends: schwer und süß unter der Marke *White Heather*, den schweren und trockeneren *King's Ransom*, den leichten und süßen *House of Lords*, den leichten und trockeneren *Clan Campbell* und andere.

Craigellachie, 1891 gegründet und 1965 umgebaut, wird von der DCL-Brennerei geführt, die *White-Horse*-Whisky produziert. Craigellachies gibt es als Single Malt nur ab und zu in Händlerabfüllungen: ein voller, fruchtiger Malt.

Hinter Craigellachie biegt die Hauptstraße Richtung Keith vom Spey ab, durch den Rosarie Forest nach Mulben. In der Gegend um Mulben gibt es zwei Brennereien, deren eine, *Glentauchers*, 1898 gegründet und 1965 umgebaut wurde und für die DCL-Tochterfirma arbeitet, die die *Buchanan*-Blends herstellt. Glentauchers findet man gelegentlich als Single Malt unter dem Brennereinamen oder in Händlerabfüllungen. Er hat eine ausgeprägte Fruchtigkeit im Duft wie im Geschmack und einen trockenen Abgang. Ein sehr gefälliger »Dessertwhisky«. Die Brennerei machte 1985 bis auf weiteres zu.

Die andere Brennerei bei Mulben, Auchroisk, wurde erst 1974 in Betrieb genommen und wird von der IDV-Tochterfirma *Justerini & Brooks* (»J & B«) geführt. Mit ihren sich ins Moor hinauslehnenden Steildächern ist sie ein schmuckes und modernes Gebäude, das mehrere Architekturpreise bekommen hat sowie einen vom Angelsportverein, weil sie »nicht die vorbeischwimmenden Lachse beeinträchtigt«, wie Derek *Cooper* es in seinem »The Whisky Roads of Scotland« vornehm ausdrückt. Ihr Whisky, 1986 erstmals als Single Malt abgegeben, hat einen mittelmäßig vollen Körper, Sherrysüße und sehr viel Finesse. Er trägt den Phantasienamen *The Singleton of Auchroisk*. »Singleton« soll einen puren Malt bedeuten. »Auchroisk« hielt man wohl für zu schwierig, um allein stehen zu können.

Gut 30 kurvenreiche Kilometer weiter auf dieser Whiskystraße mündet der Spey in die Bucht, die seinen Namen trägt. Dort steht die Brennerei *Inchgower*, nahe bei *Buckie*. Obwohl ein gutes Stück von den übrigen Speyside-Brennereien entfernt, war dies einmal eine für die Schwarzbrennerei berüchtigte Gegend. Inchgower wurde 1871 gegründet und gehört jetzt *Bell's*. Ihr Whisky wird als Flaschen-Single-Malt 12jährig unter dem Brennereinamen verkauft: Ein voller Whisky, mit torfigem Duft, eindringlichem Geschmack und wuchtigem Abgang.

Justerini & Brooks hat auch eine Brennerei auf der Westseite des Spey, in Knockando. Der Name soll »schwarzes Hügelchen« bedeuten (die Ableitung ist allerdings unter Fachgelehrten strittig). Die Brennerei wurde 1898 gebaut und 1969 umgebaut. Der Whisky wird als Single Malt in verschiedenen Altersstufen unter dem Brennereinamen abgefüllt, wobei Brenn- und Abfülldatum gesondert angegeben werden. Da er für einen Speyside-Whisky sehr leicht ist, wird sein beachtlicher Charakter nicht immer gewürdigt. Er ist ein besonders weicher Whisky mit hintergründigen, nußartigen Tönen im Abgang.

Dicht bei Knockando liegt *Tamdhu*, wo ein milder, abgerundeter Whisky mit rauchiger Nase und sanft süßem Abgang erzeugt wird. Tamdhu wird von seinen Besitzern, *Highland Distilleries*, unter eigenem Namen vertrieben. Die Brennerei Tamdhu wurde 1896 gegründet und in den 70er Jahren umgebaut. Am Eingang zur Brennerei wurde der frühere Bahnhof in ein Empfangszentrum für Besucher umgewandelt.

Ein kurzes Stück von Knockando und Tamdhu entfernt liegt *Cardow*, die Heimat des *Cardhu*-Whiskys, eines in Aroma und Körper leichten bis mittelschweren Malt mit leicht süßem Geschmack und Abgang. Er ist einer jener Malts, dem auch Uneingeweihte gern zusprechen. Er wird als 12jähriger von der DCL-Tochterfirma *Johnnie Walker* mit viel Erfolg vertrieben.

Näher am Fluß, in *Carron*, hat die DCL noch eine Brennerei, *Imperial*, die einen Whisky mit der ungewöhnlichen Kombination von leicht süßem Aroma und rauchigem Geschmack erzeugt. Er ist im allgemeinen nicht als Single Malt zu haben, aber gelegentlich als Händlerabfüllung. Er hat mit den ein oder zwei Blends namens Imperial nichts zu tun, die von anderen Firmen auf

Glenfarclas ist ein immer beliebter werdender Malt, der zudem schon immer gut angesehen war. Der schwungvolle Namenszug ist Hinweis auf sein hohes Alter, obwohl die Brennerei selbst sehr modernisiert wurde.

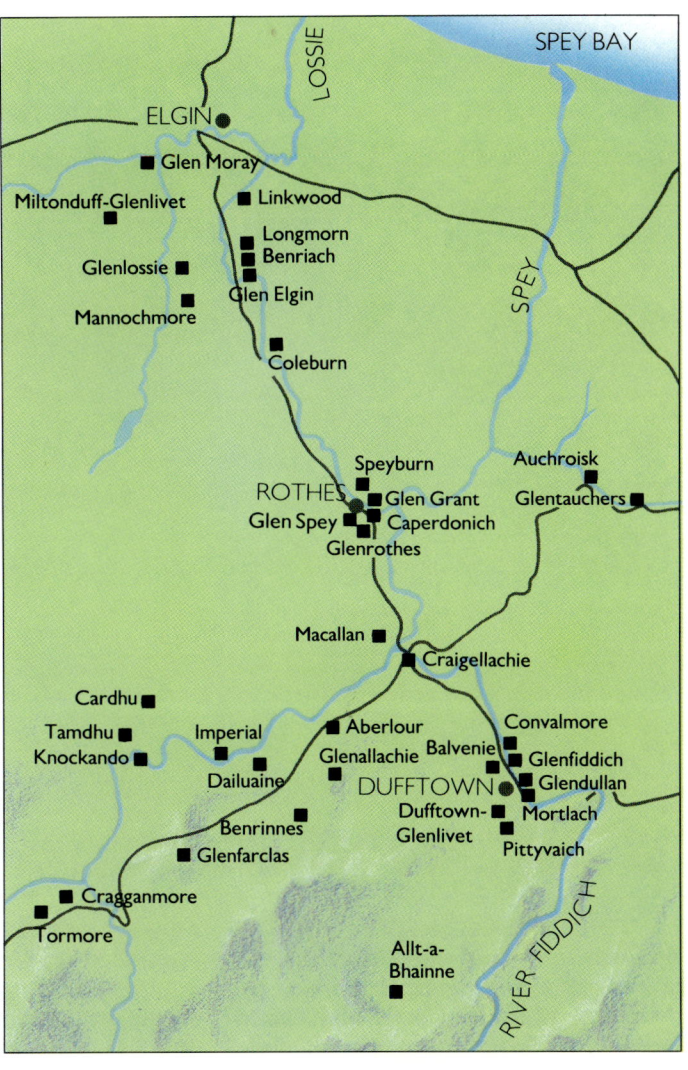

den Markt gebracht wurden. Wie der meiste Malt kommt auch Imperial zweifellos in viele Blends, vielleicht auch in *Johnnie Walker*. Die Brennerei hat Familienverbindungen zu *Dailuaine* und *Talisker*. 1985 wurde sie bis auf weiteres geschlossen.

3 oder 4 km flußabwärts stößt man auf *Macallan*, eine der großen Brennereien von Speyside. Macallan war viele Jahre lang ein »Kult«-Whisky, den nur Liebhaber von Single Malts kannten, aber in den 80er Jahren fing die Firma an, sich in einer Serie von kleinen, einfarbigen Anzeigen, die bescheidene Verlegenheit über den Erfolg des Produkts vorgaben, zu ihrem Status zu bekennen. Diese Anzeigen mit flotten Karikaturen bekannter Zeichner bezeichneten den Whisky als *The* Macallan, vielleicht zur Un-

terscheidung von Händlerabfüllungen, die den bestimmten Artikel nicht führen.

Der Whisky machte schließlich *Glenmorangie* fast den Titel des meistverkauften Malt in Schottland streitig. Der 17jährige The Macallan gewann Mitte der 80er Jahre eine »Blindverkostung« der Londoner »Sunday Times« und wiederholte diesen Erfolg kurz darauf in Amerika. Dieser erste Geschmacksvergleich von Single Malts in New York City fand bei *Keens* statt, der berühmten alten Bar beim Herald Square. Zu den Richtern gehörten solche erfahrenen Feinschmecker wie *Harriet Lembeck* von »Grossman's Guide« und *Robert Lawrence Balzer* von der »Los Angeles Times«.

The Macallan wurde in kleinen Mengen als 50jähriger abgefüllt. Einige Abfüllungen

Nicht jede Brennerei ist von rustikaler Schönheit, wenn auch die Zweckbau-weise von Glenallachie *durch das Wehr gemildert wird.*

Rechts: Die berühmte Brennerei Glen Grant gehört zu den fünfen, die versteckt in Rothes liegen. In ihr Glen geschmiegt, könnte diese Stadt glatt übersehen werden und wie ein alkoholisches Dornröschen-schloß schlummern – wenn der Dampf, ei-nes der Zeichen einer Brennerei, nicht wäre. Wenn die Brennkessel ihre alkoho-lischen Dämpfe abgeben, müssen diese ge-kühlt werden, um zu kondensieren. Das Kühlwasser des Kondensators steigt als Dampf auf. Heutzutage kann er auch von einem »Dark-Grains«-Werk kommen, das die Rückstände im Maischbottich einer Brennerei trocknet. Diese getrockneten Trester finden als Viehfutter Verwendung. Glückliche Kühe sind ein Nebenprodukt beim Whiskybrennen (und Bierbrauen); sie geben hervorragende Milch und bestes schottisches Rindfleisch.

sind datiert, um besonders gute »Jahrgänge« hervorzuheben. Leichter erhältlich ist er mit 25, 18, 12 (besonders auf internationalen Märkten), 10 (beliebt in Großbritannien) und 8 Jahren (in Südeuropa). Kenner, die in The Macallan Calvados-Anklänge schmek-ken, denken dabei besonders an den 18jähri-gen. Als der damalige Sowjetführer *Nikita Chruschtschow* London besuchte, wurde ihm zu Ehren bei einem Festessen The Macallan als Alternative zu *Cognac* serviert.

Debatten über das beste Alter von The Macallan und Anklänge an andere Getränke sind darin begründet, daß The Macallan in Brennereiabfüllung ausschließlich in Sher-ryholz gereift ist. Er ist der einzige Fla-schen-Single-Malt, der das bei allen Alters-stufen garantiert. Darin ist er ein sehr tradi-tioneller schottischer Whisky. Der ausge-prägte Sherryduft und -abgang sind zwei seiner charakteristischen Kennzeichen.

Da der Transport von Sherry in Holz stark zurückgegangen ist, hat Macallan Vor-kehrungen getroffen, um den Nachschub zu sichern. Die Firma kauft ihre eigenen neuen Fässer in Spanien und läßt zweimal *Sherry* darin gären. Nach weiteren zwei Jahren in der Sherry-Lagerung werden die Fässer nach Schottland verschifft. Obwohl Fino-, Manzanilla- und Amontillado-Fässer ihren Teil beigetragen haben, ist Oloroso-Holz das meistverwendete. Die Fässer werden manchmal nur einmal für Whisky gebraucht und nie öfter als zweimal, aber das können schon 25 oder 50 Jahre ausmachen.

Außer für seinen Sherrycharakter ist The Macallan berühmt für seine Trockenheit. Er schafft es irgendwie, gleichzeitig voll und trocken zu sein. Die Fülle kommt zum Teil von den sehr kleinen Stills, den kleinsten in Speyside. Nach dem Motto »Klein ist schön« hat Macallan drei solcher Brennhäu-ser zur Deckung der wachsenden Nachfrage gebaut. Kleine Stills fördern körpervolle Whiskys, aber in diesem Fall einen, der auch sehr kräftig ist. Diese Kraft bewirkt wohl den trockenen Eindruck und die dezente, aber deutliche Torfigkeit.

Macallan mälzt nicht mehr selbst. Die meisten Brennereigebäude sind modern. Das Gästehaus stammt jedoch aus dem 18. Jahrhundert und wurde restauriert. Die Brennerei wurde 1824 gegründet und ist seit 1892 in den Händen derselben Familie, wenn sie auch eine Börsennotierung hat. Von Zeit zu Zeit ist sie Gegenstand von Übernahmespekulationen.

Schließlich folgt auf der Westseite des Flusses noch *Rothes* mit seinen fünf Brenne-reien. Rothes ist eine Einstraßenstadt, wobei aber die meisten Brennereien versteckt ab-seits der Straße liegen.

Die Brennerei *Speyburn* in Rothes ist über die Erzeugerfirma der *Robertson*-Blends im Besitz von DCL. Der Speyburn-Whisky ist als Single Malt ab und zu in Händlerabfül-lungen zu finden. Er hat ein Heidebukett und einen vollen, malzigen Geschmack mit leicht süßem Abgang. Speyburn (gegr. 1897) ist eine der schönsten alten Brennereien.

Highland Distilleries sind im Besitz von Glenrothes, die 1878 gebaut und 1963 und

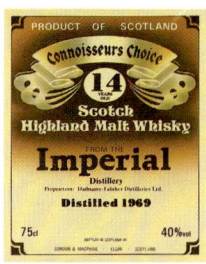

Die selteneren *Lower Spey Malts: Dailuaine ist fruchtiger und voll. Caperdonich ist fruchtig und duftig, mit rauchigem Abgang. Imperial ist rauchig, etwas süß und sehr voll. Speyburn hat ein Heidearoma, Malzgeschmack und Honigtöne im Abgang.*

1980 vergrößert wurde. Ihr von Blendern geschätzter Whisky wird 8jährig als Single Malt unter dem Brennereinamen abgefüllt. Er hat einen betont fruchtigen Duft, einen abgerundeten Körper und einen trockenen Abgang. Ein angenehmer Digestif.

Zwar gehören sie jetzt zu *IDV,* aber 1887, als sie die Möglichkeiten des schottischen Whiskys erkannten und die Brennerei *Glen Spey* in Rothes kauften, waren die Londoner Weinhändler *Gilbey's* eine unabhängige Firma. Die Brennerei war damals erst zwei oder drei Jahre alt und hat seither immer floriert, wurde allerdings 1970 völlig umgebaut. Ihr bemerkenswert wohlriechender Whisky, leicht und weich, wird 8jährig unter dem Brennereinamen abgefüllt. Er wandert auch in *Strathspey* Blended Malt und einen gefälligen Scotch, der *Spey Royal* heißt.

Seagram's gehören zwei Brennereien in Rothes. Eine davon, *Caperdonich,* 1898 gegründet, wurde 1965 umgebaut und 1967 erweitert. Ihr Whisky wird als Single Malt nicht unter dem Brennereinamen verkauft,

aber Händlerabfüllungen kann man finden. Er hat ein leichtes Bukett, einen sehr fruchtigen Geschmack und einen langen Abgang. Caperdonich war von Anfang an die Brennerei Nummer zwei nach *Glen Grant* gleich gegenüber.

Glen Grant wird von Blendern hochgeschätzt und ist beliebt als Single Malt. Unter dem Brennereinamen wird er in vielen Altersstufen verkauft (bis zu 25 Jahren). Doch ein noch größeres Aufgebot wird von *Gordon & MacPhail* abgefüllt, etwa ein Dutzend Versionen, die bis zu einem Alter von 50 Jahren reichen, einige ausschließlich in Sherryholz gereift. Glen Grant ist einer von Gordon & MacPhails Favoriten. Auch er hat ein leichtes Bukett mit undefinierbaren Kräutertönen, die manche Tester als »Haselnuß« beschrieben haben.

Glen Grant wurde 1840 gegründet, manche der ursprünglichen Bauten stehen noch. Die Brennerei mit den Türmchen und Giebeln ihrer Bürogebäude im »schottischen Baronsstil« ist um einen kleinen Hof ange-

legt. Trotz Erweiterungen in den 70er Jahren wird ein traditioneller Stil gepflegt. Gärbehälter aus Kiefer werden benutzt, und die Stills haben unregelmäßige Knollenformen. Sie werden noch mit Kohle gefeuert. Die neueren, von 1977, können auf Kohle umgestellt werden, obwohl sie mit Gasheizung installiert wurden. Im Unterschied zu den anderen Brennereien in Rothes bietet Glen Grant die Möglichkeit zu Besucherführungen.

Speyside – Livet-Gebiet

Für Freunde eleganter Whiskys verengt sich die Suche nach dem heiligen Gral wie folgt: Im Lande der Schotten liegen die meisten berühmten Brennereien in dem weiten Landstrich der Highlands; in dieser Hälfte des Landes findet sich die größte Konzentration um den Spey und seine Nachbartäler (die breiten *straths* und hohen *glens*); in dieser Region ist der berühmteste Bezirk der um den Livet.

Der *Livet* ist ein Fluß – eher ein Flüßchen –, der erst in den Avon und dann in den Spey fließt. Vom Herzen des Whiskylandes ist der untere Teil des Livet-Glens breit und grasbewachsen, steigt aber nach Süden an den Rändern der Grampian Mountains schnell ins Wald- und Moorland an. Das Glen hinauf gibt es Pässe durch die Berge, über die in den Tagen der Schwarzbrennerei Whisky in die dichter besiedelten Central Lowlands mit Umschlagstädten wie *Dundee* und *Perth* geschmuggelt wurde. Whisky »aus *Glenlivet*« war weiter im Süden ein Gütesiegel. Im wilden Bergland um das Glen soll es im späten 18. und frühen 19. Jahrhundert gut 200 Schwarzbrennereien gegeben haben.

Den Highlanders war zu der Zeit – teils wegen Getreidemangels, aber auch aus politischer Rachsucht – nur das Brennen für den Hausbedarf gestattet. Das moderne Brennereiwesen begann, als der Herzog von Gordon mit Erfolg eine entgegenkommende Rechtsprechung vorschlug. Mit seiner Unterstützung wurde einer seiner Lehnsmänner, ein Bauer, Brenner und Whiskyschmuggler, der erste, der 1824 unter dem neuen Gesetz eine Lizenz beantragte. Diese abenteuerliche Erscheinung gehörte einer Familie an, die *Bonnie Prince Charlie* unterstützt hatte und sich in der Folge gezwungen sah, ihren Namen, vormals Gow, zu ändern. Sie mieden alles, was zu schottisch klang, und wählten den anonymen »Smith«. *George Smith,* mit der Hilfe seines Sohnes und Nachfolgers John Gordon Smith, gründete die Brennerei, der 1880 in einem Musterprozeß das Vorrecht zugestanden wurde, den Namen *The* Glenlivet zu führen.

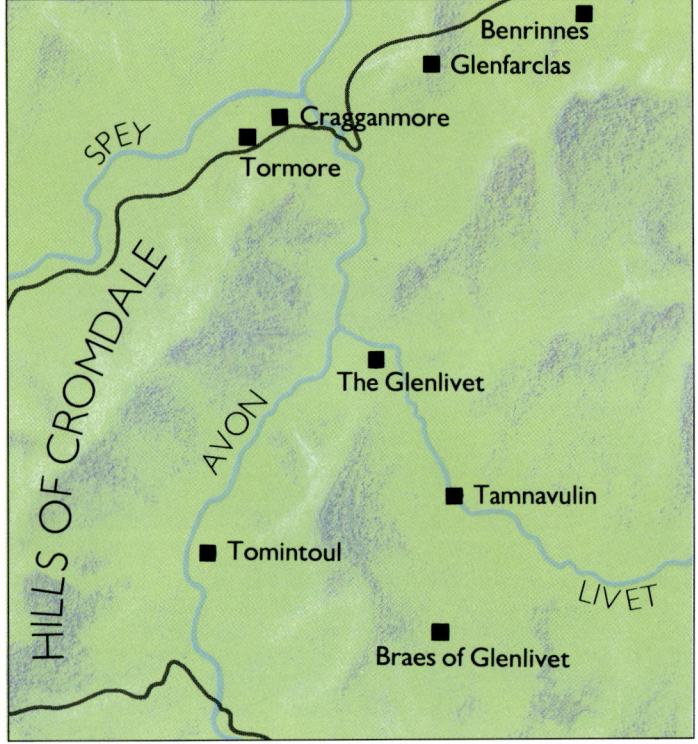

Das Glen, das Schottlands berühmtesten Malt Whisky erzeugt. Mit den Hills of Cromdale links und den Ladder Hills rechts steil in die Grampian Mountains ansteigend, war es einst Versteck wie auch Weg nach Süden. Heute sieht es natürlich nicht mehr so aus wie zu Zeiten der Aufnahme rechts (Mitte). Die Brennerei hat ein paar neue Gebäude erdulden müssen, bewahrt aber ihr älteres Gesicht (oben rechts).

Andere Brennereien, die ihre geographische oder stilmäßige Nähe zu The Glenlivet kundtun wollten, durften den Namen nur mit Bindestrich anhängen. Es gibt heute im unmittelbaren Gebiet des Glen vier Brennereien, aber in dem Flußsystem, zu dem Livet und Spey gehören, benutzen so viele andere noch die doppelte Namensform, daß sie wenig zu besagen hat.

Nach Anfängen an zwei anderen Plätzen zogen die Smiths 1858 an den jetzigen Standort, nicht weit entfernt vom Dörfchen Glenlivet, dort wo das Wiesental bereits anzusteigen beginnt. Einige ursprüngliche Gebäude stehen noch. Allerdings wird die Brennerei aus der Ferne von einem »Dark-Grains«-Werk verdeckt. Mehrere Brennereien haben solche Werke, die die Trester zur Verwendung als Viehfutter trocknen. Die Firma blieb bis 1953 unabhängig und heißt immer noch *G. and J. G. Smith,* obwohl sie seit 1977 *Seagram's* gehört.

Auf Händlerabfüllungen wird der Whisky manchmal als »*Smith's The Glenlivet*« bezeichnet, um seine stolze Herkunft doppelt kenntlich zu machen. Er ist von *Gordon & MacPhail* in vielen Altersklassen zu haben, während unter dem Brennereinamen gelegentlich eine Sonderabfüllung herauskommt sowie die Hauptversion, der 12jährige. Auf dem Brennerei-Etikett steht Smith als Firmenname, aber der Whisky heißt einfach »The Glenlivet«. Der Whisky kann in der Brennerei probiert werden, die ein Empfangszentrum und ein Minimuseum für Besucher hat.

Für die Qualität von The Glenlivet könnte das Wasser ausschlaggebend sein. Es kommt aus einer nahen Quelle, die wahrscheinlich von einer Vielzahl von Wasserläufen gespeist wird, deren Herkunft unbekannt ist. Regenwasser kann zwei Jahre benötigen, bis es zur Quelle gelangt. Niemand weiß, wo es in der Zwischenzeit geblieben ist. Die Brennerei kauft eine Mischung aus leicht und stark getorftem Malz und ver-

Rechts: die viel neuere Brennerei Braes of Glenlivet.

wendet einen Maischbottich aus Stahl. Alle Gärbehälter bestehen aus Douglasie. Die Wash-Stills sind sehr groß, mit langen, abfallenden Hauben. Etwa ein Drittel des Whiskys wird in Sherryholz gelagert. Keines dieser Merkmale ist außergewöhnlich. Dennoch steht The Glenlivet, über seine historische Bedeutung hinaus, in dem Ruf, der eleganteste aller Whiskys zu sein. Er ist ein zarter Malt, wenn auch von beachtlicher Komplexität. Sein Bukett ist außerordentlich blumig, mit Anflügen von Kräuterrauch, sein Körper leicht bis mittelschwer, sein Geschmack sauber, aber süß, sein Abgang eine sanfte Liebkosung. Diese elegante, zarte Art kennzeichnet mehr oder minder alle vier Malts aus dem Livet-Bezirk und viele andere, denen man manchmal locker den »Glen«-Stil zuschreibt.

Seagram's gehört auch die Brennerei *Braes of Glenlivet* hoch oben im Tal, mit dem Bergkamm im Rücken. Sie liegt an einem flinken Felsbach, der in den Livet fließt, und direkt hinter dem isolierten katholischen Weiler Chapeltown. Passenderweise sieht die Brennerei mit ihren einfachen Sprossenfenstern in den makellosen cremefarbenen Wänden fast wie ein spanisches Kloster aus, ein sehr attraktiver und moderner Bau – Mitte der 70er Jahre von Seagram's Tochterfirma *Chivas* errichtet. Ein Gutteil ihres Whiskys wandert zweifellos in die Chivas-Produkte, aber als Single Malt ist er noch nicht abgefüllt worden.

Nicht weit entfernt liegt *Invergordons* Brennerei *Tamnavulin* bilderbuchartig in der steilen Umklammerung des Livet-Glens, und zwar im Dörfchen *Tomnavoulin*, das allerdings anders geschrieben wird. Sie ist ebenfalls modern, in den 60er Jahren gebaut, aber eher ein Zweckbau. Seit die Firma Mitte der 80er Jahre in einem Nebengebäude, das einmal eine Wassermühle zum Wollkämmen war, ein Empfangszentrum einrichtete, präsentiert sich die Brennerei einladender. Tamnavulin heißt »Mühle auf dem Hügel«. Der Whisky liegt sehr im zarten Glenlivet-Stil: Er ist weich, ziemlich leicht im Körper, mit einem süßen Auftakt und einem fast zitrusartigen Abgang. Er wird 8jährig unter dem Brennereinamen vertrieben.

Tamnavulin, in beiden Schreibweisen, und das ähnlich klingende *Tomintoul* sind Nachbarn. Tomintoul ist das höchste Dorf in der Gegend, am Fuße des Carn Meadhonach (588 m), ein Zentrum für Bergsteiger und -wanderer, mit kleinen Hotels und Läden – früher ein abgelegenes Schwarzbren-

nerparadies. Heute liegt Tomintouls legale Brennerei gute 8 km talwärts am Rande des Glenlivet Forest, zwar in der Gemeinde *Glenlivet*, aber am Avon, nahe dem Weiler *Ballindalloch*. Auch diese Brennerei wurde in den 60er Jahren errichtet und gehört zur Gruppe *Whyte & Mackay*. Sie sieht modern aus und erzeugt ebenfalls einen typisch eleganten Glenlivet-Whisky: mit zartem, zögerndem Bukett, leichtem, aber weichem Körper und süßem Geschmack. Er wird als Single Malt ohne Altersangabe 8- und 12jährig unter dem Brennereinamen vertrieben – in einer Flasche, die eher für Parfüm gedacht zu sein scheint. Mehr als ein Whiskyfreund hat sich schon gedacht, daß das die Eleganz doch etwas zu weit treibt.

Abb. Oben: Dampfwagen beförderten The Glenlivet in den 20er Jahren zur nächsten Eisenbahn. Funkensprühende Schornsteine und Sprit ausatmende Fässer sind eine heikle Mischung, aber die Smiths waren die Gefahr gewohnt.

Als George (links oben) 1824 eine legale Brennerei gründete, mußte er sich vor seinen früheren Schmugglergenossen mit Pistolen schützen. Auch sein Sohn John Gordon Smith (links unten), der »J. G.« des Firmennamens, sieht nach einem gestandenen Mannsbild aus.

LIVET-WHISKYS – EIN GESCHMACKSFÜHRER

Im weiten Rund von Speyside liegt der kleinere Bezirk um das Glen des Livet. Die in diesem Tal und seiner Umgebung erzeugten Whiskys tragen einen berühmten Namen. Der Zusatz »-Glenlivet« wird freizügig gebraucht und bezeichnet auch keinen Stil, wie er es vielleicht sollte, nämlich einen leichten, eleganten, nuancenreichen Malt.

Glenlivet (Gordon & MacPhail, 40%)

Glenlivet, Abfüllung Gordon & MacPhail (57%)

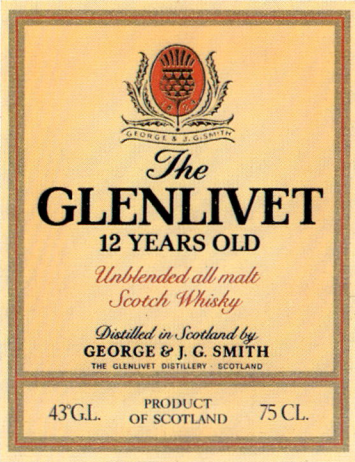

The Glenlivet, Brennerei-Etikett

Glenlivet (Gordon & MacPhail, 46%)

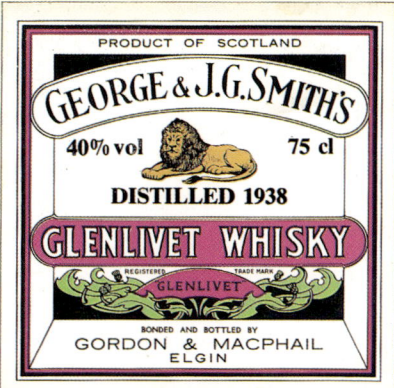

Glenlivet, Abfüllung Gordon & MacPhail (40%, gebrannt 1938)

The Glenlivet sagt das »offizielle« Etikett auf diesem elegantesten und komplexesten aller Single Malts. Die Namen der ursprünglichen Produzenten, George und J. G. Smith, stehen versteckt unten. Nach Alter und Stärke differierende Versionen von Gordon & MacPhail stellen zur Abgrenzung den Namen Smith mehr heraus.

Tomintoul wird in der Gemeinde Glenlivet erzeugt. Die Brennerei freut sich, eine Telefonnummer des Ortsnetzes Glenlivet angeben zu können. Es ist keine alteingesessene Brennerei, aber ihr Single Malt ist von der eleganten Art, wie es sich für die Lage gehört. Er hat ein gutes Bukett und einen interessanten Geschmack, der eher ins Süße geht. Er ist insgesamt einen Hauch leichter als The Glenlivet.

Tamnavulin liegt wirklich im Herzen des Glens, wie das Etikett erklärt. Er ist in der Nase süßer als The Glenlivet, aber die Art verrät die geographische Nähe.

Speyside – Fiddich und Dullan

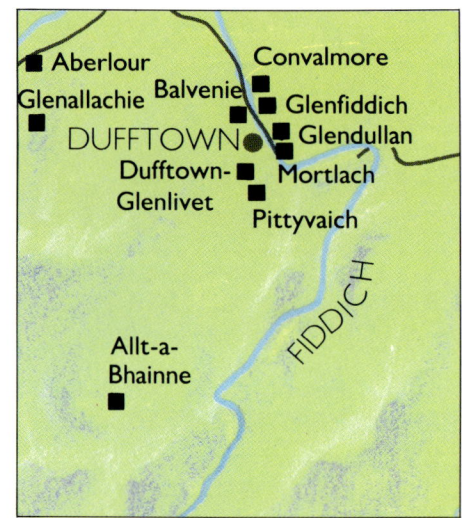

Im Osten von Glenlivet, auf der anderen Seite der Hügel, liegt Glenfiddich. Vom Corryhabbie Hill (781 m) fließt der *Fiddich* durch einen Wald und ein Glen, die beide seinen Namen tragen. Von hier kommen auch die Wasser des *Dullan*, die in Dufftown zum Fiddich stoßen und dann in den Spey münden.

Die Glens von Fiddich und Dullan sowie *Dufftown*, wo sie sich treffen, bilden einen weiteren der klassischen Whiskybezirke von Speyside. Leute im Whiskygeschäft, die Single Malts als zu »schwierig« für den Normalverbraucher abtun, vergessen die Marke *Glenfiddich*, die sich weit über den engen Bereich von Highland-Exotika ausgedehnt hat. Es ist der weltweit meist angebotene und verkaufte Single Malt. Auf dem wichtigen Markt der Duty-free-Shops auf Flughäfen schlägt er alle anderen Whiskys. Diesen Status hat er dank eines zielstrebigen und weitsichtigen Marketing erreicht und nicht nur, weil er einer der »leichter« konsumierbaren Malts ist.

Die Brennerei liegt im Glen des Fiddich, am Rand von Dufftown. Sie wurde 1886 von *William Grant* gegründet und gehört noch der Familie, die auch für ihre Blended Whiskys und ihre energische Absatzpolitik bekannt ist. Bei Glenfiddich sind die alten Gebäude aus honigfarben-grauem Stein noch wunderbar erhalten, und in den nicht wenigen Neubauten ist man dem Stil gefolgt. Obwohl die Brennerei nicht mehr selbst mälzt, hat man einigen der neueren Gebäude um der Tradition willen Pagoden aufgesetzt. Glenfiddich verwendet leicht getorftes Malz, hat einen offenen gußeisernen Maischbottich, Gärbehälter aus Douglasie und ist besonders stolz auf seine kohlegefeuerten Brennkessel. In dem großen, luftigen Brennhaus rappeln lautstark die Schrauben und knallen die Ratschen, wenn die Stills von Hand beschickt werden, und die Schürhaken klappern, wenn die Heizer die Asche ausräumen. Im Innern der Stills rotieren »Kettenpanzer«-Rührwerke, damit die *wash* nicht ansetzt. Die Stills sind klein, manche rund und andere geformt wie Lampenschirme, mit großen Kondensatoren.

Den Whisky lagert man hauptsächlich in unbenutztem Eichenholz, nur etwa 10% kommt in Sherryfässer. Bourbonfässer nimmt man nicht, auch keinen Karamelfarbstoff. In unterschiedlichem Holz gereifter Whisky wird in unbenutzten Eichenfässern vermählt und durchläuft dann ein Solera-System (Anm. d. Red.: In der Sherryproduktion gebräuchliches Austauschsystem zur Erzielung gleichbleibender Qualität). Die Brennerei hat ihr eigenes Abfüllband – als einzige Malt-Brennerei außer *Springbank*, wo eine sehr kleine Abfüllanlage auch für die *Cadenhead*-Kollektion benutzt wird. Glenfiddich wird folglich unter dem Brennereinamen abgefüllt. Der Whisky kann an Ort und Stelle gekauft werden. Glenfiddich war die erste Brennerei in Schottland mit einem Besucherzentrum. Die Firma beschäftigt zwei Dutzend Werksführer und zeigt eine Tonbildschau in sechs Sprachen.

Der Whisky, *Glenfiddich Pure Malt* genannt, ist sonst 8jährig abgefüllt worden, aber die Brennerei läßt neuerdings die Altersangabe weg mit der Begründung, es komme weniger auf das Alter als auf die Reife an. Glenfiddich hat einen sehr angenehmen Torfton in der Nase, einen leichten, weichen, etwas süßen Geschmack und einen aromatischen Abgang. Der trockene Torf-

ton gleicht die Süße gut aus, und die Firma empfiehlt Glenfiddich gern als Aperitif. Das ist recht geschickt, denn der Digestif, zu dem sie raten, *The Balvenie*, kommt von der Nachbarbrennerei, die ihnen seit deren Gründung 1892 gehört. 1982 begann die Firma, ihren wichtigsten Balvenie-Whisky, »*Founder's Reserve*«, in einer verkorkten Rauchglasflasche anzubieten, einem Inbild behaglicher Nach-Tisch-Atmosphäre.

The Balvenie Founder's Reserve mit dem vermessenen Aufdruck »Wohl der beste Highland Malt« ist ein »Vatted« aus 7- bis 12jährigen Destillaten. Er hat ein rauchiges, aber sanftes Aroma, einen weichen, reifen Geschmack und einen sauberen, trockenen, langen Abgang mit einem Hauch Sherry. Eine Version in einer noch gourmethafter aussehenden Flasche, *The Balvenie Classic*, ist 12 Jahre alt. In ihn kommen jedoch mehr Sherryholz-Whiskys, manche in Finofässern gereift, andere im Holz des süßen Oloroso. In ihrem letzten Jahr werden die Whis-

Dufftown liegt nicht im Glen des Livet, aber viele andere Brennereien, die an dieser Benennung festhalten, genausowenig. Immerhin wird die Stadt im Namen der älteren von Bell's dortigen Malt-Brennereien zuerst genannt (links). Ihr Single Malt heißt Dufftown Glenlivet. Steile, graue Schieferdächer sind ein bauliches Kennzeichen vieler schottischer Malt-Brennereien. Die gepflegten Beispiele (oben rechts) beherbergen die vielbesuchte Brennerei Glenfiddich in Dufftown, wo der bekannteste Single Malt der Welt produziert wird. Grant's (rechts), ein Blend, und The Balvenie von der Brennerei nebenan gehören derselben Familie.

kys in Olorosofässern »vermählt«, was einen höchst eigenen und köstlichen Whisky mit Honigtönen zur Sherrynote ergibt. Die Balvenie-Whiskys werden in Schottland immer beliebter. Die Brennerei, die auf ihrer eigenen Farm Gerste anbaut und noch eine Mälztenne betreibt, liegt bei Balvenie Castle, einer Burg aus dem 14. Jahrhundert.

Dufftown ist eine kleine Hügelstadt mit einer Kreuzung, von der aus alle Straßen zu Brennereien hinabführen. Die Stadt ist von Pagoden umringt, die durch die Bäume lugen, und der Dampf der Brennereien wallt aus den Glens auf.

DCL hat drei Brennereien in Dufftown: *Convalmore, Glendullan* und *Mortlach. Convalmore*, gegründet 1894, wird heute von modernen Bauten beherrscht. Ihren trockenen, eindringlichen Whisky gibt es gelegentlich in Händlerabfüllungen als Single Malt, aber das meiste geht in Blends wie die von *Lowrie's*. Die Brennerei stellte 1985 bis auf weiteres die Produktion ein. *Glendul-*

lan, 1897 gegründet und 1962 modernisiert, hat noch eine hübsche Pagode und liegt schön zwischen Bäumen am Wasser. Sie erzeugt einen gehaltvollen Malt mit fruchtigem Bukett, einem weichen, milden Geschmack und einem kräftigen Abgang. Der Whisky wird 12jährig als Single Malt unter dem Brennereinamen vertrieben und ist ein Bestandteil des Premium-Blends *Old Parr. Mortlach* ist eine reizvolle alte Brennerei, 1823 gebaut und 1903 und 1964 modernisiert. Sie erzeugt einen von Blendern hochgeschätzten Whisky, der als 12jähriger Single Malt unter dem Brennereinamen abgefüllt wird. Für einen nur leicht getorften Whisky hat er ein stark blumiges Bukett; sein Geschmack ist voll und intensiv und geht recht rasch in einen langen, trockenen Abgang über. Die Betreiberfirma *George Cowie* produziert den Blend *John Barr* und ist zudem seit langem mit *Johnny Walker* liiert.

Bell's, einem anderen großen Namen im

Blended Whisky, gehören zwei Brennereien in der Stadt: *Dufftown-Glenlivet* und *Pittyvaich. Dufftown-Glenlivet* wurde 1896 aus einer Mühle umgewandelt, in den 30er Jahren von Bell's gekauft und in den 70er Jahren zweimal erweitert. Sie liegt reizvoll am Wasser und stellt einen Malt her, der ein rauchiges Aroma, einen weichen, leicht fruchtigen Geschmack und einen ziemlich jähen Abgang aufweist. Es gibt ihn 8jährig als Single Malt unter dem Brennereinamen. *Pittyvaich* nebenan wurde 1975 gebaut und macht einen ähnlichen Whisky, der bislang noch nicht als Single Malt abgefüllt worden ist.

Das gleiche gilt für *Allt à Bhainne*, eine neue Brennerei gleich außerhalb von Dufftown. Es ist ein imposantes, mit Platten verkleidetes Gebäude aus dem Jahre 1975, das architektonisch an die etwa gleichzeitig gebaute *Braes of Glenlivet* erinnert. Beide gehören *Chivas*, einer Tochterfirma von *Seagram's*.

FIDDICH- UND DULLAN-WHISKYS – EIN GESCHMACKSFÜHRER

*Außerhalb von Schottland weiß man kaum, daß das Glen des Fiddich ein Ort ist.
Die Flüsse Fiddich und Dullan vereinigen sich in Dufftown. Beide Täler tauchen in
den Namen einzelner Single Malts auf. Der Bezirk Dufftown ist eines der wichtigsten
Destillationszentren in Speyside.*

The Balvenie, Brennerei-Etikett

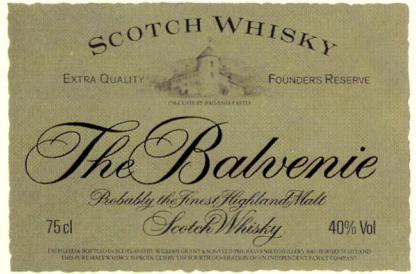

*The Balvenie Founder's Reserve,
Brennerei-Etikett*

The Balvenie Single Malts sind süßer als
Glenfiddich, mit Honigtönen. Sie sind gut
nach dem Essen zu genießen und bieten
dem, der Glenfiddich absolviert hat, einen
weiteren sanften Schritt in seiner Ge-
schmacksausbildung.

Convalmore ist ein aromatischer, trockener, eindringlicher Single Malt. Ein recht
interessanter Whisky, aber nur in Händlerabfüllungen zu haben. Die Brennerei
produziert seit ein, zwei Jahren nicht
mehr, ist aber betriebsfähig.

Glenfiddich wurde zum meistverkauften
Single Malt der Welt, dank eines überzeu-
genden Marketing. Sein angenehm leichter
und weicher Charakter machte Malt generell einem größeren und breiteren Käuferkreis zugänglich.

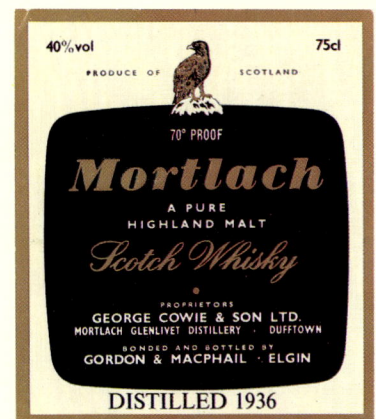

Mortlach gilt weithin als einer der führenden Highland-Malts, obwohl er als
»Single« auf Flaschen nicht sehr eifrig angeboten wird. Er hat ein schweres, blumiges Aroma, einen vollen Geschmack und
einen bemerkenswert langen Abgang.

Dufftown-Glenlivet gehört von der Art
her eher nach Dufftown als nach Glenlivet. Ein Single Malt mit rauchigem Aroma
und weichem, fruchtigem Geschmack.

Glendullan ist ein weicher, kräftiger, voller Malt, der breitere Anerkennung verdient. Der ihm zugehörige Blended
Whisky ist die exzellente De-Luxe-Marke
Old Parr, ebenfalls voll, kräftig und
weich, die besonders in Japan, aber auch
bei uns gute Freunde findet.

Speyside – Strathisla

Die älteste Brennerei in den Highlands ist die 1786 gegründete *Strathisla*, manchmal auch bekannt unter ihrem früheren Namen *Milton*. Das *strath* des Isla legt sich um *Keith*, ein nettes Städtchen mit einigen historischen Sehenswürdigkeiten – und vier Brennereien. In der Umgegend findet man noch ein paar weitere. Der Bezirk Strathisla ist bekannt für Whiskys, die kernig sind und oft etwas nach Holz schmecken. Woher dieser eigentümliche Holzgeschmack kommt, ist unklar. Vielleicht hat es etwas mit dem Kleinklima zu tun, doch es gibt nichts, was Strathisla eindeutig von den anderen Speyside-Tälern unterscheidet.

Philip Morrice zufolge wurde hier schon 1208 »Heide-Ale« hergestellt, aber das war in Schottland nichts Besonderes. 1545 stand dort ein Lagerhaus, vermutlich für Getreide, wo 1786 die Brennerei Strathisla gegründet wurde. Sie ist damit die älteste in den Highlands, aber in anderen Regionen sind einige noch älter: Glenturret im Osten Schottlands, in Perthshire, wurde 1775 gegründet. In den Lowlands kann Littlemill seine Geschichte bis 1772 zurückverfolgen. Auf Islay stammt Bowmore aus dem Jahre 1779. Viele gehen auf Schwarzbrennereien zurück, daher sind die Gründungsdaten nicht immer sicher.

Ihre jetzige Gestalt nahm Strathisla, ursprünglich eine Farmbrennerei, dann nach 1820 an, vor allem nach einem Brand 1876. In den 40er Jahren wurde ihr damaliger Besitzer wegen Steuerhinterziehung verurteilt, und 1950 wurde sie von *Chivas* erworben, die sehr darauf bedacht war, sie unverfälscht zu erhalten. Sie hat kleine Stills, zwei davon mit Kohlefeuerung. Besucher sind willkommen.

Der Whisky wird unter dem Brennereinamen vertrieben – nicht immer leicht zu finden und in verschiedenen Altersklassen und Stärken abgefüllt. Strathisla ist ein beachtlicher Whisky: scharf und fruchtig, mit einem sehr vollen Abgang. Ein Tester für »Harrods Book of Whiskies« meinte, ein 15jähriger habe eine Spur von »frischen Efeublättern« in seinem Bukett.

Am gegenüberliegenden Ufer des Isla kaufte dieselbe Firma 1957 eine Getreidemühle und baute sie zur Brennerei *Glen Keith* um. Diese Brennerei war die erste in Schottland mit gasgeheizten Stills. Ihren Whisky bekommt man selten als Single Malt, aber es hat eine Händlerabfüllung gegeben. Es ist ein schmackhafter, gefälliger Whisky, fast zum Kauen, süß, ohne zu kleben, im Abgang trockener werdend.

Ob *Strathmill* zuerst eine Mühle oder eine Brennerei war, weiß man nicht, denn sie kann abwechselnd beides gewesen sein. Gewiß ist, daß 1891 ein bis dahin als Mühle dienendes Gebäude in eine Brennerei umgewandelt wurde. Diese wurde in den späten 60er Jahren teilweise umgebaut und wird jetzt von *Justerini & Brooks* geführt. Sie hat kein Empfangszentrum, aber dennoch viele Besucher. Der Whisky wurde nie als Single Malt auf Flaschen gezogen.

Die Gegend um Keith hat ein Stück außerhalb der Stadt auch eine DCL-Brennerei, *Aultmore*, betrieben von *J. and R. Harvey*. Sie wurde 1896 gebaut und 1971 umgebaut. Ihren bei Blendern angesehenen Whisky gibt es als 12jährigen Single Malt unter dem Brennereinamen. Er hat eine Spur Torf in seinem vollen, frischen Aroma, einen würzigen, fruchtigen Geschmack und einen sanften Abgang.

Um die DCL-Brennerei *Glentauchers* mögen Spey und Isla sich streiten, aber *Knockdhu* gehört wohl zum Isla. Ihr gebührt die Ehre, die erste von DCL gebaute Malt-Brennerei gewesen zu sein. Sie wurde 1892 gegründet, um Malt Whisky für die *Haig*-Blends zu liefern. Obwohl es ab und zu Händlerabfüllungen gegeben hat, war der Knockdhu als Single Malt niemals leicht zu finden, was bedauerlich ist. Es ist ein charaktervoller Whisky mit trockenem, fruchtigem, fast birnenartigem Aroma, einem sehr vollen, ausdrucksstarken Geschmack mit weicher, süßer Fruchtnote und einem langen, wärmer werdenden Abgang. Leider schloß die Brennerei 1983 auf unbestimmte Zeit.

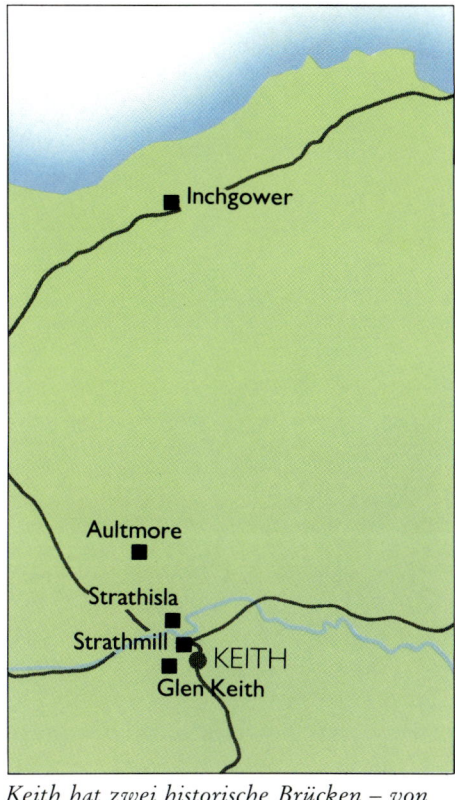

Keith hat zwei historische Brücken – von 1609 und 1770 – und vier Brennereien, die einen eigenen Whiskybezirk darstellen. Es gibt um das Flußtal herum noch mehr, obwohl Inchgower wahrscheinlich weniger dem Isla als dem Spey nahesteht. Alle sind sie freilich Speyside.

STRATHISLA-WHISKYS – EIN GESCHMACKSFÜHRER

Auch Speyside hat Isla-Whiskys (dieselbe Aussprache, nur ohne »y« am Ende und ohne »Seetang«). Strathisla ist ein wichtiges Whiskytal. Nicht jeder würde dem Urteil zustimmen, daß seine Malts sich durch einen schwachen Holzton auszeichnen, aber in dem Fall ist das keine Kritik. Die Trockenheit ist ein Teil ihres eigentümlichen Stils.

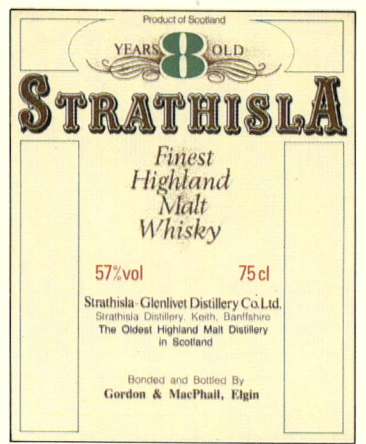

Strathisla, Brennerei-Etikett (8 Jahre alt)

Glenkeith-Glenlivet, Cadenhead-Abfüllung von Glen Keith

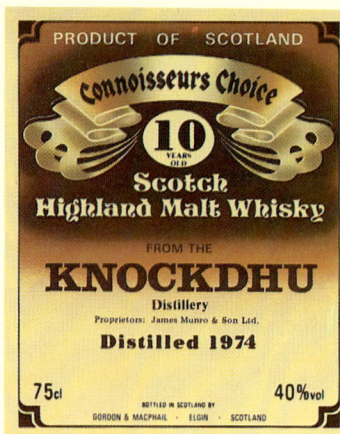

Strathisla-Glenlivet, Cadenhead-Abfüllung von Strathisla

Glen Keith, Abfüllung Gordon & MacPhail

Strathisla ist nicht nur der Name der Region, sondern auch einer bestimmten Brennerei und deren Single Malts. Sie sind scharf, ziemlich trocken, fruchtig und haben einen vollen Abgang. Sie sind in vielen Altersstufen erhältlich. Strathisla-Glenlivet ist eine Händlerabfüllung. Der Whisky, und der Zusatz, kommen von der gleichnamigen Brennerei; sie hat sich als Geschäftsnamen irreführenderweise den Titel Strathisla-Glenlivet zugelegt.

Glen Keith ist ein Single Malt so recht »zum Kauen«, mit einer für Strathisla typischen Trockenheit im Abgang. Die Brennerei Glen Keith steht am Ufer des Isla. Glenkeith-Glenlivet ist eine Cadenhead-Abfüllung. Der Whisky ist der Single Malt der Brennerei Glen Keith. Die Brennerei selbst schreibt Glen Keith in zwei Worten, fügt aber das Wort -Glenlivet im Firmennamen hinzu.

Knockdhu ist ein Single Malt mit sehr eigenem Aroma, viel Frucht, einem mittelschweren Körper und einem langen Abgang. Er ist schwer zu finden und wird mit den Jahren eine Rarität werden, da die Brennerei geschlossen wurde.

Aultmore ist ein Single Malt mit vollem, frischen Aroma, fruchtigem Geschmack und mildem Abgang. Ein überaus gefälliger Malt, aber nicht sehr bekannt. Der zu ihm gehörige Blended Whisky ist *Harvey's*.

Speyside – Bogie und Deveron

Obwohl nur vage umgrenzt, dürfte Speyside im Osten etwa mit dem Tal des *Bogie* abschließen, der durch den Clashindarroch Forest fließt, bevor er in den *Deveron* mündet und bei der alten Kreisstadt *Banff* das Meer erreicht.

An der Ostseite des Tals sind zwei Malt-Brennereien im Besitz der Firma, die die *Teacher's* Blends herstellt. William Teacher war im 19. Jahrhundert ein Wein- und Branntweinhändler und bekannt für seine Blended Whiskys. Seit den Anfängen der Markenbezeichnungen ist dieser Name ein Begriff. *Teacher's Highland Cream* ist eine Spitzenmarke, und die Firma hat zudem ihren »60« sowie De-Luxe-Versionen, die 12 und 18 Jahre alt sind.

Auf daß ihr der Malt nie ausgehe, baute Teacher's 1898 in *Kennethmore* nahe dem Bogie, nicht weit vom Clashindarroch Forest entfernt, eine schöne Brennerei namens *Ardmore*. Trotz umfangreicher Erweiterungen und Modernisierungen in den 50er und 70er Jahren hat sie sich manchen ursprünglichen Zug bewahrt. Sie hat noch ihre Dampfmaschine und benutzt noch kohlegefeuerte Stills. Ihr Whisky ist als Single Malt schwer zu bekommen, aber dann und wann gibt es Händlerabfüllungen. Er hat ein leichtes Aroma, aber einen sehr vollen, betont süßen Malzgeschmack mit einem herben Abgang.

Durch Aroma zeichnet sich weit eher *Glendronach* aus, der andere hiesige Malt in der Palette von Teacher's. Er hat ein sehr frisches Heidebukett und ist ebenfalls deutlich süß, aber mit herbem Einschlag. Sein Abgang ist leicht rauchig. Glendronach gibt es 8- und 12jährig als Single Malt unter dem Brennereinamen. Manchen Kritikern erschien die jüngere Version etwas scharf, aber der ältere Glendronach kann nur als reich und köstlich bezeichnet werden. Die Brennerei wurde 1826 gegründet, aber erst 1960 von Teacher's erworben. Sie hat eine Mälztenne (und kohlegefeuerte Stills) und ist immer noch ein sehr reizvoller Bau, der sich seine Erweiterung 1966 wenig anmerken läßt. Sie liegt östlich von *Huntly* zwischen Feldern in einer Mulde.

Den Deveron abwärts gibt die Stadt Banff einer Brennerei ihren Namen. Die Brennerei Banff wurde 1863 gegründet und sie hat seitdem Lokalgeschichte geschrieben. Sie wurde 1877 von einem Feuer stark beschädigt, im Zweiten Weltkrieg bombardiert und hat einmal Whisky für Parlamentsmitglieder geliefert. In den letzten Jahren war ihr Whisky als Single Malt nicht mehr zu haben, und 1983 wurde sie von DCL, denen sie gehört, auf unbestimmte Zeit geschlossen.

Auf der anderen Seite des Deveron, Banff gegenüber, liegt die felsige Landspitze Macduff. Die dort 1962 erbaute, moderne Brennerei Macduff wird von William Lawson Distillers geführt, die zur internationalen Gruppe Martini & Rossi gehören. Der Whisky geht zweifellos in die Lawson-Blends wie Gow's, Lismore und Royal Heritage ein. Er ist in Händlerabfüllungen erhältlich und sehr gefällig, ein voller, weicher Dessertwhisky mit herbem, trockenem Abgang.

Ein Stück die Küste entlang liegt Glenglassaugh, 1875 gegründet, von Highland Distilleries Ende des vorigen Jahrhunderts gekauft und 1960 völlig umgebaut. Als einzige Brennerei der Gruppe gibt sie ihren Whisky nicht flaschenweise als Single Malt ab.

Die satten Strukturen des Farmlands von Aberdeenshire umfangen die Brennerei Glendronach. Der Whisky ist ebenfalls »satt«, vor allem als 12jähriger.

Die Eastern Highlands

berdeen, Schottlands drittgrößte Stadt, beherrscht die nordöstliche Ausbuchtung der Highlands und ist ein günstiger Stützpunkt, um die Brennereien an der Küste und landeinwärts Richtung Speyside zu erkunden. Die einst strenge und abweisende Granitstadt wurde durch die Entwicklung der schottischen Ölindustrie in den späten 70er und frühen 80er Jahren kosmopolitischer, zeitweise wirtschaftlich aufblühend und daher für Besucher recht teuer. Der Zustrom von Fremden weckte auch das Interesse an den Malt Whiskys der Region, um die man früher oft nicht viel Wesens machte. Etliche Bars und Hotels in Aberdeen und Umgebung fingen an, große Kollektionen von Malts einzulagern. Ein gutes Beispiel ist die *Bridge Bar* im Einkaufszentrum, und eine sehr große Auswahl von Malts führt das *Ferryhill House Hotel* in Bon Accord Street.

Die Stadt hatte früher ihre eigene, recht ansehnliche Brennerei, aber die liegt schon lange still. Immerhin gibt es im Umkreis von 65 km neun Brennereien. Die flachkuppigen Berge der Grampians versuchen hier, eine östliche Highland-Region zu bilden, bevor sie den fruchtbaren Tälern von Don und Dee weichen. Aberdeen-Angus-Rinder weiden auf üppigen Wiesen. An der Küste gibt es Fischereihäfen – früher Heimat großer Flotten von Walfängern und später Heringsloggern – und Seebäder mit Stränden. Die Whiskys der Region gelten nicht als eigener Stil, obwohl etliche von ihnen durchaus eine besonders reiche Fruchtigkeit besitzen.

Die nördlichste Brennerei ist *Glenugie*. Der *Ugie* fließt bei der Hafen- und Schiffsbaustadt *Peterhead* ins Meer, und ganz in der Nähe, bei einem verlassenen Fischerdorf, liegt die Brennerei. Eine erste Brennerei von ca. 1830 wurde in eine Brauerei umgewandelt; die jetzigen Bauten stammen von 1875. Die schmucke kleine Brennerei aus rötlichem Stein und mit einem erhaltenen Werksturm wurde zuletzt von *Long John* geführt, stellte jedoch 1982 das Brennen ein. Unter Long Johns Leitung kam ihr Whisky nicht als Single Malt auf den Markt, aber Händlerabfüllungen kann man noch finden. Der Whisky hat etwas reif Fruchtiges in der Nase, einen weichen, kräftigen, malzigen Körper und einen raschen, trockenen Abgang.

Gut 30 km südlich und 15 km weiter landeinwärts liegt in dem Marktflecken *Old Meldrum* die Brennerei *Glengarioch* (Glengieri gesprochen). Das geschützte Garioch-Tal ist das traditionelle Getreideanbaugebiet für diesen Teil Schottlands. Die 1798 gegründete Brennerei ist ein klobiger Steinbau, der teilweise wie eine Dorfschule aussieht. Trotz ihrer traditionellen Mälztenne weist sie auch moderne Züge auf; sie nutzt beispielsweise die beim Destillieren erzeugte Wärme für Gewächshäuser, in denen Alpenveilchen, Tulpen, Salat, Gurken und besonders Tomaten gedeihen. Die Brennerei gehört *Stanley P. Morrison*, Besucher sind willkommen. Der Whisky wird als Single Malt unter dem Brennereinamen vertrieben. Er hat einen leichten Rosinenduft, einen sauberen, »lebhaften« Geschmack und einen raschen, trockenen Abgang. Ein

Der Berg Lochnagar regte den Prince of Wales zu einer Kindergeschichte an. Die schottische Brennerei desselben Namens regte den Appetit der Königin Victoria an.

angenehmer, leichter Digestif. Glengarioch hat auch wesentlich Anteil an dem Blend *Rob Roy.*

Aberdeen wird von *Don* und *Dee* eingefaßt, doch der Dee ist sein Hauptfluß. Gut 70 km flußaufwärts verläuft das Tal zwischen den Grampians im Norden und dem Balmoral Forest sowie dem Berg Lochnagar (1155 m) im Süden. Balmoral ist der schottische Privatsitz der Queen und das nahe Braemar Schauplatz des alljährlichen Royal Highland Gathering. Der Lochnagar hat die Feder des Prince of Wales wie auch Lord Byrons inspiriert. Östlich von Balmoral liegt die Brennerei *Lochnagar.* Ihr Gründer, angeblich vorher Schwarzbrenner, erhielt 1826 die Lizenz zur Whiskyherstellung.

Die jetzige Brennerei wurde 1845 gebaut und kurz darauf von Queen Victoria und Prince Albert besucht. Es heißt, Victoria habe Lochnagar-Whisky gemocht und stets einen Schuß in ihren Claret getan – womit sie zwei der besten Getränke der Welt verdarb. Die Brennerei ist dreimal umgebaut worden, zuletzt 1967. Anfangs gehörte Lochnagar einem bekannten Brenner namens *John Begg,* dessen Name in den DCL-Blends fortlebt, zu denen ihr Whisky wesentlich beiträgt. Lochnagar kommt 12jährig als Single Malt unter dem Brennereinamen auf den Markt. Er hat ein volles, fruchtiges Aroma, einen frischen, sauberen, würzigen Geschmack und leicht süßen Abgang. Über ein Jahrhundert lang hieß die Brennerei *Royal Lochnagar,* doch in den späten 70er Jahren wurde der Titel aus Gründen fallengelassen, die die Firma nicht erklären will oder kann. Der Whiskyautor *Derek Cooper* glaubt, die Entscheidung sei womöglich aufgrund einer Rede des Herzogs von Edinburgh über Industrie und Ökologie erfolgt. Mitte der 80er Jahre stellte man das »Königlich« wieder davor.

Nachgestellt führt den Titel »Royal« die Brennerei *Glenury* an der Küste südlich von Aberdeen nahe dem Fischereihafen und Seebad *Stonehaven.* Ihren Namen hat die Brennerei von dem Glen, das den Bezirk Ury durchzieht. Sie wurde 1825 von *Captain Robert Barclay,* dem örtlichen Parlamentsmit-

glied, gegründet, der auch Sportler und Marathongeher war. Diese schillernde Persönlichkeit hatte einen Freund bei Hofe, verschämt als »Mr. Windsor« bezeichnet, durch dessen Einfluß er von König William IV die Erlaubnis erhielt, seinen Whisky »Royal« zu titulieren. Die Brennerei wurde 1966 umgebaut und für die DCL-Tochterfirma *Gillon's* geführt, zu deren Blends *King William IV* gehört. *Glenury Royal* Highland Malt wird 12jährig als Single unter dem Brennereinamen vertrieben. Er ist in Aroma und Geschmack ziemlich leicht und mittel-

Die hübsche und adrette Brennerei Glenesk macht einen beschaulichen Eindruck, wenn man die Veränderungen bedenkt, die sie durchgemacht hat. Sie gehörte zu den Brennereien, die 1985, als die Scotch-Whisky-Lagerbestände reichlich waren, von DCL »eingemottet« wurden. DCL hofft, die Produktion bald wieder aufnehmen zu können.

Zweiten Weltkriegs für Grain Whisky umgerüstet. In den 60er Jahren wurde wieder eine Malt-Brennerei daraus. Die Betreiberfirma ist *Wm Sanderson* von DCL, die die Blends *VAT 69* erzeugt. Der Whisky kommt als 12jähriger Single Malt unter dem Namen *Glenesk* auf den Markt, jedoch in kleinen Mengen und auf beschränkten Exportmärkten.

Die andere Brennerei in Montrose, Lochside, hat auch eine interessante Geschichte. Sie war ursprünglich eine Brauerei im Besitz der bekannten Firma *James Deuchar* und wurde erst 1957 zur Brennerei umgewandelt. 1973 wurde sie von der spanischen Firma *Distilerias y Crienza* erworben, deren Hauptmarke der Blend *DYC* ist. Die Firma hat auch den malzigen Blend *Sandy Macnab's* auf dem schottischen Markt. Lochsides Whisky wird als Single Malt von 8 und 12 Jahren unter dem Brennereinamen vertrieben. Er hat ein volles, »mild-fruchtiges« Aroma, einen weichen, kräftigen Geschmack, einen (mittel-)schweren Körper und einen trockenen, langen Abgang.

Den South Esk aufwärts stößt man auf ein weiteres Paar Brennereien in der sehr alten Stadt *Brechin*. Auch sie sind uralt. Eine davon, Glencadam, stammt von 1825. Sie wurde in den 50er Jahren von *Ballantine's* gekauft und stark modernisiert. Ihr Whisky wird größtenteils zum Blenden genommen, aber man findet ihn gelegentlich als Single Malt unter dem Brennereinamen. Er hat ein sehr fruchtiges Aroma und einen weichen, fast sahnigen Geschmack; ein sehr ungewöhnlicher und charaktervoller Whisky.

Die andere Brennerei in Brechin, *North Port*, ist noch älter; sie wurde 1820 gegründet. Sie gehört jetzt DCL und wurde einige Jahre lang von ihrer Tochterfirma *Mitchell Brothers* geführt, zu deren Marken *Heather Dew* und der Vatted Malt *Glen Dew* gehören. North Ports Whisky ist als Single Malt in einigen Händlerabfüllungen zu haben. Er ist ein für diesen Landesteil überraschend torfiger, rauchiger Whisky mit einem leichten bis mittelschweren Körper und sehr trockenem Abgang. Leider schloß die Brennerei 1983.

trocken, mit einem schwach rauchigen Abgang. Die Brennerei schloß 1985 bis auf weiteres.

Die nächsten wichtigen Flüsse sind der North und South Esk. Nicht weit entfernt vom Glen des North Esk liegt das Dorf *Fettercairn* in einer fruchtbaren Moorebene. Die nahen Hügel waren einmal ein Whiskyschmuggelrevier. Die erste Brennerei Fettercairn soll dort gestanden haben. Die jetzige, 1824 gegründet, ist eine der ältesten in Schottland. Trotzdem hat sie seit einer Erweiterung 1966 einige der modernsten Appa-

rate. Sie ist im Besitz von *Whyte & Mackay*. Ihr Single Malt wird mit unterschiedlichem Alter als *Old Fettercairn* vertrieben. Es ist ein leichter, aber weicher Whisky mit Nußgeschmack und trockenem Abgang.

An der Mündung des South Esk liegt *Montrose*, historisch eine wichtige Stadt in der Region und heute ein Segelzentrum. Es hat zwei Brennereien: *Glen Esk* (früher *Hillside*) und *Lochside*. Die erste hat eine bewegte Geschichte hinter sich: Sie fing als Flachsspinnerei an, wurde 1897 in eine Malt-Brennerei verwandelt, um die Zeit des

BOGIE-, DEVERON- UND EASTERN-HIGHLAND-WHISKYS – EIN GESCHMACKSFÜHRER

Speyside schließt die Flüsse Bogie und Deveron gerade eben noch mit ein. Östlich ihrer Täler gibt es noch weitere Brennereien, wenn auch dünner gesät, die gute Highland-Malts machen. Ein paar süße, malzige Whiskys kommen aus den Tälern von Bogie und Deveron, und unter den »Singles« der Eastern Highlands findet sich eine Vielfalt von Geschmacksrichtungen.

— Um Bogie und Deveron —

Glendronach, Brennerei-Etikett (8jährig)

Glendronach, Brennerei-Etikett (12jährig)

Glendronach ist ein köstlich süßer Single Malt mit ausgewogenen Heide-, Rauch- und trockenen Tönen. Ein herzhafter Whisky nach dem Essen, erstaunlich wenig bekannt.

Ardmore ist ein körperreicher Single Malt, dessen Süße ein guter, herber Abgang ausgleicht. Er ist nur in Händlerabfüllungen erhältlich und in den Teacher's Blended Whiskys enthalten.

Glen Deveron, Etikett für Macduff

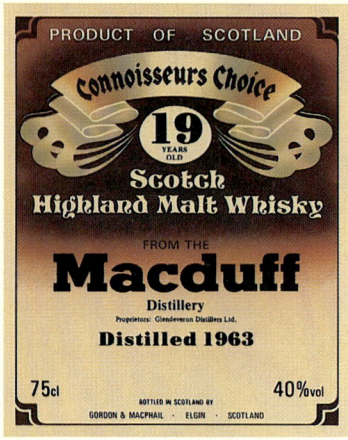

Macduff, Abfüllung Cadenhead

Macduff ist sehr gut nach dem Essen zu genießen, ein Single Malt mit einem frischen, einladenden Aroma und weichen Geschmack. Von Händlern unter dem Brennereinamen und von den Besitzern eleganter als Glen Deveron abgefüllt.

Glenglassaugh ist ein kräftiger, weicher Single Malt mit leicht süßem Geschmack, der im Abgang etwas trockener wird. Ein gutes Beispiel für die Art der Region, aber schwer zu bekommen (in Händlerabfüllungen).

Banff ist ein Single Malt mit leichtem Raucharoma, einem eindringlichen Geschmack … und Seltenheitswert. Die Brennerei hat eine interessante Geschichte, ist aber jetzt stillgelegt. Sie war mit den Blends Slater Rogers verbunden.

— Die Eastern Highlands —

Lochnagar, Brennerei-Etikett

Lochnagar, Abfüllung Gordon & MacPhail

Lochnagar ist ein vollmundiger Single Malt mit viel Frucht, Geschmack und Komplexität und einem etwas süßen Abgang. Ein Lieblingsgetränk der Königin Victoria, jetzt allgemein gut erhältlich.

Glenugie, ein reifer, fruchtiger Single Malt, wird manchmal noch in Händlerabfüllungen gesichtet. Glenugie war einst die östlichste Brennerei Schottlands, schloß aber 1982.

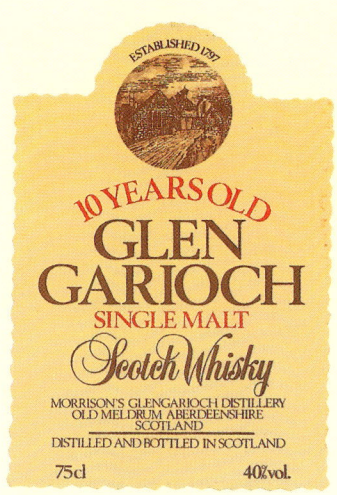

Glen Garioch hat ein schwach fruchtiges Aroma, in dem manche Koster auch Rauch entdecken. Leicht bis mittelschwer auf dem Gaumen schmeckt er wohl am besten nach dem Essen.

Glencadam ist ein fruchtiger, sahniger Single Malt: höchst ungewöhnlich und charaktervoll, doch als Brennereimarke schwer zu finden. Diese Abfüllung ist von Cadenhead.

Glenury-Royal ist ein leichter, mitteltrockener Single Malt, gut als Aperitif. 1985 wurde die Brennerei vorübergehend stillgelegt, aber den Whisky bekommt man noch leicht. Ein süffiger Tropfen.

Old Fettercairn ist ein leichter, trockener, weicher Single Malt mit Nußgeschmack. Ähnlich den Livet-Whiskys, obwohl seine Besitzer – Whyte & Mackay – ihre eigene Marke in dieser Kategorie haben: Tomintoul.

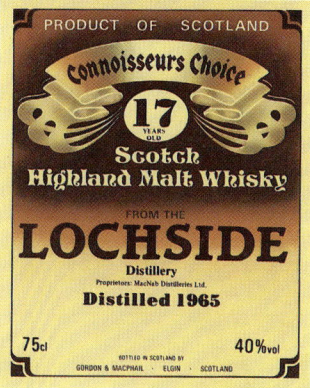

Lochside ist ein Single Malt mit vollem, »mild-fruchtigem« Aroma und weichem, kräftigem Geschmack. Ein guter Digestif, aber als Brennereimarke schwer zu finden. Diese Abfüllung ist von Gordon & MacPhail.

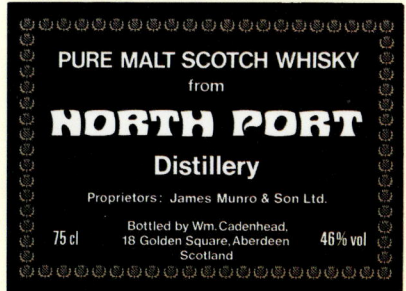

North Port ist ein ziemlich torfiger und trockener Single Malt, und zwar mit Seltenheitswert. Die Brennerei wurde geschlossen, aber Händlerabfüllungen bekommt man noch.

Die schottischen Midlands

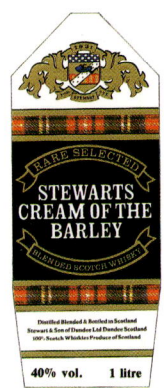

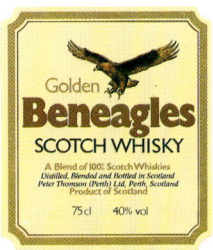

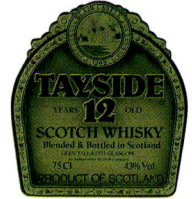

Stewart's Cream of the Barley ist, wie sein lecker locken-der Name sugge-riert, ein recht mal-zig schmeckender Blend. Beneagles ist ein kerniger, ausge-wogener Blend, und Tayside ist eine kleinere Marke: ein etwas süßer Blend der Firma Glen Talla.

Der Angelpunkt des Whiskyhan-dels liegt weder in den High-lands (wo die meisten Brenne-reien sind) noch in den Low-lands (wo die größten Städte, Edinburgh und Glasgow, die besten Binnenmärkte ab-geben), sondern dazwischen in den schotti-schen Midlands. Die bestimmende Stadt in dieser Region, *Dundee,* ist die viertgrößte in Schottland, aber ihre Nachbarstadt *Perth* ist inzwischen im Whiskygeschäft die wich-tigere.

Beide liegen am *Tay,* Schottlands läng-stem Fluß, und beide sind Umschlagplätze, die von jeher Whisky aus den Highlands im-portiert, geblendet, abgefüllt und dann durch das Central Valley in die Bevölke-rungszentren oder übers Meer ins Ausland exportiert haben. Für beides liegt Perth gün-stiger: tiefer im Landesinnern und näher an den Bergpässen, durch die der Whisky zu-erst geschmuggelt wurde; und doch dicht an der Stelle, wo der Fluß bei der Firth of Tay ins Meer mündet.

Einige der bekanntesten Blended Whis-kys kommen aus den Midlands. Auf den Weltmärkten sind die Blends von *Dewar's,* *Bell's* (beide aus Perth) und *Haig* (aus der Grafschaft Fife) die berühmtesten. In Schottland sind *The Famous Grouse* und *Beneagles* (beide aus Perth) besonders po-puläre Beispiele. Ein guter Midland-Blend, *Stewart's Cream of the Barley,* wird viel ge-trunken und hatte sogar einmal in ferner Vergangenheit eine besonders starke Ge-folgschaft in Nordirland. Niemand weiß mehr, warum.

Dewar's, berühmt durch »*White Label*«, will die erste Firma gewesen sein, die Mar-ken-Scotch flaschenweise verkauft hat. Sie wurde 1846 gegründet, und der Glücksjäger Tommy Dewar half mit seinen internationa-len Verkaufsfeldzügen in den 90er Jahren, Scotch Whisky Weltruhm zu verschaffen. Die Firma gehört seit 1925 zu DCL. Auch Arthur Bell gründete seine Firma Mitte des 19. Jahrhunderts. Bell's ist der klassische Fall einer Midland-Firma, die ihre strategi-sche Position dazu benutzt, den Absatz im Central Valley auszubauen. Sie hat die Indu-striestädte Schottlands fest im Griff. In den letzten Jahren hat sich die emsige Firmenlei-tung zunehmend auf Exportmärkten umge-tan, und das mit einem Erfolg, der sie für Guinness sehr begehrt machte.

The Famous Grouse ist der meistverkaufte Whisky in Schottland. Das Moorhuhn (*grouse*) war ursprünglich nur eine Zeich-nung, ein Markenzeichen von *Gloag's* Whisky, dem Produkt einer seit 1800 im Spirituosen- und Lebensmittelhandel täti-gen Perther Familie. Ein Mitglied der Fami-lie, Matthew Gloag, blieb bei der Firma, als sie sich 1970 den Highland Distilleries an-schloß. Damals fand The Famous Grouse allmählich weitere Verbreitung und Wer-beunterstützung. Die dezente und traditio-nalistische Werbung hat zweifellos gehol-fen, die Reinheit und Qualität dieses exzel-lenten Blends herauszustreichen. *Beneagles,* ein anderer schottischer Favorit, wird von Peter Thomson geblendet, einem Wein- und

Mit Whiskyfässern beladene Ponys, die 1983 durch die Berge nach Perth treckten. Dieser Marsch, den alten Schmugglerpfad entlang, wurde von einem Zollbeamten organisiert, I. But-terfield. Sein Inter-esse an der Ge-schichte des Whiskys und ein wohltätiger Zweck bewogen ihn zu diesem Treck über 225 km und 12 Tage. Das Geld für die verkauften Gedenkkrüge mit Whisky ging an ein Krankenhaus.

Branntweingroßhändler aus Perth. Die Firma ist bekannt für ihre Keramikflaschen, von denen manche wie Adler und andere wie Raubvögel geformt sind. *Cream of the Barley* wird von Stewart & Son aus Dundee hergestellt, einer Tochterfirma von *Allied Breweries*. Es ist ein leichter, runder Blend, ausgewogen, mit einem etwas süßen Abgang.

Aus dem Blenden, Abfüllen und Vertreiben von Whisky in den Midlands, vor allem Perth, sind zahlreiche andere, kleinere Marken hervorgegangen. Es gibt auch eine Reihe von Brennereien in diesem Teil des Landes. Obwohl es keinen anerkannten Regionalstil gibt, sind etliche der hiesigen Singles bemerkenswert malzig. Sie werden als Highland Malts betrachtet.

Die nördlichste Brennerei ist die 1798 gegründete *Blair Athol* in *Pitlochry*, Perthshire; sie gehört Bell's. Nach einer Schließung wurde sie 1825 wiedereröffnet, 1860

vergrößert, 1949 umgebaut und in den 70er Jahren erweitert. Besucher sind willkommen. Der Whisky wird als 8jähriger Single Malt unter dem Brennereinamen abgefüllt. Es ist ein bemerkenswert sauberer Malt mit etwas Rauch im Aroma und mehr davon im leichten, aber würzigen Geschmack. *Blair Atholl* (mit Doppel-»ll«) ist ein Dorf mit restaurierter Burg im schottischen Baronstil aus dem 13. Jahrhundert. *Pitlochry* ist ein in den Bergen liegender Erholungsort, der für sein Festspieltheater bekannt ist. Die Gegend ist von einigem historischen Interesse.

Edradour, manchmal auch *Glenforres* genannt, ist die kleinste Brennerei Schottlands und nahebei in Balnaud beheimatet. 1837 gegründet, ist sie die letzte noch arbeitende »Farm«-Brennerei mit ein paar traditionellen Apparaten. Ihr Äußeres blieb unverändert, als man sie 1982 wieder herrichtete. Mit drei Mitarbeitern und einer Wochenproduktion von 1000 Gallonen (4500 l) ist

sie winzig, gehört aber einer der größten Getränkefirmen der Welt, *Pernod Ricard*. Wegen der geringen Produktion gelangt der Whisky meist nicht in den Handel, aber es hat – selten – Händlerabfüllungen gegeben. Es ist ein komplexer, köstlicher Whisky mit fruchtigem, süßem Aroma und Geschmack, zugleich rauchig und schwach an gebrannte Mandeln erinnernd. Sein Geschmack ist sahnig, malzig-weich, aber trocken. Man kann Edradour als tonangebenden Whisky in dem 12jährigen Vatted Malt Glenforres genießen. Er ist auch ein wichtiger Bestandteil zweier Blends, des 8jährigen *House of Lords* und des 12jährigen *King's Ransom*. Es heißt, King's Ransom, ein weicher, würziger De-Luxe-Blend, enthielte stets etwas Whisky, der auf See gefahren ist. Dieser Brauch stammt aus der Zeit, als Fässer mit reifendem oder sich verbindendem Whisky oft als Ballast auf Schiffen mitfuhren. Eine ähnliche Tradition besteht bei einem Aquavit.

Hoch am Tay liegt der Marktflecken *Aberfeldy*, auch er von historischem Interesse und mit einer Brennerei, die seinen Namen trägt. Die Brennerei Aberfeldy wurde 1896 gebaut. Trotz größerer Umbauten in den 60er und 70er Jahren stehen manche der alten Gebäude noch. Sie wurde von *John Dewar & Sons* erbaut und gehört noch immer zu dieser DCL-Tochterfirma. Den Aberfeldy-Whisky gibt es in Händlerabfüllungen. Er ist ein sehr gefälliger, ausgesprochen trockener Whisky. Er hat einen fruchtigen Duft und Geschmack, einen milden Körper und trockenen Abgang.

Dichter bei Perth, am Ufer des Turret bei *Crieff*, liegt die kleine Brennerei *Glenturret* mit Museum, Bar und Restaurant. Sie begreift sich als »Zentrum der Überlieferung« und besteht nachdrücklich darauf, die älteste Brennerei in Schottland zu sein. Urkunden sprechen von einer Brennerei in der Nachbarschaft seit mindestens 1717, und manche der Gebäude am jetzigen Platz sollen von 1775 stammen. Die Brennerei selbst wurde in den 20er Jahren abgebrochen und dann 1959 von einem namhaften Whiskyliebhaber, *James Fairlie*, wiederhergestellt.

Die berühmten Namen im Blended Whisky sitzen vielleicht in Perth, aber in der beschaulichen Landschaft der Umgebung liegt noch eine winzige Malt-Brennerei, Glenturret (zugleich »heritage centre«, ein Zentrum, in dem das Vermächtnis der Brennerei lebendig erhalten werden soll) … versteckt, ohne aber ihr Licht unter den Scheffel zu stellen.

Er leitet Glenturret immer noch, obwohl sie jetzt *Cointreau* gehört. Infolgedessen ist Glenturret in Europa oft da zu haben, wo das Cointreau-Sortiment geführt wird. Den Whisky kann man in der Brennerei kosten. Er wird als Single Malt von 8, 12, 15 und 21 Jahren mit 75 und 80 *British Proof* (= ca. 43 und 46% vol. Alkohol) vertrieben. Es ist ein köstlicher, malziger Whisky mit einem Rauch-, ja fast Röstaroma, einem vollen Körper »zum Kauen« und einem langen, weichen Abgang. Kein Wunder, daß er mehrere Preise gewonnen hat.

Südlich von Perth, auf halbem Weg nach Stirling, liegt in *Blackford*, einst berühmt für sein Ale, die Brennerei *Tullibardine*. Sie wurde 1949 auf dem Anwesen einer Brauerei eröffnet. In den 70er Jahren wurde sie von *Invergordon* übernommen und stark umgebaut. Tullibardine wird von der Brennerei als Single Malt mit 5 und 10 Jahren herausgebracht. Es ist ein eigener Whisky, dessen mildes Aroma im Widerspruch zu seinem (mittel-)vollen Geschmack steht. Er ist fruchtig, mit einem leicht süßen Abgang.

Ein Stück weiter in Doune steht noch eine Invergordon-Brennerei, *Deanston*. Sie produziert einen leichten und fruchtigen Malt, ist aber seit einiger Zeit stillgelegt. Das schöne Anwesen am Fluß wurde ursprünglich 1785 als Baumwollspinnerei erbaut und erst 1966 umgewandelt. Ein Webereischup-pen mit Gewölbe wird als Lagerhaus benutzt.

Es gibt in der Gegend noch mehr Brennereien, in *Cambus*, *Alloa* und natürlich *Cameronbridge*. Sie alle erzeugen Grain Whisky, wenn auch die Brennerei Carsebridge in Alloa seit einigen Jahren nicht mehr gebrannt hat. Den Grain Whisky *North of Scotland* aus Cambus und den bekannteren *Cameron Brig* gibt es beide als Singles, obgleich sie in dieser Form merkwürdige Ausnahmen sind.

*Merk*würdig im wörtlichen Sinne ist vieles am schottischen Whisky. In seinem Geheimnis liegt zugleich sein Genuß.

SCHOTTISCHE MIDLAND-WHISKYS – EIN GESCHMACKSFÜHRER

Die größten Namen im Blended Scotch Whisky haben ihren Hauptsitz in den schottischen Midlands, vor allem in Perth. Die Midlands sind für ihre Single Malts nicht so bekannt, besitzen aber mehrere interessante Beispiele.

Tullibardine, ein Single Malt mit mildem Aroma, doch vollem Körper. Fruchtig und mittelsüß, mit lang anhaltendem Abgang. Gefällig, gut und recht unbekannt.

The Glenturret. Noch eine Brennerei, die den Anspruch erhebt, die älteste Schottlands zu sein, und sehr besucherfreundlich, mit eigenem Restaurant. Ihr Single Malt ist köstlich, »zum Kauen«, fast wie geröstet.

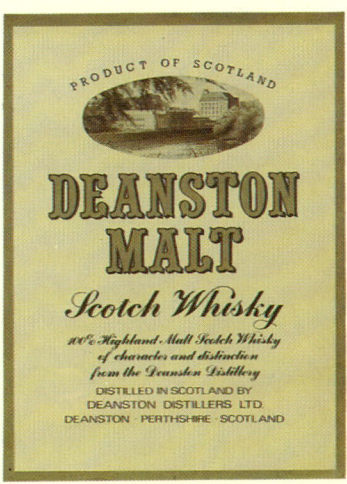

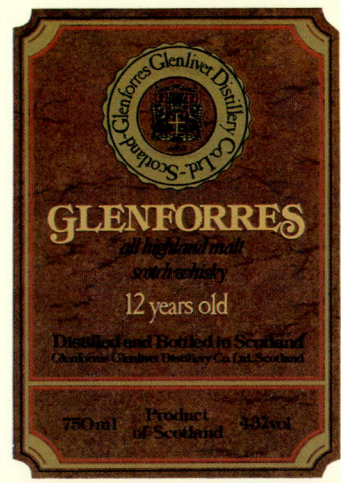

Glenforres, mit Edradour verwandter Vatted Malt

Blair Athol ist besonders gut als Aperitif. Ein bemerkenswerter Single Malt: sauber, trocken, leicht bis mittelschwer im Körper, mit viel Geschmack. Die Brennerei gehört zur Bell-Gruppe.

Deanston ist ein leichter und fruchtiger Single Malt mit etwas Süße im Abgang. Wie alle Perthshire-»Singles« kann er als Highland-Malt gelten, trotz der relativ südlichen Lage der Brennerei.

Edradour kommt aus Schottlands kleinster Brennerei. Er ist nicht der einzige Single Malt, der einen Koster an gebrannte Mandeln erinnerte, aber vielleicht der erste, der zu diesem spitzfindigen Vergleich anregte.

Aberfeldy gibt es nur in Händlerabfüllungen. Vielleicht hat der typisch frische Charakter der Dewar-Blends etwas diesem gefälligen Malt zu verdanken?

IRLAND

Es ist immer beruhigend, wenn Leute so sind wie ihr Ruf, und die Iren entsprechen wirklich ihrem Klischee: Sie sind ein geselliges Völkchen. Iren, die gern einen trinken, und das ist die Mehrheit, tun es mit einer Lust am fröhlichen Miteinander, die weder verstohlen noch zwanghaft ist. Sie trinken gern an öffentlichen Orten: in Pubs, einfacheren Bars und »Lounges« – manchmal salopp und treffend als »shops«, Läden, bezeichnet – und, in gehobeneren Momenten, in Hotels.

Dabei sind die Iren keineswegs verlegen, wenn sie auf herkömmlichem Wege nicht zu ihrem Drink kommen. Es ist völlig rechtens, sich um 7 Uhr morgens in den Pubs oder Bars in der Nähe von Dublins Docks oder Märkten etwas zu trinken zu kaufen, bevor die normalen Lokale um 10.30 Uhr aufmachen. In der Stadt bleibt noch die düstere Frage der einen Stunde Nachmittagspause zwischen 14.30 und 15.30 Uhr. Sie soll gewährleisten, daß das Barpersonal nicht bis zum Verzicht auf sein Mittagessen ausgebeutet wird. Auf dem Lande, wo die meisten Bars Familienbetriebe sind, taucht das Problem nicht auf. Zynikern zufolge soll die Stunde Pause tatsächlich nur den Pfarrern erlauben, sich still und heimlich einen zu genehmigen. Sie wird daher als »Holy Hour«, die heilige Stunde, abgesegnet. Obwohl Priester in Irland ganz offensichtlich nichts dabei finden, mit aller Welt im Pub zu sitzen.

Nachts schließen die Pubs um 23 Uhr im Winter und um 23.30 Uhr im Sommer. Sonntags sind die Zeiten kürzer: 12.30 bis 14 Uhr und 16 bis 22 Uhr. Dies ist der »sabbath«, und Irland ist ein religiöses Land. In den »Sechs Grafschaften« des Nordostens haben die Pubs von 11 morgens bis 11 Uhr nachts auf, sonntags ist geschlossen.

Obwohl es kleinlich erscheint, die volle Gewalt des Gesetzes für bloße 60 Minuten am Tag ins Feld zu führen, können die *gardai* (Polizisten) die heilige Stunde mitunter mit der Drohung durchsetzen, einem Wirt, der sie zu oft mißachtet, seine Lizenz zu ent-

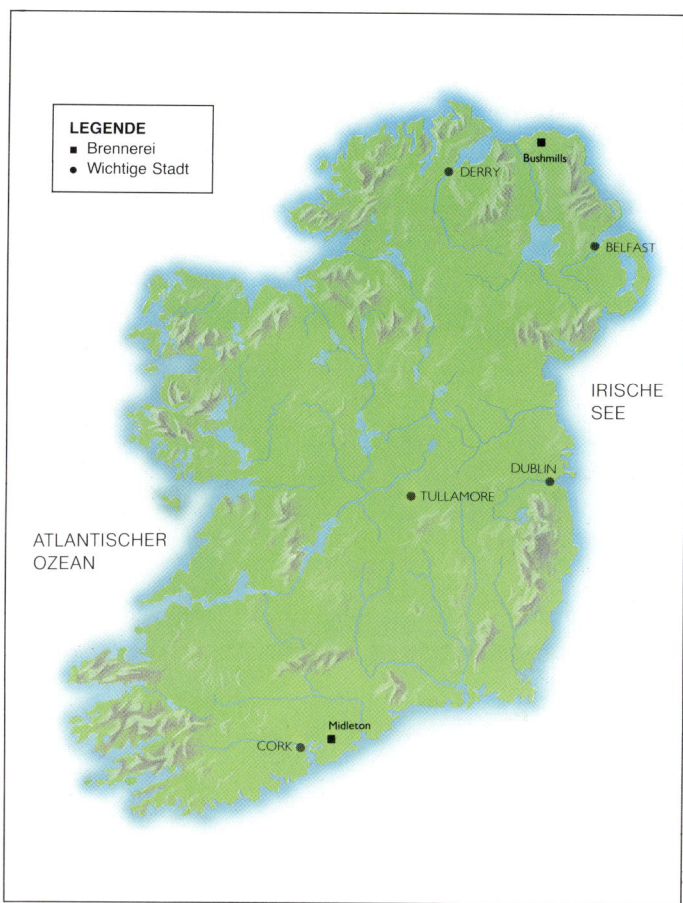

LEGENDE
■ Brennerei
● Wichtige Stadt

Ein Pint Stout ist ideal auf einen Irish Whiskey. Jener wurde früher aus den Steingutkrügen ausgeschenkt, die noch immer das Fenster dieser Bar und Lebensmittelhandlung in Abbeyleix, County Laois, zieren. Im Innern stehen Stout und Whiskey neben Keksen und Süßigkeiten.

ziehen. Wenn ein vergeßlicher Wirt plötzlich entdeckt, daß er während der Holy Hour Getränke ausschenkt, kann er zur Vorsicht die Tür abschließen. Wenn die *gardai* klopfen, können die Gäste sich ducken und vornübergebeugt still weitertrinken, bis die Gefahr vorbei ist. Auch der Wirt kann sich hinter der Theke verstecken, von wo aus seine Hand geisterhaft die Gläser abräumt und den Tresen abwischt.

Bleiben die *gardai* stur, kann der Wirt seine Gäste, immer noch geduckt, in seine Privaträume bringen und ihnen als Freunden so lange legal Drinks spendieren, wie eine Bezahlung nicht nachweisbar ist. Es klingt unwahrscheinlich, aber so etwas kommt vor. Irland ist heilig, aber pragmatisch.

Dies zeigte sich auch vor etwa einem Jahrzehnt, als die Pubs ausgerechnet an St. Patrick zuhatten. In Irland ist St. Patrick ein relativ ruhiger Tag, den man mit der Familie verbringt, an dem man einen Ausflug macht oder ein Sportereignis besucht. In den Tagen, als die Pubs an St. Patrick zumachten, wallten durstige Dubliner zur alljährlichen Hundeausstellung, wo eine Bar legal offen hatte. Es wird immer noch die Geschichte von dem Mann erzählt, der nach einem feuchtfröhlichen Tag auf der Hundeausstellung über den preisgekrönten Pudel einer Dame stolperte. »So'n Quatsch, hier 'nen Hund anzuschleppen«, soll er sich beschwert haben. Die Iren waren von jeher Tierfreunde mit einer unerschöpflichen Freude an Pferden und Ponys, aber die Anzahl der Hundeliebhaber ist zurückgegangen, seit die Pubs an St. Patrick wieder offen haben.

In Irland gibt es echte Pubs mit Marmor und Mahagoni in einigen Städten. Viel typischer für Irland sind jedoch die Pubs, die von außen wie schön gestrichene Läden aussehen. Damit erinnern die Vorderfronten an die Zeit, als dahinter nicht nur Whiskey und vielleicht Wein gelagert und verschnitten

Bushmills und Midleton sind heute die Zentren der Whiskeyproduktion, etwas Blending treibt man in Cork, Dublin und Tullamore, der Heimat des Irish Mist. Einst hatte fast jede Stadt eine Brennerei, aber selbst Belfast und Derry haben ihre eingebüßt. Irland ist ein kleines Land, aber sein Beitrag zur Tradition der Whiskeybrennerei ist unermeßlich.

wurden, sondern ein breiteres Lebensmittelangebot verkauft wurde. Obwohl sie ihre Whiskeys nicht mehr selbst blenden, fungieren viele Bars auf dem Lande noch als Lebensmittel-, Eisen- und Gemischtwarenhandlungen, vor allem in ländlichen Counties wie Galway und Mayo, Sligo und Donegal. So manch ein Zecher hat sich schon zu sehr entspannt und einen kunstvoll auf dem Tresen aufgebauten Berg Teepäckchen umgestoßen oder eine ernsthafte Unterhaltung mit einer von der Decke hängenden Speckseite geführt.

Aber Lebensmittel, Eisen- und Gemischtwaren sind noch nicht alles, was Bars in Irland anbieten. Auf der Hauptstraße eines Landstädtchens kann man durchaus eine Bar finden, die Kaffee und Eiscreme verkauft, eine andere, die Wetten fürs Pferderennen annimmt, und eine dritte, die Begräbnisse ausrichtet. Eine Bar hat vielleicht in einem Fenster Whiskeyflaschen und Vasen mit Grabblumen im anderen – praktisch für einen Leichenschmaus. Auf dem Ladenschild könnte stehen: »Bar und Salon, Bestattungsunternehmen und Einbalsamieren (Überseedienst), Auktionator und Schätzer, Eigentumsberater, Grundstücksmakler, Irische Baugenossenschaft«. Manche Bars vermieten – oder verkaufen – sogar leichtsinnigerweise Autos. Auch gibt es Bars, wo Stammkunden nach dem Abendessen auf Traktoren kommen und im Dunkeln mit knallendem Auspuff wieder heimfahren.

Eine Bar in Irland kann auch mit Unterhaltung aufwarten, die urwüchsiger ist als irgendwo sonst. Es gibt Bars, die auf Musik spezialisiert sind, wie *O'Donoghue's* in Dublin, wo die Chieftains »entdeckt« wurden, doch es gibt zahllose andere, wo ein »Psst!« die Runde macht, wenn ein Gast ansetzt, eine Ballade von Liebesleid oder Heldentragik zu singen. Oft wird das Lied ohne Begleitung vorgetragen, wenn nicht zufällig gerade eine Fiedel oder Blechflöte im Haus ist. Auf ein Lied eines Gastes wird wahrscheinlich jemand anders in der Bar ein weiteres folgen lassen, bis sich ein spontaner Liederabend über die Themen Glück, Trau-

rigkeit und Auswanderung entspinnt. Solche zwanglosen Vergnügungen sind bühnenreifer, als irgend jemand es von den Zerstreuungen in einer irischen Bar verlangt. Die beste Empfehlung einer Wirtschaft ist ihr Plausch und Witz, gemeinhin als »crack« bezeichnet. Wenn ein Ire eine bestimmte Bar bevorzugt, dann ist seine Treue meistens der Qualität ihres »crack« zuzuschreiben. Seine Wahl wird weniger von Marke oder Qualität der vorgesetzten Drinks abhängen, da diese in ganz Irland, wenigstens in den traditionelleren Pubs oder Bars, so ziemlich gleich sind.

Wenn ein Ire einen »ball of malt« verlangt, was vor allem in mittelmäßigen Filmen vorzukommen scheint, dann kann er damit eines von vier Getränken meinen: eines der ganz gewöhnlichen international gängigen Lagerbiere, die in Irland bei den Jungen mit ihrem hilflosen Bemühen, sich von den ureigensten Traditionen ihres Landes abzuwenden, Anklang finden. Oder eines der charakteristisch rostbraunen, schweren, süßen Ales, die in Kilkenny und Dundalk gebraut werden, eine eindeutig irische Variation eines umfassenderen Themas. Oder sogar, das wäre nicht unwahrscheinlich, einen Stout der trockenen Art, wie Irland sie der Welt großzügig gegeben hat. Er könnte jedoch auch Irlands anderes, nicht minder typisches Nationalgetränk meinen – Whiskey.

Irland hat ein gutes Klima für den Anbau von Gerste – es ist feucht, aber nicht zu naß, kühl, aber nicht kalt. Seine Gerstenmälzin-

Diese Barfassaden, die an ihre Vergangenheit als Kleinhandlung für Spirituosen, Weine, Tee und anderes erinnern, findet man in ganz Irland, vor allem auf dem Land, aber auch in der Großstadt. Die von William Blake und Magee sind beide in Enniskillen, County Fermanagh. Doheny & Nesbitt ist ein berühmter Dubliner Pub. Die Lokale von Fitzgerald, Mahony und McCarthy sind alle nahe der Quelle in Midleton, County Cork. Henchy liegt in der Stadt Cork selbst.

dustrie ist ein wichtiger Exporteur. Da gutes Gerstenmalz der Urstoff für Bier oder Whiskey ist, können beide in Irland kräftig produziert werden. Da das Klima Getränke begünstigt, die nahrhaft sind, passen Stout und Whiskey gut zusammen. Es heißt, sahnige Stouts und etwas süße, körperreiche Whiskeys vertrügen sich wie Milch und Honig, und das tun sie auch.

»A ball of malt« sind sie beide, doch das poetische Bild meint nur den Whiskey. Verdrehterweise zeichnen sich die irischen Versionen von Stout und Whiskey beide dadurch aus, daß sie einen Anteil ungemälzter Gerste enthalten. Sie sind folglich unverwechselbar im Geschmack, und es sollte als Sünde gelten, in den Pubs und Bars der 32 Grafschaften etwas anderes zu trinken. Eine Zeitlang waren die »Sechs Grafschaften« Nordirlands am traditionellsten, weil sie länger am »reinen« Porter festhielten, dem älteren, leichteren, aber genauso schwarzen Bruder des Stout. Heute pflegt man im allgemeinen einen deutlicher nordirischen Geschmack, wenigstens in protestantischen Gebieten. Aber ihr Whiskey ist besser denn je.

Whiskey ist auf beiden Seiten der Grenze eines von Irlands Nationalgetränken. Er wird für gewöhnlich »straight« serviert, also pur, ohne Eis, jedoch mit einem kleinen Krug Wasser, damit der Gast ihn verdünnen kann, wie er will. Selten wird das mehr als halb und halb sein. Oder ein Glas Wasser kann zum Dazutrinken oder Hinunterspülen angeboten werden.

Was manchmal liebevoll einfach »Irish« genannt wird, ist einer der wichtigsten Whiskeystile der Welt. Er hat einen langen Stammbaum, sehr viel Charakter und Schultern, die breit genug sind, um gutmütig zu zucken, wenn aus ihm Hot Toddys gemacht werden oder er sich mit Kaffee und in »Irish Cream«-Likören mit Schokolade vermählen soll. Der »Stil« Irish geht in keiner dieser untergeordneten Pflichten auf, aber er bewältigt sie gut. Jede hat in den Trinkgewohnheiten Irlands ihre Zeit und ihren Ort.

Irlands Whiskeys

In einem Land, dessen größte Leidenschaft Pferde sind, wird manchmal versonnen über den Geruch von Sattelzeug oder neuem Leder gesprochen, wenn der Duft von irischem Whiskey definiert werden soll. Das ist vielleicht ein romantischer Vergleich und gewiß ein assoziativer, aber er trifft den eindrücklichsten Zug des Irish genau.

Eine Assoziation führt zur nächsten, ganz wie Whiskeys auch. Ist es vielleicht das Aroma von Leinöl? Oder ist das ein noch tiefer vom Unterbewußtsein geprägter Rückschluß von irischem Leinen auf Flachssamen? Solche Vergleiche für Aromen und »Flavours« sind nicht immer so abseitig, wie sie sich anhören. Natürliche Öle bilden sich bei der Erzeugung alkoholischer Getränke tatsächlich und tragen zu ihrem duftigen Aroma und ihrem Geschmack bei (vor allem zu dem, was Tester treffend als »Mundgefühl« bezeichnen).

Der duftige Charakter, der für Irish Whiskey typisch ist, sein leicht öliger Geschmack und sein runder Körper gehen freilich alle auf bestimmte Aspekte des Produktionsprozesses zurück.

Zunächst einmal verwenden irische Mälzer im allgemeinen zum Heizen ihrer Darren keinen Torf, was bei den großen Vorräten, die sie zur Verfügung hätten, überrascht. Niemand weiß genau, warum. Vermutlich war bei der frühzeitigen Größe des Mälzereiwesens, vor allem als Irland der erste Whiskeyproduzent der Welt war, Kohle praktischer. Das Fehlen von Torf beim Darren bedeutet, daß es in den meisten irischen Whiskeys keinen Rauchton gibt.

Das Fehlen jener Rauchigkeit, die ein wichtiges Erkennungsmerkmal des Scotch ist, wirkt sich auf Aroma und Geschmack des Irish Whiskey doppelt aus. Das Fehlen charakterisiert den Irish geradezu, und es verhindert außerdem, daß andere Geschmacksmerkmale kaschiert werden, insbesondere die duftige Note der Gerste und der abgerundete Malzgeschmack.

Der Unterschied zwischen Malz und der Gerste, aus der es entsteht, ist bei der Pro-

Zur Brennerei Midleton gehört diese schöne, alte, stillgelegte Mälzerei. Zwar kommt kein Malt Whiskey mehr aus dem County Cork, doch seine Gerste bleibt das Herz des Irish ... wie schon 1917, als sie einen Werbekalender zierte.

duktion von irischem Whiskey von besonderer Bedeutung. Vor etwa 150 Jahren sahen sich die irischen Destillateure wegen einer Malzsteuer genötigt, diesem Stoff etwas beizugeben, und entschieden sich einfach, einen Teil ungemälzter Gerste zu benutzen, da dieses Getreide in ihrem Land so reichlich vorhanden war. Dieser Verschnitt von Malz und »Rohgerste« wird in der Pot-Still, der Brennblase, gebrannt. Der traditionelle Malzanteil liegt zwischen 20 und 40%. Das Produkt dieser Destillation heißt in Irland einfach Pot-Still-Whiskey, und dieser Ausdruck wird in der Herstellung und auf Etiketten ganz betont verwendet.

Der meiste Irish enthält als wichtige Geschmackskomponente etwas Pot-Still-Whiskey aus ungemälzter Gerste. Die großen Irish-Brenner hielten die ganze erste Hälfte des 20. Jahrhunderts über an der Pro-

duktion von Whiskeys fest, die nur Malz und Pot-Still-Gerste enthielten, und weigerten sich, billigere, leichtere Kornsprite zu verwenden. Als sie jedoch den Eindruck hatten, daß die Fülligkeit ihrer Whiskeys die Exportziffern drückte, begannen sie, einen Teil Kornsprit zuzusetzen, um dem zaghaften Geschmack der Ausländer entgegenzukommen. Heute enthalten alle wesentlichen Irish-Marken auf Binnen- wie auch Exportmärkten Kornsprit. Irish Whiskey kann also ein Malzdestillat, ein aus Gerste in der Pot-Still hergestelltes und Kornsprit enthalten. Von diesen dreien ist das Gerstedestillat ausschlaggebend und verleiht den verschiedenen Irish Whiskeys den meisten Charakter. Früher nahm man auch einen winzigen Teil Hafer und ab und zu Roggen. Da für die Iren die Pot-Still den Ton angibt, destillieren sie ihren Kornsprit, bis er fast neutral schmeckt. Er soll lediglich den Körper des Whiskeys leichter machen. Die Schotten brennen ihr Getreide etwas weniger gründlich, weil es einen bestimmten, wenn auch kleinen Beitrag zum Geschmack leisten soll.

Vielleicht brennen die Iren ihre Whiskeys dreimal, weil sie die derbere ungemälzte Gerste verwenden, was anderswo kaum üblich ist. Es ist ein beschwerliches Verfahren – zuerst den Rohstoff *al dente* zu nehmen, um ihn dann einmal mehr als normal zu verarbeiten. Besonders masochistisch wirkt es, daß dazu die gute, altmodische, fehlerhafte Pot-Still genommen wird statt des effektiveren, aber weniger interessanten Säulensystems. Doch nur so kann dieses eigentümliche Produkt entstehen.

Da Irish Whiskey dreimal gebrannt wird, verläßt er die Still mit einem höheren Alkoholgehalt als der Scotch. Aber da beide – wie jeder Branntwein – vor der Abfüllung auf Trinkstärke herabgesetzt werden, müssen sie sich letztlich darin nicht unterscheiden. Alle Irish Whiskeys kommen mit 40–43% auf den Markt. Die 43%igen Versionen findet man jedoch nur auf bestimmten Exportmärkten, vor allem in Duty-free-Shops. Allerdings beeinflußt die ursprünglich höhere Stärke das »Flavour« – noch ein, wenn auch

geringerer Unterschied zwischen Scotch und Irish.

Ein weiteres Detail ist es, daß Pot-Stills in Irland von jeher viel größer sind als in Schottland (während die Nordamerikaner den Säulentyp begünstigen). Wahrscheinlich kamen große Stills in Gebrauch, als Irland der größte Whiskeyproduzent war und seine Brennereien ganze Städte versorgten – Belfast, Dublin, Cork. Das Brennen wurde in Irland durch verschiedene Gesetze früher legalisiert als in Schottland, wo ein Großteil der Herstellung immer noch in abgelegenen Hügeln, Glens und Inseln stattfindet. Schottland hat sich deswegen viel mehr Brennereien bewahrt, aber viele davon sind sehr klein.

Obwohl die Pot-Stills Irlands nicht wegen des Geschmacks so groß gebaut wurden, wirkt ihre Größe sich doch auf diesen aus. Zwar läßt sich das nicht mit Gewißheit analysieren, jedoch spielt, wie bei allen alkoholischen Getränken, Größe, Form und Oberfläche der Brennkessel sowie die Art, wie Flüssigkeiten, Dämpfe und Gase sich darin verhalten, für den Charakter des Endprodukts eine Rolle.

Aus der Bedeutung der Rohstoffe, der Zahl der Destillationen und der Größe der Stills ergibt sich, daß die Iren den Whiskey zu allererst als das Produkt des Brenners ansehen. Scotch, so meinen sie, verdanke genausoviel oder mehr noch dem Blender.

Die Kunst des Brennens wird in dem Dorf *Midleton* im County Cork gut demonstriert. In dem großen Brennereikomplex dort werden ein Dutzend verschiedene Single Whiskeys produziert. Jeder wird in einer anderen Kombination verbundener Stills, Blasen oder Säulen, aus unterschiedlichen Mischungen von Malz und Gerste/Getreide dreimal destilliert. Jeder reift eine unterschiedliche Zeit in einer anderen Art Faß. Drei Jahre ist die gesetzliche Mindestlagerzeit in Irland, wenngleich Exporte in die USA sich an die dortige Regelzeit von vier Jahren halten. Die meisten Whiskeys in einer typischen Flasche Irish sind älter – fünf bis zehn Jahre vielleicht. Auch sind auf den

Die Hervorhebung von »reinem Pot-Still-Whiskey« in dieser alten Anzeige verrät deutlich ein Verbraucherinteresse an diesem Detail. Pot-Stills, und zwar ungewöhnlich große, werden speziell zum Brennen der ungemälzten Gerste im Irish benutzt.

Britischen Inseln verkaufte Whiskeys etwas schwerer als die andernorts angebotenen.

Daß ein Dutzend verschiedene Single Whiskeys an einem Ort erzeugt werden können, sagt viel über Können und Raffinesse der Brenner aus. Sie sind zudem die vorgegebenen Komponenten für die meisten in Irland erzeugten Whiskeys, und das deutet schon auf die untergeordnete Rolle des Verschneidens hin. Ja, die Iren nennen es nicht »*Blending*«, sondern lieber »*Vatting*«. Die Betonung des Fasses *(vat)* ist bezeichnend. In den letzten Jahren haben die Iren ausgiebig die *Reifungszeiten* von Whiskey untersucht. Das Nebenprodukt dieser Forschungen ist der Whiskey *Midleton Very Rare*.

Das Dutzend Whiskeys aus Midleton und die köstlichen Malts von *Bushmills* im County Antrim sind wechselweise die Bestandteile aller irischen Whiskeys. In einem einst von Brennereien übersäten Land gibt es jetzt nur noch den Midleton-Komplex und Bushmills, und beide gehören sie einer Gruppe, den *Irish Distillers*. Die Gruppe hat auch Vatting-Lagerhäuser in Cork und Dublin. Jeder Irish Whiskey, der an diesen verschiedenen Orten gebrannt oder »vatted« wurde, ist ein anderes Produkt mit eigenem Charakter und zugleich Erzeugnis einer besonderen nationalen Brennereitradition. Das gilt auch für die älteren Irish Whiskys, die man ab und zu noch findet. Einige längst geschlossene Brennereien haben be-

achtliche reifende Whiskeybestände hinterlassen. Ein 30jähriger Pot-Still-Whiskey mit merklichem Roggengehalt von der Brennerei *Comber* bei Belfast, abgefüllt als *Old Comber* von der Firma *James McCabe* in Nordirland, ist noch zu haben. Desgleichen ein recht nach Holz schmeckender Whiskey aus Locke's Brennerei *Kilbeggan* im County Westmeath. Diese Brennerei schloß 1953.

Kleine Geschichte des irischen Whiskeys

Irish war wohl der erste Whiskey überhaupt und hat ganz sicher einen untadeligen Stammbaum, obwohl das nicht immer gewürdigt wird. Den ersten Whiskey sollen irische Mönche produziert haben, die im Mittelalter das europäische Festland bereisten, um die christliche Lehre zu verbreiten. Der Sage nach erlernten sie die Kunst der Destillation im Osten, wo sie zur Parfümherstellung diente. Eine beliebte Version besagt sogar, daß der erste, der die Kunst anwandte, *St. Patrick* war.

Da Irland zu der Zeit ein Hort der Gelehrsamkeit und des Christentums war und Mönche sich tatsächlich um die Getränkeherstellung verdient machten, kann die Geschichte im Kern wahr sein. Als sie einmal das »Wasser des Lebens«, *uisge beatha* oder *usque baugh*, brennen konnten, verfielen die Iren wahrscheinlich bald auf Getreide dieser oder jener Art als geeigneten Rohstoff.

Die Form »Whiskey« sollen die Soldaten von König Heinrich II. von England geprägt haben, die ihn bei ihrer Irlandinvasion im 12. Jahrhundert kennenlernten. Im 15. und 16. Jahrhundert wurde der Gesetzgeber langsam auf den Irenschnaps aufmerksam. Gesetze, die im späten 18. Jahrhundert und dem folgenden erlassen wurden, formten nach und nach eine ordentliche Whiskeybrennerzunft. Bei den wissenschaftlichen Fortschritten während dieser Zeit in ganz Europa nahm der Whiskey damals wohl langsam einen Charakter an, den wir heute noch ungefähr erkennen könnten.

Im späten 19. und frühen 20. Jahrhundert war Irish Whiskey nicht nur auf dem eigenen Markt, sondern auch in England marktbeherrschend und erfreute sich in den USA ansehnlicher Umsätze. Leider mußten die irischen Brenner mit ihrem löblichen traditionalistischen Festhalten am reinen Pot-Still-Whiskey mit ansehen, wie leichtere Blended Scotches ihre wunderbar körperreichen Produkte vom englischen Markt drängten. Probleme, die der Gründung der Republik Irland vorausgingen und folgten, verschärften die Situation noch.

Mit der Prohibition in den USA spitzte sich die Misere der irischen Brenner zu. Als das Gesetz aufgehoben wurde, waren die Iren außerstande, mit dem Angebot nachzukommen. Bis sie neue Vorräte produziert hatten, waren sie schon von den Schotten ausgebootet worden. Auch die Bootlegger (Schwarzbrenner) taten dem Irish, der ohnehin als kräftig einschlagender Tropfen galt, während der Prohibition keinen Gefallen, als sie von seiner Beliebtheit in den USA profitieren wollten und deshalb ihre schwarzgebrannten rauhen Schnäpse Irish tauften.

Verleumdet und mißverstanden, ist der Irish sich seitdem unsicher gewesen, welchen Weg er einschlagen soll. Einerseits war er bestrebt, sein Anderssein herauszustreichen, andererseits wollte er gern mit dem Strom schwimmen. Er hat seine Identität betont, indem er Whiskey mit »e« schrieb, was ursprünglich eine Dubliner Marotte war, jetzt aber auch in Cork gilt. Er hat begriffen, daß das Pendel bei den Kennern, die trendbestimmend sind, zu körpervolleren Whiskeys zurückschwingen könnte. Old

Bushmills Malt ist ein willkommener Schritt in diese Richtung, eine Konkurrenz für die gefragten Singles aus Schottland. Dennoch sind die meisten Irish Whiskeys mit den Jahren leichter im Körper geworden. Wenn sie ihr typisches »Flavour« verlieren würden, wäre das nicht nur für Irland ein Verlust, sondern für die Welt. Irish sollte halten, was der Name verspricht, und kein Bastardvetter des Scotch werden.

Sollen die Iren ihre Pot-Still-Whiskeys nach Schottenart mit dem leichteren Produkt der Patent-Stills mischen? Oder wäre dies eine Sünde wider den »Geist«? Dieses keltische Schisma wurde oft karikiert. Der theologische Eifer scheint hier am Platz zu sein. Hat nicht St. Patrick den Whiskey erfunden? Bei der »Taufe in Tara«, gezeichnet von John Byam Shaw, hat er jedoch angeblich Wasser genommen.

Poteen

Die Iren sind selber schuld, wenn ihre richtigen Whiskeys durch ihren Hang zum Schwadronieren und Flunkern ständig mit schwarzgebranntem Poteen zusammengebracht werden. Jedes schnapstrinkende Volk hat eine Tradition der Schwarzbrennerei und der Kämpfe mit der Obrigkeit. Aber die Iren sind bessere Geschichtenerzähler als die meisten.

Auch die Geschichten selbst sind besser, da das Schwarzbrennen im 18. und frühen 19. Jahrhundert ein weitverbreitetes ländliches Gewerbe und Gegenstand von repressiven Gesetzen und Korruption seitens der Behörden war. In den ländlichen Gegenden Irlands scheint sich das Schwarzbrennen infolge der relativ frühen Zulassung kommerzieller Whiskeyproduktion in den Städten eher noch fester verwurzelt zu haben. Die so gezogene Grenze machte das illegale Treiben nur noch entschiedener und trotziger.

Poteen wird immer noch hergestellt. Es hat sogar legale Versionen gegeben, sofern das kein Widerspruch in sich ist. Es überrascht nicht, daß keine einen Markt fand.

Das Wort ist die Verkleinerungsform von *pot*, heißt also »Töpfchen« und hat nichts mit Kartoffeln *(potatoes)* zu tun. Sicher sind mitunter Kartoffeln verwendet worden, aber die Schilderungen der Poteen-Herstellung sprechen meistens von Malz, Gerste oder Hafer.

In den irischen Vierteln anderer Länder wird ebenso wie in der Heimat hin und wieder Poteen gemacht, aber wenn man ihn sucht, findet man keinen. Eine irische Ge-

Die jungen Destillateure ganz links und die Trinkgesellschaft auf dem Mittelbild lassen ahnen, in welchem Ausmaß das Schwarzbrennen Familie und Gemeinschaft durchdrang. Diese Fotos sollen in den 90er Jahren des vorigen Jahrhunderts in Connemara aufgenommen worden sein. Überall, wo Schwarzbrenner waren, gab es auch Polizisten, die ihnen das Handwerk legen wollten und stolz waren, wenn sie die Brenngeräte erwischten.

schichte erzählt von einem Polizeisergeanten, der eine Schwarzbrennerei hochnahm. »Sie wissen, weshalb wir hier sind?« fragte er den Besitzer der Still. »Klar weiß ich das«, war die Antwort. »Aber es tut mir furchtbar leid. Unsere Vorräte sind gerade alle!«

Poteen ist gewöhnlich farblos, mit starkem Aroma und Alkoholgeschmack. Obwohl er auch »das gute Stöffchen« genannt wird, ist Poteen natürlich nicht so sorgfältig gebrannt wie richtiger Whiskey. Er enthält deshalb eher die höheren Alkohole, die ein Brennen im Mund und bald auch im Kopf hervorrufen. Manchmal tritt das Kopfweh schlagartig ein.

Poteen führt dennoch nicht zu dauerhaften Schäden, wenn man nicht so unverantwortlich ist, Holzgeist zu produzieren, der Wahnsinn, Blindheit oder Tod nach sich zieht. In seinem Buch »Brendan Behan's Island« äußerte sich dieser derbe Ire eindeutig: »Potheen ist glatter Mord. Er ist das Ende, und das könnt ihr mir glauben, denn ich habe ihn zur Genüge gekostet.«

»Tausende seiner Zeitgenossen und Vorfahren wären anderer Ansicht«, bemerkt *Tony Lord* in seinem »World Guide to Spirits«. »Poteen war und ist ein Teil ihres Lebens.«

Dublin

Die irischsten aller Whiskeys sind die lang in Sherryfässern gereiften Pot-Still-Produkte von *Jameson* in Dublin. Jameson war früher dafür bekannt, Whiskeys über 20 Jahre reifen zu lassen, und manche dieser Produkte wurden in Blends benutzt, die man immer noch hier und da finden kann. Allerdings trägt keiner die Aufschrift »20 Jahre alt«, da ein solcher Blend auch jüngere Whiskeys enthält. Neuerdings lassen Hersteller vernehmen, daß ein Whiskey bei 20 Jahren im Faß etwas von seinem Charakter verliert und zu holzig wird.

Niemand hat jedoch gegen einen 15jährigen Whiskey etwas einzuwenden. Das Produkt, das sich einfach Jameson 15-year-old nennt, ist das klassische Beispiel für einen im Sherryfaß gereiften, reinen irischen Pot-Still-Whiskey. Dieses hochgeschätzte Produkt bekommt allmählich Seltenheitswert und wird von einer 12jährigen Version ersetzt, die ebenfalls exzellent ist. Man sagt heute, daß ein 12jähriger Whiskey genau den richtigen Reifegrad hat. Der Übergang zu etwas jüngeren Whiskeys – nur ein kleiner Schritt – wird damit begründet, moderne Destillationsmethoden seien effektiver und verlangten eine weniger ausgiebige Reifezeit. Natürlich stimmt es auch, daß langes Reifen teurer Bestände beträchtliches Kapital bindet. Jedenfalls bringen diese ausgereiften reinen Pot-Still-Whiskeys auf ihre besonders milde Art voller als andere das stark duftende Aroma, den öligen Geschmack und den runden Körper der Irish-Tradition zur Geltung.

Es gibt auch einen wunderbar weichen, sanften Irish, einen Blend sehr ausgereifter Jameson-Whiskeys (der jüngste davon ist 12 Jahre alt), der *Redbreast* heißt. Die Whiskeys sind von Jameson, aber die Marke wird abgefüllt und vertrieben vom irischen Zweig der angesehenen Firma *Gilbey's*, die jetzt zur Gruppe *Grand Metropolitan* gehört. Auch dieses Produkt hat einen gewissen Seltenheitswert. Ein bei weitem nicht so gewichtiger, aber immer noch sanfter – »sophisticated« sagen die Liebhaber – Blend von Pot-Still-Whiskeys ist *Crested Ten* von

Jameson. Er reift ebenfalls in Sherryfässern.

Keiner dieser Whiskeys ist außerhalb von Irland gängig. Der normale *Jameson Irish Whiskey*, das erfolgreichste Produkt des Hauses, hat auch einen ausgeprägten Pot-Still-Charakter, obwohl seine verschiedenen Destillate jünger und im allgemeinen leichter sind. Er wird in innen angekohlten amerikanischen Eichenfässern gelagert und ist der Lieblingswhiskey in der Gegend von Dublin und der meistverkaufte in den USA.

John Jameson war ein Schotte – seine Frau stammte aus der Whiskyfamilie Haig –, zog aber in den 70er Jahren des 18. Jahrhunderts nach Dublin und gelangte schnell in den Ruf eines Irish-Perfektionisten. Die Dubliner Brennerei einer anderen schottischen Brennerfamilie, der Steins, wurde von einem Jameson übernommen, als die Dynastie in Irland Fuß faßte. Zuletzt waren die Jamesons im Besitz etlicher Brennereien in Irland und hatten 9 Mio. Liter Whiskey unter den Straßen von Dublin reifen. Mitglieder der Familie sind immer noch an dem Unternehmen beteiligt, wenngleich Jameson 1966 ein Teil der neugebildeten Gruppe *Irish Distillers* wurde.

Die graue Jameson-Zentrale mit georgianischen, viktorianischen und neueren Gebäuden beherbergt jetzt die Büros von Irish Distillers in Dublin sowie ein kleines, aber interessantes Museum, die *Irish Whiskey Corner*, und einen Probierraum im Barstil, »*The Ball of Malt*«.

Jameson in der Bow Street nahe dem

Der Pub The Long Hall ist typisch für die Dubliner Mischung von Pomp und Leichtlebigkeit. Er war einer der letzten Pubs in Dublin, die Whiskey vom Faß verkauften. Mit den Flaschen kamen die Minis … und Power's ironische »drei Schwalben«.

Smithfield-Obstmarkt und dem Liffey schaute früher zu ihrem großen Dubliner Rivalen hinüber, der Brennerei *John Power*. Dann produzierte Jameson eine Zeitlang bei Power, bis die Strukturierung von Irish Distillers abgeschlossen war. Der schöne John-Power-Bau ist jetzt von der Staatlichen Kunsthochschule übernommen worden. Obwohl das Vatting der Jameson- und Power-Whiskeys immer noch in Dublin stattfindet, beginnt die Produktion in Brennereien der Gruppe andernorts in Irland; in der Stadt war es zu eng geworden.

Während Jameson-Whiskeys in Dublin besonders gern getrunken werden, ist das einzige Produkt von Power's – *Gold Label* – der größte Verkaufsschlager in Gesamtirland. Abgesehen von Lokalfavoriten ist er wohl *der* Nationalwhiskey Irlands, ganz sicher aber der Republik, mit großen Umsätzen im Westen, wo es keine regionalen Brennereien mehr gibt (Limerick und County Galway haben ihre schon längst eingebüßt). Gold Label ist vielleicht weniger aromatisch als seine Rivalen am Ort, aber seine deutliche Pot-Still-Komponente wird von einem malzigen Körper gestützt: ein voller und ausgewogener Irish Whiskey mit ruhigem Abgang.

Er wird hier und da als *Power's Irish* vertrieben, aber mitunter auch unter einem anderen Namen bestellt, den der Volksmund geprägt hat. Power's brachte als erster Miniflaschen mit Irish Whiskey heraus, denen man nachsagte, sie enthielten gerade drei Schluck (*three swallows*). Diese Bezeichnung bürgerte sich schließlich derart ein, daß man *three swallows* (drei Schwalben!) auf das Halsetikett zeichnete, auch bei größeren Flaschen. Dieser Bild- und Wortwitz ist typisch für den bekannten kurzangebundenen Humor der Dubliner.

Cork

Die zweite Stadt der Republik ist *Cork*, der Südhafen, mit seinen georgianischen Kais und Balustradenbrücken über den Lee, hin- und hergerissen zwischen der Irischen See und dem Atlantik. Es ist eine stolze Stadt – elegant, wenn auch etwas verkommen – mit ein oder zwei guten Hotels in der Umgebung und einigen schönen Pubs. Die anderen Iren sagen, die Corker seien zu geschäftsmäßig, vielleicht sogar gemein, obgleich dies die redselige Stadt und Grafschaft von Sean O'Faolain und Frank O'Connor ist. Dennoch verlieh man im übrigen Irland dem früher rein lokalen Corker Whiskey den Glorienschein eines »Import«, wenigstens dem nach Paddy O'Flaherty benannten.

Paddy O'Flaherty war der beliebte Starverkäufer für die Cork Distilleries Company in den 20er Jahren. Kunden fragten so oft nach »Paddy's Whiskey«, daß dies schließlich der offizielle Name der Premium-Marke der Firma wurde. Heute steht *Paddy Old Irish Whiskey* auf dem Etikett, aber er wird allgemein einfach bei seinem Vornamen bestellt.

Paddy ist ein körperreicher Whiskey mit einer Malznote und einem herben Abgang, den das Getreide bewirkt. Ein fruchtigerer Whiskey namens *Hewitt's,* ein leichteres Exportprodukt namens *Murphy's* (eine beliebte Standardmarke in amerikanischen Bars) und ein noch leichterer, herberer Blend, *Dunphy's,* werden alle in demselben Brennereikomplex etwa 20 km von der Stadt entfernt in dem Dorf *Midleton* erzeugt.

Die Namen der kleineren Marken erinnern an Brennereien, die im späten 18. und frühen 19. Jahrhundert in der Gegend bestanden. Die Fusion, die die *Cork Distilleries Company* schuf, fand bereits 1867 statt. Seither ist die Gegend ein wichtiges Zentrum der Whiskeyproduktion geblieben. Die Cork-Gruppe wurde ein Teil von Irish Distillers bei deren Bildung 1966. Midleton ist jetzt deren Hauptproduktionszentrum. Seit 1984 nimmt Midleton eine alljährliche »limited edition« von höchstens 50 der besten Fässer vor. Dies hat jedesmal zwischen

zehn- und zwanzigtausend Flaschen unter dem Namen *Midleton Very Rare* ergeben. Menge und Charakter des Whiskeys waren in jedem Jahr anders.

Midleton ist ein reizvolles, typisch irisches Einstraßendorf. Neben dem flinken, lebhaften Bächlein, das der Brennerei Wasser liefert, steht hinter einem Steinbogen ein Gebäude, das 1796 als Wollmanufaktur erbaut, in den Napoleonischen Kriegen als Kaserne benutzt und 1825 zur ursprünglichen Brennerei Midleton gemacht wurde.

In der alten Brennerei befindet sich die größte Pot-Still der Welt, ein prächtiger Kupferkessel, der 143 869 l faßt. Sie war bis 1975 in Betrieb. Seitdem will man um sie herum ein Whiskeymuseum bauen. Hinter der alten Brennerei steht die neue, mit sehr großen Gebäuden von geometrischer Häß-

lichkeit, die nur durch den ausgedehnten Hintergrund niedriger Hügel gemildert wird. Ihre kupferglänzenden Pot-Stills sind gleichfalls groß – jede faßt ungefähr 75 000 l. Es gibt eine ganze Batterie davon, angeschlossen an ein System von Column-Stills, so daß sie zusammen ein Destilliersystem von ungewöhnlicher Flexibilität abgeben.

Die Whiskeys aus Midleton schmecken noch besser, wenn man sie mit ein oder zwei der trockenen Stouts hinunterspült, die in der Stadt Cork produziert werden. Die Brennerfamilie Murphy gründete eine der Stout-Brennereien, obwohl keine Verbindungen mehr zwischen den beiden bestehen. Murphy Stout schmeckt nach gerösteter Gerste, sein Rivale am Ort, Beamish, ist nicht ganz so trocken, mit Schokoladenuntertönen. Die zwei sind die einzigen, die in Irland Guinness Konkurrenz machen, das im ganzen Land zu haben ist.

Ein Paddy als Aperitif, gefolgt von einem Glas Murphy oder Beamish mit einem Teller Austern, einer Portion Krabben oder Hummer aus dem Feinschmeckerort Kinsale oder dem Fischerdorf Baltimore, ist eine Köstlichkeit.

Die alte Brennerei in Midleton wacht über Reihen von früheren Sherry- und Bourbonfässern, die drei- oder viermal benutzt wurden. Sie sind jetzt »im Ruhestand« und werden ihr Leben als Pflanzkübel oder Brennholz beenden. Volle Fässer sind für den Steuerbeamten (links) in der Regel von größerem Interesse.

Der Bach neben der Brennerei führt weiches Wasser, das mindestens seit Anfang des 19. Jahrh. zum Brennen genommen wird. Er hat den Geschmack der Corker Whiskeys mitbestimmt, etwa Murphy's, der einst aus Glaskaraffen ausgeschenkt wurde.

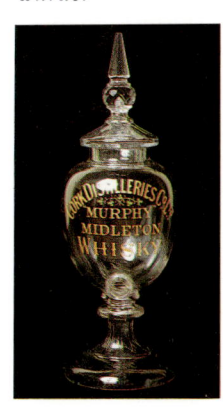

Tullamore

In den Midlands von Irland am Grand Canal, der West und Ost verbindet, liegt im morastigen Torfland die Kleinstadt *Tullamore*, County Offaly. Sie war vom Ende des 19. bis Mitte des 20. Jahrhunderts ein wichtiges Zentrum der Whiskeyproduktion. Ein Blick auf die Stadt bestätigt das. Etliche größere Gebäude erinnern daran, daß in ihnen früher gemälzt, Whiskey gebrannt und gelagert wurde. Es bot sich an, auf dem Kanal die Gerste von den Feldern herbeizuschaffen und den späteren Whiskey auf demselben Weg über ganz Mittelirland zu vertreiben.

Tullamore-Whiskey verdankt seine Bekanntheit unter anderem einem witzigen

Die früher sehr rege Brennerei Tullamore – der Kanal erleichterte den Vertrieb ihrer Produkte – weist sich noch im dekorativen Schmiedeeisen aus, obwohl in der Stadt heute nur noch Irish Mist geblendet wird. Nachbar Smyth glänzt mit Trompe-l'œil-Mauerwerk.

Wortspiel – einer bei den Iren sehr beliebten Form von Humor. In ihrer Glanzzeit leitete ein Daniel E. Williams die Brennerei. Dieser hängte seine Initialen, D. E. W., dem Namen seines Produkts an. Tullamore Dew (Tau) ist Elementarpoesie von genau der Art, mit der Brenner und Käufer ihr Tröpfchen gern bedenken. D. E. W. warb mit dem Slogan: »Give every man his Dew«, Dew gesprochen wie *due,* was bedeuten würde: »Gebt jedem Mann das Seine.«

Tullamore Dew geht immer noch gut, heute jedoch als Erzeugnis von Irish Distillers. Er soll schon immer ein bemerkenswert leichter Irish gewesen sein und ist es heute ganz sicher – er ist der leichteste. Die gleiche Sorte wird für Liebhaber gälischer Romantik unter dem Namen *Uisge Beatha* in einer Krugflasche vertrieben.

In Tullamore wird weiter geblendet, wenn auch seit Mitte der 50er Jahre nicht mehr gebrannt. Die Firma *Williams,* immer noch in derselben Familie, stellt einen Likör auf Whiskeybasis her, der *Irish Mist* heißt.

Die meisten traditionellen Brennereiregionen kennen den Brauch, Pflanzen, Blumen oder Kräuter in Alkohol einzulegen. Irland hat seinen »Heidewein«. Der Verlust dieses Produkts wird romantisch mit einer »Sage« erklärt, wonach das Rezept von den »Wildgänsen« – den irischen Adeligen, die in den Kriegen Williams III. überliefen – aufs europäische Festland gebracht wurde. Diese Sage kommt im Lichte neuerer Ereignisse sehr gelegen. In Tullamore, in Irlands Heideherz, soll die unverdrossene Familie Williams jahrzehntelang versucht haben, solch einen »Wein« wieder zu erzeugen. Gegen Ende des Zweiten Weltkriegs gelang dies schließlich mit Hilfe eines Likörherstellers, der ein Flüchtling… vom europäischen Festland war. Dieser Deutsche arbeitete eine Zeitlang in Tullamore. Das Ergebnis seiner Bemühungen war der erste irische Likör.

Vier Pot-Still- und Grain Whiskeys, Lagerzeit zwischen 5 und 12 Jahren, werden als Grundlage für den Likör gemischt. Ein Teil des Whiskeys reift in Tullamore, und der Blend ruht eine Weile, bevor drei oder vier Honigsorten, darunter Heide und Klee, und

etliche Kräuter beigegeben werden. Das Einweichen dauert einige Wochen, und das fertige Produkt hat einen typisch süßen Likörcharakter, doch mit einem überraschend fruchtigen Abgang. Trotz seines unverwechselbaren Geschmacks gehört es doch in die Kategorie anderer klarer, »hochgeistiger« Liköre wie *Drambuie, Bénédictine* oder *Cointreau.*

Mitunter wird Irish Mist als Aperitif gereicht, mit ein paar Eisstücken im Glas, die seinen Geschmack trockener machen. Öfter noch wird er pur nach dem Essen serviert. Das ist die Rolle, die diese Liköre wirklich gut spielen. Es ist jedoch keine Sünde – wenn auch extravagant –, Irish Mist auch in der Küche einzusetzen. Er kann eine interessante Variation von Irish Coffee abgeben oder in Dessertsaucen, auf Crêpes, in Soufflés, sogar in pikanten Saucen (wo etwas fruchtige Süße verlangt ist) benutzt werden oder, passend für einen irischen Likör, für Aspik über Schinken.

Kein Wunder, daß die epikureischen Franzosen aus Tullamore liebevoll *tous l'amour* machen.

Von den Bars, die Tullamores Hauptstraße auflockern, bietet die von Thomas J. Lawless ein Spektrum von Diensten an, das selbst für irische Maßstäbe vielseitig ist.

LOUNGE

THOMAS J. LAWLESS
FUNERAL DIRECTOR & EMBALMER
OVERSEAS SERVICE
TELEPHONE   0506-21649

Bushmills

Daß die keltischen Nebel sich teilten, um im hohen Norden Irlands, im County *Antrim*, den ersten Whiskey zu offenbaren, wirkt wunderbar glaubhaft. Hier treffen die Whisk(e)yländer Irland und Schottland fast zusammen. Einen Hauch davon spürt man in den köstlichen hiesigen Irish Whiskeys, vor allem in ihrer ganz leichten Rauchigkeit und ausgeprägten, schwach süßen Malzigkeit.

Erfüllt von gälischer Sage und dramatischer Geschichte, ist Irland im Norden am irischsten, aber auch am meisten schottischem Einfluß ausgesetzt, vor allem in Antrim. Man sieht gleich, warum die alten Iren glauben, ein Riese hätte einen Pfad aus Steinen übers Meer nach Schottland gebaut; der Giant's Causeway sieht immer noch verblüffend nach Menschenwerk aus, obwohl er von der See aus dem Basaltgestein der Antrimer Küste geformt wurde. Basalt und Torf, der im Landesinnern darüberliegt, verleihen dem hiesigen Wasser (und Whiskey) einen besonderen Charakter.

Aus morastigem, torfigem Gelände wird der Fluß *Bush* gespeist. In einer gälischen Saga um 1100 wird er eines der »Königswasser« Irlands genannt. Schon 1276 soll es in der Gegend *aqua vitae* gegeben haben. Im späten 15. Jahrhundert mehren sich die Anzeichen für eine Brennereitätigkeit. Im frühen 17. Jahrhundert gab es dann Wassermühlen am Bush und die Anfänge eines Städtchens, dessen Name unter Whiskeyfreunden berühmt werden sollte. In dieser Zeit zog die Branntweinproduktion auch die ersten Gesetze und Steuern auf sich. Die erste Lizenz überhaupt wurde 1608 im Namen des Königs an *Bushmills* vergeben, worauf sich auch ihr Anspruch gründet, die älteste Whisk(e)y-Brennerei der Welt zu sein.

Die kleine Stadt Bushmills wird von der Brennerei beherrscht. Ihre ältesten Gebäude wurden 1885 durch ein Feuer zerstört. Ihre Anfang des 20. Jahrhunderts zur Belüftung der damaligen Mälzerei gebauten pagodenartigen Türme prägen das Aussehen des heutigen Baus.

Im Innern gibt es, ganz traditionell, einen gußeisernen Maischbottich (irisch *kieve*) und hölzerne Gärbehälter (aus naturbelassener Eiche). Für Irland ungewöhnlich ist an Bushmills, daß keine ungemälzte Gerste genommen wird. Ihre Pot-Stills werden nur mit Malz beschickt. Ihre Produkte sind Vattings aus einem einzigen Bushmills-Malt, der zwischen 5 und 10 Jahre in Sherryfässern und angekohlter amerikanischer Eiche reift, und aus nur einem Grain Whiskey. Das verwendete Malz wird, ebenfalls ungewöhnlich, ganz kurz im Darrofen torfgeräuchert. Die Brennerei mälzt seit 1972 nicht mehr selbst.

Sie erzeugt vier Whiskeys. Der leichteste, mit beachtlichem Grain-Anteil, heißt *Coleraine Whiskey*. Er kommt im allgemeinen nicht über den Norden Irlands hinaus. Das wichtigste und bekannteste Produkt ist der viel exportierte *Old Bushmills*, der früher auch »drei Sterne« genannt wurde, bis die Brennerei – zu Recht – entschied, dies lasse eine geringere Qualität vermuten, als sie der Whiskey besitzt. Old Bushmills besteht mehr als zur Hälfte aus Malt Whiskey. Die Premium-Marke *Black Bush* ist überwiegend Malt, in Sherryfässern gereift. Sie war jahrelang schwer zu finden, kam aber 1984 auf den amerikanischen Exportmarkt. 1984

begann die Brennerei auch, anfangs nur in Irland, einen Single Malt anzubieten. Da es viele Jahrzehnte lang in Irland keinen Single Malt gegeben hatte, war dies ein bedeutsamer Schritt. *Old Bushmills Malt* ist ein bemerkenswerter und ungewöhnlicher Single aus einer der interessantesten Brennereien der Welt.

Die Küferkunst wird bei Bushmills (oben) und in vielen anderen Brennereien aus praktischen Gründen gepflegt. Fässer sind teuer und ihre Inhalte noch wertvoller. Ein Faß bekommt zwangsläufig viel ab, und Lecks müssen vom Küfer schnell repariert werden.
Mit ihren Malztürmen, die sich im Wehr spiegeln, ist die Brennerei ein schönes Wahrzeichen (links).
Eine feuchte Obsttorte, eine herbe Marmelade und ein süß aromatischer Tabak (rechts) bekommen alle einen Kuß von Bushmills-Whiskey ab – gelungene Mischungen allesamt, die zu den angenehmen Souvenirs aus Brennereien zählen. Die Produkte stammen alle aus Irlands Norden.

IRISCHE WHISKEYS – EIN GESCHMACKSFÜHRER

Irland rühmt sich gern, den Whiskey erfunden zu haben, was Verdienst genug wäre.
Klassischer »Irish« wird in Cork gebrannt, das Blending findet in Dublin
und Tullamore statt. Die Kleinstadt Bushmills liefert bemerkenswerte Sorten.
Längst nicht alle dieser Whiskeys werden exportiert.

Dublin

Jameson ist die Premium-Marke, die den Charakter des »Irish« am besten veranschaulicht. Sie bringt die angenehm duftige Öligkeit und den abgerundeten Körper wohlschmeckend zum Ausdruck.

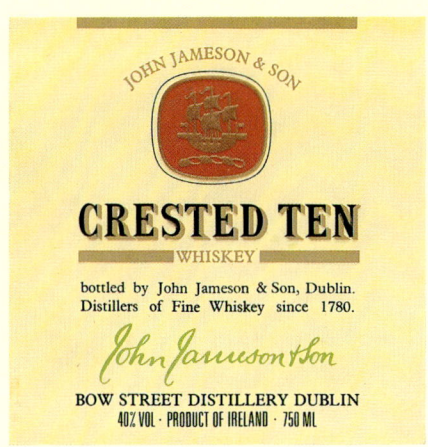

Jameson Crested Ten hat den »Familiengeschmack«, aber in einer leichteren, saubereren Ausprägung mit einem Hauch von Sherry. Ein »gehobener« Irish Whiskey für Dublins ehrgeizige Manager und Geschäftsleute.

Power's Gold Label Irish, manchmal »Three Swallows« genannt, kommt ursprünglich aus Dublin, ist aber so etwas wie eine Nationalmarke. Vielleicht nicht so aromatisch wie seine Rivalen am Ort, aber voll, malzig und ausgewogen.

Jameson 1780, 12 Jahre, ein weit verbreiteter »Super-Premium« Irish. Mit seinem klassischen Jameson-Charakter und seiner Reife ist er eine herzhafte Kostprobe von Dublins Brennereitradition.

Redbreast 12-year-old besteht aus Jameson-Whiskeys, die von einer anderen Firma, dem irischen Zweig von Gilbey's, zusammengestellt und abgefüllt wurden. Schwer zu finden, aber einen Versuch wert, da voll nach Pot-Still-Irish schmeckend.

Cork

Paddy ist der klassische Whiskey aus Cork, der zweiten Stadt der Republik. Er wird außerhalb der Stadt gebrannt, in Midleton. Paddy hat einen kräftigen Körper und den herben Abgang, der für die Whiskeys aus Cork typisch ist.

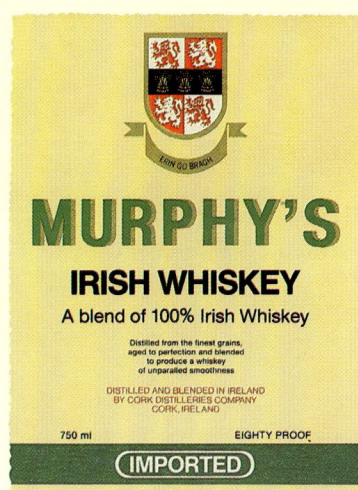

Dunphy's Etikett »Spezial-Export«

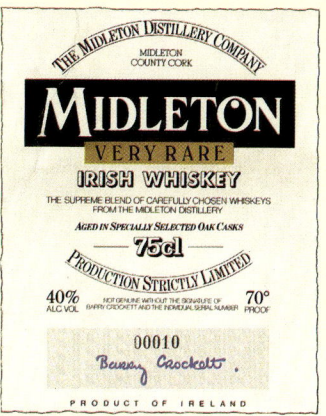

Murphy's ist ein körperleichter Irish
Whiskey, der in Midleton gebrannt wird
und in den USA als Barmarke sehr gängig
ist. Es gibt entfernte Verbindungen zwischen Murphy's Whiskey und dem gleichnamigen Stout.

Midleton Very Rare erwuchs aus einer
methodischen Untersuchung des Reife-
prozesses. Er hat Elemente von Pot-Still-
»Irish«, aber geht eher in Richtung süßer
Malzigkeit. Er ist bemerkenswert weich,
mittelschwer, mit Anflügen von Bourbon.

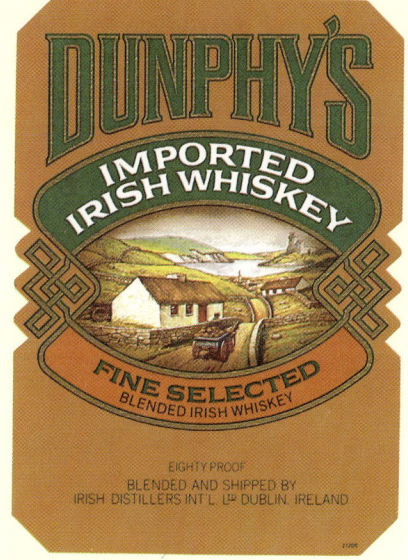

————— Tullamore —————

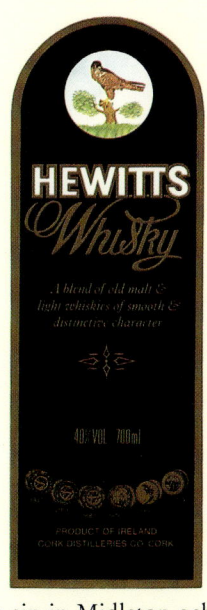

Dunphy's, Brennerei-Etikett (»importiert«)

Dunphy's ist ein in Midleton gebrannter,
sehr körperleichter Irish Whiskey. Er ist
in Irland zu bekommen, aber bezeichnet
sich dort als »Spezial-Export«. Hat er seinen Bestimmungsort erreicht, nennt er
sich zuvorkommenderweise »importiert«.

Tullamore Dew ist der leichteste Irish
Whiskey. Er ist besonders in Frankreich
beliebt und wird dort *tous l'amour* ausgesprochen. Aus Tullamore stammend, wird
dort aber nicht mehr hergestellt.

Hewitts ist ein in Midleton gebrannter,
fruchtiger, recht leichter Irish Whiskey.
Die ursprüngliche Brennerei Hewitt stand
in der Stadt Cork. Sie wurde 1793 gegründet, fusionierte 1867 und hörte 1975
auf, Grain Whiskey zu brennen.

Irish Mist, Whiskeylikör. Ein Teil des
Whiskeys ist in Tullamore gereift, der Likör wird dort geblendet. Im Besitz der
Familie, die ursprünglich Tullamore Dew
destillierte.

IRISCHE WHISKEYS – EIN GESCHMACKSFÜHRER (Fortsetzung)

———————————————— Bushmills ————————————————

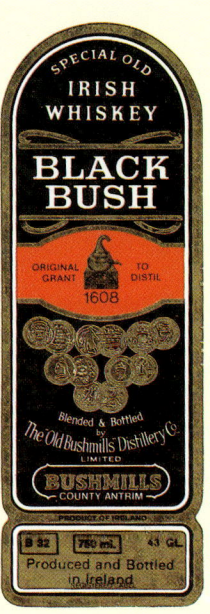

Old Bushmills stellt einen Stil für sich dar: ein Blended Whiskey aus nur einem Malt und einem Grain. Das Resultat ist ein Blend von malziger Süße und duftiger Trockenheit.

Black Bush ist ein De-Luxe-Blend mit ungewöhnlich hohem Anteil von Malt Whiskey. Die Bestandteile sind die gleichen wie in dem außergewöhnlichen Old Bushmills.

Bushmills Malt ist der einzige Single Malt Irish Whiskey. Er hat eine warme Süße im Aroma, einen sauberen, köstlichen Malzton und einen trockenen, duftigen Abgang ohne Rauch.

————————————————————— Comber ——————————

Coleraine Irish Whiskey ist ein Blend aus dem Bushmills-Malt und einem einzigen Grain. Sehr gefällig für einen leichten, sauberen »Konferenz«-Whiskey. Coleraines eigene Brennerei wurde Anfang der 80er Jahre geschlossen.

Old Comber ist das Produkt einer für ihren Pot-Still-Whiskey berühmten unabhängigen Brennerei. Der etwas holzartige Whiskey ist noch immer auf dem Markt, »mindestens 30 Jahre alt«, obwohl die Brennerei 1953 die Produktion einstellte.

Irische Whiskeyliköre

Wie alle Whisk(e)ys schmeckt Irish ohne jede Zutat, außer vielleicht einem Schuß Wasser, am besten. Es gibt jedoch allerlei sonderbare Arrangements.

Das annehmbarste ist noch ein schlichter *Hot Toddy*. Am besten macht ihn sich ein jeder nach eigenem Geschmack, aber den Faulen hilft vielleicht eine fertige Version namens *Snug*, die von Irish Distillers im Inland verkauft wird. Sie enthält Whiskey mit Zucker, Zitrone und Nelke und hat einen Alkoholgehalt von 30 Vol.%. Ein Teil Snug auf zwei Teile kochendes Wasser ergibt einen schnellen Hot Toddy.

Ein anspruchsvollerer, aromatisierter Whiskey mit süßem Auftakt und etwas bitterer Orange im Abgang, *Mulligan*, wird mit 40% Alkohol ebenfalls von Irish Distillers im Inland vertrieben. Man kann ihn nach dem Essen oder vor dem Zubettgehen trinken, obwohl er eigentlich on the rocks oder in Cocktails als irisches Gegenstück zu *Southern Comfort* gereicht werden soll.

Man würde Irish Whiskey ernster nehmen, aber auch nicht so gut kennen, wenn er nicht im Jahre 1952 mit Kaffee zusammengeraten wäre. Es war ein kalter und feuchter Tag auf dem Flughafen Shannon, als Flugzeuge vor der Atlantiküberquerung dort noch zum Auftanken landen mußten. Joe Sheridan, der Barkeeper, mischte für einen nach San Francisco heimfliegenden Gast, den Kolumnisten Stan Delaplane, einen wärmenden Kaffee mit einem gehörigen Schuß Whiskey.

Daheim erzählte Delaplane dem Barmann in seinem Lieblingscafé davon, dem Buena Vista an der Cable-Car-Endstation Hyde Street in Fisherman's Wharf, San Francisco. Im Sommer wimmelt es von Touristen, und seither wird dort *Irish Coffee* in rauhen Mengen verkauft. Bedauerlicherweise muß aber ein wirklich guter Irish Coffee individuell zubereitet werden, mit besonderer Sorgfalt. Statt dessen wird er nach Schablone gemacht, inzwischen sogar mit allen möglichen nichtirischen Spirituosen, so daß es jetzt von schottischem bis peruanischem Kaffee alles gibt. Vielleicht sollten solche

Rezepte in den sicheren Händen von Menschen wie den Wienern bleiben.

Europäer lieben manchmal größere Portionen, aber die irisch-amerikanischen Meister ziehen ein 6-Unzen-Glas (0.17 l) mit zwei Dritteln Kaffee vor. Er muß frisch gekocht sein, so daß er aromatisch ist und nicht bitter. Perfektionisten nehmen womöglich eine mittlere Röstung, nicht zu leicht. Der Kaffee muß sehr heiß sein, zum besseren Mischen. Das Glas sollte leicht angewärmt werden, damit es nicht springt. Wenn der Kaffee noch kochend ist, den Zucker dazugeben – zwei Teelöffel oder drei Würfel, brauner Zucker ist ideal. Gut umrühren. Dann einen Teil, oder auch zwei, Whiskey dazugießen, natürlich Irish, am be-

sten einen recht körpervollen. Zuletzt mit frischer Sahne garnieren – vorsichtig über den runden Rücken eines Löffels gleiten lassen, da sie obenauf schwimmen muß. Die Behutsamkeit und Geschicklichkeit, mit der das geschieht – und Übung macht den Meister –, ist die höchste Kunst beim Bereiten von Irish Coffee. Einfacher, aber etwas gemogelt, ist es, leicht geschlagene Sahne zu nehmen, und als krönenden Abschluß soll man etwas Kaffee – oder sogar Schokolade – darüberstäuben.

Wer richtig mogeln will, kauft eine Flasche *Irish Velvet*, der Whiskey, Kaffee und Zucker enthält, und gibt zwei Teile kochendes Wasser und Sahne dazu. Produziert wird er von Irish Distillers für den irischen

Irischer Whiskeylikör … Bailey's sticht alle Nachahmer aus und ist der meistverkaufte Likör überhaupt. In der Zentrale seiner Herstellers in Dublin werden Kartons zu Tausenden gefüllt.

Snug für Heißgetränke, Mulligan für on the rocks, Velvet für Irish Coffee, Gallwey's als Digestif.

Sage und schreibe eine halbe Million Irish Coffees werden im Jahr im Heiligtum der Gläubigen, der Buena Vista Bar, ausgeschenkt. Mit Stielgläsern, am besten hitzebeständigen, verbrennt man sich nicht die Finger. Ein guter Fingerbreit Sahne schafft genau das richtige Gegengewicht.

Markt, desgleichen ein dunkler, klarer Kaffeelikör auf Whiskeybasis, *Gallwey's,* der als Dessertgetränk gedacht ist.

Die innige Verbindung von Irish Whiskey mit Kaffee – oder Schokolade – erregte jahrelang den Neid der Likörhersteller, bis einer den Weg fand, alles in eine Flasche zu bekommen. Das Resultat hat die Feinschmecker nicht umgeworfen, aber »Irish Cream«-Liköre haben sich mit erstaunlichem Erfolg durchgesetzt. *Bailey's Irish Cream,* 1974 herausgebracht, war zehn Jahre später der meistverkaufte Likör der Welt! Drei oder vier Jahre dauerte es, ihn zu entwickeln. »Bailey's« ist einfach ein irischer Nachname, der relativ verbreitet, leicht auszusprechen, neutral und doch gut zu behalten ist. Eine Firma namens R & A Bailey wurde eigens für ihn gegründet. Sie ist eine Tochtergesellschaft des irischen

Zweigs von Gilbey's, die ihrerseits zu der britischen Gruppe Grand Metropolitan gehören.

Bailey's Whiskey kommt von Irish Distillers. Die Firma besitzt ihre eigene Molkerei im County Cavan und gibt Schokolade und andere Aromastoffe hinzu, wenn das Getränk in ihrem Dubliner Haus gemischt wird. Bailey's war der erste haltbare Likör mit echter Sahne. Frühere Versuche, ähnliche Produkte zu schaffen, verdarben meist. Nachdem das Produkt – zunächst in Irland – auf dem Markt war, dauerte es vier Jahre, bis etwas Ähnliches nachkam. Bailey's hat immer noch einen Weltmarktanteil an Sahnelikören von 75%. Ein Viertel seiner Umsätze macht er in Großbritannien und die Hälfte in Nordamerika, aber es gibt ihn in etwa 100 Ländern.

Zu seinen irischen Rivalen gehören *Caro-*

lan's (auch er im Besitz einer internationalen Firma aus Großbritannien), *Waterford* und der preiswertere *Ryan's* (beide von Irish Distillers), *O'Darby* (in Cork von einer Bacardi-Tochterfirma erzeugt) sowie *Emmet's* und *Royal Tara* von Molkereien. Wenn man Getränke auf der Basis anderer Spirituosen oder mit anderem Aroma mitzählt, haben sich seit Ende der 70er Jahre 30 bis 40 Sahneliköre international etabliert. Ein ernsthafteres Kompliment für dieses irische Erfolgsrezept läßt sich kaum denken.

IRISCHE WHISKEYLIKÖRE – EIN GESCHMACKSFÜHRER

*Whiskeyliebhaber mögen ihren Drink im allgemeinen ungesüßt, aber jedes seiner
Erzeugerländer nimmt Whisk(e)y auch als Basis für Liköre.
Durch solche listigen Hintertüren erreicht »Irish« auch die,
die Whiskey eigentlich nicht mögen.*

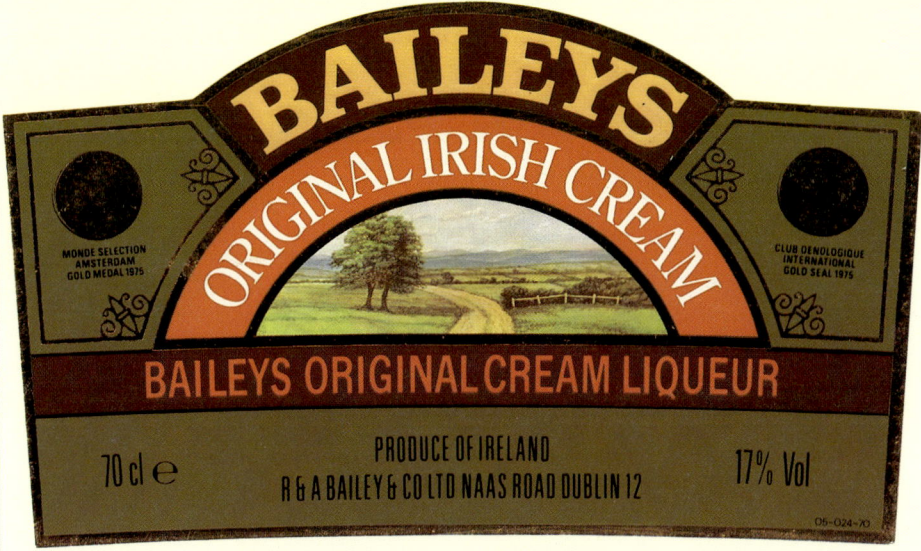

O'Darby, von Bacardi

Bailey's war der erste der »Irish Cream«-Liköre. Er hat viele zur – mitunter kurzlebigen – Nachahmung angeregt. So ertönt der Name Irlands in Millionen von Bars und Haushalten und erinnert daran, daß auch die Iren Whiskeybrenner sind. Die Liköre sind sahnig und schokoladensüß, so daß sich der Whiskey kaum bemerkbar macht. Die Ähnlichkeiten zwischen diesen Produkten sind größer als die Unterschiede.

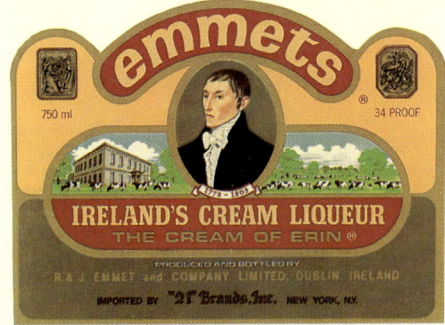

Emmets, von einer Dubliner Molkerei

Waterford Cream, von Irish Distillers

Ryan's, von Irish Distillers

Carolans, von Allied Breweries

Royal Tara, von einer Corker Molkerei

KANADA

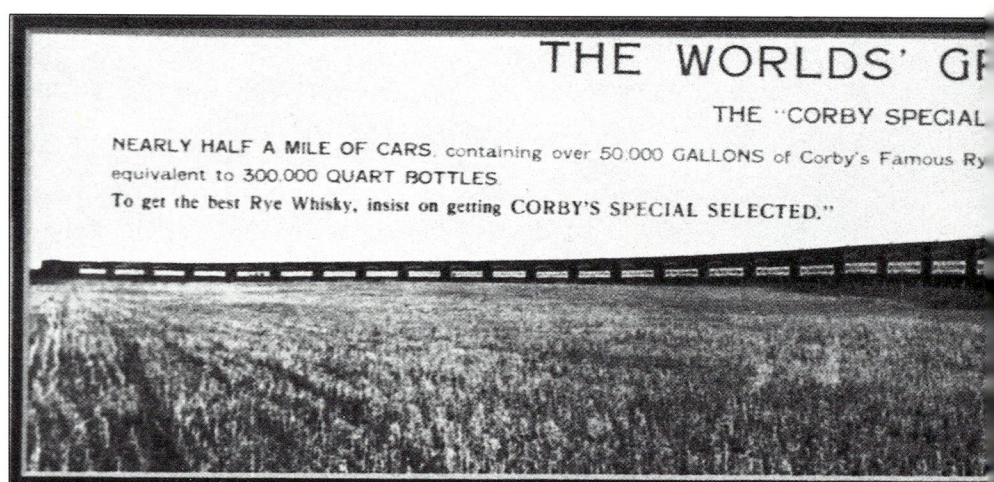

Jedes Land hat seine Widersprüche, und in den Augen der Welt hat Kanada mehr als die meisten: ein riesiges Land, ein kleines Volk von nur 26 Millionen, die meisten davon in Großstädten zusammengeballt, die die Grenze zu den USA säumen. Es ist Pionierland und zugleich bekannt für seine anspruchsvolle urbane Kultur. Mit Menschen jeder Nationalität bevölkert, ist es ein Land der Vielfalt, das viele Kulturen in sich faßt, darunter die der ersten französisch- und englischsprachigen Siedler.

Unter den vielen Kanadas ist es das Land der Gebirgsbäche, eisigen Flüsse, Halbinseln und Archipele, das sich der Phantasie des Getränkefreunds aufdrängt. Kanadas Biere vom Typ Pilsner oder Ale und seine Whiskys sind weit über seine Grenzen hinaus bekannt, vor allem im größeren Nachbarland im Süden (für Kanadier schottischer Abstammung sicher eine vertraute Situation). Die Wahl des Getränks und die Umstände seines Kaufs hängen in Kanada sehr davon ab, in welchem Landesteil es getrunken wird.

In den Küstenprovinzen ist dunkler Rum gängig, zweifellos ein Rest gemeinsamer Tradition mit dem benachbarten Neuengland. In Quebec, wo Ale dem Pilsner vorgezogen wird, gibt es eine noch ältere Alkoholtradition: *Gin* holländischer Art. Die Quebecer nennen ihn mal *gin, type Hollandaise*, mal *Genièvre* und am häufigsten *Geneva*. In jeder Schreibweise hat der *Genever* seinen Namen von dem französischen Wort für Wacholder. Die Mitte des 16. Jahrhunderts zuerst in den Niederlanden hergestellte Art von Gin war der erste Branntwein, der in Westeuropa breite Zustimmung fand. Er ist über die heutigen Grenzen der Niederlande hinaus immer noch gängig. Auf der anderen Seite des Kanals findet sich in den Adaptionen von London und Plymouth weniger Fruchtigkeit von Malz und Roggen und mehr blumige Wacholdertrockenheit.

Die kommerzielle Entwicklung des Gins datiert man gewöhnlich von 1575 an, der Gründung der Brennerei *Bols* in den Niederlanden. Seine europäische Beliebtheit in

Kanadas bekanntestes Getränk: Canadian Whisky ist ein Stil für sich. Das Reiseziel des Zuges, der hier Rye Whisky durch die Getreidefelder transportiert, ist längst vergessen. Canadian Mist dagegen reist ganz gewiß in großen Mengen in die Vereinigten Staaten.

den folgenden Jahrzehnten könnte erklären, warum er den Franzosen, die *Quebec* Anfang des 17. Jahrhunderts besiedelten, so gut schmeckte. In der ersten Zeit soll Gin auf europäischen Schiffen, die aus Kanada Holz holten, als gewinnbringender Ballast mitgenommen worden sein. Wahrscheinlich begannen die Quebecer im 18. Jahrhundert ihren eigenen Gin zu brennen, aber erst Ende des 19. Jahrhunderts, als der holländische Emigrant *Jan Melcher* eine Firma in Kanada gründete, wurde ihre einheimische Ginproduktion ein ernstzunehmendes kommerzielles Gewerbe.

Der Handel zwischen Alter und Neuer Welt (vor allem der Karibik) führte in Europa Gewürze und Früchte ein, die in Hafenstädten wie Riga und Danzig, Amster-

dam und Rotterdam bis Angers und Bordeaux die Likörherstellung begünstigten. Auch sie wurde in die Neue Welt rückverpflanzt. Einer der berühmtesten niederländischen Gin- und Likörproduzenten ist *De Kuyper* aus der Schnapsbrennerstadt *Schiedam* bei Rotterdam. De Kuyper hat auch eine Brennerei in Quebec und ist in Kanada eine wichtige Getränkefirma. Ihr Hauptgeschäft dort macht sie mit Gin, obwohl in Kanada Liköre sehr beliebt sind, allerdings regional verschieden. Solange die Quebecer an Gin (und Weinbränden) hängen, müssen die englischsprachigen Bewohner auf jeden Fall etwas anderes trinken. Sie bevorzugen Liköre, gerade in den Nordwestterritorien und dem Yukon. Es herrscht hier eine extreme kanadische Polarität.

TEST SHIPMENT OF RYE WHISKY
KY TRAIN, CARRYING A RECORD SHIPMENT OF RYE WHISKY

Ontario ist wohl die Geburtsstätte von Kanadas Whiskyindustrie. Obwohl die Anfänge schlecht belegt sind, scheint sie Ende des 18. und in den ersten Jahrzehnten des 19. Jahrhunderts in der Gegend um Kingston gelegen zu haben, zwischen Toronto und Ottawa, den zwei wichtigsten Städten Ontarios, und auf der Strecke nach Montreal, Quebec. In seinem Buch »Canadian Whisky« spricht *William Rannie* davon, daß es nach 1840 an den Ufern des Erie- und Ontariosees und des St. Lawrence 200 Brennereien gab. Diese Linie ist wohl Kanadas wesentliche Bevölkerungs- und Geschäftsachse, aber auch, von Windsor über Waterloo, Toronto und Belleville bis Montreal, seine Whiskyregion. Heute gibt es dort etwa ein Dutzend Firmen, manche mit Brennereien in mehr als einer Provinz, darunter *Seagram's*, die größte Brennerei der Welt. Eine zweite kanadische Firma, *Hiram Walker,* ist ebenfalls ein internationaler Gigant. Durch diese beiden Firmen ist Kanada eine Großmacht in der Welt des Whiskys. Seagram's ist in Waterloo, Ontario, und Montreal, Quebec, zu Hause. Sein kanadischer Hauptrivale hat seine Zentrale in der Industriestadt Walkerville, einem Bezirk von Windsor, Ontario. Sämtliche Whiskyhersteller haben ihren Hauptsitz in Ontario oder Quebec, abgesehen von zwei kleinen Herstellern in British Columbia: *Great West* und *Potter,* die beide für extrem günstige Preise bekannt sind.

Jede Provinz hat ihre eigenen, meist restriktiven, Gesetze und Bräuche, was das Trinken betrifft. Das hat seine ironischen Seiten. Kanada hatte nur eine teilweise Prohibition, als die in den USA total sein sollte. Daher konnte kanadischer Whisky produziert werden und irgendwie über die Grenze gelangen. Kanada säte damals die Samen eines Rufs, der noch immer gedeiht. Nach den Hauptprodukten Kanadas gefragt, wird ein Amerikaner höchstwahrscheinlich Bier und Whisky anführen. Durch ihre gewählten Vertreter mißgönnen sich die Kanadier genau die Genüsse, für die sie am bekanntesten sind.

Die Getränkesteuern sind hoch, die Werbung ist Beschränkungen unterworfen. Es wird mehr daheim als in der Öffentlichkeit getrunken, obwohl sich das etwas wandelt. Der Genuß oder Verdruß, einen Drink zu kaufen, ist in jeder Provinz und jedem Territorium anders. Außer in Quebec unterliegt der Verkauf alkoholischer Getränke weitgehend einem Regierungsmonopol (wie auch in einigen US-Staaten). Jahrzehntelang waren die Spirituosenhandlungen der Provinzregierungen bewußt trist gehalten, um vom Kauf ihrer widerwillig feilgebotenen Waren abzuschrecken. Die Käufer ließen sich jedoch nicht zur Abstinenz treiben, und heute machen sich zusehends angenehme und freundliche Geschäfte breit. Viele Gaststätten sind nicht mehr so abweisend und rein auf Männer abgestellt wie früher. Vor allem

in den Großstädten sprießen Restaurants und Pubs hervor. Der Pub, der sein eigenes Bier braut, ist zu einer kanadischen Attraktion geworden. Als das Mitte der 80er Jahre erstmals gestattet wurde, bahnte sich deutlich ein umfassender Einstellungswandel an.

Wie gesagt, jede Nation hat ihre Widersprüche. Die Kanadier könnten über den Detroit River mit dem Finger auf eine Nation zeigen, die die größten, stärksten Autos der Welt baut und einige der strengsten Geschwindigkeitsbegrenzungen hat. Es gibt jedoch in Kanadas Alkoholgesetzen und -gebräuchen so etwas wie eine nationale Charaktermaske, gemäßigt konservativ, redlich liberal, die zweifellos auf die protestantische Ethik Nordeuropas zurückgeht. In diesen kalten Ländern – von Kanada über Schottland, Skandinavien, Rußland bis Polen – kann der Alkoholkonsum am blindwütigsten sein, und deshalb hat`man ihn wohl auch am meisten mit Beschränkungen gefesselt. Kanada beginnt vielleicht gerade, sich zu entfesseln.

Kanadas Whiskys

Wer einen »*Rye*« verlangt, dem wird oft ein kanadischer Whisky vorgesetzt, in Kanada so gut wie anderswo. Bei manchen kanadischen Whiskys steht Rye sogar auf dem Etikett. Das ist zutreffend, aber verwirrend. Egal, was auf dem Etikett steht, alle kanadischen Whiskys sind vom selben Typ. Nach dem klassischen Verfahren wird Rye – vielleicht auch anderer Whisky – mit relativ neutralem Alkohol verschnitten. Diese Rye Whiskys sind also Blends, ganz anders als der traditionelle *Straight Rye* der USA, der pure Original-»Rye«.

Geschmacklich haben die besten kanadischen Whiskys zumindest ein wenig vom pikanten, bitter-süßen Rye-Charakter, gemildert durch den Verschnittalkohol. Manchmal ist auch dieser aus Roggen gebrannt, aber die Art des Rohstoffs ist ziemlich unwichtig, weil er fast bis zur Neutralität rektifiziert wird. Öfter ist der Verschnittalkohol aus Mais. Eine weitere Geschmackskomponente ist eine Spur der Vanillesüße, die sich im Bourbon findet. Sie kann daher kommen, daß ein Teil dieses Whiskys in den Blend einging, oder von dem zum Lagern verwendeten Holz. Straight Rye und Bourbon haben eine solche Schärfe, daß sie in einem guten Canadian deutlich durchschmecken, obwohl er ein stark verdünnter Blend ist. Manche enthalten nur 3% Straight Whisky, öfter 4 oder 5%, aber keine 10%. Das Gegenstück zu dieser Geschmacksspritze ist die Leichtigkeit des Körpers durch den weitaus größeren Anteil von neutralem Sprit.

Es ist fast eine Schande, daß die Kanadier keinen Straight Rye auf den Markt bringen, da sie seine Destillation mit den Jahren vielfach verfeinert haben. Ein Merkmal vieler Canadian Whiskys ist ihre Verwendung von gemälztem Roggen, der eine eigentümliche Weichheit und Geschmacksfülle schafft. Auch ungemälzte Ryes werden benutzt. Die meisten Blends enthalten mehr als einen Rye Whisky, und zu diesem Zweck kann eine einzelne Brennerei mehrere produzieren. Ihr Charakter und Gewicht hängen von der Zusammensetzung der Maische und den Destillationsmethoden ab. Die Maische für einen Rye Whisky, der zum Blending gedacht ist, kann auch einen kleinen Teil Gerstenmalz und vielleicht etwas Mais enthalten. Das Verhältnis dieser Zutaten kann wechseln, so daß Ryes unterschiedlicher Art entstehen. Kanadische Brennereien erzeugen zum Blending auch ihre eigenen Whiskys vom Bourbontyp. Sie machen weiterhin Corn (Mais) Whiskys und brennen sogar ungemälzte Gerste, alles, um Komponenten für ihre Blends zu bekommen.

Der größte Produzent, Seagram's, hat ein Halbdutzend Brennereien in Kanada, die mehrere verschiedene Hefen nehmen und über 50 verschiedene Straight Whiskys zum Blenden erzeugen. Ein Großteil davon wandert in einige der komplexeren Blends. Es ist allgemeiner kanadischer Brauch, etwa 20 verschiedene Whiskys zu verwenden. Selbst der einfachste Blend dürfte 15 Whiskys enthalten, aufgebaut um 6 oder 7 Grundtypen herum.

Obwohl kanadischer Whisky durchweg aus Column-Stills kommt, werden unterschiedliche Arten und Kombinationen von Apparaten benutzt. Kanadische Brennereien haben oft sehr komplizierte Brennhäuser. Es gibt »Beer«-Säulen amerikanischen Typs mit Pot-Stills als »Doubler« (Feinbrandkessel), Coffey-Stills schottischen Typs, Rektifikatoren mit mehreren Säulen und Extrakteure, die mit einem Lösungsmittel arbeiten.

Verschieden ist auch das Ausmaß, in dem die zum Blending gedachten Whiskys gelagert werden. Rye wird durch Lagern nicht nur weicher, sondern auch schwerer, und dies noch offenkundiger, wenn er unvermischt gelagert wird. An der Frage, ob Whisky vor oder nach dem Blending zu lagern sei, scheiden sich die Geister. Eine Richtung meint, wenn der Whisky aus der Brennblase kommt, zeige er seine wahren Merkmale; der Blender solle damit arbeiten und dann den Bestandteilen eine lange Verbindung gönnen. Nach einer anderen Auffassung ist es der gereifte Whisky, der getrunken wird, deshalb solle damit verschnitten werden. Ein drittes Element ist die Frage von »Flavourings« (Aromastoffen), etwa Sherry, anderen (Frucht-)Weinen oder Säften. Diese Zutaten, vor allem Pflaumen-»wein«, sind ein merkwürdiges Element in vielen (beileibe nicht allen) kanadischen Whiskys. Auswahl und Menge dieser »Flavourings« (nie mehr als höchstens 1 oder 2%) kann jeden Whisky anders machen, desgleichen natürlich das zum Lagern gebrauchte Holz. Kanada nimmt neues Holz, Bourbon-, Sherry- und Brandyfässer – also »Kleinholz« und keine großen Fässer. Gelagert werden muß mindestens 3 Jahre. Die billigsten Whiskys, und manche der erst in den USA abgefüllten Massenexporte, lagern 3, 4 oder 5 Jahre. Die Premiums liegen bei 6 bis 8 und ausgefallene Spitzenwhiskys bei 10, 12 oder mehr Jahren.

Trotz all dieser Variablen sind die Unterschiede zwischen den diversen kanadischen Whiskys geringfügig. Sie werden auch beeinflußt von der Einkaufspolitik der offiziellen Spirituosenhandlungen und in gewissem Maße von Preisgruppen. Super-Premium-Marken gelten als »A«, Premiums als »B« und so weiter bis hinunter zu »E«. Eine Brennerei kann in allen diesen Gruppen mit Marken vertreten sein. Natürlich ist anzunehmen, daß die teureren Marken einen höheren Prozentsatz Straight Whisky enthalten, länger gereift sind und weniger »Flavourings« haben. Von den Exportmarken werden die teureren in Kanada abgefüllt, die billigeren noch im Faß transportiert und im Bestimmungsland, meist den USA, auf Trinkstärke herabgesetzt.

Eine Firma, die sogar ihren Neutralsprit aus Roggen macht, ist *Alberta Distillers* mit Werken in Calgary und Burlington, Ontario. Auf dem Etikett ihres Super-Premium-Produkts *Alberta Springs* streicht die Firma das »charcoal mellowing« heraus, was hier jedoch ein herkömmliches Filtrieren meint, nicht das in Tennessee praktizierte »leaching«, das langsame Sickern des Brandes durch Holzkohle. Alberta Springs wird in Kanada mit 40% vol. Alkohol vertrieben –

dem nationalen Standard – und in der Flasche mit 90 US-Proof (45%) exportiert. Diese Firma hat keine »B«- oder »C«-Produkte auf dem kanadischen Markt, ihre nächste Marke ist der »D« eingestufte *Windsor Supreme,* eine beiderseits der Grenze sehr beliebte Marke. Alberta Premium »E« ist eine von Kanadas gängigsten Marken, während Windsor De Luxe und der leichtere, 35%ige Autumn Gold minder wichtig sind. Die Alberta-Reihe hat im allgemeinen sehr weiche Whiskys. Die Firma gehört National Distillers aus den USA.

Eine weitere Firma mit je einer Brennerei in Alberta und Ontario ist *Gilbey Canada.* Ihre Brennereien sind in Lethbridge und Toronto. Gilbey Canada ist besonders stolz auf die weltweiten Umsätze ihres vollreif schmeckenden Black Velvet. Er war ursprünglich ein Super-Premium, wird jetzt aber zu einem erschwinglichen Preis verkauft. Der Super-Premium auf dem US-Markt ist Regal Velvet. Red Velvet dagegen ist, neben Colony House, die Super-Premium-Marke auf dem japanischen Markt. In Kanada hat die Firma Marken jeder Kategorie, von Triple Crown über den gut abgelagerten Royal Velvet zu Number Eight, Red Velvet und Golden Velvet.

Ebenfalls in Ontario ansässig ist *McGuinness Distillers,* Besitzer ist *Heublein.* Diese Firma hat Brennereien in Toronto und Kelowna, British Columbia. Ihr gehört auch *Central Canadian* in Weyburn, Saskatchewan, und Acadian in Bridgetown, Nova Scotia. Ihre Super-Premium-Marke ist Captain's Table, ein recht körperreicher Blend. Sie hat auch den leichteren NC Tower, den leichtschmeckenden, aber ziemlich vollmundigen Blend Old Canada, den aromatischen Gold Tassel und zwei Silk Tassels, von denen die De-Luxe-Version eine gewisse Komplexität besitzt und die normale Marke einen überraschend vollen Körper. Es gibt auch etliche lokale Marken.

Der stolzeste Whisky in Ontario ist vielleicht *Canadian Company,* weich und elegant, mit mildem Aroma und einer Spur Kentucky-Eiche. Warum, verrät der Name:

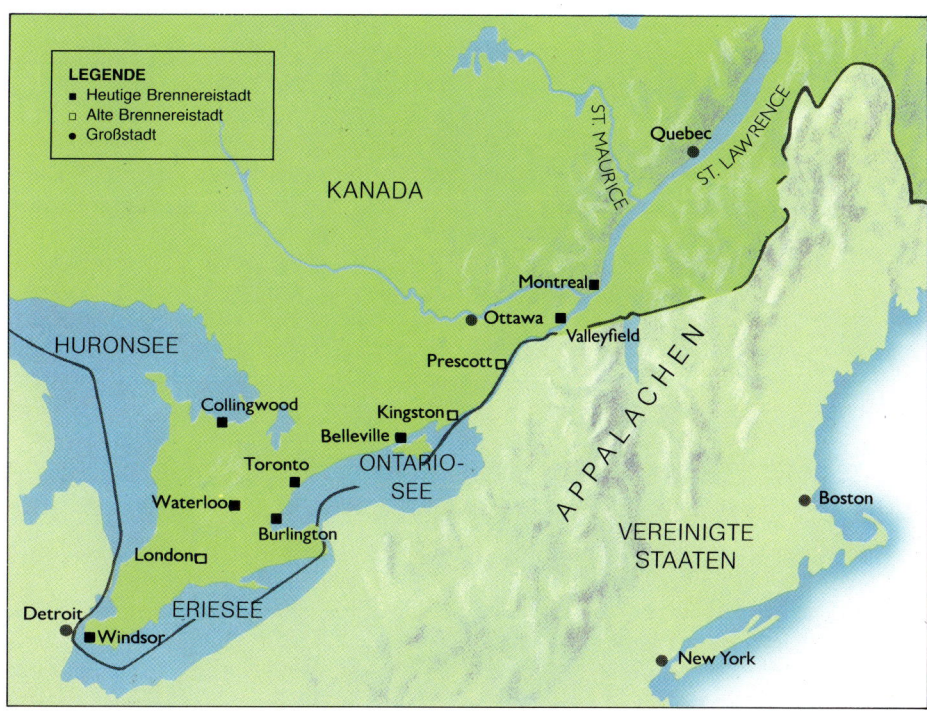

Selbst in Regionen, die Likör, Gin oder Rum vorziehen, gibt es Whiskybrennereien, von British Columbia bis Neu-Schottland, aber das Herzstück, Kanadas »Whiskyregion«, liegt zwischen Windsor in Ontario und Montreal in Quebec.

er kommt von einer rein kanadischen Personalgesellschaft, wenn auch mit schweizerdeutschem Einschlag. Canadian Company ist ein gediegener Blend von Whiskys anderer Brennereien. Die Firma *Rieder*, hat zwar eine Brennerei in Grimsby, zwischen Toronto und Niagara Falls, aber die erzeugt Wein- und Obstbrände, manche aus einheimischen Früchten. Doch steht die Firma, als Inlandverkäufer von *Canadian Mist*, im Whiskygeschäft gut da. Dieser sehr leichte, sauber schmeckende kanadische Whisky wird in Collingwood, Ontario, in einer sehr modernen Brennerei erzeugt, die *Brown Forman* aus den USA gehört. Sie ist eine bedeutende Massenmarke auf dem amerikanischen Markt.

Die ältesten Whiskybrennerfirmen in Ontario, und somit in Kanada, waren Mitte des 19. Jahrhunderts Bauern oder Müller. Müller wurden oft in Getreide bezahlt und destillierten gerne den Überschuß. Die dabei zurückbleibende Schlempe konnte dann als Viehfutter verwendet werden. Zwei solcher Mühlenbrennereien standen am Anfang ganzer Kapitel der Whiskygeschichte. In einem heutigen Bezirk von Windsor gründete *Hiram Walker* 1858 eine Mühle und Brennerei. Weiter östlich, zwischen London und Toronto, liegt Waterloo, wo 1857 eine Mühle entstand, die später die ursprüngliche Brennerei *Seagram's* wurde.

Noch weiter östlich, hinter Toronto, in Belleville, wo ganz in der Nähe die Moira in den Ontariosee fließt, gründete *Henry Corby* 1857 eine Mühle und zwei Jahre später eine Brennerei. Diese wurde 1907 durch ein Feuer zerstört und am jetzigen Standort wiederaufgebaut.

Mit mehreren Gebäuden aus der Zeit der Jahrhundertwende ist Corby's das, was man in Kanada für eine »old-fashioned distillery« hält. Sie ist deshalb für manche Laien interessanter als andere. Besucher sind in der Tat willkommen. Obwohl die Corbys französisch-hugenottischer und südenglischer Abstammung sind, holte sich die Firma aus einem Bahnhof in Irland die Rosenholz- und Mahagonibar, an der in ihrem Emp-

fangszentrum Besucher bedient werden.

Hiram Walker hat inzwischen die Aktienmehrheit, aber Corby's Whiskys produziert unter eigenem Namen und hat dazu noch die bekannte Reihe *Wiser's*, die ursprünglich in Prescott, Ontario, gebrannt wurde. Sie destilliert auch für *Meagher's*, eine Firma, die neben einem breiteren Angebot von Obstschnäpsen und Likören aus Quebec auch Whisky führt. Die Corby-Whiskys sind im allgemeinen leicht im Geschmack, nur Park Lane ist etwas intensiver. Die Wiser-Produkte werden meist etwas länger gelagert (»Wiser and Older« war der klassische Slogan, »weiser und älter«) und teilweise nach dem Solera-System vermählt – ein Pendant des Whiskys zum Sherry. Die De-Luxe-Version reift 10 Jahre lang, die schlicht »Wiser's Oldest« genannte Marke 18 Jahre. Das ist der älteste kanadische Whisky. Eine andere Marke der Firma, *Burke's*, ist ein sehr leichter Whisky. Meagher's ist voll und ziemlich fruchtig.

Bei allem Hang zur Likör- und Ginproduktion ist Quebec eine Whiskygroßmacht. Selbst die nach dem Gin-Pionier Jan Melcher benannte Marke ist ein Whisky. Er heißt, sehr treffend, *Melchers Very Mild* und ist ein leichter, spritziger Whisky. Melchers gehört Seagram's und brennt keinen eigenen Whisky mehr. *Seagram's* erste eigene Brennerei stand zwar in Ontario, aber sein kanadischer Stammsitz ist Montreal, wie auch der von *Schenley* Kanada – jetzt im Privatbesitz einer Gruppe von Pensionskassen und von der namengebenden amerikanischen Firma unabhängig. Die grenzüberschreitende Verbindung rührt aus der Zeit her, als Seagram's aus Kanada und Schenley aus den USA nach einem Fusionsversuch zur Eroberung des nordamerikanischen Marktes als tödliche Rivalen schieden. Eine Zeitlang kämpften beide Firmen um die Vormacht auf dem Kontinent, aber Schenley USA, die ihren Namen von einer Stadt in Pennsylvania hat, wechselte schließlich den Eigentümer und hat ihre Größe durch Verkäufe reduziert.

Schenley Kanada hat zwei Verwaltungs-

büros in Montreal und nur eine Brennerei in Valleyfield, auf halbem Weg zur amerikanischen Grenze. Sie ist leidenschaftlich stolz auf ihre Produkte, für die sie etliche Preise bekommen hat. Ihr Angebot umfaßt nicht nur die Schenley-Sorten, sondern auch die von *Park & Tilford* (einer jetzt geschlossenen Brennerei aus Vancouver) und *Gibson*.

Schenleys erster kanadischer Whisky wurde 1948 vorgestellt, und 35 Jahre später, 1983, beschloß die Firma, dies durch eine limitierte Abfüllung zu feiern, die ein Sammlerstück für Whiskyfans geworden ist. 300 Kristallkaraffen wurden mit »*The Classic of Schenley*« gefüllt, ein pompöser Name, wie Marketingleute ihn lieben. Er besteht aus den ältesten Whiskys, die die Firma auf Lager hatte – zwischen 17 und 20 Jahre gereift. The Classic hat ein wuchtiges Bukett, einen vollen Körper und einen sehr weichen Geschmack. Er ähnelt im Stil dem Super-Premium der Firma, der bescheiden *Order of Merit* heißt und 15 Jahre alt ist.

Schenley läßt ihre Whiskys gründlich ausreifen und gibt auf dem Etikett das Alter an. Ihre Premium-Marke, *Gibson's Finest*, ist 12

Ausmaß wie Leistungsfähigkeit der kanadischen Whiskyindustrie, vom Transport des Getreides bis zum Mischen des Blends (rechts), werden sogar an einer »kleinen«, alten Brennerei wie Corby's anschaulich.

Jahre alt, noch füllig und weich, aber mit schwächerem Eichenton. Ein neuerer Premium namens Schenley Award ist 10 Jahre alt. Auch ein nicht so alter Whisky kann einen ziemlichen Rye-Körper haben – und großen Zuspruch finden. Daher die wortreiche Altersgarantie auf dem 8jährigen *Schenley O. F. C.* (Old Fine Canadian). Diese traditionsreiche Marke sticht die Produkte anderer Brennereien in dieser Preisgruppe aus, und die geben nicht alle ihr Alter an. Ein ähnliches Erzeugnis, mit einem Schuß 18jährigem Whisky, ist *Royal Command* von Park & Tilford, der für einen »D«-Blend einen charaktervollen Geschmack hat. In derselben Gruppe ist *Gibson's Medallion*, ein herberer und komplexer Whisky. Die Firma hat auch Sorten in niedrigeren Preislagen, darunter Golden Wedding, »909«, »P. M.«, Tradition, Five Thirty, Three Feathers, Three Lancers, Bon Vivant und den 35%igen Gibson Extra Dry. Sorten für den US-Markt wie MacNaughton und der meist jüngere Grande Canadian werden im allgemeinen in der Flasche exportiert, ein kleiner Teil aber auch lose.

Kleine Geschichte des kanadischen Whiskys

Als *Hiram Walker* 1884 *Canadian Club* herausbrachte, war das der Anfang eines nationalen Whiskystils. Wegen des eigentümlichen Produktionsverfahrens, das später alle Brenner im Land übernahmen, gelang beim Canadian Club etwas Besonderes. In ihm wurde das volle Flavour nordamerikanischer Whiskys – besonders die Fruchtigkeit – mit einem viel saubereren und leichteren, vielleicht herberen Geschmack verquickt, als zu der Zeit üblich. Diese Merkmale verbindet man seither mit kanadischen Whiskys.

Der Stil entstammte dem stets von allen Whiskyherstellern gehegten Wunsch, die von Fuselölen verliehene Härte etwas zu beseitigen, ohne jedoch den Geschmack ganz zu opfern. Zum Brennen am günstigsten erhältlich waren damals in Kanada Weizen und Roggen. Sie erzeugen Whisky mit hohem Fuselölgehalt. Um diese zu beseitigen, praktizierte man in Nordamerika eine zweifache Destillation, Holzkohlenfiltration oder Lagerung. Walker kam auf ein anderes Verfahren. Ein ungewöhnlich langer und intensiver Destillationsprozeß sollte einen möglichst reinen Grundwhisky erbringen, den er dann mit neutralem Sprit blendete. Andere Brenner arbeiteten damals sicher auch an einer Verbesserung der Rektifikations- und Blendingtechniken, aber Walker war in der Wissenschaft und Kunst des Vergärens, Destillierens und Verschneidens führend – und im Verkaufen.

Walker, dessen Vorfahren aus Norwich in England stammten und der selbst 1816 in Douglas, Massachusetts, geboren wurde, war ein Unternehmer großen Stils. Er hatte sein Arbeitsleben hinter dem Schalter einer Textilwarenhandlung begonnen, sich dann selbständig gemacht, erst als Müller und Essigfabrikant und 1858 als Whiskybrenner. Um seine verschiedenen Unternehmen hatte er auf der kanadischen Seite des Detroit River eine Industriestadt gebaut – Walkerville. Die Brennerei liegt an genau der Stelle, wo die Amerikaner im Zweiten Unabhängigkeitskrieg landeten, um Kanada von den Briten zu »befreien«. Das ehemalige Pioniergebiet wurde zu einer günstigen Verkaufslage. Als Walker *Canadian Club* herausbrachte, wuchsen schon Städte, die den Markt für ein solches Produkt abgaben. Eine dieser Städte sah er, wenn er über den Fluß in sein Geburtsland schaute.

»Canadian« war vielleicht damals schon ein Gütezeichen, »Club« ganz gewiß, und darum ging es. Er sollte ein anspruchsvoller Whisky für Clubmitglieder sein, für Gentlemen, nicht für Proleten. Zu einer Zeit, da Whisky faßweise verkauft und dann aus Karaffen ausgeschenkt wurde, war dieser abgefüllt und etikettiert, um die Herkunft zu garantieren. Hiram Walker lebt – mit ein oder zwei Destillateuren in anderen Ländern – als Pionier des Markenwhiskys im Gedächtnis fort.

Canadian Club war ein solcher Erfolg auf dem US-Markt, daß er überall nachgeahmt wurde. Als Walker 1899 starb, war »Canadian« schon ein Gütezeichen für Whisky. Überall gab es Nachahmer, im Jahre 1900 wurden über 40 solcher Fälschungen entdeckt. Auch gab es eine Fülle von »Club«-Whiskys, viele davon mit bemerkenswert ähnlichen Etiketten. Auf anderen Whiskys stand, sie seien nach dem »kanadischen Verfahren« hergestellt. Die Firma Hiram Walker verkündete mit Zeitungsanzeigen, Plakaten und Rundschreiben die Echtheit ihres Produkts und entlarvte die Fälschungen. Agenten wurden mit Erfolg eingesetzt, um die Täter aufzuspüren und zu verklagen.

In ihrem Bestreben, ihre Marke zu schützen, erklärte Walker's auch, es gäbe kein »kanadisches Verfahren«, das US-Firmen kopieren könnten. Zwar gab es das, aber es wäre wohl schwer zu patentieren gewesen. Der Streit wurde noch hitziger, als die Lobby der US-Brenner in Washington einen Gerichtsentscheid durchdrückte, wonach Fuselöle für Whisk(e)y wesentlich seien und rektifizierter Sprit nicht in die Flasche gehörte. Daraufhin wurden 6000 Kisten Canadian Club beschlagnahmt und nicht auf den amerikanischen Markt gelassen. Auf Anordnung von Präsident Taft fanden die Anhörungen drei Wochen lang statt, um die Frage zu klären. Industrieexperten und Chemiker sagten aus, und das Ergebnis war ein Urteil, daß Whisky »jeden aus Getreide gebrannten trinkbaren Branntwein ein-

Hiram Walker verschaffte Kanadas Whisky Weltgeltung. Aus dem Erfolg seines Canadian Club von 1884 ging eine der größten Spirituosenfirmen der Welt hervor.
»Ein Schwindel!« Die Dinge wurden beim Namen genannt, als die Firma Hiram Walker Whiskypanscher verfolgte.

schließt«. Eine klare Entscheidung, wenn auch kaum befriedigend – aber sie ließ Canadian Club ein für allemal im Lande zu. Aus solchen Kontroversen besteht die Geschichte des Whiskys.

Als die Blended Whiskys der Schotten durch die Londoner Urteile von 1905–1909 gerade zum Angriff auf den englischen Markt blasen durften, erhielten gleichzeitig die Kanadier durch den Entscheid aus Washington in den USA freie Hand. Das schottische Beispiel wird oft von Kanadiern angeführt, die die Vorzüge ihres eigenen nationalen Verfahrens, Whisky zu machen, anpreisen. Beide Länder schreiben Whisky gleich, aber ihre Verfahren sind eigentlich nicht parallel. Die Schotten nehmen im allgemeinen einen wesentlich höheren Anteil Straight Whisky (in ihrem Fall Single Malt) als die Kanadier (mit ihrem Rye). Die Schotten blenden ihren Malt mit Grain Whisky, nicht mit neutralem Sprit; jener trägt stark zum Geschmack bei, dieser kaum. Die schottische Tradition der Lagerung in Sherryfässern wurde in Kanada durch Weinzusätze erweitert.

Der Whisky kanadischen Typs hat seine eigene Art und Anhängerschaft, und seine Beliebtheit erwies sich für Hiram Walker als lukrativ. Fünf Jahre vor seinem Tod baute er ein Verwaltungsgebäude im italienischen Renaissancestil, ein prachtvolles Bauwerk mit Arbeitsplätzen, vergleichbar der Halle einer Bank des 19. Jahrhunderts, und Empfangsräumen, die an einen Londoner Herrenclub erinnern. Daneben ragt die Reihe cremefarbener Getreidesilos empor, zusammengedrängt wie Patronen in einem Revolvergürtel. Jenseits des Schienennetzes liegen die Backsteinbauten aus den 50er Jahren mit einer hochautomatisierten modernen Brennerei. Ringsum liegt die Stadt Walkerville. Nach Hiram Walkers Tod führten seine Söhne und Enkel das Unternehmen bis zur Zeit der Prohibition. Die Firma Hiram Walker ging dann in einer noch älteren Brennereifirma aus Toronto auf, *Gooderham & Worts*. Diese Firma wurde nicht von ihren Gründern geleitet, sondern von der Familie

Hatch, die immer noch in der Leitung der heutigen Aktiengesellschaft – jetzt mit vollem Namen Hiram Walker-Gooderham & Worts – stark vertreten ist. Einer der Hatches heiratete in die Cognacfamilie *Courvoisier* ein und bereicherte damit die historische Beziehung Kanada – Frankreich um eine »spirituelle« Verbindung. Die Firma ist am amerikanischen und schottischen Getränkegeschäft stark beteiligt und im Besitz so entlegener Marken wie Kahlua-Kaffeelikör aus Mexiko. 51% der Firmenaktien gehören Allied Breweries aus Großbritannien.

Nach 100 Jahren ist Canadian Club immer noch ein klassischer Whiskyname. Er hat den trocken-fruchtigen Rye-Geschmack und einen herben, leicht rauchigen Abgang – man könnte es als Hausstil von Hiram Walkers Canadian Whiskys betrachten. Eine 12jährige Version dieses Flaggschiffs, schlicht Canadian Club Classic genannt, hat einen früheren Super-Premium, Carleton Tower, verdrängt. Die Firma hat auch einen jüngeren, leichteren Whisky namens *Imperial* und den traditioneller schmeckenden *Walker's Special Old Rye*. Es gibt auch zwei Whiskys der Marke *Gooderham*, von denen *Little Brown Jug* noch mehr Rye-Charakter hat und *Bonded Stock* eher weniger. Der würzige *Royal Canadian*, der mittelschwere *Rich and Rare* und *Northern Light* sind alle Walker-Sorten auf dem US-Markt.

Die USA waren für Kanada immer ein riesiger Markt und während der sich überschneidenden Perioden des Ersten Weltkriegs und der Prohibition ein besonders lockender. Diese unruhige und wirre Zeit war das kriminelle Jugendalter des Whiskygeschäfts in Kanada. Während des Ersten Weltkriegs durften die Schotten noch Whisky produzieren, doch die kanadischen Brennereien mußten Industriealkohol machen. Ein Großteil des damals produzierten Scotch floß illegal nach Kanada, wo er mit fragwürdigen Spriten und Aromen versetzt und in die USA geschmuggelt wurde, um dort die Auswirkungen der Prohibition zu lindern. Als der Krieg aus war, galt im anglo-

kanadischen Raum die totale Prohibition. Trotzdem durften die Brennereien Whisky für den Export produzieren. Ein Großteil davon wurde über französische Inseln im St.-Lawrence-Golf oder angeblich sogar über Havanna geschleust, um die Sperre für Whiskyimporte in die USA zu brechen. Auf welchem Weg auch immer, er gelangte dorthin.

In Schottland und Kanada stand das Establishment solchem Treiben zwiespältig gegenüber: Man freute sich der riesigen Einkünfte für die Volkswirtschaft, schämte sich aber der Unternehmer, die sie erwirtschafteten.

In den 20er Jahren erwarb der schottische Gigant DCL *Seagram's* aus Waterloo, Ontario. Die Seagrams waren britische Einwanderer aus Wiltshire. Die erste in Kanada geborene Generation, in Land- und Gastwirtschaft groß geworden, verlegte sich auf die Müllerei und Brennerei und wurde schließlich der landesgrößte Erzeuger von Rye Whisky mit Marken wie *83* und *V. O.* Das schwarz-goldene Zierband des letzteren ging zurück auf die Pferderennfarben des Besitzers Joseph Emm Seagram. Nach dessen Tod wurde die Kontrolle unter den Mitgliedern der Familie aufgeteilt.

DCL erwarb nicht nur Seagram's, sondern übernahm auch die Teilhaberschaft an einer Firma, die die *Bronfmans*, eine andere kanadische Brennerfamilie, ins Leben gerufen hatte. Diese Familie hatte während der Prohibition in den USA im Alkoholhandel Erfolg gehabt und nunmehr in La Salle, einer Vorstadt von Montreal, eine Brennerei gegründet. Die DCL-Bosse meinten damals, mit der Erfahrung der Seagrams und Bronfmans auf dem nordamerikanischen Markt bessere Fortschritte machen zu können, aber als der Schatten der Prohibition von den USA abzog, änderten sie ihre Meinung und beschlossen, es allein zu versuchen. Der DCL-Anteil an Seagram's wurde an die Familie Bronfman verkauft. Das war eine schicksalhafte Entscheidung.

Seagram's gedieh unter Leitung der Bronfmans in den USA am besten und

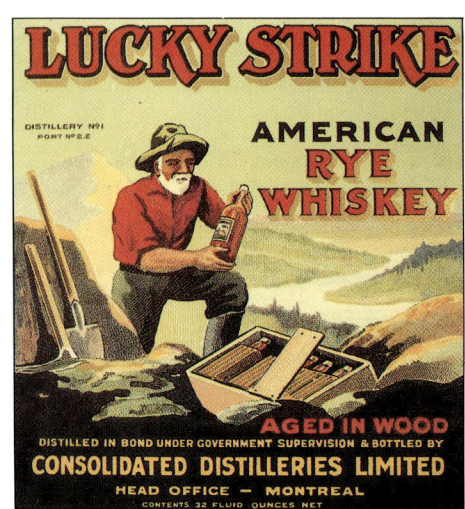

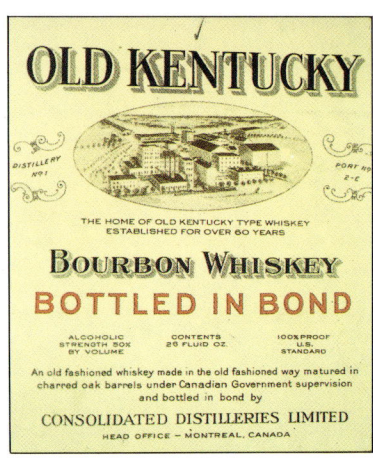

Namhafter »amerikanischer« Whiskey und sogenannter »Kentucky Bourbon« wurden in den Prohibitionsjahren von Kanadiern produziert. Der Brenner mußte sich damit begnügen, »Frostschutzmittel« herzustellen.

wurde zur größten Brennerei nicht nur in Kanada und den USA, sondern auch weltweit, mit beträchtlichen Beteiligungen in Schottland. Zur riesigen Produktpalette der Firma gehören die Rums Ronrico und Captain Morgan, die Gins Sir Robert Burnett und Boodles, Wolfschmidt-Wodka und Leroux-Liköre. Die Familie Bronfman ist auch im Öl- und Immobiliengeschäft tätig.

Seagram's Erfolg hat seine ironischen Seiten. Um die Erinnerung an den Schwarzbrenner- und Schmuggler-Schnaps auszulöschen, wurde Sam Bronfman, das Oberhaupt der Dynastie, ein so strenger Verfechter sauberer Brennereiprodukte, daß sein Wort fast internationales Gesetz wurde. Sein Hauptaugenmerk galt der Kunst des Blending, für ihn der Schlüssel zur Produktion von Whiskys, die Charakter, Reinheit und Beständigkeit verbanden. Auf einer

ähnlichen Linie predigte er auch Mäßigkeit beim Trinken, und Seagram's kaufte Werbeflächen, um vor unmäßigem Konsum zu warnen.

Seagram's Canadian Whiskys sind in der Regel abgerundet, mit einem Hauch Süße. Sie sind meist zart im Geschmack, mit einem leicht öligen Körper und einem sauberen Abgang mit Eicheanklängen. Es werden keine Aromen benutzt, und der Grund-Rye kann mit Whisky aus ungemälzter Gerste geblendet werden. Ein hoher Anteil angekohlter neuer Eichenfässer wird verwendet, aber bei jedem Blend werden die Whiskys nach einem komplizierten System verschiedenen Faßarten entnommen. Der Super-Premium ist *Crown Royal*, kreiert zu Ehren von König Georg VI. und Königin Elizabeth, als sie 1939 Kanada besuchten. Sam Bronfman soll ihn selbst geblendet und sich

dabei durch 600 Proben durchgearbeitet haben, bevor er zufrieden war. Dann kommt *V. O.* (Very Old? – wohl kaum, mit 6 Jahren), gefolgt von *83* (das Jahr, in dem Joseph Emm Seagram alleiniger Besitzer seiner Brennerei in Waterloo wurde), *Great Oaks* und *Five Star* (eine Barmarke, die Seagram's meistverkaufter Canadian Whisky im Heimatland ist). Crown Royal und V. O. sind beide sanfte, reiche Whiskys mit viel Aroma und Geschmack. Seagram's 83 ist leichter, mit trockenerem Abgang. Five Star hat mehr Rye-Charakter und eine Spur Eiche.

Canadian *Lord Calvert* mit vollem Geschmack und ziemlich süß, der leichtere, gut abgerundete *Harwood* und der noch leichtere, sanftere *James Foxe* werden alle lose in die USA exportiert. Infolge einer früheren Übernahme hat Seagram's auch eine Kollektion von Canadian Whisky der Marke

Adams. Sie sind eher trocken, mit lebhaftem, beschwingtem Geschmack. Sie umfassen *Adams' Antique* (12 Jahre alt), *Private Stock* (8) und *Double Distilled* (5). Adams' Barsorte nennt sich verwirrenderweise *Four Roses*, ein Name, der auch für Bourbons und Blended Whiskys in den USA und anderswo benutzt wird. Auch für die Tochterfirma Hudson's Bay Distillers produziert Seagram's Canadian Whiskys. Diese sind in der Regel leicht und trocken. Eine weitere von Seagram's erzeugte Reihe sind die sehr körperleichten, runden Whiskys der unabhängigen Firma *Jack Baker*, die sie auch vertreibt.

Das von Sam Bronfman vertretene Credo der Whiskyherstellung gilt so fest wie eh und je. In der Montrealer Zentrale, einem romantischen »Schloß« in der Innenstadt, schlendert *Art Dawe*, der Haupt-Blender aus Bronfmans Zeit, freundlich zwischen den Magazinschubladen mit Proben umher und führt ein Glas an die Nase, um sich zu vergewissern, daß die Geheimnisse von Seagram's auch wirken. Draußen in der Vorstadt La Salle speien die Backsteingebäude der Brennerei Whiskyfässer aus, die auf einem »Skilift« in die Lagerhäuser fahren. In der Waterlooer Brennerei wurde im Jahre 1984 ein eindrucksvolles Whiskymuseum eröffnet.

In den USA sind die Hauptbrennereien in Lawrenceburg, Indiana, und Relay bei Baltimore, Maryland. Das Verwaltungsgebäude in der New York Park Avenue, in den 50er Jahren von Mies van der Rohe erbaut, ist ein Wahrzeichen.

Die Familie hat immer noch die Aktienmehrheit in der Firma. Sie waren Flüchtlinge aus dem zaristischen Rußland und wurden eine Dynastie wie die Rothschilds. Mit ihnen wurde der kanadische Whisky volljährig.

Blender bei Seagram's betrachten ihre Proben als »Bibliothek« und bewahren sie im »Magazin« auf. Andere Firmen arbeiten in etwa genauso, aber bei Seagram's wird die Kunst des Blenders mit besonderer Hingabe gepflegt.

DIE WICHTIGSTEN KANADISCHEN WHISKYS – EIN GESCHMACKSFÜHRER

Zu den nationalen Traditionen Kanadas gehört auch die Vorliebe für die Schreibweise »Whisky«. Canadian Whisky ist einer der klassischen Stile der Welt, ein Blended Whisky, dessen geschmacklicher Grundton vom Roggen kommt. Kanadische Whiskys sind in der Regel leicht im Körper, weich, aber oft ziemlich voll im Geschmack.

Crown Royal, von Seagram's

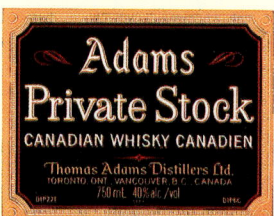

Private Stock, aus Seagrams Reihe Adams

Hudson's Bay Special, aus Seagrams Reihe Hudson's Bay

Crown Royal von Seagram's ist sauber, zart, abgerundet, mit einer Spur Eiche im Abgang. Das sind Hausmerkmale der Seagram-Reihe. Die *Adams-Blends* sind trockener, die von *Hudson's Bay* leichter.

Royal Velvet, von Gilbey

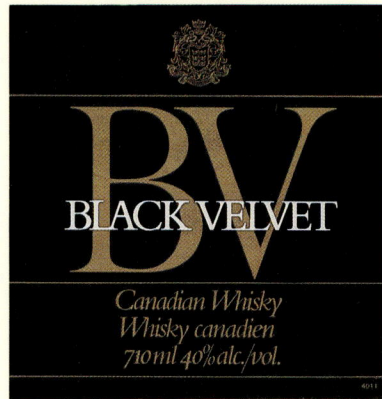

Black Velvet, von Gilbey

Royal Velvet ist der Super-Premium von Gilbey. Die Firma hat eine Reihe ausgereift schmeckender Whiskys, die nach verschiedenen Samtfarben benannt sind, darunter die beliebte Marke *Black Velvet*.

Canadian Company ist ein weicher, eleganter Whisky mit einem mildem Aroma und einer Spur Kentucky-Eiche. Die Firma gehört dem Branntweinproduzenten Rieder. Rieder vertreibt den sauber schmeckenden *Canadian Mist* in seinem Heimatland.

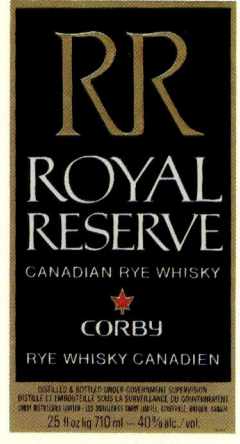

Royal Reserve, von Corby

Burke's Select, aus Corbys Reihe Burke's

Wiser's Oldest, aus Corbys Reihe Wiser's

Royal Reserve ist der meistverkaufte der Corby-Whiskys, die alle im allgemeinen leicht im Geschmack sind. Dieselbe Brennerei erzeugt die sehr leichte Reihe *Burke's* und die reifer schmeckende *Wiser's*.

Canadian Club Classic (Hiram Walker)

Canadian Club, von Hiram Walker

Canadian Club könnte man *den* Originalwhisky seines Stils nennen. Seine 12jährige Version, Classic, ist somit treffend benannt. Diese Whiskys haben einen trockenen Roggenfruchtton und einen herben, schwach rauchigen Abgang.

Captain's Table, von McGuinness

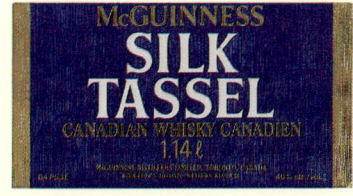

Silk Tassel, von McGuinness

Captain's Table ist die Super-Premium-Marke von McGuinness, ein ziemlich vollmundiger Blend. Die Whiskys der Firma sind im allgemeinen aromatisch, ziemlich körper- und nuancenreich. Zu ihnen zählt der beliebte Silk Tassel.

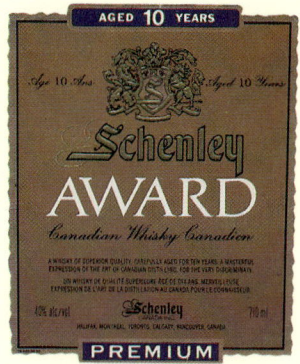

Schenley Award, von Schenley

Gibson's Finest, aus Schenleys Reihe Gibson's

Three Lancers, aus Schenleys Reihe Park & Tilford

Schenley Award ist ein ausgereifter 10jähriger Whisky mit gutem Rye-Charakter. Zu Schenleys Premium-Produkten gehört auch der weiche Gibson's Finest. Neben Gibson besitzt die Firma noch Park & Tilford.

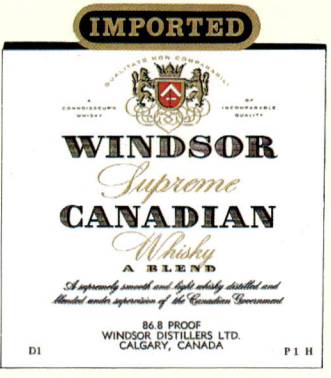

Windsor Supreme, von Alberta Distillers

Alberta Springs, von Alberta Distillers

Windsor Supreme ist ein sauber schmeckender Canadian Whisky mit weichem Geschmack und einem Anflug von Roggen. Er stammt von Alberta Distillers, zu denen auch der Super-Premium Alberta Springs gehört.

Meagher's 1878 verkörpert am besten die sehr volle Fruchtigkeit, die ein klassisches Merkmal einiger kanadischer Whiskys ist. Passenderweise ist die Firma für Obstbrände und Liköre bekannter.

VEREINIGTE STAATEN
USA

Im Land des Kaufens aus Prestige wird man allüberall zum Trinken animiert, und doch bleibt ein merkwürdiger Zwiespalt. Das nationale Gedächtnis ist in einer Täuschung über die, gewissermaßen, »spirituellen« Ursprünge des Landes befangen. Als die Pilgerväter in Amerika landeten, war ihren Tagebüchern zufolge »unsere Verpflegung ziemlich aufgebraucht, insbesondere unser Bier«. Sie dürsteten nicht allein nach Freiheit, doch der Schatten ihrer Puritanerhüte liegt immer noch über dem Land. Zu ihrer Zeit war es häufig gefährlich, Wasser zu trinken. Der Genuß von Alkohol, sofern nicht übermäßig, hatte nichts Schändliches. Ein gutes Jahrhundert lang.

Ist es Zufall, daß die Abfahrtsorte der Pilger – Leiden in den Niederlanden, London und Plymouth in England – die drei am meisten mit der Entstehung des Gin verknüpften Städte sind?

Gin bleibt holländisch und englisch und versteckt sich in den USA schuldbewußt im Martini, obwohl dieses durchsichtige Gemisch oft kaum Wermut enthält. Ein Martini aus Wodka ist ein noch größerer Verrat und zudem ziemlich sonderbar in einem so russenfeindlichen Land. In Rußland, der Ukraine und Polen kann Wodka auf 20 bis 30 Arten »gewürzt« sein, mit dem Aroma von Büffelgras oder Dill bis zu Cayennepfeffer oder Ginseng; in den USA will die populärste Version nichts weiter, als einem den Atem verschlagen. Es riecht sehr nach Doppelmoral, wenn ein berauschendes Getränk dadurch annehmbarer wird, daß es wenig Geschmack und noch weniger Aroma hat.

Einen solchen Vorwurf kann man den großen Spirituosen der Welt nicht machen, von denen wenigstens eine amerikanisch ist. Der leidenschaftliche Amerikaner *Bernard De Voto* war in seinem Essay *»The Hour«* eindeutig: »Geben wir unumwunden zu, daß es Schandflecke auf der amerikanischen Vergangenheit gibt, deren weitaus schlimmster der Rum ist. Dennoch haben wir des Menschen Los verbessert und seine Zivilisation mit Rye, Bourbon und dem Martini-Cocktail bereichert. Hat irgendein Volk der Geschichte je so viel geleistet? Nicht zwei Drittel davon.«

»The Hour« ist jene Stunde nach der Arbeit und vor dem Abendessen, in der zivilisierte Menschen in aller Welt einen Drink genießen. Bei den Amerikanern hat sich die von ihnen so genannte »Happy Hour« ein-

Im White Rabbit Saloon (links) zeigt sich die amerikanische Doppelmoral beim Trinken: jede Menge Whiskeyflaschen, aber kein Alkohol, und das in der Whiskeybrennerstadt Lynchburg, Tennessee. Aber der Ort ist trocken: Zum Essen wird Sprudel oder Kaffee serviert.

Die obige Lizenz als Spirituosengroßhändler wurde 1872 in Bethel, Alabama, erteilt; über 100 Jahre später sind Staats- und Kreisgesetze immer noch ermüdend. »Package Stores« wie dieser in Louisville, Kentucky, die Alkohol nur verschlossen verkaufen, erfreuen vielleicht den »Alkoholarchäologen«, aber nicht den Gaumen des Durstigen.

gebürgert, und 1951 widmete De Voto diesem Thema einen erschöpfenden und treffsicheren Essay von Buchlänge.

Nicht erklärt hat er allerdings, was ihm an Rum so mißfiel, bis auf die Andeutung, er sei ein rohes Getränk. Amerikanischer Rum, in Neuengland gebrannt, war der erste kommerziell erzeugte Branntwein des Landes. Er wurde vom 17. Jahrhundert an produziert, ging aber im 19. Jahrhundert zurück, als der Whiskey-Konsum mit Hilfe neu entwickelter kontinuierlicher Destillationsmethoden in Schwung kam.

In jedem Land folgen Getränke als Teil der Wirtschafts- und Sozialgeschichte eigenen geographischen Strömungen, vor allem in einer so mobilen Nation wie den USA.

Den ersten Durst löschten Kolonialbiere vom Aletyp. Diese Brauweise hat sich in Neuengland und dem Norden des Staates New York, allerdings nur noch ansatzweise, gehalten. Mitte bis Ende der 70er Jahre tauchte dieser Stil im ganzen Land auf, und Ale wurde bei einer neuen Brauergeneration in Nordkalifornien und dem pazifischen Nordwesten Mode. Unterdessen trank man im mittleren Amerika weiter Lagerbiere nach deutscher Tradition.

Rum ging einen anderen Weg. Der Neuengland-Rum flaute ab. Karibischer Rum florierte, wurde in den tropischen Teilen der USA in Mixgetränken populär und erreichte wiederum in Nordkalifornien, vor allem San Francisco, seinen Gipfel in einer neuen Generation von Longdrinks.

Der amerikanische Whiskey fing in Pennsylvania und Maryland an, zog dann südwärts durch Virginia nach Kentucky und Tennessee. In seinen südlicheren Domänen ist er noch Teil der örtlichen Sozialkultur, aber das Aufkommen des »Stadtcowboytums« schuf ihm in anderen Teilen des Landes einen neuen und modernen Kontext. Daß diese Haltung auf den Film »Urban Cowboy« zurückgeht, einen modernen Western von 1981, vergaß man angesichts ihrer Durchgängigkeit schnell. Dieser Film spiegelte eine Renaissance des Pioniergeistes von Selbstvertrauen und Abenteuer wider. Zeitweise wirkte er wie eine Parodie, aber dem Whiskey kam er zugute.

Es wurde auch höchste Zeit, daß amerikanischer Whiskey in Mode und von der Kurzlebigkeit wegkam. Die Popularität, die Produkte wie Wild Turkey und Jack Daniel's auf einmal fanden, gab dem Whiskey

die Möglichkeit, an fernen Orten, wo er feste Anhänger gehabt hatte, wieder aufzutrumpfen, vor allem wiederum in Nordkalifornien. Von den großstädtischen Märkten in den USA wird in der San Francisco Bay Area der meiste Bourbon Whiskey konsumiert.

Es ist auf den ersten Blick paradox, daß in dem für Wein (und sogar Portwein und Weinbrand) berühmtesten Teil der USA so viele andere Getränke in exotischer Vielfalt oder Menge florieren. Aber eine Empfänglichkeit fördert die andere. In Nordkalifornien ist Wein wichtig für die Wirtschaft, und die Gaumen sind auf Feinschmeckereien jeder Art eingestellt.

Die Beredsamkeit, mit der sich Nordkalifornier diesen Dingen widmen, ist nur einer von vielen Gründen zum Stirnrunzeln zwischen West- und Ostküste. Dabei ist jede Seite überzeugt, das Monopol für guten Geschmack zu haben. Im Osten sind die Geschmäcker anders. Als der Rest des Landes unter der Prohibition stöhnte, verstand es das kosmopolitische New York, einen Geschmack für Scotch und Canadian Whiskys zu entwickeln, und beide haben sich gehalten. Die Begeisterung für kanadische Whis-

135

*Anfang des Jahr-
hunderts rollte die
Abstinenzwelle in
Amerika von Staat
zu Staat. Uncle
Sam meinte, seine
Kinder würden
ohne Alkohol ge-
sünder aufwachsen.
Seltsamerweise war
medizinischer
Gebrauch eine
Ausrede für einen
Drink, sogar einen
»in Holz gereif-
ten«.*

*Rechts: Die ersten Whiskeystaaten waren
Pennsylvania, Maryland und Virginia.
Heute sind Kentucky und Tennessee die
wichtigsten und stilbestimmenden. Das
Herzland des Whiskeys erstreckt sich von
Illinois bis Georgia und von Kansas bis zu
den Carolinas (Moonshine-Gebiet).*

kys wurde auch durch ihre verlockende Nähe gefördert: Sie sind leicht erreichbar, nicht übermäßig teuer und haben doch den Status des Imports. In der Prohibitionszeit war es der Osten, der Whiskys in Cocktails wie dem Manhattan, dem Old Fashioned und dem Sour versteckte.

Wie alle Whiskys schmecken auch die aus den USA unkaschiert am besten. Man nehme ein kleines Glas, lege zwei Finger an und gieße auf diese Höhe ein. Mit etwas Übung schafft man das. Wem das nicht reicht, der schenke sich vier Fingerbreit ein. Amerikaner bevorzugen große Mengen Alkohol. Amerikanischer Whiskey hat ein so volles Aroma, daß er auf den üblichen Tropfen Wasser, der das Bukett freisetzen soll, verzichten kann. Wem jedoch die Stärke des

Alkohols den Gaumen taub macht, der verdünne mit Wasser; das absolute Maximum ist 50:50. Das übertriebene Verhältnis von zwei Teilen Wasser auf einen Teil Whiskey empfahl *M. F. K. Fisher* in ihrem klassischen *»The Art of Eating«*. Sie schimpfte jedoch kräftig auf Sprudel und Eis, die beide den Whiskey ersäufen und den Gaumen schokken. In den USA einen Drink ohne Eis zu bekommen, kann schwer werden. Nach üblicher amerikanischer Art gibt man reichlich Eis in ein klobiges »Old-Fashioned«-Glas von 6 Unzen (0.17 l; nach dem Cocktail benannt), schenkt wenigstens zu einem Drittel voll Whiskey und füllt vielleicht mit Wasser auf. Oder man kann ein höheres Highball-Glas von etwa 8 Unzen (0.23 l) nehmen. Beide Gläser sind zylindrisch, glatt, ohne

Stiel und haben einen soliden Glasboden.

Nicht nur die Drinks, sondern auch die Lokale, wo sie getrunken werden, sind von einem Landesteil zum anderen verschieden. In den großen alten Städten des Ostens und Mittelwestens sind eine Handvoll Kneipen noch so wie vor der Prohibition. Hier kann man sich treffen und locker zusammensitzen, ohne Teil einer bestimmten »Clique« zu sein. Es sind keine Bars wie jene Zwecklokalitäten mit langen Tresen, eintöniger Ausstattung, Barhockern oder Leuten, die ihren Kummer ersäufen; noch sind sie spezieller Treffpunkt für Singles, Schwule, Akademiker oder wen auch immer.

Zwanglose Trinkgelegenheiten, manchmal »Bar and Grill« betitelt, finden sich auch zuhauf im Norden der Westküste – in San

Francisco und vor allem Seattle. Angeblich trinken die Leute in Seattle gern drinnen, weil es draußen ständig regnet. Das stimmt nicht.

Im Westen, Südwesten und Süden ist es großenteils so heiß, daß man lieber draußen trinkt. In manchen Landkreisen – aber nicht mehr in ganzen Staaten –, besonders im Süden, herrscht noch Prohibition. Es gibt sogar ein Gewirr von lokalen Gesetzen über das Trinken im Freien, ob aus einer Flasche oder Dose oder unter der Tarnung einer braunen Papiertüte.

Dennoch ist das Trinken im Freien der definitiv amerikanische Stil, von Florida über die Rocky Mountains bis Südkalifornien: Drinks am Strand, im Gebirge, auf dem Golfplatz und daheim. In Europa und Japan lebt man eher auf engem Raum in Häusern; Amerikaner leben, wenn möglich, in Wohnsitzen. Häuser sind kleine, intime Familiennester. Wohnsitze sind ausgedehnte Anlagen mit Image-, Lebensstil- und Freizeitwert. Amerikaner trinken gern daheim und kochen draußen im Garten. Im Sommer scheinen sie manchmal kaum etwas anderes zu machen.

Der Eindruck trügt; die Amerikaner gehören zu den eher mäßigen Trinkern der westlichen Welt. Was ins Auge fällt, ist nicht Unmäßigkeit, sondern Lebensfreude unter dem Puritanerhut.

Die Whiskeys der Vereinigten Staaten

Nicht jedes Land pflegt den berechtigten Stolz auf seine Nationalgetränke. Am besten versteht man dies in Frankreich. Ein Franzose – sogar ein nicht so chauvinistischer – würde nicht zögern, Stolz auf Cognac und Armagnac zu bekunden. Es gibt Spirituosen von vergleichbarer Komplexität in anderen Teilen der Welt, aber im eigenen Land erweist man ihnen nicht genug Ehre. Diese Nichtanerkennung einer nationalen Errungenschaft ist keineswegs auf die USA beschränkt, dort aber am deutlichsten. Andernfalls müßten die Amerikaner einen offenkundigeren Nationalstolz auf ihre klassischen Whiskeytypen empfinden, vor allem auf Rye (einst *Pennsylvania* und *Maryland* vorbehalten), *Kentucky* Bourbon und den Sour Mash aus *Tennessee*.

Einen der drei, Rye, hat man bis zur Verkümmerung vernachlässigt. Der »Skandal« wird dadurch noch schlimmer, daß Rye der erste in den USA entstandene Whiskeytyp ist. Bourbon hat stark unter der Selbstverständlichkeit, mit der er getrunken wurde, gelitten und erlangte mit der wachsenden Beliebtheit erlesener Marken in den frühen 80er Jahren eine neue Wertschätzung. Den deutlichsten Erfolg verbuchte er fern vom heimischen Kentucky in Städten wie San Francisco, Tokio und London. Der Typ, der die traditionellen Werte am überzeugendsten vermittelt hat, ist *Tennessee Sour Mash*, insbesondere durch die Bemühungen von *Jack Daniel's*.

Jack Daniel's stilles Beharren auf seiner einfachen Herkunft war echte Treue. Selbst die patriotischsten Nationen meinen allzu oft, ihre Traditionen könnten altmodisch sein, und ergänzen sie mit exotischen Importen. Das ist gut und schön; ohne Importe gäbe es keine Exporte. Eine Tradition zu ergänzen bereichert das Leben, doch ihre Vernachlässigung macht arm. Ein Problem der USA ist vielleicht ihre Fixierung auf das Jungsein; wie ein Mensch an der Schwelle zum Erwachsenenalter scheinen sie manchmal nicht akzeptieren zu können, daß sie alt genug sind, eine Vergangenheit zu haben. In ihrer löblichen Vorwärtsorientierung verlieren sie das Erbe aus dem Blick. Das birgt die Gefahr, mehr Wert auf Kurzlebiges als auf Dauerhaftes zu legen. Whiskey ist dauerhaft.

Der Whiskey ist, wie es ihm zukommt, erwachsen geworden. Er ist vom Leben gezeichnet, hat die rauhe Attraktivität eines Bogart, Bronson oder Marvin, deren Gesichter – wie das seine – eine interessante Vergangenheit ahnen lassen. Der Whiskey fing in Amerika als Bauernbub an und trieb sich in der Wildnis herum, bevor er stadtfähig wurde. In der Stadt verlebte er tolle Tage und ließ sich mit gewalttätigen »Freunden« ein. Er hat sich ein Image verschafft, das zwar romantisch ist, aber die Tiefe seines Charakters verbirgt.

Neue Eiche verleiht den klassischen US-Whiskeys einen charakteristischen Geschmack. Jedes Faß darf nur einmal benutzt werden. Darauf achten bewaldete Staaten wie Arkansas. Die Karaffen sind die Vorläufer der Flaschenabfüllungen. Sie wurden in der Bar vom Faß gefüllt …

»Beer« im Gärbottich. Daraus wird später Rye Whiskey.

So gesehen scheint Whiskey als National-brand der USA genau das Richtige zu sein; sie sind zusammen groß geworden. Aber es ist eines, einen flotten alten Knaben zum Opa oder Onkel zu haben, und ein anderes, ihn zu einer Dinner Party mitzunehmen. In Kentucky und Tennessee macht man das noch, aber man fragt sich vielleicht, ob es auch passend ist. Weiter weg, dort wo Entfernung Perspektive verleiht, verlieren die nunmehr 200 Jahre alten amerikanischen Whiskeys endlich das Image des Empor-kömmlings und gewinnen die Achtung, die ihrem abgerundeten, ausgereiften Charakter gebührt.

Die eleganteste Huldigung, die der amerikanische Whiskey je erhielt, ist wohl die Beschreibung von *Bernard De Voto,* der von Italienern und Utah-Mormonen abstammt: »Echter Rye und echter Bourbon entzücken wie jeder große Wein mit einer reichen und magischen Fülle von Obertönen und Weisen, entschiedenen Dissonanzen und einer kontrapunktischen Folge flüchtiger Nach-geschmäcker. Sie verleihen dir die Würde, einen für sie empfänglichen Geschmacks-sinn zu besitzen, und adeln die Seele im Glanz des Genusses.«

H. L. Mencken nannte »Bourbon Whiskey, alt, sanft und voll scharfer, aber zarter Töne«. Er sprach dabei just von dem Bourbon, mit dem der Bürgermeister von San Francisco die Delegierten des demokrati-schen Parteitags von 1920 milder stimmen wollte, ein Jahr, nachdem das Volstead-Gesetz die Prohibition eingeführt hatte.

Lyrische Beschreibungen, gar melodi-sche, beschwören den Genuß des Getränks, fassen aber nicht seinen Geschmack. Ge-schmack entsteht aus einer Fülle von Kom-ponenten, die sich ausgleichen und deren stärkste die Grundrichtung des Geschmacks bestimmt. Diese Komponente für sich allein könnte abschrecken. Roggen, zum Beispiel, schmeckt bitter. Bitter hört sich unange-nehm an, kann aber appetitanregend wir-ken. Warum sonst würden gescheite New Yorker ihr Mittagssandwich »on rye« ser-viert haben wollen? Unter den Getreiden gilt Roggen als primitiv, ist aber, wie viele Armeleuteessen, köstlich. Was das Roggen-korn dem Brot gibt, das verleiht es auch dem Whiskey. Ob gebacken oder gebrannt, der Roggencharakter kommt durch. *Rye Whiskey* hat den gleichen Hauch von Bitterkeit. Er erinnert an eine bittersüße Frucht – viel-leicht ein Ton Aprikose –, würzig, etwas ölig, fast wie Pfefferminz. Die Bitterkeit regt den Appetit an, wie die von Chinin in einem Markenaperitif oder von Hopfen im Bier. Der Pfefferminzgeschmack, der eine Dige-stifqualität hinzufügt, ist besonders deutlich in Rye Whiskeys aus den ersten 20 oder 30 Jahren dieses Jahrhunderts zu spüren. Da-von findet man in Bars, die solche Köstlich-keiten pflegen, ab und zu noch Flaschen.

Es ist schwer, einen Whiskey nur aus Roggen herzustellen. Im Gärstadium leistet ein kleiner Anteil Gerstenmalz die Hauptar-beit. Geschmacklich wird die Intensität des Roggens durch einen beträchtlichen Anteil Mais ausgeglichen. Diese drei Getreide wer-den am Anfang des Produktionsprozesses zusammen gekocht und destilliert. Sie wer-den nicht getrennt gebrannt und später ge-mischt. Auch darf sich ein Whiskey laut Bundesverordnung nicht Rye nennen, wenn der Roggenanteil nicht mindestens 51% be-trägt. Um sich *Rye Whiskey* nennen zu dür-fen, muß das Produkt in Eichenfässern mit angekohlten Innenseiten gelagert worden sein. Diese Fässer dürfen nur einmal benutzt werden, stets muß neue Eiche neu angekohlt werden. Die Vorschriften setzen keine Mindestlagerzeit fest, aber das Produkt darf sich nicht *Straight Rye Whiskey* nennen, wenn es nicht wenigstens zwei Jahre gereift ist, und es muß eine Altersangabe tragen, wenn es nicht mindestens vier Jahre lang im Faß war.

Das andere und in der amerikanischen Whiskeybrennerei ausgiebiger gebrauchte Getreide ist der Mais, der viel süßer schmeckt. Aber es wäre auch schwer, Whiskey nur aus Mais zu erzeugen, ohne alles Gerstenmalz. Allerdings gibt es amerikanische Whiskeys aus über 80% Mais. Dieser sehr einfache, anspruchslose *Corn Whiskey* wird nicht in angekohltem Holz gelagert. Ein bekanntes Beispiel, das lustigerweise unter dem Namen *Georgia Moon* in Einmachgläsern verkauft wird, trägt die Aufschrift »weniger als 30 Tage alt«. Ein anderes bekanntes Beispiel stammt aus der Brennerei *McCormick* in Weston im Platte Valley, nördlich von Kansas City, Missouri. Diese Brennerei, angeblich von 1856, will die älteste in den USA sein. *Platte Valley Straight Corn Whiskey* wird in einem irdenen Krug vertrieben.

Die klassische amerikanische Sorte ist nicht Rye oder Corn, sondern *Bourbon Whiskey*, benannt nach dem Landkreis in Kentucky, wo er zuerst hergestellt wurde. Bourbon würzt seinen Geschmack mit einer kleinen Menge Roggen (in manchen Fällen Weizen), die zwischen 5 und 15% ausmacht. Ein ähnlicher Anteil Gerstenmalz wird zur Förderung der Vergärung genommen. Der Hauptbestandteil ist abermals Mais. Die würzigeren Bourbons haben etwa 70% Mais, die weniger charaktervollen können an 90% herankommen. Für Bourbons ist das Lagern in angekohlten Fässern am entscheidendsten. Es verleiht den typischen Vanillegeschmack, den das Destillat der Eiche beim Reifen entzieht.

Bourbons werden in verschiedenen Altersklassen erzeugt. Ihr Alter beträgt meist nicht unter vier und selten mehr als zehn oder zwölf Jahre. Wenn das Alter nicht angegeben wurde, hat der Whiskey minde-

stens 4 Jahre gelagert. Bourbons werden auch in verschiedenen Stärken produziert, von 80 bis 101 (*US-Proof* geteilt durch zwei ist gleich Volumenalkohol). Ein Standard von 100 Proof wurde festgesetzt, als in den Anfängen der Flaschenabfüllung ein Gesetz den Brennern gestattete, Whiskey unversteuert unter Zollverschluß zu lagern, bis er zum Verkauf freigegeben wurde. Das war 1894, aber der Begriff *Bottled in Bond* bezeichnet noch immer einen Whiskey von 100 Proof. Viel mehr aber auch nicht, da aller Whiskey mehr oder weniger unter Regierungsaufsicht hergestellt wird.

Ein anderer häufig mißverstandener Begriff ist *Sour Mash* (saure Maische). Dies ist das normale Produktionsverfahren bei allen Straight Whiskeys und daher keineswegs außergewöhnlich. Mit der Bezeichnung *Kentucky Straight Bourbon Whiskey* hat ein Brenner sein Produkt hinreichend ausgewiesen. In anderen Staaten, die Straight Whiskeys erzeugen, wird *Sour Mash* oft als Echtheitstitel hinzugefügt. Bei der Sour-Mash-Technik wird ein gewisser Rückstand aus der vorhergegangenen Destillation, »backset« oder »setback« genannt, vom Boden der Still genommen und wiederverwendet. Er kann dem Getreidebrei im Kocher, der Hefemaische, den Gärbehältern oder allen dreien zugesetzt werden und hilft, eine Kontinuität des Gärprozesses zu gewährleisten und vor dem Wirken wilder Hefen zu schützen.

Der Zusatz *Straight* vor einem Rye oder Bourbon besagt nicht nur, daß der Whiskey nach den Bestimmungen gelagert wurde, sondern auch, daß er nicht mit Neutralsprit »gestreckt« wurde. Ein »Straight« kann mehr als eine Destillation des angegebenen Typs enthalten, vielleicht sogar von mehr als einem Ort, aber er entspricht strikt der Bezeichnung auf dem Etikett, sei es Rye oder Bourbon. Es ist zulässig, *Blended Rye* oder *Blended Bourbon* zu produzieren, in welchem Falle das bezeichnete Produkt mindestens 51% der Gesamtmenge darstellen muß. Der Rest ist Neutralsprit.

Da Whiskey und Neutralsprite aus dem

Grell bietet ein amerikanischer Spirituosenladen seine Whiskeys an. Rechts: Die Counties (Landkreise) von Kentucky. In Bourbon County (83) selbst gibt es keine Brennereien.

gleichen Getreide gemacht sein können, wie unterscheiden sie sich? Der eine hat »Geschmack, Aroma und Merkmale, wie sie allgemein dem Whiskey zugeschrieben werden«, sagen die Bestimmungen. Dazu verlangen sie ferner, daß Whiskey auf weniger als 190 US-Proof (95% Volumenalkohol) gebrannt und auf nicht weniger als 80 Proof (40%) herabgesetzt werde. Alles, was stärker gebrannt wurde, kann dabei derart rektifiziert worden sein, daß es zu »rein« ist, um noch Whiskey zu heißen. Es muß Getreidesprit, Neutralsprit oder schlicht Alkohol genannt werden.

Die Whiskeys, für die am meisten geworben wird, jedenfalls auf ihrem heimischen Markt, sind nicht Ryes, Corn Whiskeys

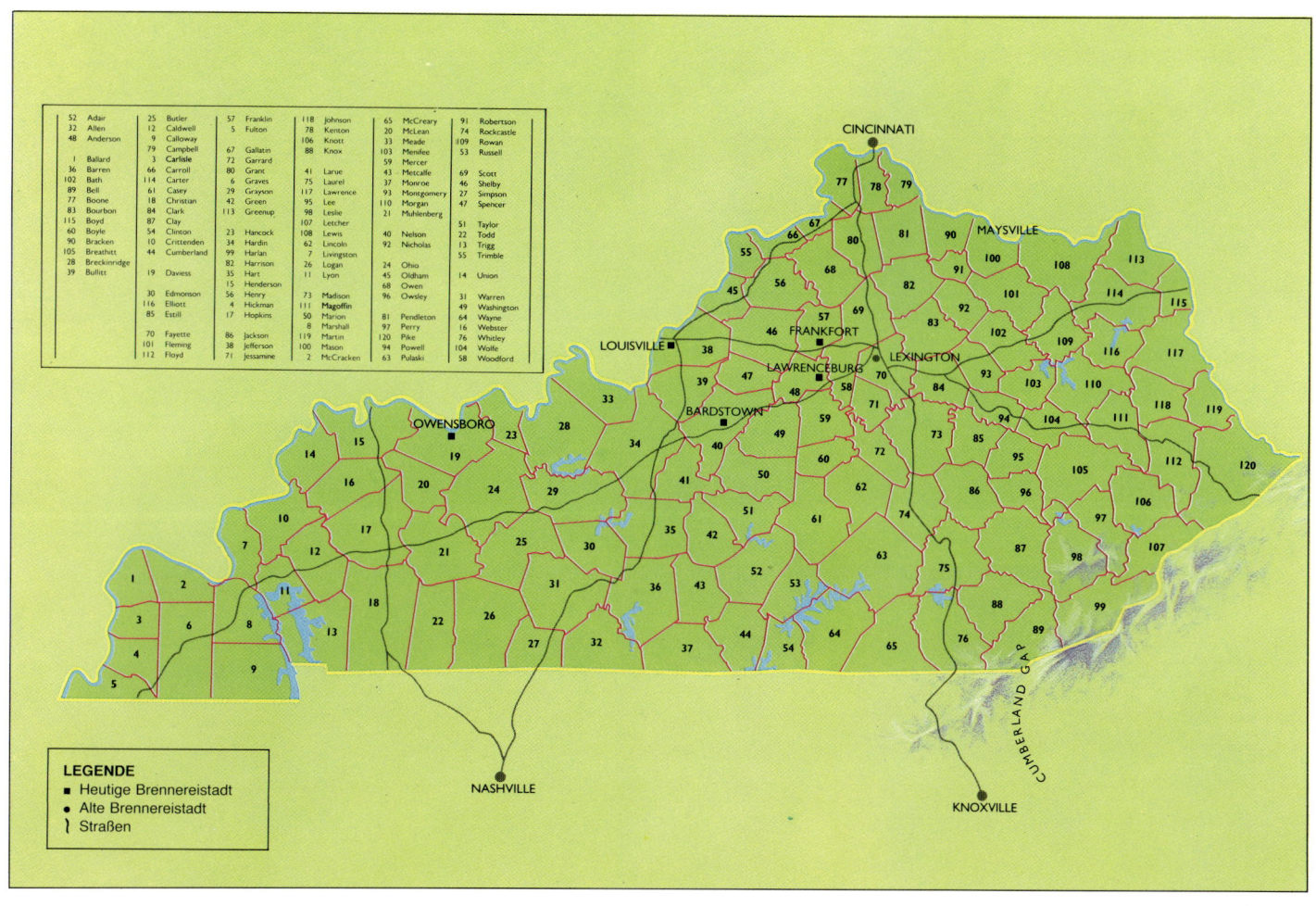

52	Adair	25	Butler	57	Franklin	118	Johnson	65	McCreary	91	Robertson
32	Allen	12	Caldwell	5	Fulton	78	Kenton	20	McLean	74	Rockcastle
48	Anderson	9	Calloway			106	Knott	33	Meade	109	Rowan
		79	Campbell	67	Gallatin	88	Knox	103	Menifee	53	Russell
1	Ballard	3	Carlisle	72	Garrard			59	Mercer		
36	Barren	66	Carroll	80	Grant	41	Larue	43	Metcalfe	69	Scott
102	Bath	114	Carter	6	Graves	75	Laurel	37	Monroe	46	Shelby
89	Bell	61	Casey	29	Grayson	117	Lawrence	93	Montgomery	27	Simpson
77	Boone	18	Christian	42	Green	110	Lee	95	Morgan	47	Spencer
83	Bourbon	84	Clark	113	Greenup	98	Leslie	21	Muhlenberg		
115	Boyd	87	Clay			107	Letcher			51	Taylor
60	Boyle	54	Clinton	23	Hancock	108	Lewis	40	Nelson	22	Todd
90	Bracken	10	Crittenden	34	Hardin	62	Lincoln	92	Nicholas	13	Trigg
105	Breathitt	44	Cumberland	99	Harlan	7	Livingston			55	Trimble
28	Breckinridge			82	Harrison	26	Logan	24	Ohio		
39	Bullitt	19	Daviess	35	Hart	11	Lyon	45	Oldham	14	Union
				15	Henderson			68	Owen		
		30	Edmonson	56	Henry	73	Madison	96	Owsley	31	Warren
		116	Elliott	4	Hickman	111	Magoffin			49	Washington
		85	Estill	17	Hopkins	50	Marion	81	Pendleton	64	Wayne
						8	Marshall	97	Perry	16	Webster
		70	Fayette	86	Jackson	119	Martin	120	Pike	76	Whitley
		101	Fleming	38	Jefferson	100	Mason	100	Powell	104	Wolfe
		112	Floyd	71	Jessamine	2	McCracken	63	Pulaski	58	Woodford

LEGENDE
■ Heutige Brennereistadt
● Alte Brennereistadt
⌇ Straßen

oder Bourbons, auch nicht Blends von solchen Straights. Es sind *Blended Amercian Whiskeys* wie Seagram's 7 Crown, Kessler, Calvert Extra, Fleischmann's Preferred und Imperial. Ein einziger dieser Blends kann bis zu 75 verschiedene Whiskeys und Neutralsprit enthalten. Es ist zulässig, daß sie nur 20% Straight Whiskeys enthalten, der Rest darf Neutralsprit sein.

Vorteilhaft an Blends ist, daß ihre Zusammensetzung die Eigenarten ihrer Bestandteile ausgleichen kann. Ihre Händler behaupten, dies mache sie weich, Kritiker sagen, fad. Sie sind auch leichter im Körper als Straights. Trotz aufwendiger Werbung sind

sie zudem billiger. Whiskey zu machen erfordert mehr Sorgfalt, Mühe und Zeit, als Neutralsprit herzustellen.

Ungeachtet der vielen Werbung verloren Blended American Whiskeys Anfang der 70er Jahre Marktanteile. Ein Grund war, daß ein Produkt ähnlichen Stils, zudem ein »Import«, energisch über die kanadische Grenze drang. Darüber hinaus sind die größten Erzeuger amerikanischer Blends, Seagram und Hiram Walker, Firmen kanadischer Herkunft. Bestimmt möchten sie, daß sich beide Arten von Whisk(e)y gut verkaufen, aber sie verlieren nichts, wenn eine der anderen Umsätze wegnimmt.

Obwohl amerikanische Blends und kanadische Importe leicht sind, hat es etliche Versuche gegeben, etwas noch Krasseres in dieser Richtung zu produzieren. Dies hat mit den Jahren Bestimmungen erfordert, die eine neue Kategorie zulassen: *Light Whiskey*, der hochprozentig gebrannt, in gebrauchten Fässern gelagert und mit Aroma- oder Süßungsstoffen versetzt wird. Diese Produkte sind kein großer Erfolg gewesen. Wer wirklich nüchterne, leichte Spirituosen will, kann seine »perverse Befriedigung« in weißen Rums und Tequilas finden oder in Wodka.

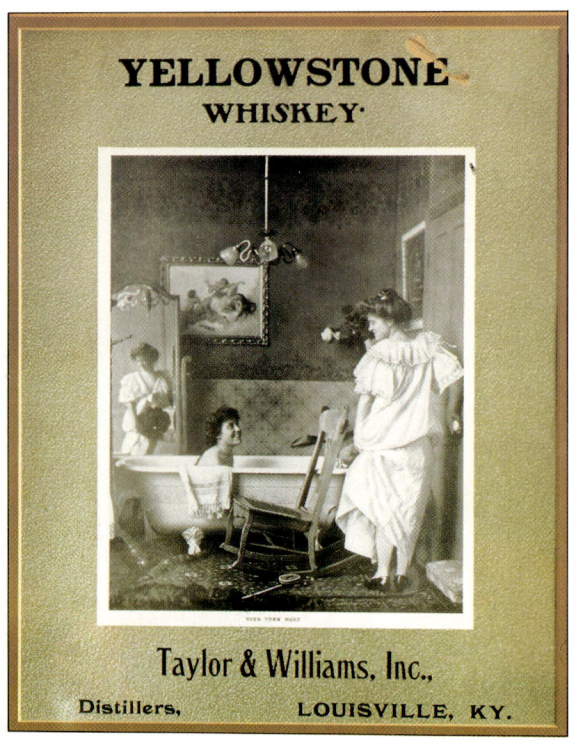

Der Markenname klingt nach freier Natur, aber in dieser längst vergessenen Anzeigenserie benutzte Yellowstone Whiskey eine neckische Mischung aus berüchter Weiblichkeit, »Raffinesse« und Zweideutigkeit. Werbetexter störten sich damals noch nicht an Feminismus oder Sexismus. Auch die Verwendung von Frauen für das Männerprodukt Whiskey kam ihnen nicht unpassend vor. Die Serie bietet einen Blick in den Rückspiegel sozialer Einstellungen, Whiskey und Werbekunst.

Kleine Geschichte des amerikanischen Whiskeys

»Moonshine« blüht und gedeiht in den Hügeln Kentuckys. Dieser Schwarzbrenner wurde zusammen mit dem Jahrhundert geboren und war bei dieser Aufnahme Mitte achtzig. Er überlebte die Zeiten tödlicher Schießereien (an die man sich in Kentucky noch zurückerinnert), verbüßte aber eine Gefängnisstrafe. Er ist ein unverbesserlicher Whiskeyliebhaber geblieben.

Unter den Einwohnern der heutigen USA sind die Indianer die einzigen, die nicht von anderswoher kamen, und sie stellten auch keine Alkoholika her. Sie rauchten zwar, aber sie produzierten weder vergorene noch gebrannte Getränke. Damit begannen erst die Einwanderer, oft religiös Verfolgte.

Die englischen Puritaner in Massachusetts und New York hatten aus Glaubensgründen Mühe, die nachfolgenden schottischen und irischen Einwanderer zu tolerieren. Diese zogen daher früher oder später nach Pennsylvania, Maryland und Virginia weiter (ein großer Brocken von Virginia wurde dann der Staat Kentucky).

Weil sie, zum Teil wenigstens, vom Anglikanismus zum Auswandern getrieben worden waren, umfaßten die neuen Siedler des frühen 18. Jahrhunderts nicht nur Presbyterianer aus Schottland und Ulster, sondern auch Katholiken aus Irlands Süden. Selbst heute noch klingen schottische Reels und Gigues in der Country Music Virginias, Kentuckys und auch Tennessees an. Die stärkste Mischung waren die manchmal unbeholfen »schottisch-irisch« genannten Leute aus der Provinz Ulster. Ihre andauernde Verlegenheit, was ihre Nationalität betraf, hätte aus Amerika stammen können.

Vielleicht lautet die Frage: Wann wird ein Einwanderer aus Schottland oder Irland (oder anderswoher), der doch immer seine Wurzeln bewahrt, ein Amerikaner? Diese Frage ließe sich nicht nur für die Menschen, sondern auch für ihre Kultur stellen, samt ihren Gewohnheiten, was Produktion und Konsum von Schnaps betrifft. Die »Scotch-Irish« ergriffen die Chance, sich als Amerikaner erweisen zu können:

»Historiker weisen häufig darauf hin, daß die schottischen Iren in ihrer Hingabe an die Sache der Freiheit und Unabhängigkeit niemals wankten, während die englischen Siedler zur Revolutionszeit in ihrer Treue oft gespalten waren. Ob Individuum oder Gruppe, niemand ertrug die Härten und kämpfte im Revolutionskrieg tapferer oder mit größerem Einsatz als die schottischen Iren ... sie wurden eine eigene Volksgruppe, glühend amerikanisch, mit bleibendem Einfluß auf den amerikanischen Charakter.«

Zwar bleiben die katholischen Iren in dieser Lobpreisung unerwähnt, doch auch sie fochten so wacker, daß sie von George Washington durch die Ausrufung des St. Patrick's Day zum ersten amerikanischen Feiertag geehrt wurden. Er ist immer noch weniger ein irischer Feiertag als ein amerikanischer und gehört so gut zur Neuen Welt wie *Rye*, *Bourbon* und *Tennessee Whiskey*.

Das obige Zitat stammt aus »Whiskey – An American Pictorial History« von *Oscar Getz*. Sein Name erinnert daran, daß auch deutsche und jüdische Siedler gerne ihre Energien für Produktion und Verkauf amerikanischen Whiskeys einsetzten. Als Aufsichtsratsvorsitzender der Brennereifirma *Barton* aus Bardstown, Kentucky, war Getz einer der ersten Historiker des amerikanischen Whiskeys.

Nicht nur die Menschen wurden Amerikaner, sondern auch die Stoffe und Techniken paßten sich der Neuen Welt an. In Virginia schrieb ein Siedler 1620 einem Freund, daß man ein Getränk aus Mais herstellte. Dies könnte ein vergorenes Getränk gewesen sein, jedenfalls war es ein erster Schritt. Obwohl es viele historische Hinweise auf die Destillation und auf eine Vielzahl von Schnäpsen gibt, werden im eigenen Land produzierte Whiskeys erst nach 1770 des öfteren deutlich erwähnt. Was damals Wurzeln schlug, wuchs sich dann zur heutigen Brennereiindustrie aus. Wie wacklig auch immer, führt *Jim Beam* seine Anfänge doch auf das Jahr 1795 zurück.

Für diese Zeit gibt es Zeugnisse, daß in ganz Virginia und North Carolina Whiskey aus Roggen gebrannt wurde. Whiskey wurde wahrscheinlich in dem Teil Virginias gebrannt, der später (1776) Kentucky wurde, dort vermutlich hauptsächlich aus Mais. Beide Getreide wurden weiter verwendet, wobei *Rye* die größere Bedeutung hatte. Als man das Gebiet im Zuge der Besiedlung weiter unterteilte, wurde ein gro-

Gold Seal Whiskey, ohne Stilbezeichnung, kam aus der Kalksteinschicht Missouris. Ebenfalls aus Kalkstein entsprang Old Spring Water in Bowling Green, Kentucky.

Harvard-Whiskey war etwas für gebildete Genießer. Trotz seines Namens kam er nicht aus Neuengland und, als Rye, auch nicht aus Pennsylvania oder Maryland. Er kam aus Ohio. Die Staaten mit einer Whiskeytradition bilden eine geschlossene Region, die Teile des Ostens und Mittelwestens mit dem Zentralsüden verbindet.

ßer Teil von Kentucky 1785 zu »Bourbon County«. Dieser umfaßte 34 heutige Landkreise ganz oder teilweise. Der Ausdruck »Bourbon Whiskey« scheint Anfang des 19. Jahrhundert lokal gebraucht worden zu sein, aber bis zur Mitte des Jahrhunderts keine große Wertschätzung erlangt zu haben. Manchmal wurde Bourbon das Wort »Old« vorangestellt, wie um zu zeigen, daß das ursprüngliche, große County gemeint war und nicht die spätere, verstümmelte Version. Zur gleichen Zeit wurden erstmals bestimmte Verhältnisse von Roggen und Mais beim Whiskeybrennen festgehalten. Der Name *Bourbon* wurde jedoch erst 1964 von einer Kongreßresolution gesetzlich geschützt, und seitdem ist das Produkt definiert. Da das moderne, kleinere Bourbon County keine Brennereien mehr hat, kann es den Whiskey nicht für sich beanspruchen und Kentucky dem Gesetz nach auch nicht, da die Resolution lediglich verlangt, daß Bourbon in den USA erzeugt worden sein muß. In der Praxis hat die Bezeichnung *Kentucky Bourbon* seine geographische Bindung gesichert.

Viel weniger klar ist, wann das Ankohlen der Fässer in der Produktion von Kentucky Whiskey gebräuchlich wurde. Es wird als

Mittel zur Desinfizierung der Fässer (etwa wie die Verwendung von Schwefel in der Weinherstellung) in einem 1818 erschienenen Werk über das Destillieren erwähnt, in anderen Beschreibungen der Bourbon-Produktion aus dem Jahrhundert aber nicht. In Tennessee jedoch betont ein 1896 erschienener Artikel über *Jack Daniel's* nachdrücklich die Verwendung »stark angekohlter« Fässer, um dem Whiskey seine »schöne rote Farbe« zu geben.

Die historisch mit den klassischen US-Whiskeys verknüpften Staaten ziehen sich im Bogen von Osten (Pennsylvania, Maryland, Virginia) südwärts nach Kentucky und Tennessee. Es wurden, und werden zum Teil, auch andernorts Corn Whiskeys und Blends produziert, aber nur in angrenzenden Staaten. Jenseits des Ohios etwa leisten Indiana, Illinois, Missouri und Kansas ihren Beitrag, desgleichen weiter südlich Georgia, North Carolina hingegen nicht mehr.

Daß sämtliche ernstzunehmenden Whiskeys der USA aus einer so klar umgrenzten Region kommen, hängt wohl vor allem mit der Herkunft der Siedler und der Wirtschaftsgeschichte zusammen. Die Brenner selbst schreiben das Verdienst gern einer von Quellen durchsetzten Kalksteinschicht

zu, die sich durch diese Staaten zieht. Wo eine Straße durch einen Hügel schneidet, tritt sie oft zutage. Der Kalkstein und die Quellen kamen sicherlich gelegen, denn Kalkboden bringt guten Mais hervor. Noch wichtiger war die Versorgung mit unverseuchtem Wasser – im 18. und 19. Jahrhundert mindestens so wertvoll wie heute. Amerikanische Destillateure sagen, das Wasser aus ihren Kalksteinquellen sei frei von Eisen oder anderen Mineralien, die den Whiskey verfärben könnten. Es trage zur klassischen Konsistenz und Süße bei, und Kalzium unterstütze die Enzymtätigkeit im Gärprozeß. Es kann auch lästige Ablagerungen in den Stills zurücklassen, aber die kann man säubern. Die Schotten würden dem wohl widersprechen. Sie ziehen Granit vor, erzeugen aber auch ein anderes Getränk.

Maryland und Pennsylvania

O b man Washington Irving in Maryland heute noch kennt, ist die Frage. In *Baltimore*, Marylands größter Stadt, gibt man sich jedenfalls nicht groß mit der Erinnerung an *H. L. Mencken* ab. Er jedoch erinnert sich. »Die alten Baltimorer betrachteten Blends mit großem Mißtrauen, obwohl viele der allseits angepriesenen Sorten von Maryland Rye darunter waren. Straight Whiskey tranken sie straight, ohne ihn zu verdünnen oder hinunterzuspülen.« So könnte es in einer Stadt mit irischem Namen und einer deutschen Gemeinde gewesen sein.

Der Name von H. L. Menckens Heimatstadt stand einst auf den besten Rye Whiskeys. In »*Baltimore Rye*«, »*Maryland Rye*« und, gleich im Norden, »*Pennsylvania Rye*« waren Herkunft und Produkt zu einer scheinbar unzertrennlichen Einheit zusammengeschweißt.

Nicht so sehr Maiskuchen als Krabbenkuchen sind heutzutage eine Baltimorer Köstlichkeit an der Hafenfront der eleganten Innenstadt, die Ende der 70er und Anfang der 80er Jahre wieder hergerichtet wurde. Man ißt sie im schicken *Fell's Point* und auf dem wunderbar urigen *Lexington Market*. Krabben aus der Cheseapeake Bay, Muscheln, Austern... »die Feinschmeckermetropole der Union« wurde Baltimore genannt, aber man spült dort die Austern nicht mehr mit »einem halben Becherglas Maryland Rye hinunter«, wie Mencken sich erinnerte.

Es gibt noch den einen oder anderen Brenner oder Blender in Maryland, aber nicht einer macht mehr *Straight Rye* Whiskey. Dennoch ging keine Marke unter, da die meisten alten Namen bei Schließungen und Fusionen Eigentum von jemand anders geworden sind und gelegentlich noch auf einem Etikett auftauchen. Ein Schicksal, das besser ist als der Tod.

Selbst die Klein- und Vorstädte in Maryland hatten einst ihre eigenen Rye Whiskeys. So mancher sucht noch verzweifelt nach *Cockeysville Rye*. Leichter zu finden ist *Pikesville Rye*, noch immer ein köstlicher, würziger Whiskey, den jetzt *Heaven*

Wie ihre Vettern, die Virginier, waren sie große Krakeeler und schwelgten gern in Maiskuchen und Speck, Mint-Julep und Apfel-Toddy, weshalb ihre neu gebildete Kolonie bereits den Namen Merryland (Lustigland) bekommen hatte, den sie, leicht abgewandelt, auch heute noch führt.«

Washington Irving

Hill in Bardstown, Kentucky, produziert. Ein im rivalisierenden Kentucky gebrannter »Maryland« Rye? Mencken hätte das nicht gefallen, aber auch dieses Schicksal ist besser als der Tod.

Auch ein oder zwei »Pennsylvania« Ryes leben als Kentucky-Erzeugnisse fort. Der einst berühmte *Rittenhouse Rye* fristet still sein Dasein bei der Medley Distilling Company aus *Owensboro*, Kentucky. Während diese beiden Whiskeys einen guten Rye-Geschmack und die erforderlichen 51% Roggen haben, hat das renommierteste Produkt in dieser Kategorie, *Old Overholt*, 59%.

Die Familie *Overholt* wanderte nach 1730 von Deutschland nach Pennsylvania aus. Es war eine Zeit großer Auswanderungen aus Deutschland. Gerade aus der Pfalz zog man in die Neue Welt, insbesondere in das tolerant religiöse Klima Pennsylvanias. Der Enkel des ersten Einwanderers, Abraham Overholt, erbte den Familienberuf des Webers und die Hausbrennerei, die er mit großem Erfolg führte. 1810 verlegte er sich in *Westmoreland County* ganz aufs Destillieren, und das Unternehmen blieb über etliche Generationen in der Familie, bevor es, immer noch Rye produzierend, um 1930 seinen Gipfel erreichte. Bei den in der Folgezeit rückläufigen Rye-Verkäufen stellte die Firma schließlich die Produktion ein, und Old Overholt fiel an die Firma National Distillers. In ihrem Werk *Old Grand-Dad* in *Frankfort*, Kentucky, stellen sie immer noch Old Overholt als echten Straight Rye her.

Der Niedergang des *Rye*, einst der stolzeste Branntwein im Land, geschah so allmählich, daß er kaum auffiel. Wie es dazu kam,

ist ungewiß. Wahrscheinlich trugen viele Faktoren dazu bei.

Man könnte behaupten, Marylands Bedeutung sei mit den Jahren gesunken und Pennsylvania habe nie mehr das großstädtische Flair wie in den Anfangstagen des Landes gehabt. Aber diese ersten Verluste kamen dem wilden Kentucky zugute. Die Siedler zogen weiter, beflügelt von Anreizen, Kentucky zu kolonisieren und Mais anzubauen, aus dem sie Whiskey machten.

Pennsylvania erlebte wohl einfach das Schicksal eines jeden Pioniers, dessen Bemühungen fast zwangsläufig überholt werden. Es gibt vage Hinweise darauf, daß zu den ersten, die in der Neuen Welt Getreide brannten, im späten 17. Jahrhundert, deutsch-schweizerische Mennoniten zählten, und zwar in der Gegend zwischen der heutigen Staatsgrenze von Maryland und den Blue Mountains Pennsylvanias. In den 50er Jahren des 18. Jahrhunderts soll es eine Brennerei am Juniata gegeben haben, irgendwo bei Carlisle in *Cumberland County*, Pennsylvania.

In den Counties *Westmoreland* und *Washington*, *Allegheny* und *Fayette* waren die »schottisch-irischen« Farmer-Brenner ein zäher Schlag, während des Unabhängigkeitskriegs wie auch danach. Nachdem sie hart für ihre Freiheit gekämpft hatten, waren sie wütend, als ihr Whiskey kräftig besteuert wurde, um den Aufbau der neuen Nation mitzufinanzieren. Es gab sogar den Vorschlag, Westpennsylvania solle sich von den Vereinigten Staaten lossagen, und eine gewalttätige »*Whiskeyrebellion*« dauerte von 1791 bis 1794. Nach ihrer zwangsläufigen Niederlage verließen viele »Whiskeyrebellen« Pennsylvania, um sich in Kentucky niederzulassen. Aber noch Anfang des 19. Jahrhunderts produzierte Pennsylvania dreimal so viel Whiskey wie Kentucky, und Rye war bis zur zweiten Hälfte des Jahrhunderts eindeutig der bevorzugte Branntwein. Zeitweise wurde der Rye durch die höheren Roggenpreise behindert, aber den schwersten Schlag versetzte ihm sicherlich die Prohibition. In dieser Zeit machten mit Rye versetzte Blends, die aus Kanada eingeschmuggelt wurden, den Verbraucher an dieser Bezeichnung irre, und seither war es nie wieder so wie zuvor.

Rye-Veteranen sagen wehmütig, seine letzte große Zeit seien die 50er Jahre gewesen. Sowohl Name als auch Geschmack würden seither als »altmodisch« gelten. Spätestens Ende der 70er Jahre drosselten jene Brenner, die noch einen Rye führten, ihre Produktion drastisch. Dies erwies sich als Fehler, wie so oft in solchen Fällen. Es stimmt, daß der komplexe, bittersüße, fruchtige, pikante, fast pfefferminzartige Geschmack des Rye im Zeitalter der »Geschmacksangst« antiquiert wirkt, aber, sein Aussterben vor Augen, erwarb sich dieser traditionelle amerikanische Whiskey in den frühen 80er Jahren eine treue Gefolgschaft.

Ende 1982 begriffen ein oder zwei Brenner, daß im Grunde eine Rye-Knappheit bestand. Sie fingen an, mehr zu brennen, obwohl der Whiskey wegen der erforderlichen Reifung frühestens Ende 1985 auf den Markt kommen konnte. Der Brenner, der den Trend am deutlichsten sah und bereits stillschweigend einen großen Anteil des kleinen Rye-Marktes an sich gebracht hatte, war *Jim Beam*, bekannter als Erzeuger des populärsten Bourbon der Welt. Jim Beam produzierte einen Straight Rye (klar als solcher ausgewiesen, mit gelbem Etikett) neben seinen verschiedenen Bourbons (schwarzes, weißes und grünes Etikett). Damals waren noch Bestände von echtem Pennsylvania Rye im Faß auf dem Markt, doch es wurde keiner mehr hergestellt.

Die Quelle lag abermals im Mennonitengebiet. Die Mennoniten und ihre noch strikteren Nachbarn, die Amish, sind fundamentalistische Sekten, die im späten 17. Jahrhundert aus den Niederlanden, Deutschland und der Schweiz nach Pennsylvania und Virginia auswanderten. Im Volksmund heißen sie *Pennsylvania Dutch*. Sie wohnen in diesem Staat hauptsächlich in *Lancaster County*. Die Frauen der Pennsylvania Dutch tragen schwarze Hauben und Kleider, ihre Männer Arbeitskluft und Hüte. Sie lehnen motorisierte Fahrzeuge ab, fahren in geschlossenen Pferdewagen umher und bestellen ihre Felder mit Pferden. Sie sind nach wie vor Bauern, und etliche Gasthäuser dort bieten die herzhaften und gut gewürzten Gerichte an, die die Grundlage eines Großteils der amerikanischen Küche sind. Heutzutage trinken die Pennsylvania Dutch keinen Alkohol, aber ihr Einfluß ist noch an der einzigen Brennerei in der Gegend sichtbar, die fast so sehr ein Stück lebendige Geschichte ist wie sie. Und seitdem das Gebiet der Pennsylvania Dutch ein beliebtes Ziel für Wochenendausflüge geworden ist, profitiert auch die Brennerei davon.

Verwandte Familien mit deutschen Namen lösten sich in den ersten Jahrzehnten als Besitzer der *Michter's* Distillery aus *Schaefferstown*, Pennsylvania, ab. Von 1753 an gab es auf dem Platz eine Farmbrennerei, ein kommerzieller Betrieb wurde 1861 gebaut. Mehrere der Gebäude sind Schindelkonstruktionen aus dem späten 19. Jahrhundert und mit den Hexenzeichen geschmückt, die für die Gegend typisch sind. Diese sind öfter Glückszeichen als Fluchzeichen, wie es ihnen nachgesagt wird, und das Sternmuster auf Michter's altem Brennhaus heißt schlicht »Willkommen«.

Michter's Distillery ist ein nationales historisches Wahrzeichen und in mancherlei Hinsicht ungewöhnlich. Am bedeutsamsten ist ihre fortgesetzte Benutzung der Pot-Still, worin sie unter den amerikanischen Whiskeybrennereien einzig ist. Genauer gesagt: Obwohl die Firma mit der Pot-Still weitermachte, als andere Brennereien sie schon längst abgeschafft hatten, gab es nach 1950 eine Unterbrechung von 25 Jahren. Dann installierte die Firma 1976, ohne ihre Column-Still aufzugeben, eine winzige Pot-Still (ein Barrel am Tag, 120 l), um ihre Tradition wiederherzustellen. 1981 hörte die Produktion ganz auf, aber 1984 wurde die Pot-Still wieder in Betrieb genommen, allerdings nur im Sommer, von März bis September.

So mancher gute Whiskey ist von Michter's gekommen. Eine Zeitlang erzeugte die Brennerei den beliebten *Kirk's Rye*, benannt nach einem ihrer Besitzer. Zu anderer Zeit belieferte sie die Besitzer von *Old Overholt* mit Rye. Etwa Anfang der 80er Jahre lieferte

sie Rye an Austin Nichols, die Besitzer von *Wild Turkey*. Außer ihren bekannteren Bourbon Whiskeys, die in der firmeneigenen Brennerei in *Lawrenceburg*, Kentucky, produziert werden, hat Wild Turkey einen Rye von 50% vol.

Der einzige *Pennsylvania Rye*, der Mitte der 80er Jahre auf dem Markt war, wurde von

Michter's gebrannt und an Wild Turkey verkauft. Unklugerweise gaben Michter's den Rye als »altmodisch« auf, als sie 1984 wieder zu brennen anfingen. In der Zwischenzeit waren Bestände des hervorragenden Michter's Original Sour Mash Pot Still Whiskey erhältlich gewesen, und den bot die Firma bei Wiederaufnahme der Produktion an.

Sogar auf einem Schild bringt die kleine Brennerei Michter's ihren Wunsch nach Ruhe zum Ausdruck; sie ist ein Stück amerikanischer Tradition. Der Whiskey wird in Behältnissen abgefüllt (oben rechts), die den volkstümlichen Geist noch stärken. Die Michter's Whiskeys sind immer noch ein Destillat aus Pennsylvania, wohingegen die einst berühmten Ryes des Staates jetzt alle in Kentucky gemacht werden.

In Michter's Sour Mash hatte die Firma einen ungewöhnlichen Whiskey geschaffen – keinen Rye, aber mit einem hohen Roggenanteil (38% Roggen, 50% Mais, 12% Malz). Das Ergebnis: ein köstlicher und eigener Whiskey mit vollem, weichem Geschmack, süß, aber sauber, und einem würzigen, fast ingwerartigen, herben, trockenen Abgang. Er wurde mit 50,5 und 43% vol. abgefüllt. Es verwundert, daß eine Firma, die so eine Gaumenfreude herstellen kann, darauf verfallen ist, auch einen neuen Modewhiskey zu erzeugen, der noch keinen Monat in gebrauchten Fässern lagert. Obwohl dieses Produkt nach heutigem Gesetz nicht unter 40% vol. verkauft werden durfte, sollte es dem groben, weißen »Quarter Whiskey« von 12,5% aus der Kolonialzeit ähneln. Er ist nicht gerade der vorzüglichste Whiskey.

Als Michter's die Produktion wiederaufnahm, waren die Whiskeys der Firma selbst in der Umgebung schwer zu finden, aber es gab sie sieben Tage die Woche in dem wiederhergestellten »Jug House« (Krukenhaus) der Brennerei in Flaschen und einer bunten Vielfalt von sonderangefertigten Motivkaraffen. Mit dem Wiedereinsetzen der Destillation wurde dieser Handel ausgebaut. Michter's wurde zu einem lebenden Museum der frühen Whiskeyproduktion in Pennsylvania.

Virginia

*G*eorge Washington, der größte aller Virginier, war – neben seinen etlichen anderen Berufen – Brauer und Brenner. Whiskey schien ständig irgendwie in sein Leben hineinzuspielen. Aber das beweist vielleicht nur die ökonomische und soziale Bedeutung des Branntweins in jener Zeit. Als General betonte Washington, wie wichtig die Versorgung der Truppen mit Branntwein zur Stärkung gegen Ermüdung und die Unbilden der Witterung sei. Er war auch 1791–1794 an der Erstickung der *»Whiskeyrebellion«* unter Brennern beteiligt, die keine Steuern zahlen wollten, und sprach sich bei anderer Gelegenheit für die gesetzliche Regelung des Gewerbes aus.

Daß Washington Alkoholika produziert hat, ist vielleicht nicht sehr bekannt, aber nicht besonders überraschend. Zu seiner Zeit hat jeder, der Felder besaß (er war Grundbesitzer) und Getreide anbaute, ebenso gebraut und gebrannt wie Brot gebacken. Die Landwirtschaft war vertikal integriert, wie wir heute sagen würden; von Industriekapitalismus noch keine Rede.

Was aber angesichts seiner anderen Verpflichtungen überrascht, ist das offenbare Ausmaß von George Washingtons Brennertätigkeit. Bestimmt war ihm klar, daß ein Präsident ein Gewerbe oder einen Beruf als Basis braucht, sei es Whiskeybrennen, Erdnußanbau, Juristerei oder den Film.

Die Brennerei gab er lebenslang, auch während seiner Präsidentschaft, nicht auf. Vielleicht führte er nur die Aufsicht, aber in dem Jahr, als er Präsident wurde, machte sein Brennereibetrieb – nach »Whiskey – An American Pictorial History« von *Oscar Getz* – Umsätze von über $1000 (Hunderttausende von Dollars nach heutigen Preisen). »Binnen kurzer Zeit war Washingtons Whiskey überall in den Kolonien zu beträchtlichem Ruhm gelangt«, sagt Getz und stützt sich dabei auf Familienbriefe. Andere Autoren tragen weniger dick auf, aber das Urteil ist dasselbe: Washington produzierte Whiskey im großen kommerziellen Maßstab.

Getz zufolge ließ Washington auf einem Gut seines Besitzes Roggen eigens zur Destillation anbauen. Er stellte einen Schotten mit beträchtlichen Brennereikenntnissen ein und hatte eine Zeitlang nicht weniger als fünf Brennkessel. Einer davon, 1787 von einer Firma im englischen Bristol gemacht, wurde zur 200-Jahr-Feier im Museum des Amtes für Alkohol, Tabak und Feuerwaffen in Washington, D.C., ausgestellt.

Der Familienbesitz der Washingtons in Mount Vernon könnte durchaus für das Fortbestehen des Brennereiwesens in der Gegend bis in die moderne Zeit mitverantwortlich sein. Die Firma *National Distillers* hatte nach der Prohibition in der Mount-

Vernon-Gegend zwei Betriebe, die nach allgemeinem Dafürhalten den besten modernen *Rye* erzeugten. Dieser Whiskey hieß einfach *Mount Vernon Rye*, und sein Ruf hielt sich bis hoch in die 50er Jahre. Obwohl die zwei Brennereien nicht mehr arbeiten, gibt es Mount Vernon Whiskey immer noch. Er ist kein Straight Whiskey mehr, sondern ein Blend mit Rye-Einschlag, noch immer von National Distillers produziert, jetzt in ihrem Werk in Cincinnati, Ohio.

Heute steht in den Washingtoner Randbezirken die letzte noch arbeitende Whiskeybrennerei Virginias, in *Sunset Hills* bei Reston in Fairfax County. Sonst wird im

Die Trucks lassen auf große Geschäfte schließen, aber die Brennerei ist kein Riese. »Als ich hierherkam, war ich schockiert, wie klein alles ist«, sagt Brenner Tom Leahy (rechts), und dabei könnte er mit Fug und Recht selbst zu den Kleinen gezählt werden.

ganzen Staat kein Whiskey mehr produziert – jedenfalls kein legaler. Die Pioniertage, als Virginia an der Spitze der Whiskeyproduktion stand, sind vorbei.

Es sind nur gute 30 km vom Kern Washingtons, D.C., über den Beltway, den Straßenring um die Stadt, zu den Randbezirken in Virginia, vorbei an langen Reihen von Geschäften zu dem Stauwehr, hinter dem die *Smith Bowman Distillery* liegt. Das Stauwasser selbst ist ein Teich, der zum Kühlen der Kondensatoren dient. Im Sommer wird es zu heiß, und im Mai und Juni macht die Brennerei nach traditioneller Art einfach zu. Es gab hier einmal einen Bahn-

hof, und die Gleise verliefen vor der Brennerei. Der Bahndamm wurde jetzt in einen Radweg umgewandelt, und Freizeitradler fahren zwischen Brennereigebäuden hindurch und bemerken sie kaum; Nachbarn scheinen das Werk nicht zu kennen. Das sieht nicht sehr nach Whiskeyland aus.

Das Gebiet ist ein Teil der fruchtbaren *Piedmont-Ebene.* Früher gab es hier große Eichenwälder, und die Brennerei hatte ihre eigene Daubenfabrik. Sie stand ursprünglich auf Farmland, und landwirtschaftliche Gebäude sind immer noch ringsum verstreut. Perlhühner streifen umher, nur die Getreidesilos machen einen geschäftigen Eindruck.

Auf ihre eigene lässige Art ist die Brennerei Smith Bowman bis aufs i-Tüpfelchen ein Stück amerikanische Geschichte. Die Familie *Bowman* kommt aus dem Shenandoah-Tal und hat Wurzeln in Virginia und Kentucky. Vier Brüder der Familie waren alle Offiziere im Unabhängigkeitskrieg. Smith Bowman gründete die Brennerei nach der Prohibition, und sie gehört noch der Familie. Seit kurzem kümmert sich ein Bowman-Schwager um das Marketing. Er heißt Robert E. Lee IV und ist der Urenkel des Oberbefehlshabers der Konföderierten.

Im Gespräch mit der Zeitschrift »The Washingtonian« 1983 erinnerte sich der damals 72jährige Firmenpatriarch DeLong Bowman an die Zeit, als er noch in der unmittelbaren Umgebung der Brennerei auf Fuchsjagd gegangen war. »Bowman ist das vornehme Virginia, durch und durch«, kommentierte die Zeitschrift. »Der erste Gentleman Virginias« nannte sich vermessen William Byrd II, der Gründer der Stadt Richmond. *Virginia Gentleman* heißt der Hauptwhiskey der Firma, jetzt mit 40% vol. hergestellt, obwohl es ihn früher in verschiedenen Stärken gab. Die Firma hat gelegentlich auch ein 45%-vol.-Produkt namens *Fairfax County* erzeugt.

Die Whiskeys haben einen vollen Körper, einen leicht süßen, herrlich würzigen Geschmack und einen reifen, weichen Abgang. Es sind Bourbons, jedoch mit mehr Malz und weniger Mais als manche andere. Man hat sie als »Sweet-Mash«-Whiskeys bezeichnet, aber das basiert auf Haarspaltereien über die Sterilisation der – ungewöhnlich kleinen – Gärbehälter aus Zypressenholz. Rückstände werden zwar nicht in den Kocher gegeben, aber doch in die Gärbehälter, so daß der Whiskey in dieser grundsätzlichen Hinsicht nach dem Sour-Mash-Verfahren gemacht wird.

Einmal gab es eine Sonderabfüllung unter dem Namen »*Gentlemen of the Press*« für den National Press Club in Washington, D.C.

Whiskey ist für etliche Clubs und andere höhere Institutionen produziert worden, von Spirituosenhandlungen des Staates Virginia ganz zu schweigen. Über die Hälfte wird in Virginia verkauft, der Rest größtenteils in den angrenzenden Staaten.

Obwohl die Brennerei sicherlich ein ernsthaftes kommerzielles Unternehmen ist, ist ihre Produktion national gesehen verschwindend; dennoch bleibt Virginia ein guter Markt für Bourbon. Schließlich sind Kentucky, und Bourbon County, aus Virginia hervorgegangen.

Die Getreidesilos und der Eingang im Georgiastil sind ein wunderliches Gespann, aber dies ist das »vornehme« Virginia.

MARYLAND-, PENNSYLVANIA- UND VIRGINIA-WHISKEYS – EIN GESCHMACKSFÜHRER

Ist Amerika zu jung, um sein Erbe zu schätzen? Die Straight Ryes aus Maryland, Pennsylvania und Virginia, die an den Anfängen der amerikanischen Whiskeybrennerei standen, leben nur in Restbeständen fort und oftmals im Exil.

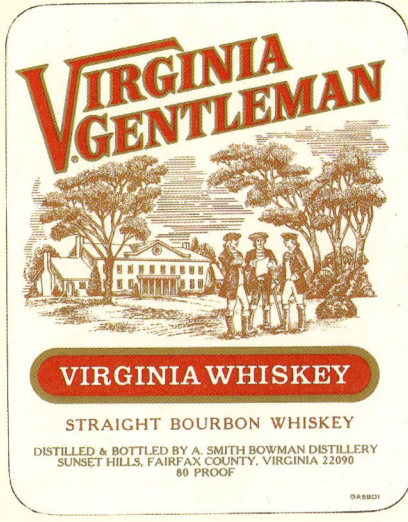

Michter's ist stolz, ein Produkt aus Pennsylvania zu sein, und zu Recht. Der Whiskey hat Elemente eines Rye, aber seinen eigenen Stil. Ein köstlicher, fast ingwerartiger Whiskey, der nach Tisch am besten schmeckt.

Virginia Gentleman wird noch in dem Staat produziert, nach dem er heißt und aus dem Kentucky entstand. Dieser Whiskey hat Bourbonstil, mit süßem, malzigem Geschmack und einem vollen, weichen Körper.

Mount Vernon Whiskey lebt noch, doch nicht mehr als der berühmte Rye von einst. Früher in Mount Vernon erzeugt, kommt er jetzt aus Ohio. Ein schmackhafter Blend mit Rye-Einschlag und leichtem Körper.

Old Overholt, 43% vol., 4 Jahre alt

Rittenhouse Rye, 50% vol.

Pikesville, 43% vol.

Old Overholt, der bei weitem bekannteste Straight Rye Whiskey, kam ursprünglich aus Pennsylvania, wird aber jetzt in Kentucky gebrannt und in Ohio abgefüllt. Trotz des Exils bewahrt er sich viel von dem Rye-Charakter, der sein Geburtsrecht ist. Geschmacklich hat er die Intensität des Rye, ein reifes Aroma und einen (mittel-)schweren Körper.

Auch **Rittenhouse** ist ein großer pennsylvanischer Rye-Name, gleichfalls in Kentucky im Exil (bei Medley). Er hat einen vollen Körper und bemerkenswert sauberen Geschmack. **Pikesville** ist ein namhafter Maryland-Rye und auch Immigrant in Kentucky (bei Heaven Hills). Er ist körperreich, von delikater Würze und sehr weichem Geschmack.

Kentucky

In dem Stück »Wer hat Angst vor Virginia Woolf?« von *Edward Albee* erzählt George, eine der Hauptpersonen, eine Geschichte, wie er als 16jähriger mit ein paar Freunden in eine Bar ging und alle recht erwachsen taten. Einer seiner Freunde bestellte einen Drink: »Ich nehme einen Börgen… geben Sie mir bitte einen Börgen… Börgen und Wasser.« Sie lachten ihn aus, und er wurde puterrot. Aber woher hätte er es wissen sollen? Für ihn hatte es immer wie »Börgen« geklungen. Woher sollte er wissen, daß es »Bourbon« hieß? Apropos, was heißt *Bourbon* eigentlich?

Wenn vertraute Dinge nach Orten benannt werden, wird der Ursprung genausooft vergessen wie erinnert und geehrt. Im Fall von Bourbon geht die Ehrung um zwei Ecken. Welche Köstlichkeiten auch immer aus Hamburg oder Frankfurt, Burgund, der Champagne oder Oporto gekommen sein mögen, der Whiskeytyp namens Bourbon ist etwas rein Amerikanisches.

Die Franzosen, die damals eigene Gebiete in Nordamerika besaßen, halfen im Unabhängigkeitskrieg mit gegen die Briten. Zur Anerkennung wurden in der Folge französische Namen für neue Siedlungen oder Landkreise genommen. Im westlichen Teil von Virginia wurde das damalige County Kentucky in den 80er Jahren des 18. Jahrhunderts zweimal geteilt. Einer der Teile wurde nach dem französischen Königshaus Bourbon benannt. Kentucky wurde 1792 ein Staat und Bourbon eines seiner Counties. In Bourbon County lag am Ohio die Stadt *Maysville*, der wichtigste Hafen der Zeit für ein recht großes Gebiet jenseits des Allegheny. Bourbon County wurde dadurch mit dem Whiskeytransport verknüpft, und deshalb scheinen Name und Getränk schließlich synonym geworden zu sein.

Seine Transportfähigkeit soll ein Grund gewesen sein, weshalb Whiskey von den ersten Siedlungstagen an in Kentucky in großen Mengen produziert wurde. Der Gouverneur von Virginia, Thomas Jefferson, bot Pionieren 60 Morgen Land, wenn sie ein dauerhaftes Gebäude errichteten und das »einheimische« Getreide anbauten. Keine Familie konnte 60 Morgen Mais im Jahr vertilgen, und zum Transport war er zu leicht verderblich und zu sperrig; machte man Whiskey daraus, verflüchtigten sich beide Probleme. Und wenn der Whiskey eine Zeitlang gelagert oder auf lange Reisen geschickt werden mußte, wurde er im Faß eher noch besser.

Daß Whiskey (wie Tabak und Salz) im alten Kentucky als Zahlungsmittel benutzt wurde, ist belegt. Nach einer romantischen Theorie wurde der Whiskey auf Holzkähnen den *Ohio* und den *Mississippi* hinunter nach *New Orleans* oder *Natchez* verschifft und gegen Araberpferde eingetauscht, die die Spanier ins Land gebracht hatten. Die Kähne wurden abgewrackt, das Holz verkauft und die Pferde auf der Route, die man den Natchez Trace nannte, nach Kentucky zurückgetrieben; daher die spätere Vorrangstellung des Staates in der Pferdezucht. Auf demselben Kalkstein, der das Quellwasser für den Whiskey liefert, wächst auch gutes Gras, um Pferde mit starken Knochen damit zu züchten.

Ein noch erhaltenes Zeugnis der Verbindung zu Kentucky ist ein *New-Orleans-Drink* aus Whiskey mit einem Schuß Peychaud's Bitters und einem Spritzer eines französisch klingenden Aperitifs mit Anisgeschmack. Aus dieser anregenden Mischung besteht der dortige *Sazerac-Cocktail*. Die Kombination von Whiskey und Pfirsichsaft soll ebenfalls in New Orleans erfunden worden sein und den *Southern Comfort* inspiriert haben, der flußaufwärts in St. Louis hergestellt wird.

Louisville ist der höchste schiffbare Punkt und die größte Stadt Kentuckys. Eine beliebte Geschichte führt Louisville als Schauplatz der ersten Whiskeyherstellung in Kentucky an und schreibt sie einem Brenner mit dem walisischen Namen *Evan Williams* zu. Eine andere verlegt den Ort in die Nähe von *Bardstown* und nennt als einen der Brenner *Wattie Boone*, den Vetter von Daniel. Heute sind Louisville und die Gegend um Bardstown zusammen mit *Frankfort* die Hauptgebiete des Brennereiwesens. Weiter im Osten, nördlich von *Lexington*, liegt Bour-

bon County. Trotz seiner Bedeutung für den Whiskeyhandel war es niemals das beherrschende Brennereizentrum und hat viele Jahre lang nicht produziert. Außerdem ist es »trocken«.

Ein witziger Auslandskorrespondent schrieb einmal, er hätte auf den Kanarischen Inseln keine Kanarienvögel gefunden, auf den Windwardinseln keinen Wind gespürt, und jetzt sei er auf den Jungferninseln. Vielleicht hätte ihn seine Zeitung auch nach Bourbon County schicken sollen.

In seiner hervorragenden Studie »*Kentucky Bourbon*, The Early Years of Whiskeymaking« bemerkt *Henry G. Crowgey*, daß viele Pioniere ganz selbstverständlich gebrannt hätten und daß Kentucky von 1775 an besiedelt wurde. Da das Pionierleben meist nicht festgehalten wurde, werde man wohl niemals sagen können, wer der erste Brenner in Kentucky war. Evan Williams könnte 1783 der erste in der Gegend um Louisville gewesen sein, aber sicher wisse das niemand. Besonders vernichtend äußert

*Starker Whiskey und schnelle, starkkno-
chige Rennpferde, beide im Kalkboden
Kentuckys verwurzelt. Im Pferdeland ist
das Lieblingsgetränk der Mint-Julep, der
beim Kentucky Derby in Churchill Downs
in großen Mengen kredenzt wird. Einzeln
gemixt schmeckt er besser.*

er sich zu Behauptungen, der Baptistenpfar-
rer *Reverend Elijah Craig,* der Georgetown
bei Lexington gründete, hätte 1789 den ersten Bourbon gemacht. Obwohl sich die
Grenzen damals schnell änderten, war Craig
nie in Bourbon County tätig. Auch deutet
nichts darauf hin, daß er zufällig die Technik
entdeckte, Fässer anzukohlen. Das bleibt
eine vergnügliche Legende.

Das *Ankohlen* trägt wesentlich zum Geschmack aller Straight Whiskeys aus den
USA bei, ist aber am bedeutsamsten beim
klassischen Kentucky-Whiskey. *Rye* Whiskeys haben das volle Roggenaroma, *Corn*
Whiskeys die Süße des Maises, Tennessee-
Whiskeys besitzen die Milde der Holzkohlenfiltration, den Bourbon charakterisieren
die Vanillin- und Karameltöne, die der
Whiskey aus dem Holz zieht. Es ist das Ankohlen, das den Whiskey leicht in das Holz
eindringen läßt.

»Die Herkunft des Kentucky-Whiskeys
verdunkeln Legende und Mythos«, bemerkt
Crowgey in der Einleitung zu seiner maß-
geblichen Studie, denn »verläßliche Informationen sind unbestreitbar dürftig. Das
kann nicht allein der hinterwäldlerischen
Unbildung oder den Zwängen und Nöten
des Pionierdaseins zugeschrieben werden.
Es ist gut denkbar, daß Dokumente früher
Brennereitätigkeit von den Nachfahren der
Brenner vernichtet wurden. Die Abstinenz-
bewegung schlug im 19. Jahrhundert voll
durch, und ihre Anhänger hätten einen solchen Familienhintergrund als Schande betrachtet. Es kann kaum ein bloßer Zufall
sein, daß in so vielen persönlichen Erinnerungen die Produktion oder der Konsum
destillierter Produkte nicht vorkommen, wo
doch die Fakten bekanntlich anders liegen.«
Indessen ist das Whiskeygewerbe speziell
in der Gegend von Bardstown, in Louisville
und in geringerem Maße in Frankfort eine
der wichtigsten Haupt- und Nebenerwerbs-
quellen. Im ländlichen Zentral- und Westkentucky scheint aus jeder Mulde eine Brennerei zu lugen. Eine betrübliche Anzahl davon ist eingegangen, andere sind zeitweise
außer Betrieb, lagern aber noch. Ungefähr
fünfzehn jedoch produzieren, teils für andere Staaten, Blends, Vertriebsfirmen, Privatmarken oder Abfüllungen unter stolzen
Kentuckynamen. In manchen Staaten findet
man über 100 Sorten.

Einige unabhängige Kentucky-Brenner
wie *Medley* aus *Owensboro* und *Heaven
Hill* aus *Bardstown* haben Marken en masse.
Andere, wie *Ancient Age* aus *Frankfort,* sind
nicht so verschwenderisch. *Wild Turkey*
von *Austin Nichols* in *Lawrenceburg* fährt
bewußt einspurig. Der bei weitem meistverkaufte Bourbon ist der aus den zwei *Jim-
Beam*-Brennereien bei Bardstown. Trotz
des zurückgehenden Absatzes einheimischer US-Whiskeys hat Jim Beam in den
letzten Jahren beeindruckende Fortschritte
gemacht. Die Marke, Besitzer ist der Konzern *American Brands,* ist eine der meistverkauften Spirituosen in den USA überhaupt.
American Brands gehören jetzt auch die früheren Betriebe von National Distillers *(Old
Grand-Dad, Old Crow* und *Old Taylor)* in
Frankfort.

Der am zweitmeisten verkaufte Bourbon
ist *Early Times* von *Brown Forman* in *Louisville,* der auch Besitzer von *Jack Daniel's* aus
Tennessee, *Southern Comfort* aus St. Louis,
Missouri, und *Canadian Mist* aus Collingwood, Ontario, ist. *Schenley* hat seine Aktivitäten in Kentucky reduziert, produziert
aber in seiner Brennerei in Louisville noch
I. W. Harper, J. W. Dant und *Old Charter.*
Während *Kentucky Tavern* (Glenmore,
Louisville) noch tief in der Heimaterde wurzelt, war *Kentucky Gentleman* (Barton
Brands, Bardstown) eine Zeitlang im Besitz
des schottischen Unternehmens *Argyll,* bevor die Teilhaber ausgezahlt wurden. Der
beliebte *Old Fitzgerald* aus Louisville
wurde von Schottlands DCL gekauft, bevor
diese ihrerseits von Irlands Guinness erworben wurde.

Die zwei größten Spirituosenproduzen-
ten Nordamerikas (die beide in Schottland
reichlich eingekauft haben) halten sich in
Kentucky eher zurück. Obwohl *Hiram
Walker* mit seiner Bourbonmarke Ten High
einigen Erfolg gehabt hat, ist sein einziger
Besitz in Kentucky die kleine autonome
Brennerei *Maker's Mark* aus Loretto, die
von der ortsansässigen Familie Samuels geführt wird. *Seagram's* hat zu verschiedenen
Zeiten in vier Kentucky-Brennereien Bourbon produziert, war aber mit seinen zwei
Premium-Sorten, dem gediegenen *Benchmark* und dem leichteren, trockeneren
Eagle Rare, nicht so erfolgreich, wie man erwartet hätte. Die Firma hat auch einen traditionsreichen normalen Bourbon namens
Mattingly & Moore. Ein anderer von Seagram's großen alten Favoriten, *Four Roses,*
ist auf manchen Märkten noch ein Bourbon,
öfter aber ein Blend.

Kentucky – Frankfort

Dort, wo die Kalksteinschicht des amerikanischen Whiskeylandes zutage tritt, säumen hochragende Felsen das Tal des Kentucky River, der sich durch die Landeshauptstadt *Frankfort* zum Ohio hinwindet. Mit seinen Ahorn- und Hickorywäldern hat dieses Tal einen amerikanischen Charakter, bei dem Siedler schwerlich an die Oder oder den Main gedacht haben können; der Name kommt nicht aus Deutschland, sondern von einem Pionier, der hier eine Furt fand. Sein Familienname war Frank. So direkt ist das, so amerikanisch.

Dies ist eine der ältesten Siedlungen Kentuckys. Sie verkündet ihr Alter mit jedem hier produzierten Whiskey, doch das ist kein reiner Segen. Seit der Zeit, als er pedantisch *»Old Bourbon«* hieß, haben Whiskeyhersteller gern mit ihren Brennereien und ihrem reifen Produkt gealtertümelt. Sie haben es zu ernst getrieben und manchmal sogar zu Unrecht und bezahlen jetzt dafür. Durch den Titel »Old«, erklären Marketingleute, hört sich ein Produkt altmodisch verstaubt an, und dies soll für die durchweg verehrungswürdigen Whiskeys aus Frankfort ein Problem gewesen sein. Wenn das stimmt, spricht das nicht gerade für das Urteilsvermögen des Verbrauchers.

Die älteste Siedlung in der Frankforter Gegend ist *Leestown*, gegründet zwischen 1773 und 1775 von einer Gruppe Pioniere, die dem »Büffelpfad« folgend hierher gelangt waren. Ein zum »Wahrzeichen« erklärtes Schindelgebäude diente später als Büro des Brennereiaufsehers der Firma *Ancient Age* und steht noch da als Andenken an *Hancock Lee* und seine Mitpioniere.

Die Brennerei selbst wurde 1869 erbaut und ist durch mehrere Hände gegangen. Eine Zeitlang gehörte sie der nationalen Firma Schenley, und Ancient Age war unter ihren diversen Bourbonmarken der Verkaufsschlager. 1982 verkaufte sie plötzlich das Werk an eine Firma, die zwei im Spirituosengeschäft Erfahrene gebildet hatten.

Vor dem charaktervollen Werk steht etwas, das wie ein riesiges Faß aussieht und sich als »Kessel«-Brennapparat erweist, der

Faßlager bei Ancient Age (oben) ... und der Brunnenpavillon bei Old Taylor.

110000 l faßt und früher für die Herstellung von Kornsprit benutzt wurde, nicht aber für Whiskey. Wie zum Kontrast hat die Brennerei auch ein Lagerhaus in der Form eines Fasses, das aus Anlaß des zweimillionsten Fasses nach der Prohibition errichtet wurde. Das war 1953, und die Brennerei hat seither 5 Millionen überschritten. Von den größeren Lagerhäusern aus können Fässer auf Schienen, die im Entladeraum zusammen-

streben wie in einem Eisenbahndepot, den Berg hinuntergerollt werden.

Eine in den 30er Jahren erbaute Blockhütte dient als Empfangszentrum für Reisegruppen. In einem Büro der historisch interessanten Brennerei hängt eine Patentanmeldung von 1880 für »eine neue und nützliche Verbesserung der Whiskeyherstellung«. Was dort als »unsere Erfindung« beschrieben wird, erweist sich als das Sour-Mash-Verfahren. Das Patent wurde leider nicht erteilt.

Ancient Age Whiskey wird in einer 4jährigen Version ohne Altersangabe mit 43 und 45% vol. erzeugt, seltener mit 10 Jahren und nur 43% vol. Bei dieser letzteren Version wird das Wort »Ancient« wiederholt: *Ancient Ancient Age*, salopp *»Triple-A«* genannt. Die ungewöhnliche Verbindung von hohem Alter mit mäßiger Stärke bietet eine willkommene Gelegenheit, den Geschmack der Reife zu kosten. Wegen des hohen Alters hat der Whiskey gut ins Holz einziehen können, doch der Charakter, den er dadurch annimmt, wird nicht von der Stärke erschla-

FRANKFORT-WHISKEYS – EIN GESCHMACKSFÜHRER

*Als Hauptstadt von Kentucky ist Frankfort auch eines der Zentren der Whiskeydestillation
in diesem Staat. Ein altes Zentrum überdies, weshalb das »Old« der Kentucky Bourbons
am Platz ist. Frankfort hat berühmte Namen und ausgereifte Whiskeys, deren volle
Würdigung einen geschulten Gaumen verlangt.*

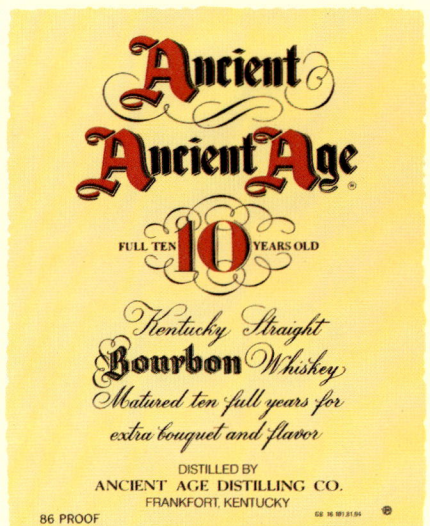

Ancient Ancient Age, 43% vol., 10jährig

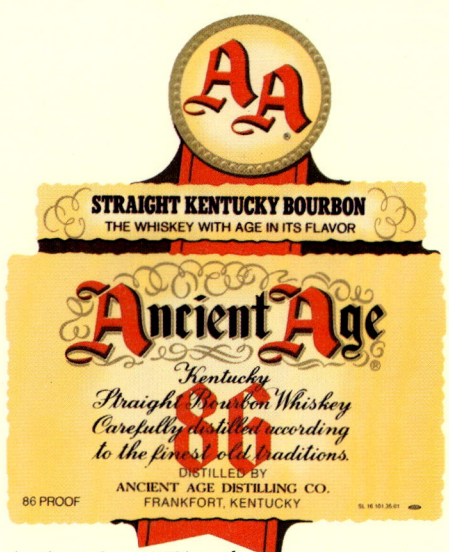

Ancient Age, 43% vol.

*Ancient Age, Leestown-Barmarke,
43% vol.*

Ancient Age Whiskeys sind ein gutes
Beispiel für traditionellen Bourbon mit
genau der richtigen dezenten Eichennote.
Sie sind relativ trocken, vor dem Essen zu

trinken. Die doppelt antike Version von
Ancient Age, von ihren Liebhabern und
deren Barmännern »Triple-A« genannt,
liegt bei 10 Jahren und 43% vol. Sie ver-

anschaulicht den Ancient-Age-Charakter
besonders gut. Die Leestown-Version ist
eine Barsorte von 43% vol., hauptsächlich
für den kalifornischen Markt.

Old Taylor Whiskeys sind Premium-
Bourbons mit ziemlich leichtem und charakteristisch mildem Körper und etwas
süßem Geschmack. Eine angenehme Stärkung am späten Nachmittag.

Old Crow Whiskeys sind aromatische
Bourbons für alle Tage. Ein wenig voller
im Körper, vielleicht mit einer Spur mehr
Reife, sind sie dankbare Bourbons für die
»Happy Hour«.

Old Grand-Dad Bourbons sind kräftig
und fruchtig, mit etwas Rye-Charakter.
Die 10jährige 50%-vol.-Version ist eine
bemerkenswerte Verbindung von Wucht
und Weiche. Ein herzhafter Bourbon nach
dem Essen.

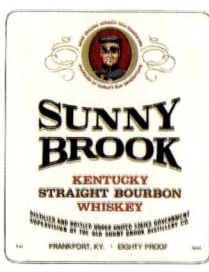

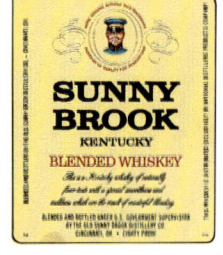

Sunny Brook, Bellows und Hill & Hill sind drei von mehreren Regionalsorten, die von National Distillers in Frankfort produ-ziert wurden. Die meisten davon ähneln im Charakter Old Tay-lor. Sunny Brook ist der Name eines »Straight« und eines Blend.

Edmund Haynes Taylor (oben, Mitte) baute seine Brennerei in bombastischem Maßstab. Angesichts der Größe eines Gärbehäl-ters bei Ancient Age (rechts) erscheinen die Menschen, die gerade Hefe hineinschütten, wie Zwerge.

gen. Nach dem gängigen Urteil der Branche ist Triple-A vielleicht holzig, aber Bourbonfreunde können darin den echten Geschmack dieses Typs finden. Die Ancient-Age-Whiskeys haben im allgemeinen wirklich einen guten traditionellen Bourboncharakter und einen (mittel-)vollen Körper. Ein 43%iger Whiskey von ganz ähnlicher Art wird von Leestown in Kalifornien als Barsorte vertrieben.

Old Crow, Old Taylor und Old Grand-Dad sind auch Frankforter Brennereien. Jede hat ihr eigenes Werk; sie haben *National Distillers* gehört, wurden aber 1987 von *American Brands* gekauft. Die Produkte haben dennoch ihre deutlich eigene Art. Die *Old-Crow*-Whiskeys sind typische Bourbons mit leichtem Auftakt und eindringlichem Abgang und für das breite Publikum gedacht. Der Whiskey ist 4 oder 5 Jahre alt, ohne Altersangabe, und mit 40 und 50% vol. zu haben. Der *Taylor*-Whiskey ist leicht, mild, mit etwas Süße und kommt als Premium auf den Markt. Es ist ein vollreifer Whiskey, bis zu 10 oder 12 Jahre alt, wenn auch mit niedrigeren Altersangaben. Es gibt ihn mit 43 und 50% vol. Die Whiskeys von *Old Grand-Dad* sind kräftig und fruchtig mit etwas *Rye*-Charakter und stellen die Spitzenmarke dar.

Old Grand-Dad gibt das Alter auch nicht an, aber ihr normaler Whiskey ist meistens etwa 6 Jahre alt und wird mit 43% vol. ver-

kauft. Es gibt noch andere Versionen: 8 Jahre und 50% vol., 10 Jahre und 57% vol., wie er aus dem Faß kommt. Die Firma ist sehr stolz auf diesen *»Barrel-Proof«*-Whiskey, der aus ausgesuchten Chargen stammt. Es ist ein sehr weicher und würziger Dessertwhiskey. Die früheren National Distillers hatten auch eine Reihe von regionalen Bourbons und Blends, darunter *Hill & Hill*, *Bellows* und *Sunny Brook*.

Old Crow heißt nicht alte Krähe. Die Brennerei wurde 1835 von dem aus Schottland stammenden *Dr. James Crow* gegründet. Auch ihm wird die Entwicklung des Sour-Mash-Verfahrens zugeschrieben, noch auf dem Etikett des Whiskeys. Da in der ganzen Zeit niemand dagegen vorgegangen ist, kann man es wohl nicht widerlegen, aber nichts ist gänzlich zweifelsfrei. Mit ihrer stolzen fünfstöckigen Kalksteinfassade, reich bestückt mit Fenstern um eine gewölbte Ladeluke herum, sieht die Brennerei aus wie eine schottische oder nordenglische Textilfabrik.

Old Taylor war ein richtiger Whiskeyunternehmer. Sein voller Name war *Oberst Edmund Haynes Taylor jr.*, und er war der erste Besitzer der jetzigen Ancient Age, bevor er das außerordentliche Werk baute, das nunmehr seinen Namen trägt. Das Old-Taylor-Gebäude ist wie eine Burg angelegt, mit befestigten Zinnen und Türmen. Obendrein baute er noch ein Brunnenhaus im ro-

mantischen Stil in Form eines Pavillons mit Säulen dazu. Seit Errichtung der Gebäude zwischen 1885 und 1887 ist der Pavillon oftmals Schauplatz von Empfängen und Partys gewesen, und wahrscheinlich wird sich das Ganze in der Zukunft zu einem Frankforter Whiskeymuseum auswachsen. Die Brennerei wurde während der Prohibition von National Distillers erworben und ist immer noch in Betrieb, obwohl sie seit etwa einem Jahrzehnt keinen neuen Whiskey mehr produziert hat. Aber es reift noch welcher dort.

Old Grand-Dads weitläufiges Werk sieht am industriellsten aus, hat aber auch Geschichte. Der Name Old Grand-Dad stammt von 1882, doch damals war der Standort der Firma noch anderswo in Kentucky. Die Frankforter Brennerei wurde 1901 gebaut, 1940 von National Distillers erworben und ist deren Zentrale in der Stadt. Sie ist stolz auf ihre Traditionen – ihr Bestehen auf 1A-Mais und einen tüchtigen Roggenanteil, ihren offenen Kocher, ihre Hefe aus der Zeit vor der Prohibition und ihre ordentliche Portion Rückstand in den Gärbehältern –, und sie erzeugt ausgereift schmeckende Whiskeys.

Kentucky – Lawrenceburg

Dem scharfäugigen Whiskeydetektiv könnte Lawrenceburg Kopfzerbrechen bereiten. Wer allein dasitzen, das im Glas gebrochene Licht betrachten und sich still die Worte auf dem Flaschenetikett vorsagen kann, der entdeckt vielleicht, daß es in der Welt des Whiskeys zwei Lawrenceburgs gibt. Dem Puristen gilt das größere der beiden als das geringere. Das ist *Lawrenceburg, Ind.*, wo sowohl *Schenley* als auch *Seagram* verschiedene Whiskeys abfüllen und blenden. Wirklich bedeutend ist *Lawrenceburg, Ky.* Und wer wäre schon freiwillig in Indiana, wenn er in Kentucky sein könnte? Die zwei trennt mehr als nur eine Staatsgrenze. Verwirrend ist nur, daß es Seagram auch in Lawrenceburg, Kentucky, gibt. Es ist ihr Hauptzentrum der Bourbonbrennerei, für *Benchmark* und *Eagle Rare*.

20 km südlich der Landeshauptstadt Frankfort und immer noch dicht am Kentucky River liegt die Kleinstadt Lawrenceburg (etwa 5500 Seelen), der Sitz der Knopffabrik Universal Button Company und zweier arbeitender Brennereien. Die Anzahl amerikanischer Kleinstädte, die Knopffabriken haben oder hatten, ist auffallend. Diese hier ist etwas Besonderes: Sie liefert die Knöpfe für jedes zweite Paar Jeans in Amerika.

Die Vorstellung, daß ein Ort Amerikas Jeans zuknöpft und gleichzeitig das Land mit seinem wildesten Whiskey versorgt, dem Lieblingsdrink des intellektuellen Cowboys, scheint stimmig, ist aber trotzdem vorschnell geurteilt.

Alles fing an mit der Firma Austin Nichols, die ursprünglich Lebensmittel-, Wein- und Branntweinhändler waren. Heute haben sie ein paar der besten Markennamen im Spirituosengeschäft und Verwaltungsbüros im Zentrum Manhattans. Eine Zeitlang waren sie im Besitz von Pernod und dann von Heublein, die in der Folge von der britischen Gruppe Grand Metropolitan übernommen wurden. Ihre Zugmarke ist *Wild Turkey*, seit den 50er Jahren ein Spitzenreiter in den kultivierten Städten der Ostküste. Auch Dwight Eisenhower soll

Der Wilde Truthahn ist eher ein amerikanisches Symbol als eines für Kentucky. Der Whiskey hat es jedoch klug verstanden, sich den Gedanken des amerikanischen Erbes zunutze zu machen, ohne altmodisch zu wirken.

dem Wild Turkey zugesprochen haben.

Viele Jahre lang kaufte Austin Nichols den Whiskey ein, der dann als Wild Turkey verkauft wurde, doch 1971 übernahmen sie eine alteingesessene Familienbrennerei bei Lawrenceburg, Kentucky, so daß sie ihn selbst herstellen konnten. Obwohl Wild Turkey immer schon eher unter seinem Markennamen denn als Bourbon bekannt war, hatte er eindringlich nach Kentucky ge-

schmeckt. Jetzt konnte auch für eine gleichbleibende Qualität gesorgt werden.

Austin Nichols, 1855 gegründet, muß es gefreut haben, eine Brennerei etwa desselben Jahrgangs zu finden, wenn auch in den 30ern »modernisiert«. Fern von Manhattan und so urtümlich, wie sie nur hoffen konnten, steht das Werk nüchtern auf einem Hügel. Er fällt dort zum Kentucky hin ab, wo dieser von einer schwindelerregenden, 69 m

LAWRENCEBURG-WHISKEYS – EIN GESCHMACKSFÜHRER

Zwei Lawrenceburgs finden sich als Ortsangabe auf Whiskeyetiketten. Vom Volumen her ist
das in Indiana wichtiger. Für den Kenner auf der Suche nach »Straights« jedoch ist
Kentucky der Staat, der zählt. Lawrenceburg, Kentucky, erzeugt volle, abgerundete
Whiskeys und benennt sie gern nach Nationalvögeln.

Wild Turkey Straight Kentucky Bourbon mit 43,4% vol. kann günstiger angeboten werden als die bekanntere 101-Version (50,5% vol.). So oder so ist Wild Turkey ein körperreicher, aromatischer, gediegener, traditioneller Kentucky Bourbon.

Wild Turkey Straight Kentucky Bourbon ist mit 50,5% vol. am bekanntesten. Sein Marketing hat sich auf Name und Stärke konzentriert, aber das Produkt ist ein klassischer Bourbon. Die 101-Version hat einen wuchtigen Charakter, ausgewogen durch Reife.

Wild Turkey Straight Rye ist im allgemeinen nur echten Whiskeyliebhabern bekannt. Ein *Rye* mit Wild Turkeys beliebten 50,5% vol. ist eine beachtenswerte Spezialität. Der hier ist voll und weich, mit einem Hauch Süße.

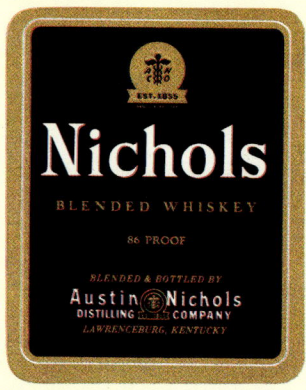

Nichols ist ein Blended Whiskey mit einem Anflug von Wild Turkey im Charakter. Er wird von Austin Nichols produziert, den Herstellern von Wild Turkey. Solche Hausblends sind meistens charaktervoll, aber kein Ersatz für einen »Straight«.

Wild Turkey Liqueur basiert auf dem Bourbon, mit Honig- und Zitrusaroma. Er ist einer der wenigen in den USA hergestellten Whiskeyliköre. Wer hätte gedacht, daß ein Whiskey mit so einem Macho-Image auch seine süße Seite hat?

Eagle Rare ist ein Kentucky Bourbon von Seagram's. Auch sie haben eine Brennerei in Lawrenceburg. Eagle Rare hat einen (mittel-)schweren Körper und ist leicht aromatisch. Die Brennerei hat auch den weichen Benchmark.

Errichtete ein Schwarzbrenner die erste Brennanlage auf dem Wild Turkey Hill? Erlangte seine Ansammlung dampfender Behälter nach und nach Achtbarkeit? Manche klassische Brennerei aus dem Whiskeygebiet Kentuckys hat etwas Improvisiertes an sich.

hohen Balkenbrücke überspannt wird, über die der Zug nach Lexington fährt.

Das turmartige Brennhaus aus Holz sieht innen aus wie ein Bergwerksschacht. Der Brenner macht seine eigene »saure« Hefemaische aus Malz und Roggen, die Mehrzahl der Gärbehälter sind offen und aus Zypressenholz. Der Dampffang der Column-Still ist ganz aus Kupfer, desgleichen der »Doubler« für den Feinbrand. Die Fässer werden besonders stark angekohlt. Die Lagerhäuser mit offenen Schobern sind ungeheizt. »Wir glauben, die Jahreszeiten machen einen guten Whiskey«, sagt der Brenner.

Tatsächlich findet man in den nahen Wäldern ab und zu einen wilden Truthahn, wie es die Werbung verspricht, seitdem sie sich einen stärkeren Kentuckyakzent zugelegt hat. An einem warmen, dunstigen Frühlingsmorgen steigt ein milder Apfelduft aus den Gärbehältern auf, und über dem Whis-

key liegt das reiche Aroma angekohlter Fässer. Es ist ein vollmundiger, traditioneller Bourbon mit einem aromatischen Abgang.

Viele Jahre lang war Wild Turkey auf einen Whiskey von 8 Jahren und 50,5% vol. spezialisiert. Die sonderbaren »Prozente« sind offenbar eine Vorsichtsmaßnahme, um auch ganz bestimmt nicht unter der 50%-Grenze für die Bottled-in-Bond-Marke zu liegen. Es gibt eine Handvoll 50,5%-vol.-Bourbons auf dem Markt, und Wild Turkey betrachtet sich als Super-Premium. Die Firma bringt jedoch auch einen 43%igen heraus, der zwischen 4 und 6 Jahren alt ist. Es gibt auch einen *Wild-Turkey-Likör*, auf Whiskeybasis mit reinem Honig und zwei Geschmackszusätzen in der Brennerei geblendet. Er ist zitrusartig und hat 30% vol. Dann gibt es noch einen *Nichols Blended Whiskey* mit 43% vol. und den prächtigen 8jährigen 50,5%igen *Wild Turkey Rye*, der zur Zeit von *Michter's* in Penn-

sylvania angekauft wird. Als Michter's 1981 vorübergehend die Produktion einstellte, waren genug Vorräte da, um *Wild Turkey Rye* ein paar Jahre weiterliefern zu können.

Nachdem Austin Nichols ihre eigene Brennerei in Kentucky erworben hatten, kamen sie mit Keramikkaraffen in Form wilder Truthähne auf den Markt. Zuerst gab es eine im Jahr, von 1971 bis 1978. Dann kam eine Reihe von vier mit Truthahnmotiven. 1983 wurden es dann drei im Jahr, die Truthähne neben anderen amerikanischen Tieren wie Adler, Rotluchs und Waschbär darstellten. Der erste Truthahn kostete 1971 $ 20 bis 25, Reststücke erzielten $ 500.

Beschreibungen des wilden Truthahns auf Karaffen kann man in der Welt des Whiskeymarketings wörtlich nehmen: »Der wilde Truthahn ist einer der schwersten flugfähigen Vögel und doch ungewöhnlich schnell… Räuber lernen rasch, daß der wilde Truthahn ein wachsamer, zäher Gegner ist.«

Kentucky – Bardstown

My old Kentucky Home«, dessen in einem Lied von Stephen Foster liebevoll gedacht wird, ist ein wuchtiger, von Anlagen umgebener Bau im Georgia-Stil, die meistbesuchte Attraktion in *Bardstown* – einer Gemeinde von etwa 7000 Seelen südlich von Louisville am Blue Grass Parkway. Vielleicht sollte verschwiegen werden, daß Foster, zu dessen über 170 Liedern auch »Swanee River« und »Camptown Races« gehören, an Alkoholvergiftung starb (1864 im Alter von erst 38 Jahren). Immerhin sind in Bardstown die zweite und dritte Attraktion *Talbott's Tavern* von 1785 und das *Oscar Getz Museum of Whiskey History*. Whiskey ist das Herzblut von Bardstown und Nelson County. Diese Gegend darf wohl am ehesten als das Zentrum von Kentuckys Brennereigewerbe gelten, nicht nur geographisch, sondern auch historisch. Bourbon County hatte nie so viel damit zu tun wie Nelson County.

Bei all seiner Whiskeyproduktion ist Kentucky jedoch nicht berühmt für seine Wirtshäuser, und in diesem Kontext ist Talbott's Tavern zumindest von historischem Interesse. Sie ist ansonsten nichts Besonderes, aber ein überaus angenehmer Ort, um auf einen Schluck oder Imbiß einzukehren.

Die Taverne steht neben dem imposanten Gerichtshaus an der zentralen Kreuzung dieses hübschen Städtchens. Das Backsteingebäude wurde 1892 anstelle des Holzbaus errichtet, den William Bard, oder Baird, 1785 dort hinstellte. Die Stadt nennt sich nach Baird und der Landkreis nach Thomas Nelson, dem Gouverneur von Virginia, der amerikanische Kanonen auf sein eigenes Haus feuern ließ, nachdem die Briten es im Unabhängigkeitskrieg zu ihrem Hauptquartier gemacht hatten.

Das Museum ist nahebei in einem früheren College-Gebäude namens Spalding Hall in North Fifth Street untergebracht. Es ist Montag bis Samstag ganztägig und an Sonn-tagen nachmittags geöffnet und wegen seiner Urkunden und alten Reklamen einen Besuch wert. Die Sammlung wurde von *Oscar Getz* als dem Aufsichtsratsvorsitzenden der Bardstowner Brennerei *Barton* angelegt, wo sie zuerst ausgestellt war. Das Museum zog um, als Barton 1983 von der schottischen Firma Argyll übernommen wurde. Barton ist später von der Betriebsleitung gekauft worden.

Barton und *Heaven Hill* liegen wenige Minuten vom Stadtkern entfernt; die Bardstowner Brennerei *Willett* stellt keinen Whiskey mehr her; *Jim Beam* hat einen Betrieb in Nelson County und einen anderen im benachbarten Bullitt County. Das Werk *Henry McKenna* in Fairfield, Nelson County, wird von Seagram's nicht mehr betrieben, desgleichen ein Gelegenheitsbetrieb unweit von Athertonville. Auch die Brennerei *Maker's Mark* in Loretto, Marion County, ist nicht weit. Es gibt außerdem noch zwei oder drei erloschene Brennereien in der Gegend.

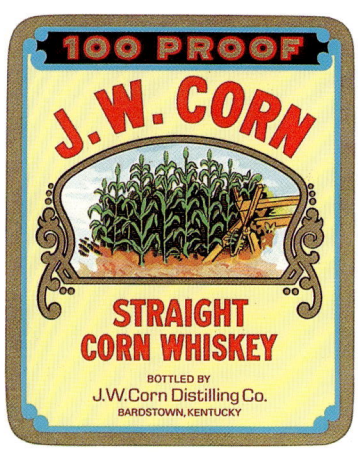

Bardstowns Brennerei Heaven Hill (links) hat sich in einem halben Jahrhundert wenig verändert. Die Stufengiebel sind ein typisches Baumerkmal amerikanischer Whiskeylagerhäuser. Die zusätzliche Fläche hilft, zur natürlichen Reifung Temperaturveränderungen vorzunehmen. Der Stil klingt manchmal auch in der Konstruktion des Brennhauses an. Heaven Hill ist einer der berühmten Namen in Bardstown. Ein anderer ist Barton (rechts).

Nelson County hatte einst 20 Brennereien. Zwischen 1860 und 1890 ließen sich hier einige der berühmtesten Namen im Whiskeygeschäft nieder, von denen manche inzwischen an Firmen in anderen Städten gegangen sind. Mehrere berühmte Whiskeyhersteller, darunter Jim Beam, hatten ihre großen Häuser in einer Straße, die allseits »Distiller's Row« genannt wurde. Heute kommen die am stärksten mit Nelson County identifizierten Whiskeys aus den Brennereien Barton und Heaven Hill.

Die Barton-Whiskeys sind denkbar trocken und aromatisch. Die nationale Hauptmarke der Firma ist *Very Old Barton*, der mit 40% vol. in einer 6jährigen Version und mit 43, 45 und 50% vol. 6- und 8jährig zu haben ist. Die 8jährigen Versionen bringen die Art des Hauses besonders gut zur Geltung. Very Old Barton wird von der Firma als Premium-Marke betrachtet, und dafür ist er sehr günstig. Unter der Markenbezeichnung Barton führt die Firma weiterhin

die Blends Reserve und Premium und einen leichten Whiskey, der *QT* heißt. Man hat auch eine zweite Marke, *Kentucky Gentleman*, der im Süden ein Bourbon ist (mit 4 bis 8 Jahren; 40, 43, 45 und 50% vol.) und in manchen anderen Staaten ein Blend. Ähnliche Bourbons, beide mit leichten Versionen, sind *Colonel Lee* und *Tom Moore*, letzterer benannt nach dem Mann, der die Brennerei 1879 gründete. Das jetzige Werk, weitgehend aus den 40er Jahren, ist im industriellen Backsteinstil der Zeit gehalten. Seine besten Freunde könnten es nur schwer als schön bezeichnen, aber es liegt tief in einer Mulde verborgen. Die Brennerei pflegt ihre eigene Hefe in einer sauren Maische aus Rückstand, Malz und Roggen. Trotz ihres würzigen Geschmacks sind die Whiskeys sehr sauber, vielleicht weil das Destillat zweimal durch die Säule läuft.

Heaven Hills Whiskeys sind ungewöhnlich malzig, mit vollem Bourbonduft und -geschmack. Die mit dem Heaven-Hill-Eti-

J. W. Corn Whiskey und North Brook Straight Rye sind körperreiche und ziemlich weiche Interpretationen ihres jeweiligen Stils aus der Brennerei Heaven Hill. Barton Reserve ist ein angenehm aromatischer Blend.

Spalding Hall, ein ehemaliges College, ist immer noch ein Studium wert ... es ist ein Museum, das sich der Geschichte des Whiskeys in den Vereinigten Staaten widmet.

kett, erhältlich vor allem im Süden und Osten, haben einen (mittel-)schweren Körper. Die mit dem Evan-Williams-Etikett sind entschieden schwerer. *Evan Williams,* benannt nach dem frühen Kentucky-Brenner, ist die nationale Premium-Marke der Firma. Heaven-Hill-Whiskeys sind hauptsächlich mit 4 Jahren und 40% vol. oder 10 Jahren und 50% vol. zu haben, Evan Williams meistens mit 7 Jahren und 45% vol., obwohl sie zunehmend in höheren Altersklassen und Stärken herauskommen. Evan Williams ist auf dem Bourbonmarkt ein kommender Name. Beide Whiskeys und die Unzahl von Privatmarken, die Heaven Hill herausbringt, gibt es in vielen Kombinationen von Alter und Stärke.

Ein Grund dafür ist der, daß Heaven Hill mit Vorliebe neuen Whiskey im Faß an seine Großhändler verkauft. Neben dem Vorteil schnellen Bargelds für Heaven Hill steht die größere Flexibilität für den Großhändler, der den Whiskey, im Rahmen des Gesetzes, je nach Marktlage in jedem Alter und jeder Stärke entnehmen kann. Die Firma produziert auch einen leichten Whiskey – und den

kräftigen, fruchtigen, bittersüßen *Pikesville Rye,* der sein heimisches Maryland schon lange verlassen hat.

Heaven Hill ist eine von zwei oder drei unabhängigen Whiskeybrennereien Kentuckys und darf sich wohl am ehesten als kleiner Familienbetrieb bezeichnen. Die Firma wurde nach der Aufhebung der Prohibition geplant, begann 1935 zu produzieren und ist seitdem in der Familie geblieben. In einem Artikel im »Kentucky Standard« zum 40jährigen Jubiläum wurde die Firma der größte Steuerzahler in Nelson County genannt.

William Heavenhill, Mitglied einer Pionierfamilie und später Besitzer einer Farm oder gar Plantage, gab dem Boden, auf dem Büro und Brennerei stehen, seinen Namen. Angeblich war es ein Tippfehler, der aus Heaven Hill zwei Worte machte, aber »Himmelsberg« ist sicher ein romantischer Name für einen Kentucky Bourbon. Die Familie Heavenhill hatte nie etwas mit der Brennerei zu tun, obgleich Nachfahren des Gründers dort beschäftigt waren.

Die Brenner bei Heaven Hill kamen tradi-

tionell aus der Familie Beam (die die Kunst nicht nur bei Jim Beam ausübten, sondern mit den Jahren auch in mehreren nicht verwandten Firmen). Sie nehmen immer noch eine Hefe, die seit sechs oder sieben Generationen in der Familie ist. Bei Heaven Hill wird sie in einer süßen Malzmaische vermehrt und durch den Zusatz kleiner Hopfenmengen vor dem Verderb bewahrt, eine traditionelle Methode in Kentucky. In den Kocher und die Gärbehälter wird dann Rückstand gegeben, um einen Sour-Mash-Whiskey zu erzeugen. Man nimmt offene Gärbehälter, manche aus neuem Zypressenholz. Der Whiskey, voll und relativ ölig, wird nach der Lagerung über Holzkohle filtriert. Damit werden nur noch unerwünschte Feststoffe ausgesiebt, bevor er abgefüllt wird. Das ist kein ungewöhnliches Verfahren, unterscheidet sich aber deutlich von der Tennessee-Technik, die im späteren Kapitel beschrieben wird.

Kentucky – Loretto

Unterstützt von ein oder zwei begeisterten Weinhändlern, die aufgeschlossener sind, als man meint, hat ein Bourbon unter Whiskeyfreunden den Rang eines Kultgetränks erlangt: *Maker's Mark.* Er wird in einer winzigen, abgelegenen Brennerei an einem steinigen Bach in Happy Hollow hergestellt, gute 6 km von *Loretto* entfernt, einer südlich von Bardstown gelegenen Farmergemeinde. Die Brennerei ist die kleinste Kentuckys und erzeugt 20 bis 40 Barrels (2400 bis 4800 l) am Tag. Das Brennhaus steht auf einem Fundament von 1805, und die jetzige turmartige Brennerei wurde 1889 gebaut – eine typische Eisenkonstruktion mit der attraktiven Farbzusammenstellung Schwarz-Rot, dem Hauston von Maker's Mark. Die Brennerei ist ein nationales historisches Wahrzeichen.

Maker's Mark gestern und heute: eine winzige Landbrennerei (links und unten links). Die roten Läden stehen offen, selbst an einem Wintertag, und die schwarze Fassade wartet auf ihren Frühjahrsanstrich. Schlempe (ganz unten rechts) gibt Viehfutter für umliegende Farmen, während neuer Brand durch die »try-boxes« (Probierkästen) fließt (Mitte).

Generationen von Samuels' haben Whiskey gemacht und es stolz verkündet. Das prächtige Schild bei T. W. Samuels steht vor einer stillgelegten Brennerei. Die Familie leitet jetzt Maker's Mark.
Samuels' Depot heißt ein Gehöft, wo die letzte bewaffnete Schar Konföderierter, unter ihnen die Brüder James, 75 Tage nach Ende des Bürgerkrieges kapituliert haben sollen. Die Kapitulation fand im Gemischtwarenladen statt. 120 Jahre später stand er – gerade – noch.

Die *Samuels'*, die den Betrieb leiten, sind eine schottisch-irische Familie, die Anfang des 18. Jahrhunderts in die Neue Welt auswanderte und noch im selben Jahrhundert nach Kentucky zog. Ein Mitglied der Familie, der Soldat im Unabhängigkeitskrieg war, fing mit dem Brennen an. Um die Zeit des Bürgerkriegs wurde ein anderer aus der Familie durch Heirat zum Stiefvater der James-Brüder Jesse und Frank. Auf einem Friedhof in Deatsville bei Bardstown sind ein paar ehrende Worte von Frank auf einem Familiengrabstein eingemeißelt. Die Samuels' führten eine Brennerei in Deatsville. In der Nähe ist ein Dorf namens Samuels, wo die letzte bewaffnete Konföderiertenschar, darunter die Brüder James, kapitulierte. Die Brüder James müssen unter den Samuels' in guter Hut gewesen sein, da die Familie auch so manchen Sheriff stellte.

Als Zeichen von vier Generationen kommerzieller Brenner erscheint auf dem Etikett des jetzigen Whiskeys der Familie eine römische IV mit einem »S«, das nicht nur für Samuels steht, sondern auch für die Star Hill Farm, ihren Besitz. In den Jahrzehnten nach der Prohibition zog sich die Familie langsam aus dem Brennereigeschäft zurück, erwarb dann aber 1953, in der Zeit des Wirtschaftswachstums nach dem Koreakrieg, ihr jetziges Werk. Von der Zeit an war sie bestrebt, aus dessen geringer Größe Nutzen zu ziehen und in kleinem Umfang einen Bourbon großer Klasse zu produzieren. In einer Zeit, als Bourbon ein Massenprodukt war, war das eine Pioniertat.

Bei ihrer neuen und weitsichtigen Einstellung zur Bourbonproduktion wußte die Familie, daß sie ihren Whiskey in ganz eigener und anderer Form präsentieren mußte. Von dem »Maker's Mark« (Herstellerzeichen) auf Zinngeschirr – einer aus der Familie war

Sammler – stammte der Markenname. Dazu kam eine elegante Flasche, die etwas an einen Digestif denken läßt. Zuletzt wurde der Verschluß mit rotem Wachs versiegelt – von Hand, genau wie das Etikettieren.

Der kleine Umfang der Brennerei sowie der Stil von Name und Aufmachung bereiteten wohl den Rang vor, den *Maker's Mark* genießt, aber die einzige Rechtfertigung für seinen Ruhm ist der Whiskey selbst. Maker's Mark ist der weichste aller Bourbons. Er hat den klassischen Bourbonduft und -geschmack, aber mit seiner eigenen bestimmten Weichheit, einem mittelschweren Körper und einem sehr sauberen Abgang.

Qualität fällt Maker's Mark in mancher Hinsicht leichter, eben weil die Brennerei so klein ist. Zum Beispiel haben viele Brennereien zwar eigenes Wasser, müssen es aber oft mit der städtischen Wasserversorgung ergänzen; Maker's Mark produziert so we-

Das charakteristische rote Wachssiegel trägt zum Flair von Maker's Mark bei. Jede Flasche wird von Hand eingetaucht, zehn oder zwölf Arbeiter sind damit beschäftigt. Das plastifizierte Wachs gibt es blockweise. Es wird zur Konsistenz einer Soße geschmolzen. Nach dem Eintauchen der Flaschen wird es schnell hart.

nig, daß sie mit dem eigenen Brunnen auskommen kann. Auch beim Getreidekauf kann Maker's Mark wegen der kleinen Mengen genauer auf die Herkunft des Getreides schauen.

Die bestimmende Weichheit wird – ein wenig auf Kosten des Geschmacks, meinen manche – damit erzielt, daß Maker's Mark Weizen statt Roggen nimmt, um den Geschmack damit zu »würzen«. Dies ist eine anerkannte alternative Form, Bourbon herzustellen, aber wenige Brenner folgen ihr (auch *Old Fitzgerald* ist ein wichtiges Beispiel).

Unter manchen Aspekten kann Maker's Mark behaupten, »handgemacht« zu sein. Das erklären Produzenten der verschiedensten Getränke zwar gern, aber nicht immer zu Recht. Das Rollensystem zum Laden und Sieben des Getreides mag bloß kurios sein, aber das Quetschwerk (statt eines Hammer-

werks) geht behutsamer mit dem Getreide um. Das gleiche gilt für sein sehr langsames, vorsichtiges Kochen (über drei Stunden), das nicht nach dem üblichen Druckverfahren erfolgt. Maker's Mark hat eine eigene Hefe, die in einer süßen Maische (mit Hopfen) vermehrt wird. Die Gärbehälter sind traditionell aus Zypresse; destilliert wird mit einer schönen alten kupfernen »Doubler«-Still; der Whiskey wird mit relativ geringen Stärken in Fässer abgelassen, was Körper und Geschmack fördert. In den Lagerhäusern rotieren die Fässer, so daß sie nicht zu lange im oberen, durchlüfteten Bereich bleiben. Größere Brennereien lösen dieses Problem gern so, daß sie den Inhalt der Fässer aus verschiedenen Teilen des Lagerhauses mischen.

Maker's-Mark-Whisky (der Markenname läßt nach kanadischer und schottischer Art das »e« weg) lagert durchweg 5 bis

6 Jahre. Großteils kommt er mit 45% vol. und rotem Siegel auf den Markt. Eine 50,5%-Version hat ein goldenes Siegel, desgleichen eine 45%-Version, die für einzelne Kunden persönlich etikettiert wird.

Obwohl sie ihr Produkt so erfolgreich berühmt gemacht haben, hatten die Samuels' Schwierigkeiten mit dem Vertrieb. Heute führt die Familie zwar noch die Geschäfte (mit einer neuen Generation, die sich unermüdlich für Maker's Mark im besonderen und Kentucky Bourbon im allgemeinen einsetzt), aber die Firma ist Teil der Gruppe *Hiram Walker*, einer der größten Spirituosenfirmen Nordamerikas. Mit ihren internationalen Beziehungen hat die Gruppe zweifellos dazu beigetragen, daß Maker's Mark in einigen der größten Hotels und Kaufhäuser vieler Länder der Erde zu finden ist.

Kentucky – Clermont und Beam

J im Beam hat bewußt und mit Erfolg seinen Markennamen so stark publik gemacht, daß er die Bezeichnung »Bourbon« fast in den Schatten stellt. Er ist dennoch, laut Etikett, ein Kentucky Straight Bourbon Whiskey. Selbst Beams Blended Whiskey *Eight Star* enthält einen hohen Bourbonanteil. Jim Beam selbst ist der bei weitem meistverkaufte Bourbon und unter den wenigen Spitzenmarken von Spirituosen aller Art der einzige, der in den letzten Jahren auf dem amerikanischen Markt zugelegt hat.

Jim Beam ist ein mittelschwerer Bourbon mit blumigem Duft, leichtem Weingeschmack und einem bemerkenswert vollen Abgang. Dennoch hat er in den letzten Jahren etwas vom klassischen Bourbonfaßcharakter verloren. Die Firma sagt lieber, er sei »etwas weniger holzig«. Die Hauptversion ist 4 Jahre alt, hat 40% vol. und ein weißes Etikett; dann gibt es *Beam's Choice* mit dunkelgrünem Etikett, 5 Jahren und 40, häufiger 43% vol.; *Beam's Black Label* hat »101« Monate (mit anderen Worten, nicht ganz 8 1/2 Jahre) und 45% vol. Eine Version mit blaßgrünem Etikett und 50% vol. findet man auch manchmal. Sie trägt keine Altersangabe, aber dafür, etwas unpassend, einen Ausspruch von Sokrates: »Um einen guten Ruf zu erlangen, sei bestrebt, zu sein, was du zu sein scheinst.«

Es wird leider oft nicht gewürdigt, daß Beam auch einen *Rye* Whiskey hat, 6jährig (doch ohne Altersangabe), 40% vol., mit gelbem Etikett. Trotz sinkender Rye-Umsätze hielt Beam still an seinem Produkt fest und glaubt nun, daß es in dieser, zugegeben kleinen, Spezialkategorie den größten Umsatz hat – was ihm Old Overholt bestreitet.

Wie die meisten Brenner, besonders bei seinem großen Angebot und seiner weiten Verbreitung, muß Jim Beam Forderungen der verschiedenen Märkte an Alter und Stärke der Whiskeys berücksichtigen, und es gibt noch eine Reihe weiterer Faktoren. Beam folgt auch dem typischen Brauch, das Etikett mit Informationen über die Herstellung des Produkts vollzustopfen. Das schwarze Etikett betont Sour Mash, das

gelbe »kupferdestilliert«, und das dunkelgrüne weist darauf hin, daß der Whiskey holzkohlenfiltriert ist – aber nach dem Lagern, auf Kentucky-Art. Dabei gelten diese ganzen Verfahren für alle Jim Beam Straight Whiskeys.

Die Firma arbeitet mit ihrer eigenen »süßen« Hefe (mit Hopfen), viel Roggen in der Maische, offenem Kochen ohne Druck, Rückstand im Kocher und, besonders reichlich, in den Gärbehältern. Das Destillat wird bei sehr niedrigen Stärken in Fässer gefüllt, was den wichtigsten Einfluß auf seinen besonderen Geschmack hat. In mancher Hin-

sicht ist Jim Beam traditionell eingestellt, in anderer so »modern«, wie ihr Umfang vermuten läßt.

Niemand scheint mehr zu wissen, woher aus Deutschland der ursprüngliche Herr *Böhm* kam, wann er nach Maryland auswanderte oder wann sein Name zu *Beam* amerikanisiert wurde. Die Familie hat jedenfalls seither in einigen der bekanntesten Brennereien der USA Besitzer und Beschäftigte gestellt. Die amerikanischen Wurzeln der Beams liegen seit 200 Jahren in Bardstown und den zwei oder drei angrenzenden Bezirken. Der erste Brenner in der Familie

Sie ruhen in Frieden… die Baptisten von Clermont, Kentucky, und die Fässer von Jim Beam. Die winzige Baptistenkirche mit ihrem gepflegten Friedhof ist von riesigen Lagerhäusern umgeben.

es schwer ist, in zwei Brennereien den gleichen Whiskey zu machen; Beam sagt, mit einem Familienmitglied in jedem Werk ginge das ganz gut.

Die zwei Brennereien erklären die seltsame Adresse auf dem Etikett: Clermont · Beam, Kentucky. Obwohl sie, laut Etikett, die der 5. und 6. Generation der Familie ist, befindet sich die *James B. Beam Distilling Company* jetzt im Besitz von Außenstehenden. Jim Beam hatte einen Partner außerhalb der Familie, an den er schließlich seinen Anteil verkaufte. 1967 wurde die Firma von dem Konzern *American Brands* erworben, dessen Beteiligungen von Lucky-Strike-Zigaretten bis zu Case-Messern und der Pinkerton-Detektei reichen.

Zwar wird in der Werbung der Familienhintergrund weiter hervorgehoben, aber der Geschäftsstil hat sich gewandelt, seitdem Jim Beam in großem Umfang Investitions- und Marketingzuwendung bekommt. Die Clermonter Brennerei ist eine Touristenattraktion, wenn der Akzent auch weniger auf der Produktion als auf einem »Museum« mit *Motivkaraffen* liegt. Jim Beam war nicht die erste Brennerei, die mit Motivgefäßen aufwartete, aber seit sie 1955 damit auf den Markt kam, tut sie es sicher am energischsten. Etwa 10 oder 12 Stücke oder Sets mit verschiedenen Jim-Beam-Whiskeys kommen jährlich zu Preisen von $ 30 bis $ 80 heraus. Manche sind aus Glas, andere aus sogenanntem Regal-Porzellan. Auch Plastik wird benutzt, besonders bei Fahrzeugen mit Rädern. Autos, Feuerwehrwagen und Züge mit etwa zehn Waggons hat es schon gegeben. Andere Motive waren berühmte Bauwerke, Amerikana, Tiere, Politiker, Sportler, Unterhaltungskünstler, und das in einer beachtlichen Vielfalt von Serien. Es gibt über 500 Stücke und einen unabhängig verlegten Katalog, für den sich 30 000 Sammler interessieren.

war 1795 Jacob Beam in Washington County. Sein Urenkel David Beam gründete Mitte des 19. Jahrhunderts eine Brennerei in Clear Springs, nicht weit von jener in *Clermont*, Bullitt County, die den Namen des Sohnes Jim tragen sollte. Die Brennerei Jim Beam in Clermont wurde nach der Prohibition gegründet. Jim Beams Enkel Booker, der noch dort arbeitet, erinnert sich, wie der alte eichengezimmerte Bau wackelte, wenn

in den Maischtonnen umgerührt wurde. In den 70er Jahren wurde er zu einer sichereren Konstruktion umgebaut.

Vorher hatte die Firma noch eine Brennerei in Boston, Nelson County, erworben, etwa 15 km entfernt. Obwohl die offizielle Adresse immer noch Boston ist, gibt die Firma sie mit Beam, Kentucky, an, vielleicht weil dort außer Destillieren nichts passiert.

Kritiker weisen zu Recht darauf hin, daß

WHISKEYS UM BARDSTOWN – EIN GESCHMACKSFÜHRER

Kentucky-Whiskey hatte mit Bourbon County nie sehr viel zu tun. Sein Herzland war und ist die Gegend um Nelson County. Die Kreishauptstadt Bardstown hat zwei Brennereien und ist von weiteren, arbeitenden und stillgelegten, umgeben. Die Gegend ist stolz auf ihre Bourbons, die es in großer Vielfalt gibt.

Bardstown

Heaven Hill, 40% vol.

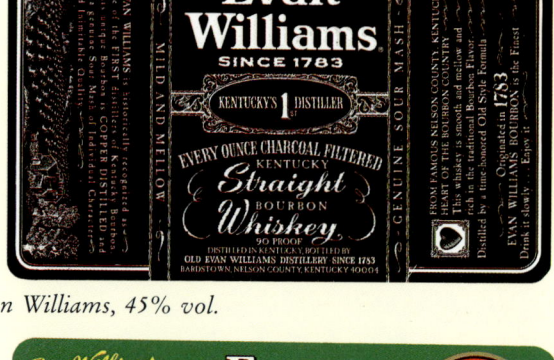

Evan Williams, 45% vol.

Heaven Hill, 43% vol.

Evan Williams, 50% vol.

Heaven Hill Whiskeys sind ungewöhnlich malzig, mit vollem Bourbonduft und -geschmack. Der Brennereiname dient als Markenbezeichnung auf einer Reihe (mittel-) schwerer Whiskeys, die es vor allem im Süden und Osten des Landes gibt.

Evan Williams ist der Markenname sehr vollmundiger, weicher Bourbons: klassische Beispiele für traditionellen Kentucky Bourbon, voller Aroma und Geschmack. Sie werden landesweit von Heaven Hill vertrieben.

Very Old Barton ist der Hauptbourbon der Brennerei, deren Namen er trägt. Er bringt als 8jähriger die trockene, aromatische, schmackhafte und doch saubere Art des Hauses sehr gut zur Geltung.

W. W. Beam kommt nicht von Jim Beam, sondern ist ein Bourbon von Heaven Hill. Im Stil ähnelt er den Heaven-Hill-Produkten und hat malzige Töne.

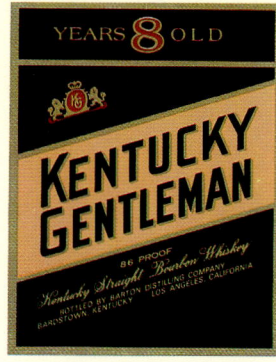

Kentucky Gentleman ist im Süden ein Bourbon und in anderen Landesteilen ein Blend. Als Bourbon hat er einen ähnlichen Charakter wie Very Old Barton.

Loretto

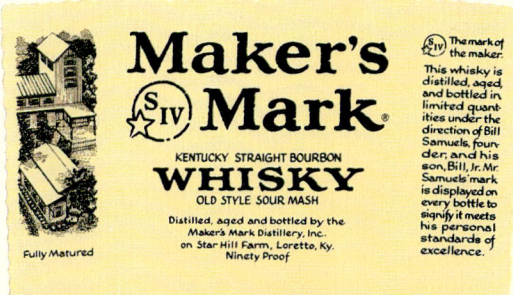 

Maker's Mark 45% vol. ist ein exklusiver Bourbon. Obwohl sein Status schon durch seine geringe Produktion gesichert wäre, hat dieser Whisky (ohne »e«) tatsächlich auch von allen Bourbons die größte Finesse, trotz seines (mittel-)vollen Körpers.

Maker's Mark 50,5% vol. bewahrt die für die Marke charakteristische Weichheit. Dies wird zum Teil durch Verwendung von Weizen in der Maische erreicht. Eine ähnliche Technik wird angewandt, um die viel schwereren Whiskeys von Old Fitzgerald aus Louisville zu produzieren.

Clermont und Beam

 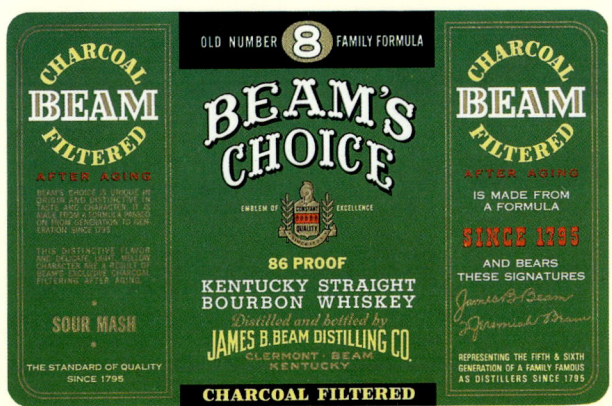

Jim Beam (weißes Etikett) ist das Haupterzeugnis der Firma: ein Kentucky Straight Bourbon, 40% vol., 4 Jahre alt. Er ist leicht bis mittelschwer, duftet blumig, schmeckt leicht nach Wein und entwickelt einen recht vollen Abgang.

Beam's Black Label betont »Sour Mash« auf dem Etikett, doch das Verfahren ist bei all diesen Versionen ähnlich. Black Label hat 45% vol. und reift mehr als 8 Jahre: ein ausgeprägter Bourbon, der die Art des Hauses am besten verdeutlicht.

Beam's Choice »Old Number 8 Family Formula« mit dunkelgrünem Etikett gibt es mit 40 und (häufiger) 43% vol. Er ist 5 Jahre alt. Ein Unterschied von nur einem Jahr gibt dem Whiskey deutlich mehr Charakter.

Jim Beam (gelbes Etikett) ist gar kein Bourbon, sondern ein Rye. Er ist leichter als manche Ryes, hat aber viel Geschmack. Er hat 40% vol. und wird 6 Jahre lang gelagert. Obwohl er wenig von sich reden macht, verkauft er sich sehr gut.

Kentucky – Louisville

In den Randbezirken von *Louisville* stehen natürlich Eschen, denn dies ist die Heimat des Louisville Slugger, was hier keinen Boxer, sondern einen klassischen Baseballschläger bezeichnet. Heutzutage sind Sportskanonen in Louisville eher auf goldene Handschuhe aus, und die Stadt stellt weiterhin Meisterschaftsanwärter; den Größten hat sie mit dem Muhammad Ali Boulevard geehrt. Louisville ist ein Kohlehafen. Als noch Segler fuhren, wurden hier Taue aus Hanf hergestellt, der wild in Kentucky wächst. Groß wurde Louisville durch den Tabakhandel, ganz zu schweigen vom Kentucky-Landschinken; unten am Fluß ist eine Tafel zu Ehren von *Evan Williams* zu finden, der 1783 der erste Brenner der Stadt und vielleicht des Staates war.

Am südwestlichen Stadtrand, an Churchill Downs vorbei und zu beiden Seiten des Dixie Highway, liegt die sogenannte »Distillery Row« (Brennereistraße). Die Brennereien von Louisville sind Großbetriebe, die während des Nachkriegsaufschwungs in den 50er Jahren weiter wuchsen. Auf dem Gipfel des Bourbongeschäfts gab es ein halbes Dutzend, jetzt sind es noch vier.

Das weithin sichtbare Wahrzeichen der »Distillery Row« ist eine Riesenflasche *Early Times Bourbon.* Sie ist über 20 m hoch und hat, mitten in der Depressionszeit, $ 9000 gekostet. Bei all ihrer äußeren Herrlichkeit enthält sie schmählicherweise nur Wasser; sie ist ein Wasserturm.

Early Times war der Name einer Siedlung anderswo in Kentucky, und die Marke entstand 1860 dort, bevor sie nach der Prohibition nach Louisville gelangte. Heute ist sie die entschieden »modernste« Bourbonsorte. Sie wurde energisch auf den Markt geworfen und erzielte große Umsätze. Für einen Bourbon hat sie einen leichten Geschmack mit süßem Auftakt und sauberem Abgang. Early Times wird mit 40 und 43% vol. und der Altersangabe 4 Jahre verkauft, aber manche der Whiskeys darin haben tatsächlich 5 Jahre gelagert. Die Firma hat auch mit jüngeren Variationen und einem »Kentucky Whiskey« experimentiert, der kein Straight Bourbon ist. Ihre Premium-

Marke, *Old Forester,* ist auch leichter im Körper, als sie einmal war, hat aber einen ausgeprägt fruchtigen Geschmack und einen recht trockenen Bourbonabgang. Sie kommt mit 43 und 50% vol. auf den Markt, gibt auch 4 Jahre an, obwohl manche der Whiskeys 6 Jahre gelagert wurden.

Early Times bezieht seinen Charakter wesentlich von der verwendeten Hefe, einer Neuzüchtung der Brennerei. Sie wird in relativ großen Mengen und bei niedrigen Temperaturen eingesetzt, was zu dem abgerundeten Geschmack des Whiskeys beiträgt. Eine andere Hefe wird in Old Forester benutzt, der intensiver und aromatischer ist. Für jedes Produkt gibt es verschiedene Zusammenstellungen von Malz, Roggen und Mais. Die Hefe wird in Roggen und Gerstenmalz gemaischt, Rückstände kommen in den Kocher, die Destillation durchläuft

Die Early-Times-Flasche ist das Wahrzeichen der »Distillery Row« – offiziell Dixie Highway genannt (oben). Der Dampf von Early Times (rechts) verquickt sich mit dem von I. W. Harper. Irgendwo dahinter sind Old Fitzgerald und Yellowstone.

Trotz seiner städtischen Lage in der Distillery Row (Brennereistraße) hat dieses Lagerhaus von Yellowstone-Whiskey (links) die sonnengebleichten Farben des Südens. Die Fenster dienen zur Regulierung der Lagerhaustemperatur. Was amerikanische Whiskeymacher vor der Destillation »Bier« nennen, heißt danach »Wein« (oben).

gow, und einer von ihnen, *James Brown,* wanderte irgendwann vor 1750 nach Newcastle, Virginia, aus. Sein Sohn William war Scout zusammen mit Daniel Boone, kämpfte gegen die Indianer und siedelte sich nach 1780 in Kentucky an. Williams Enkel George stieg 1870 ins Whiskeygeschäft ein. Sein erster Whiskey war Old Forester, der nach einem sehr guten Kunden oder zu Ehren eines Konföderiertengenerals benannt worden sein soll. *George Forman,* der Hauptbuchhalter der Firma, wurde 1881 Minoritätsteilhaber, aber sein Anteil wurde nach seinem Tode zurückgekauft. Die jetzige Brennerei existiert seit Ende der Prohibition. Ihre Hauptgebäude wurden aber erst in den 50er Jahren errichtet. Zu der Zeit war die Familie auf Neuerwerbungen aus, woraufhin *Jack Daniel's* aus Lynchburg, Tennessee, und *Southern Comfort* aus St. Louis, Missouri, Teil der Gruppe Brown Forman wurden. Durch den Ankauf von Lenox Inc. erschloß sich die Firma auch die Produktbereiche Kristall, feines Porzellan und Silber. Die Familie hat noch den Mehrheitsanteil an Brown Forman, das jetzt eine Aktiengesellschaft ist. In der Schreibung »Whisky« bei den Firmenmarken wird auch ihres schottischen Ursprungs gedacht.

Die Familien und Dynastien, die das Bourbongeschäft in Kentucky aufbauten, kauften und verkauften untereinander Brennereien und Marken, halfen sich gegenseitig und waren oft gleichzeitig Freunde und Rivalen. Ihre Namen tauchen überall in Westkentucky auf, und nicht selten sind die Familien selbst noch in dem Unternehmen tätig. George Brown hatte einen Vetter zweiten Grades namens James Thompson aus Eglington im irischen County Derry, der in den 70er Jahren des 19. Jahrhunderts nach Kentucky kam. Die zwei waren eine Zeitlang Partner, bis Thompson 1890 seine eigene Firma mit dem schottisch-irischen Namen *Glenmore* gründete. Die Familie Thompson hat, vertreten durch den Enkel »Buddy«, noch immer den Mehrheitsanteil von Glenmore, das eine Aktiengesellschaft ist. Mit ihren holzgetäfelten, mit Bildern behängten Geschäftsbüros und ihrer urwüch-

einen Doubler, und die Reifung erfolgt in Lagerhäusern, in denen man Temperatur und Feuchtigkeit kontrollieren kann. Nach Ansicht der Firma bewirkt dies die beste und gleichmäßigste Reifung, in kürzeren Fristen als sonst möglich.

Early Times und Old Forester gehören beide *Brown Forman.* In der Nähe der Brennerei liegt die elegante Zentrale der Firma, deren Baustil der Universität von Virginia nachempfunden ist. Darin stellt sich eine stolze und lange Dynastie dar. Die Browns wurden in Schottland als Presbyterianer verfolgt – einer wurde sogar enthauptet. Sie waren Großbauern in der Gegend von Glas-

LOUISVILLE-WHISKEYS – EIN GESCHMACKSFÜHRER

*Die größte Stadt in Kentucky ist Louisville. Sie ist auch die größte in der Welt des
Kentucky Bourbon. Sie hat vier Brennereien, von denen jede Whiskeys
mit anderem Charakter erzeugt.*

Old Forester will so schmackhaft sein, wie es sich für einen »Super-Premium«-Bourbon gehört, und doch nicht schwer. Er ist relativ körperleicht, aber ausgeprägt aromatisch, fruchtig und trocken, mit einem zarten Bourboncharakter.

Old Charter ist vollmundig mit einem mittleren Bourboncharakter und schwachem Rye-Einschlag. Dies schafft eine Spur »bittersüßer« Trockenheit in der Mitte.

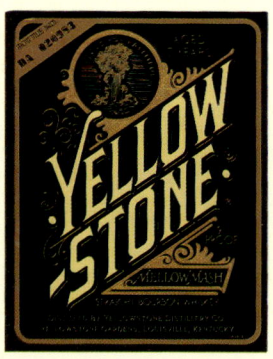

Yellowstone ist trotz seines westlichen Namens ein Kentucky Bourbon. Ja, er hat weitgehend den gleichen Charakter wie Old Kentucky Tavern. Mit seinem mittelvollen Körper ist er ein ausgeprägt schmackhafter Whiskey.

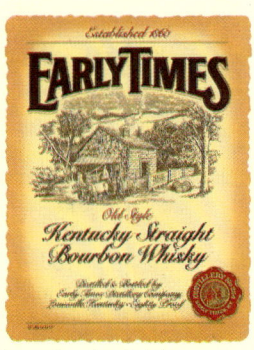

Early Times ist der leichteste und sauberste aller Bourbons. Er hat einen etwas süßen Auftakt, einen leichten Bourboncharakter und einen bemerkenswert sauberen Abgang. Auf manchen Märkten hat die Firma mit einem Blended Kentucky Whiskey experimentiert.

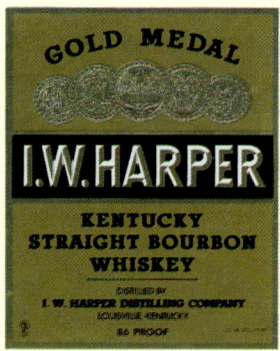

I. W. Harper ist leicht bis mittelschwer und etwas süß, mit wärmer werdendem Abgang. Wie Charter aus gleichem Hause ist er eine Premium-Marke, gefällig und gediegen.

Old Kentucky Tavern ist ein Bourbon mit einem leichten bis mittelschweren Körper. Er hat einen guten, nachdrücklichen Bourboncharakter, der durch ein frisches Aroma, einen sauberen Geschmack und einen nuancenreichen Abgang mit süßen wie auch trockenen Tönen unterstützt wird.

J. W. Dant hat einen mittelschweren, aber ausdrucksstarken Körper, leichten bis mittleren Bourboncharakter und schmeckt etwas nach Malz. Ein Bourbon für alle Tage mit vielen Anhängern in Kentucky.

Old Fitzgerald, 43% vol.

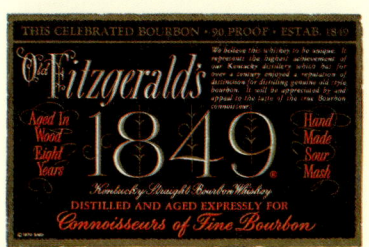

Old Fitzgerald's 1849, 45% vol., 8jährig

Very Old Fitzgerald, 50% vol., 8 Jahre alt

Very Very Old Fitzgerald, 50% vol., 12 Jahre alt

Old Fitzgerald Whiskeys sind unter den verschiedenen Bourbons aus Louisville die vollmundigsten. Sie sind zudem bemerkenswert weich, was zum Teil von der Verwendung von Weizen herrührt, und haben einen vollen Bourboncharakter. Sie sind weiterhin sehr gut abgerundet und haben einen ganz eigenen Nußton. Es sind elegante Herrenwhiskeys aus dem Süden, kurz: sehr erlesene Bourbons. In Kentucky und dem Zentralsüden sind sie überall zu haben. Ähnliche Whiskeys werden landesweit unter Abwandlungen des Firmennamens Stitzel-Weller vertrieben. Zu dieser »Familie« von Whiskeys gehören auch Van Winkle, Nicholson, Cabin Still und Rebel Yell.

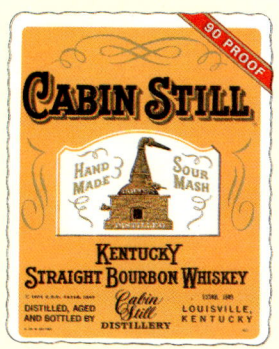

Cabin Still ist ein Bourbon für den ländlichen Süden, der weicher ist, als die bescheidene Brennanlage auf dem Etikett glauben machen könnte.

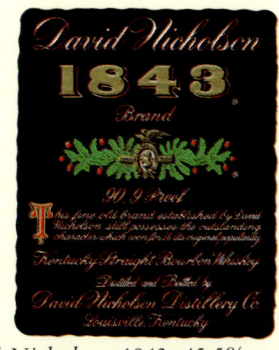

David Nicholson 1843, 45,5% vol.

Old Rip Van Winkle, 53,5% vol., »zehn Sommer« alt, Privatetikett

David Nicholson 1843 gehört zu den Whiskeys, die auch als Privatmarken für die Familie Van Winkle produziert werden, deren »Vater« einstmals die Brennerei Old Fitzgerald leitete. Es sind sehr weiche Bourbons im Old-Fitzgerald-Stil.

Rebel Yell ist nicht zum Verkauf nördlich der Mason-Dixon-Linie gedacht, obwohl ein solches Versehen einmal vorkam. Er wird für den tiefen Süden produziert, aber sein Geschmack weicht kaum von dem der Old Fitzgerald Bourbons ab. Vielleicht ist er nicht ganz so weich im Abgang?

W. L. Weller Special Reserve, 43% vol.

Old Weller, 53,5% vol., »sieben Sommer« alt

W. L. Weller Whiskeys sind der Old-Fitzgerald-Reihe sehr ähnlich. W. L. Weller Special Reserve, der keine Altersangabe hat, ist 7 Jahre alt. Old Weller hat eine sonderbare Stärke: 53,5% vol. Diese Kombination, und »sieben Sommer« Lagerung, soll einen besonders ausgewogenen Bourbon hervorbringen.

sigen Brennerei ist Glenmore tief in Louisville verwurzelt. Sie ist zweifellos auch stolz, daß zur Zeit des Kentucky-Derbys die Mint-Juleps in Churchill Downs mit ihren Whiskeys gemixt werden.

Obwohl ein Blended Whiskey der Firma *Old Thompson* heißt und auf manchen Produkten Glenmore steht, sind die wichtigsten Bourbons *Old Kentucky Tavern* (40, 43 und 50% vol., 4 Jahre alt) und die teureren *Yellowstone* (40, 43, 45 und 50% vol., 4, 5, 6 und 7 Jahre alt). Yellowstone mag als Name weithergeholt erscheinen, aber er wurde 1872 von einer früheren Brennereifirma gewählt, um die Schaffung des ersten US-Nationalparks in den Rocky-Mountain-Staaten des Westens zu ehren. Diese patriotische Geste muß irgendwie angekommen sein, denn Yellowstone Bourbon ist seither ein Bestandteil Kentuckys.

Old Kentucky Tavern (der sich wortreich als aristokratisch, Premium-Bourbon und Special Reserve bezeichnet) ist leicht bis mittelschwer mit etwas Frucht und einem trockenen Abgang. Yellowstone ist etwas schwerer. Die Brennerei kocht nicht, sondern »brüht ab« und läßt in Zypressenholz vergären. Aber wirklich eigen ist die Verwendung einer zusätzlichen Kammer an der Spitze der Still. Diese Kammer, 3 bis 3,5 m hoch, enthält eine schirmförmige Platte, die der Brennblase einen Rückf!···? bestimmter Destillatanteile zu einem zweiten Durchlauf zuführt. Dies soll einen feineren Geschmack bewirken, der mit dem herkömmlichen Doubler nicht erzielt wird. Die Firma füllt ihren Whiskey mit relativ geringer Stärke in Fässer, um mehr aus dem Holz herauszuziehen, und heizt ihre Lagerhäuser nicht. Im Sommer werden ihre 2250 Fenster morgens aufgemacht und abends geschlossen. Zur Begründung dieses altmodischen Verfahrens vergleicht die Firma den Unterschied charmant mit dem zwischen Obstanbau im Garten und im Treibhaus.

Neben der Brennerei in Louisville hat die Firma noch ein Werk in *Owensboro*, Kentucky, aber Whiskey wird dort nicht mehr produziert; es dient zum Blenden und Abfüllen. Sie hat auch eine Grain-Brennerei in *Albany*, Georgia. Diese Betriebe produzieren außerdem noch die breite Palette der Branntweine, Mixgetränke und Liköre *Mr Boston*. Glenmore hat diese berühmte Massachusetts-Marke 1970 gekauft. Mit seinen vielfältigen Spirituosen ist »Old« Mr Boston (der Zusatz wird seit ein paar Jahren weggelassen) ein Teil Amerikas. Er ist der mythische Barmixer, der u. a. einen Likör aus Kandiszucker und *Rye* Whiskey machte. Sein viel konsultierter »Bartender's Guide« erlebt endlose Neuauflagen, und es müßte ihm in Kentucky gutgehen.

Der eleganteste Bourbon Louisvilles – ja Kentuckys – ist *Old Fitzgerald*. Es ist eine zutiefst traditionelle Marke, was zu ihm paßt. Sein Dasein begann, echt amerikanisch, anderswo. Die ursprüngliche Brennerei *John E. Fitzgerald* wurde nicht in Louisville, sondern 1870 in Frankfort gegründet. Ihre Produkte wurden exklusiv für Eisenbahngesellschaften, Dampfschifflinien und Privatclubs hergestellt. Nach Louisville kam Fitzgerald später durch eine Fusion der Whiskeyhäuser *Philip and Frederick Stitzel* (gegründet 1872) und *William LaRue Weller* (1849). Letzteres ging aus der Prohibition unter der Leitung von Julian P. »Pappy« Van Winkle hervor, der seine Laufbahn in dem Unternehmen als Handlungsreisender begonnen hatte, aber jetzt Präsident wurde. Die Namen Fitzgerald, Stitzel-Weller und J. P. Van Winkle leben alle in Whiskeys fort, die noch immer in einer einzigen Brennerei erzeugt werden, aber inzwischen hat es weitere Veränderungen gegeben. Wie die meisten Brenner flocht die Firma Vertriebsbande mit Importmarken, in dem Fall u. a. mit *Canada Dry* und *Johnnie Walker*. Das führte zunächst zum Besitzwechsel an eine Vertriebsgesellschaft und dann 1984 zu einer Übernahme durch Johnnie Walkers Dachgesellschaft, Distillers Company Limited.

Das elegante Clubflair von Old Fitzgerald drückt sich in seinen Baulichkeiten aus: dem Aussichtsturm mit dem alten Brunnen und dem Portikus im Georgiastil an der Verwaltung (1949 erbaut). Sogar das recht industrielle Brennereigebäude aus den 30er Jahren hat einen gewissen Stil, und ein Schild über dem Eingang verspricht: »Kein Chemiker im Hause.« Im Innern dreht noch eine Donkey-Dampfmaschine die Schaufeln auf den Maischtonnen. Old Fitzgerald und seine Kollegen werden alle mit einer Maische erzeugt, in der Weizen anstelle von Roggen genommen wird.

Old Fitzgerald und die anderen klassischen Whiskeys des Hauses kennzeichnet ein reicher Nußgeschmack mit weichem Abgang. Es gibt viele Versionen: *Old Fitzgerald Prime Bourbon* (6jährig, aber ohne Altersangabe, mit 40 und 43% vol.), »*1849*« (45% vol., 8 Jahre) zu Ehren des ältesten Gründungsdatums des Unternehmens, dann *Very Old Fitzgerald* (50% vol., 8 Jahre) und zuletzt *Very Very Old Fitzgerald* (50% vol., 12 und 15 Jahre). Die 8jährige Version fängt den Old-Fitzgerald-Charakter in Vollendung ein. Die noch älteren Versionen sind gute Beispiele für wirklich reifen

Whiskey mit viel Bourbonfaßcharakter und herrlich nach dem Essen zu genießen. Old-Fitzgerald-Whiskeys sind besonders beliebt in Kentucky und dem Zentralsüden, die älteren Versionen sind nur auf bestimmten Märkten erhältlich, manchmal auf Sonderbestellung.

Im ländlichen Süden wird eine Palette ähnlicher Whiskeys unter dem Namen *Cabin Still* mit 40, 43 und 45% vol. und 4 Jahren, aber ohne Altersangabe, vertrieben. Nach Angaben der Firma war ein Cabin-Still-Hillbilly in Porzellan 1954 die erste *Motivkaraffe*, von denen die Firma noch ein paar schöne Stücke herstellte, sie aber nicht energisch auf den Markt brachte und schließlich abschaffte.

Eine militantere Südstaatenmarke, wiederum ähnlichen Stils, ist *Rebel Yell*. Dieses theatralische Produkt (43,4 und 45% vol., keine Altersangabe) ist nur südlich der Mason-Dixon-Linie (zwischen Nord- und

Die Werbung für Rebel Yell ergeht sich in säbelrasselndem Traditionalismus (links). Ein Produkt, das nur im Süden zu haben ist, setzt sich über die Regeln moderner, landesweiter Absatzpolitik hinweg. Solcher Konservatismus paßt vollkommen zu einer Brennerei, die von einer kleinen Hilfsmaschine angetrieben wird (rechts).

Südstaaten) zu haben. Am besten verkauft sie sich in Virginia, Kentucky und North Carolina, obwohl sie versichert, eigens für den Tiefen Süden gemacht zu sein. Eine Rebel Yell Brigade, in der 6000 Mitglieder sich in Clubs versammeln, um Leben und Geschichte des Südens zu fördern, wird als Werbung für den Whiskey organisiert. Als er einmal kurzzeitig nördlich von Dixie angeboten wurde, geschah das nur aus Versehen.

Im Gegensatz dazu findet man Stitzel-Weller-Whiskeys ohne weiteres auch in anderen Teilen der USA. Dazu gehören der *Stitzel-Weller Bourbon* (40% vol., 4 Jahre), *W. L. Weller Special Reserve* (43 und 45% vol., 7jährig, aber ohne Altersangabe) und der höchst ungewöhnliche *Old Weller* (53,5% vol.), der »sieben Sommer alt« ist. Die Firma behauptet auf dem Rückenetikett: »Ein ausgewogener Whiskey von Alter und Stärke ist in all unseren Generatio-

nen von Brennereierfahrung nicht hergestellt worden.«

Der Beitrag der Familie *Van Winkle* kommt auch zu Ehren: in einem sehr weichen Whiskey mit 45% vol. (keine Altersangabe) und wiederum 53,5% vol. (aber diesmal »zehn Sommer alt«). Diese Whiskeys werden im Einverständnis mit der Familie Van Winkle unter der Markenbezeichnung *David Nicholson* als zwei 7jährige von 45,5 bzw. 50% vol. produziert.

Der Zufall wollte es, daß »Pappy« Van Winkles Enkel, ein promovierter Forstwirtschaftler, das Arboretum und Naturreservat bei Louisville leitet. Es wurde von einem der »Konkurrenten« der Familie, *Isaac Wolfe* (»I. W. Harper«) *Bernheim*, gestiftet. Der für die Öffentlichkeit zugängliche Bernheim Forest (eine halbe Million Besucher im Jahr) hat 14000 Morgen mit Hügeln, Wanderwegen, Seen und 1700 Baum- und Strauchsorten und ist von Baumlaubfröschen, Salamandern, 289 Vogelarten, Rotluchsen, Coyoten und Waschbären bevölkert. Gelegentlich wird noch eine alte Schwarzbrenneranlage im Wald entdeckt.

»I. W. Harper« Bernheim war unter den vielen großen Erscheinungen der amerikanischen Whiskeywelt ein bedeutender Mann. Er war ein schweiz-deutscher Jude und wanderte 1867 in die USA aus. Getreu einer Familientradition verkaufte er zuerst mit Pferd und Wagen als Hausierer Kurzwaren. Er ließ sich schließlich in Kentucky nieder, wo er im Büro eines Einzelhändlers und als Buchhalter in einer Spirituosenfirma arbeitete, bevor er Whiskeyverkäufer wurde und dann 1896 mit seinem Bruder eine Brennerei aufbaute. Niemand weiß genau, warum Isaac Wolfe Bernheim seinen Whiskey *I. W. Harper* nannte, nur daß er einen »guten, amerikanischen Namen« wollte. Nach einer Theorie hatte er ihn von Harper's Ferry, Virginia. In seinen späteren Jahren war er ein unermüdlicher Philanthrop und Förderer deutscher und jüdischer Wohltätigkeitsstiftungen, besonders großzügig aber gegenüber Kentucky, wo er sein Glück gemacht hatte. Er verärgerte einige Mitjuden durch seine liberalen Ansichten über Religion und

I. W. Bernheim war der klassische Fall des Emigranten, der sein Glück in Amerika machte und zum Patrioten und Philanthropen wurde. Der bronzene Bernheim-Eingang scheint weniger zu einer Brennerei als zu einer Bibliothek zu passen. Die Tafel könnte heute eine Maklerfirma anzeigen. Der Enkel von »I. W.« war ein Mitbegründer von Drexel, Burnham (anglisiert), Lambert.

seine Ablehnung des Zionismus, war ein glühender amerikanischer Patriot und, für Kentucky, ein leidenschaftlicher Progressiver in Rassen- und Sozialfragen.

I. W. Harper, Old Charter und *J. W. Dant* Bourbons werden noch in einer Brennerei in Louisville erzeugt, die zu Ehren der Bernheims benannt wurde. Die Bernheims hatten sich eigentlich zurückgezogen, bevor ihr Name der Brennerei gegeben wurde, und ihr Unternehmen ging durch noch zwei Hände, bevor *Schenley* es in den 30er Jahren erwarb. Schenley baute »moderne« Back-

steinlagerhäuser mit Temperaturkontrolle dazu, die damals revolutionär gewesen sein müssen.

Harper und Charter sind beide Premium-Marken. I. W. Harper ist ein typischer Bourbon, leicht bis mittelschwer, etwas süß, mit einem wärmer werdenden Abgang. Old Charter hat einen volleren Körper und etwas mehr bitter-fruchtigen Roggencharakter. J. W. Dant ist mittelschwer und etwas malzig. I. W. Harper wird mit 43, 50 und 50,5% vol. erzeugt, 4, 5 und 10 Jahre alt. Old Charter ist mit 43 und 50% vol., 8 und

10 Jahren zu haben. J. W. Dant ist die Standardmarke der Firma, 40 und 50% vol., »voll ausgereift«. Die Firma hat auch einen angenehm weichen *Rye, Cream of Kentucky Rye*. Leider hat sie in den letzten Jahren ihren früher berühmten und seinerzeit sehr gut ausgereiften Whiskey *James E. Pepper* vernachlässigt. Seine Wurzeln sollen ins späte 18. Jahrhundert zurückreichen, als das kommerzielle Brennen in Kentucky losging, und er war einst berühmt für seinen Slogan: »Mit der Republik geboren«.

Kentucky – Owensboro

Owensboro, Kentucky, ist für einen Eintopf namens »Burgoo« bekannt, der aus viererlei Fleisch – eines war gewöhnlich Opossum –, Eibischschoten, anderen Gemüsen und Cayennepfeffer besteht. Eine andere Spezialität ist Whiskey, traditionell mit mächtigem Bourboncharakter.

Die Kleinstadt Owensboro befindet sich ganz im Westen Kentuckys, am Ohio. Mit etwas Tabakanbau, kleiner Stahlindustrie und einer Elektromotorenfabrik ist sie das Geschäftszentrum für diesen Teil des Staates. Sie steht auf einem der Kalksteineinschlüsse, von denen Kentucky durchsetzt ist, und hat gutes Wasser zum Whiskeymachen im Übermaß.

Anfang des Jahrhunderts gab es 18 Brennereien in Daviess County, von denen noch 4 oder 5 bestehen, aber nur eine macht noch Whiskey. Nationale Namen wie *Fleischmann* und *Julius Wile* haben in der Stadt Whiskey erzeugt, und *Glenmore* füllt dort noch ab, desgleichen die Brennerei *Stanley*, eines von mehreren solcher Unternehmen, die die Familie Medley im Lauf der Zeit gegründet hat. Aber nur die *Medley Distilling Company* produziert weiter Whiskey, und das mit unbedingtem Stolz.

John Medley, ein englischer Katholik, wanderte 1635 nach Maryland aus. Dort soll die Familie gebrannt haben, bevor sie um 1800 nach Washington County, Kentucky, umzog. Hier kam es zur ehelichen Verbindung mit den Beams. 1904 kauften die Medleys in Owensboro eine Brennerei. Von den zwei oder drei, die ihnen seither gehört haben, stößt eine an den jetzigen Besitz an. Die Medleys brannten hier erstmals 1937, hatten aber in der Zeit nach der Prohibition Schwierigkeiten und verkauften schließlich. Dennoch sitzt immer noch ein Medley in der Geschäftsleitung der Brennerei. Die Aktienmehrheit in der Firma hat ein früherer Direktor der Brennerei Barton.

Medleys Whiskeys sind füllige traditionelle Bourbons, weich und bemerkenswert sauber im Geschmack. Sie werden unter vielen Markennamen angeboten, voran *Ezra Brooks*. Dies ist ein alter Whiskeyname in der Gegend, wenn auch niemand seine Herkunft kennt. Ezra Brooks Bourbon ist mit 40, 43, 45 und 50% vol. als 4jähriger zu haben, dann mit 45% vol. und 7 Jahren (in dieser Version verkauft er sich besonders gut) und mit 101 Proof (50,5% vol.) und 15 Jahren. Die saubere, weiche Qualität dieses Whiskeys ist in der 7jährigen Version beispielhaft, aber der 101er ist ein herrlicher »sippin' whiskey« (Süffelwhiskey) und eine echte Besonderheit. Es gibt auch den exzellenten *Rittenhouse Rye*, der nicht nur mit 40, sondern auch 50% vol. zu haben ist; eine Version, in der er besonders geschätzt wird. Ein anderes Produkt der Brennerei ist ein angeblich »milder« Straight *Corn* Whiskey mit 50% vol.

Die Medley-Leute geben sich gern als »Good Old Boys«, verbunden mit einer ängstlichen Sorge um Sauberkeit und Ordnung im Betrieb. Über eine blitzblanke Auffahrt gelangt man zu einer hübschen, kleinen Backsteinbrennerei im Stil der 40er Jahre. Im Innern befindet sich eine antike, kugelköpfige Still, jetzt ein Speichertank, in makellosem Blau gestrichen, desgleichen Beer-Still und Doubler. Die Brennerei legt großen Wert darauf, nur das »Herz des Durchlaufs« zu nehmen, ein Grundsatz, dem alle Zeitgenossen theoretisch zustimmen würden, den aber einige mehr als andere praktizieren. Die Firma verwendet ihre eigene Hefe (seit 1937) in einer Milchmaische. Rückstände kommen in Kocher und Gärbehälter, die manchmal aus Zypresse, manchmal aus Stahl bestehen. Die Backsteinlagerhäuser mit offenen Schobern sind ungeheizt, aber künstlich durchlüftet. Die Fässer sind gut angekohlt, und der Whiskey wird nach dem Lagern filtriert.

Die Art der Lagerung wird auf einem sehr auskunftsfreudigen Etikett erörtert, wonach die Firma »mächtig stolz« auf ihre Brennerei ist, »unten in Kentucky … wo die Leute ihren Bourbon kennen«.

Das Brennhaus bei Medley ist bemerkenswert einfach angelegt. Der »Bier«-Kolonnenbrenner, der durch mehrere Etagen geht, ist typisch. Rechts vorn steht ein »Doubler«, hinten eine antike Pot-Still, jetzt ein Speichertank.

OWENSBORO-WHISKEYS – EIN GESCHMACKSFÜHRER

Owensboro, Kentucky, zu seiner Zeit ein bedeutender Sitz der Bourbonproduktion, begreift sich immer noch als traditionelle Whiskeystadt. Es erzeugt weiterhin Whiskeys mit wuchtigem Bourboncharakter. Auf der Karte stellt es den Westpunkt der Whiskeyregion Kentuckys dar.

Ezra Brooks, 45% vol., 7 Jahre alt

Daviess County, eine Medley-Marke

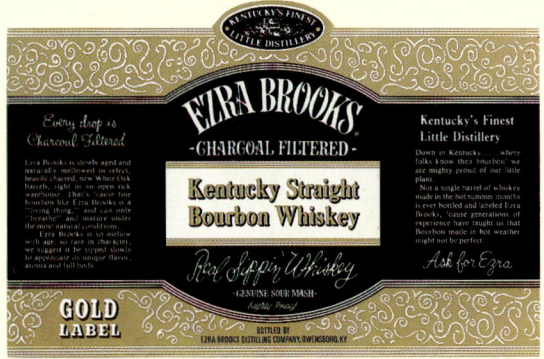

Ezra Brooks, 40% vol., keine Altersangabe

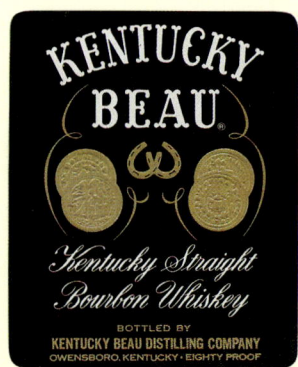

Kentucky Beau, eine Medley-Marke

Ezra Brooks Bourbons sind bemerkenswert körperreich und kräftig. Sie haben viel Bourboncharakter, jedoch mit einem sauberen, weichen Geschmack. Sie sind in einer Vielzahl von Stärken und Altersstufen erhältlich. Eine sehr beliebte Version ist der 7jährige mit 45% vol. Gold Label, 40% vol., ist ein feiner »sippin' whiskey«, ein süffiger.

Mellow Corn ist ein gehobenes Beispiel für deftigen Landstil. Soweit ein Straight Corn Whiskey wirklich mellow (mild) sein kann, ist es dieser, und das bei herzhaften 50% vol. Ein Whiskey mit Charme und dazu passendem Etikett.

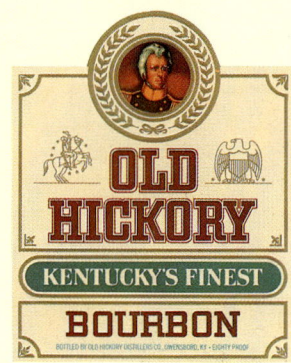

Old Hickory, eine Medley-Marke

Daviess County ist ein Bourbon, der deutlich seine Herkunft kundtut. Owensboro liegt in Daviess County. Alle drei sind weniger charaktervolle Medley-Marken.

TENNESSEE-WHISKEYS – EIN GESCHMACKSFÜHRER

Nicht jeder weiß, daß die Whiskeys aus Tennessee einen eigenen Stil darstellen.
Ihr Heimatstaat ist darin ambivalent. Wenn Leute einen Bourbon verlangen
und einen Tennessee-Whiskey bekommen, ist das gut fürs Geschäft. Aber angenommen,
sie wollten gleich einen Tennessee-Whiskey haben?

Lynchburg

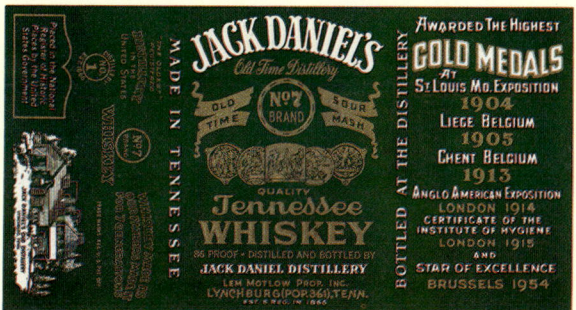

Jack Daniel's, 43% vol.

Lem Motlow's, 45% vol.

Jack Daniel's, 45% vol.

Jack Daniel's hat die intensiv trockene, aromatische Leichtigkeit, die Tennessee-Whiskeys so anders macht. Der normale Jack Daniel's hat das bekannte schwarze Etikett, aber es gibt auch eine etwas schwächere Version mit einem grünen. *Lem Motlow's,* benannt nach Jack Daniels Neffen, ist eine nicht so milde Regionalmarke in Tennessee und Georgia.

Tullahoma

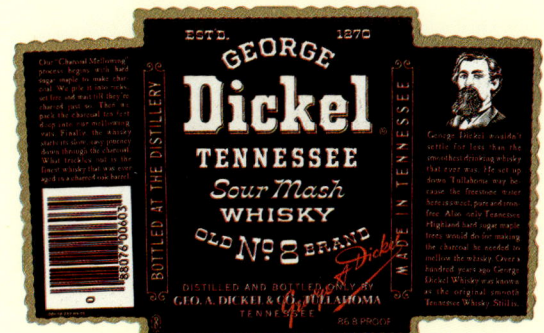

George Dickel Old No. 8 Brand, 43,4% vol.

George Dickel Old No. 12 Brand, 45% vol.

George Dickel Whiskys (wieder einer ohne »e«) sind sehr sauber, ihre charakteristische Tennessee-Trockenheit wird ausgeglichen durch einen Hauch Süße, und sie haben einen herben Abgang. Sie sind eine Spur leichter als Jack Daniel's Whiskeys, wenn auch die Unterschiede zwischen den beiden Marken alles in allem sehr gering sind.

Tennessee

Für die berühmten Whiskeys, die stets beim Namen, nicht nach der Art verlangt werden, ist *Jack Daniel's* ein Musterbeispiel. Man bestellt einen Jack Daniel's, man sagt nicht: »Einen *Tennessee*-Whiskey, bitte.« Trotzdem ist *Tennessee-Whiskey* ein bestimmter Stil – der von Jack Daniel's. Obwohl nicht die einzige Brennerei im Staat, hat Jack Daniel's dem Tennessee-Whiskey Geltung verschafft, aber ohne ihn als eigenen Stil kenntlich zu machen. Wenn er überhaupt als solcher aufgefaßt wird, dann im allgemeinen als *Tennessee Sour Mash* – was nicht berücksichtigt, daß alle Straight Whiskeys aus den USA in gewissem Maße nach einem *Sour-Mash*-Verfahren hergestellt werden. Nicht alle schreiben das auf ihr Etikett, vielleicht in der Meinung, »saurer Brei« klinge unappetitlich. Jack Daniel's begreift, daß so ein traditioneller Ausdruck Echtheit impliziert. Seine besondere Note erhält der Tennessee-Whiskey allerdings in einem späteren Stadium, beim Filtrieren.

Das Tennessee-Filtrierverfahren ist in zweierlei Hinsicht einzigartig: Erstens erfolgt es vor der Faßlagerung, nicht danach; zweitens ist es sehr langwierig. Holzkohle wird auch anderswo benutzt, aber niemand nimmt einen 3 m tiefen Filter oder rechnet für den Vorgang zehn Tage ein. Dies ist weniger ein Filtrieren als ein Extrahieren von Fuselölen. Diese werden weitgehend schon in der normalen Destillation zurückgehalten, aber in Tennessee will man beim Filtrieren die letzten Reste erwischen. Ob auch positive Geschmacksmerkmale zurückbleiben, ist strittig. Jack Daniel's ist kein ölig schmeckender Whiskey, aber vielleicht verliert er bei dem Vorgang etwas an Substanz. Und noch ein Faktor ist zu bedenken: Die Holzkohle nimmt nicht nur Geschmack weg, sondern gibt möglicherweise auch vom verbrannten Zuckerahorn welchen hinzu. So mancher entdeckt in Jack Daniel's eine schwache, aber deutliche Rauchnote.

Dieser Vorgang, von den Tennessee-Brennern »*mellowing*« (Milderung) genannt, erfolgt deshalb vor dem Füllen der Fässer, damit ein sauberer Whiskey ins Holz eindringt. Es ist also ein Destillat anderer Art, das dem Faß Aromen entzieht. Das Endergebnis hat seine eigene besondere Note. Ob diese Unterschiede sich lohnen – verbessern oder verschlechtern sie gar das Produkt? –, ist eine Geschmacksfrage. Der eine mag die Eindringlichkeit sonstiger Straight Whiskeys, der andere die durch das Tennessee-Verfahren zu größerer Feinheit und Komplexität gemilderte Art.

Wenn es eine einzige »beste« Methode gäbe, Whiskey zu machen, würden alle gleich schmecken. Oft wollen Verbraucher unbedingt wissen, welcher Whiskey (oder Bier, Wein, Pasta oder was auch immer) der beste ist, aber nach dieser Logik würde man letztlich nur einen Typ produzieren, Vielfalt und Angebot würden verschwinden, und es herrschte Einförmigkeit.

In der Gruppe der Tennessee-Whiskeys gibt es fünf Produkte aus zwei Brennereien, *Jack Daniel's* und *George Dickel*. Im allgemeinen sind die Daniel-Produkte etwas schwerer, mit einer leichten, angenehmen Öligkeit des Körpers. Die Dickel-Whiskeys sind leichter und sehr aromatisch, mit dem typischen Vanillebukett des Fasses. Jack Daniels Hauptprodukt mit dem schwarzen Etikett hat 45% vol., eine Version mit grünem Etikett 43% vol. Beide sind 4 bis 5 Jahre alt, werden aber ohne Altersangabe verkauft. Ein nach Jack Daniels Neffen benanntes Produkt ist *Lem Motlow's Tennessee Sour Mash*, ein 1jähriger Whiskey mit 45% vol., der vor allem für Tennessee und Georgia gemacht wird. George Dickels »Schwarzer« hat 43% vol. und eine Marke mit elfenbeinfarbenem Etikett 45% vol., beide über 4 Jahre alt, ohne Altersangabe. Besucher sind bei beiden Brennereien willkommen. Sie liegen etwa 15 km auseinander und sind ein wichtiger Teil der Touristenroute um die Landeshauptstadt *Nashville*. Die Stadt hat schöne Regierungsgebäude in einem kleinen, modernen Zentrum, ein winziges Vergnügungsviertel und die Grand Old Opry, für die man Eintrittskarten lang im voraus bestellen muß. Sind keine mehr zu bekommen, müssen Freunde von Country Music sich damit begnügen, ihr Radio ein-

zuschalten, das in Tennessee kaum etwas anderes bringt. Selbst die LKW-Fahrer grüßen Johnny Cash über ihre CBs, sollte er gerade zuhören. Begleitet von Songs über Arbeit, Suff und Liebesleid gelangt man über die Interstate 24 südöstlich nach Chattanooga und zu den Staatsgrenzen von Alabama und Georgia. Hier, wo es Tennessee-Farmwurst mit weißen Bohnen und Maisbrot gibt, wird auch der Whiskey gemacht. Die kleinen Städte sind voll von Kirchen der Primitive Baptists: The First Presbyterian Church, The Church of the Nazarene, The First Church of God. In Eagleville hat man das Rathaus zur Tankstelle umfunktioniert. Ab und zu verrottet ein 50er-Jahre-Auto oder ein noch älterer Traktor am Straßenrand. Dann senkt sich das Land, und jenseits der Ebene, über der Bussarde schweben, sieht man die Bergkette des Cumberland-Plateaus.

Hinter Walden Ridge, auf die Smoky Mountains und die Staatsgrenze der Carolinas zu, ist richtiges »moonshine«-Gebiet, wo Nachforschungen auch mit einem Ge-

Sie nennen es »The Hollow« (links). Mehr als ein amerikanischer Whiskey wird in so einer »Mulde« erzeugt, aber keine ist so beeindruckend wie diese. Was dort unten wie aufgestapelte Streichhölzer aussieht, ist Ahorn, der unter der Überdachung »geopfert« wird (unten). Köhler Jack Bateman (oben) gehört zu dem Schlag der urigen Lynchburger. Niemand hat es hier eilig – der Sprit braucht 10 Tage, um Tropfen für Tropfen durch 3 m Holzkohle zu sickern (unten links).

wehrschuß beantwortet werden könnten. Die Siedler in diesem Teil Tennessees kamen im späten 18. Jahrhundert aus North Carolina, und im 19. Jahrhundert gab es schon Hunderte von Brennanlagen im Staat. 1825 soll die erste Brennerei in der Gegend gegründet worden sein, wo später Jack Daniel's den Betrieb aufnahm. In den 90er Jahren war Tennessee schon ein bedeutendes Zentrum kommerzieller Brennerei, aber die Prohibition warf ihre Schatten voraus. Ein oder zwei Staaten waren bereits »trocken«, und Tennessee schloß sich 1910 an, zehn Jahre vor der nationalen Prohibition. Das Destillieren wurde in Tennessee erst 1938 wieder legal, mit fünf Jahren »Verspätung«, und auch dann durfte man nur Whiskey zum Verkauf in anderen Staaten herstellen. Die heutigen Brennereien liegen beide in trockenen Counties, von denen es noch viele im Staat gibt.

Aus sicherer Entfernung können Besucher die Verkohlung mit ansehen – ein eindrucksvolles rituelles Schauspiel für vier oder fünf erfahrene Darsteller und einen Rauchfang anstelle der Bühne. Zu jeder Vorstellung gibt es 1500 Ahornbalken. Sie sind durchgebrannt, aber noch ganz, wenn die Wasserspritzen aufgedreht werden. Das Schwelen und Qualmen hält noch lange an, wenn die Holzkohle schon mit Schaufeln zerstückelt wird.

Tennessee – Lynchburg

Der Name *Lynchburg* wirkt unvollständig ohne die Klammer (pop. 361). So viele Einwohner hatte der Ort, als er erstmals in der berühmten Anzeigenserie für *Jack Daniel's* auftauchte, und so soll es nach beiderseitigem Willen auch bleiben, allen Geburten, Sterbefällen und einer Grenzänderung zum Trotz. Lynchburg und Jack Daniel's sind zusammen berühmt geworden und sind nach all der Zeit aufeinander angewiesen. Es ist eine interessante Beziehung, die sich hier entwickelt hat.

Vignetten vom Leben in Lynchburg in bescheidenen einfarbigen Anzeigen erschienen jahrzehntelang fortlaufend in amerikanischen Illustrierten und erinnerten die Leute auf drollige Art an das kleinstädtische Fundament, auf dem die USA erbaut wurden, und das fand Anklang. Ungeachtet aller Modeschwankungen hielt Jack Daniel's seiner provinziellen Werbeagentur ein Vierteljahrhundert lang die Treue.

Lynchburg ist kaum mehr als ein Platz mit Geschäften um das Gerichtsgebäude von Moore County. Es ist angelegt wie jede Kleinstadt im Süden. Die Läden stammen aus den 20er Jahren, dazu kommen noch ein paar sonnengebleichte Backsteinbauten aus den 40ern. Das Gericht ist ein stilvoller kleiner Georgia-Bau mit einem Ehrenmal für die Toten der Konföderierten.

Drei der Geschäfte tun kund, daß sie Souvenirs von Jack Daniel's verkaufen. Ein viertes, Lynchburg Hardware & General Store, gehört Jack Daniel's. Es verkauft Flaschen mit Wasser aus dem Brennereibrunnen, Schnitzmesser (und die Stöcke zum Schnitzen), Werkzeuge, ländliches

Der Eisen- und Gemischtwarenladen (links) verkauft Wasser aus der Brennereiquelle.
Heute ersetzen Kastenwagen die Maultiere, die während der Prohibition gewerblich gezüchtet wurden. Die Enten sind immer noch da, um sich jedes verschüttete Korn in der Brennerei zu schnappen. »Wenn's ihnen nicht schmeckt, nehmen wir's nicht«, sagt der Destillateur.

Kochgeschirr, Tennessee-Schinken und ein breites Angebot an Produkten, die auch per Post bestellt werden können. Jack Daniel's gehört weiterhin der White Rabbit Saloon, wo es Kaffee und Imbisse gibt, aber keinen Alkohol (Moore County ist trocken). Drinnen hängt ein Plakat, das den Saloon, kaum verändert, aus früheren Tagen zeigt (»Jack Daniel, alleinige Besitzer«) und mit seinen »elektrischen Deckenventilatoren« prahlt. Sie laufen noch, seltsam schaufelförmige Propeller. Die Musikbox bringt Loretta Lynn und Conway Twitty mit Country-Klageliedern.

Lynchburg liegt auf offenem Gelände. Einen halben Kilometer entfernt versteckt sich die Brennerei in einem Talkessel, umgeben von steilen Hängen und teilweise von Felsen. Das Alter, Kletterpflanzen und dichte Anlagen immergrüner Sträucher, durchschnitten

von Plattenwegen und Eisenbrückchen, nehmen den Gebäuden ihre Rohheit.

In einer Felswand klafft eine Höhle, etwa 6 m hoch und 7,5 m breit, die sich rasch verengt, bis man nur noch kriechend vorwärtskommt. Sie ist 1800 m tief erforscht, aber die Quelle ihres Wassers hat man nicht gefunden. Wenn dort ein unterirdischer Wasserlauf wäre, müßte er ein großes natürliches Becken haben. »Muß schon 'ne verdammt gute Quelle sein, daß sie nie versiegt, und die hier tat es nie«, kommentiert einer der Brennereiarbeiter. Sich lässig zu geben fällt den Leuten bei Jack Daniel's nicht schwer.

Das Wasser aus der Höhle wird für den Whiskey benutzt. Ein bißchen Rückstand kommt in den Luftdruckkocher; die Hefe, auf die Jack Daniel's stolz ist, ist ein sehr kräftiger Zweizellentyp, der nach jeder Gärung wieder in Krügen auf Eis aufbewahrt

und in Roggen und Milchmalz gemaischt wird. Die Gärbehälter sind alle offen und aus Stahl. Die alte Still aus der Zeit vor der Prohibition steht neben vier kupfernen Column-Stills mit Doublers. Das Brennhaus, ein bedenklich aussehender, schmaler, siebenstöckiger Backsteinbau, ist efeuberankt.

Auch das alte Mellowing House ist überwachsen. Die hölzernen Mellowing-Behälter sind in den Boden eingelassen. In ihnen werden 3 m Holzkohle auf einer Wolldecke aufgeschichtet. Direkt darüber sind sich überkreuzende, gelochte Kupferrohre von etwa einem Zoll Durchmesser, durch deren Löcher der Whiskey auf die Holzkohle tropft, niemals rieselt, geschweige denn fließt. Es gibt ein paar Dutzend von diesen Behältern.

Die Holzkohle wird nach einigen Wochen »müde«, und man muß neue brennen.

Um genug Vorrat zu haben, wird ein- oder zweimal in der Woche ein Stapel Ahorn verbrannt – ein beeindruckendes Schauspiel.

Das Ahornholz wird zunächst in Balken geschnitten, etwa 1,20 m lang, riesigen Streichhölzern gleich. Diese werden etwa 2,50 m hoch ordentlich aufgestapelt und dann angezündet. Laut prasseln die Flammen unter der Überdachung. Noch 6 m weiter kann man die Hitze kaum aushalten. Durch die Überdachung wird der Rauch abgesaugt und nachverbrannt, um eine Luftverschmutzung zu vermeiden. Wenn die Flammen lodern und das ganze Holz rot durchglüht ist, wird der Stapel mit Wasser besprizt. Hartnäckig widersetzt er sich dem Löschen, zischt wütend und spuckt Rauch wie hundert Drachen, bevor er ausgeht. Wenn die schwarzen, krümeligen Überreste der Balken abgekühlt sind, werden sie in ei-

ner riesigen »Kaffeemühle« gemahlen und dann in die Mellowing-Fässer gepackt.

Der Verbrennungszeremonie wohnen am Rand des »Amphitheaters« Reisegruppen bei, hinter sich die Lagerhäuser mit langsam der Reife zustrebendem Whiskey. Es ist ein Schauspiel: die Stadt, die Brennerei, die Riten und die pfiffige Art, wie man alles dem Verbraucher präsentiert.

Das »Theater« gehört den Brennern *Brown Forman* aus Louisville, aber geschaffen haben sie es nicht. Als Besitzer wird immer noch *Lem Motlow* geführt, der Neffe Jack Daniels, und die bäuerliche Atmosphäre seiner Familien- und Freundeswelt ist vorherrschend.

Es war von Anfang an eine romantische Geschichte. Sie begann mit *Joseph Daniel*, einem Engländer, der als Kutscher für eine reiche Schottenfamilie arbeitete und sich in

die 15jährige Tochter verliebte. 1772 brannte das Paar nach Amerika durch, wo Joseph im Unabhängigkeitskrieg gegen die Briten kämpfte. Sie siedelten sich in North Carolina an und zogen dann nach Tennessee. Ihr Enkel *Jack Daniel*, das jüngste von zehn Kindern, wurde wahrscheinlich 1846 geboren. Das Datum ist etwas zweifelhaft, aber 1846 ist wohl wahrscheinlicher als das ebenfalls genannte 1850. Weil er seine Stiefmutter nicht mochte, riß Jack Daniel mit sechs Jahren von zu Hause aus und zog zu einem Onkel. Ein Jahr später zog er zu einem Freund der Familie, einem Ältesten in der lutherischen Kirche, der eine Brennanlage besaß. Dieser soll bereits damals Holzkohlenfiltrierung praktiziert haben, was als ortsüblicher Vorgang gegolten haben soll, aber das ist nicht genau belegt. Nachdem der Lutheraner von seiner Kirche zu stark in

Der gefeiertste Name der Whiskeywelt? Jack Daniel aus Tennessee hat in Kentucky und Schottland wohl seinesgleichen, aber sein Andenken wird vielleicht am besten lebendig erhalten. Er wurde in den späten 80er Jahren des letzten Jahrhunderts fotografiert (rechts) und steht, wie etliche Whiskymacher, als Statue vor seiner Brennerei (links). Sein Neffe Lem Motlow (ganz rechts) wurde 1947 fotografiert.

Anspruch genommen wurde, übernahm Jack Daniel im Alter von 13 Jahren den Betrieb der Anlage. Als er, am jetzigen Standort, seine Brennerei gründete, scheint er erst 19 gewesen zu sein. Die Brennerei wurde 1866 nach dem Bürgerkrieg bei der Bundesbehörde eingetragen.

Der Markenname *Jack Daniel's »No 7«* entstand um 1887. Es gibt mehrere Geschichten über seine Herkunft, doch am wahrscheinlichsten ist, daß Daniel vom Erfolg eines jüdischen Kaufmanns inspiriert wurde, der eine Kette mit sieben Läden aufgebaut hatte. Die »7« war reine Eingebung. Daniel benutzte auch die Bezeichnung »Old« für seinen Whiskey. Falls er ihn lagerte, oder so tat, so war das damals ungewöhnlich und half ihm vielleicht, sich einen Namen zu machen. Normalerweise wurde der Whiskey den Saloons im Faß geliefert,

und das Lagern war deren Sache. Von seinen ersten Tagen im Whiskeygeschäft an hatte Daniel lieber mit Pferd und Wagen als in einem Laden verkauft, was zweifellos den Ruf seiner Produkte verbreiten half. Ein großer Durchbruch kam allerdings, als er seinen Whiskey auf der Weltausstellung von 1904 in St. Louis, Missouri, präsentierte. Er erhielt die Goldmedaille für den besten Whiskey der Welt, vorgestellt als »der kleine Typ da aus Tennessee mit der Angströhre«.

Ansonsten trug Jack Daniel's einen breitkrempigen Pflanzerhut und einen förmlichen, knielangen Gehrock. Er war ein Dandy, aber, mit 1,57 m, ein kleiner. Er war die beste Partie im ganzen County, heiratete aber nie. Gegen Ende seines Lebens wurde er ein »Primitive Baptist« und starb 1911 nach einem tragikomischen Vorfall, bei dem er sich den Fuß verletzte, als er gegen einen

klemmenden Safe trat. Nach der Prohibition, die in Tennessee 28 Jahre gedauert hatte, war niemand sonst im Staat daran interessiert, die kommerzielle Produktion wiederaufzunehmen, aber Daniels Neffe Lem Motlow, der bereits 69 war, packte es an und baute die Brennerei aus. Er starb 1947 und hinterließ sie seinen vier Söhnen, aber keiner von ihnen hatte Nachkommen. Die Familie verkaufte das Unternehmen 1956 an Brown Forman.

Tennessee – Tullahoma

Wenn die Whiskeybranche Tennessees ein historisches Zentrum hat, dann *Tullahoma* (18 000 Einwohner). Es ist die Heimatstadt von *Alfred Eaton*, der 1825 die Holzkohlenfiltrierung erfunden haben soll. Eatons Brennerei lag in der Talsenke, die später Jack Daniel's bezog. Sein Verfahren hieß ursprünglich »Lincoln County Process«. »Lincoln« als Gattungsbegriff für Whiskey konnte sich aber nicht behaupten – Tennessee-Whiskey klingt ohnehin besser.

In den Kleinstädten, die das Fundament der USA sind, gibt es verschiedene klassische Ortsanlagen: den um das Gerichtshaus errichteten Ort, den Einstraßenort und den Ort, wo die Eisenbahn mitten auf der Hauptstraße fährt. In Tullahoma fährt die Eisenbahn noch so, unter viel Rangieren und Tuten. Ihr verdankt Tullahoma seine Existenz. Man konnte mit ihr nicht nur nach Nashville und Chattanooga gelangen, sie half auch, Tullahoma zu einem Kurort zu machen. Die Eisenbahn selbst war schon sehenswert, aber um so mehr, als man einen Ort darum gebaut hatte wie Tullahoma. Es gab eine doppelte Hauptstraße, beiderseits der Gleise, und in den 60er Jahren des letzten Jahrhunderts galt sie als die breiteste der Welt. Die Straße war von Pensionen flankiert, wo Leute auf der Veranda saßen und den Zügen zuschauten. Tullahoma war ein Kurort, weil es eine Quelle mit Kalksteinwasser hatte.

Zu den Leuten, die es dorthin zog, gehörte *George Dickel.* Er war deutscher Abstammung und hatte in Nashville gewohnt, bevor er nach Tullahoma ging und ein Geschäft eröffnete. Dickel beschloß, das Wasser nutzbringender zu verwenden. Er hatte es leid, anderer Leute Produkte zu verkaufen und wollte sein eigenes haben, das er *Cascade Whisky* (ohne »e«) nannte.

Seine Brennerei war nicht weit von Tullahoma entfernt, am Cascade Creek, 2 oder 3 km von einem Dorf namens Normandy. Die Brennerei öffnete 1870 und war nach Dickels Tod 1894 in Betrieb bis zum Beginn der Prohibition. Nach deren Aufhebung

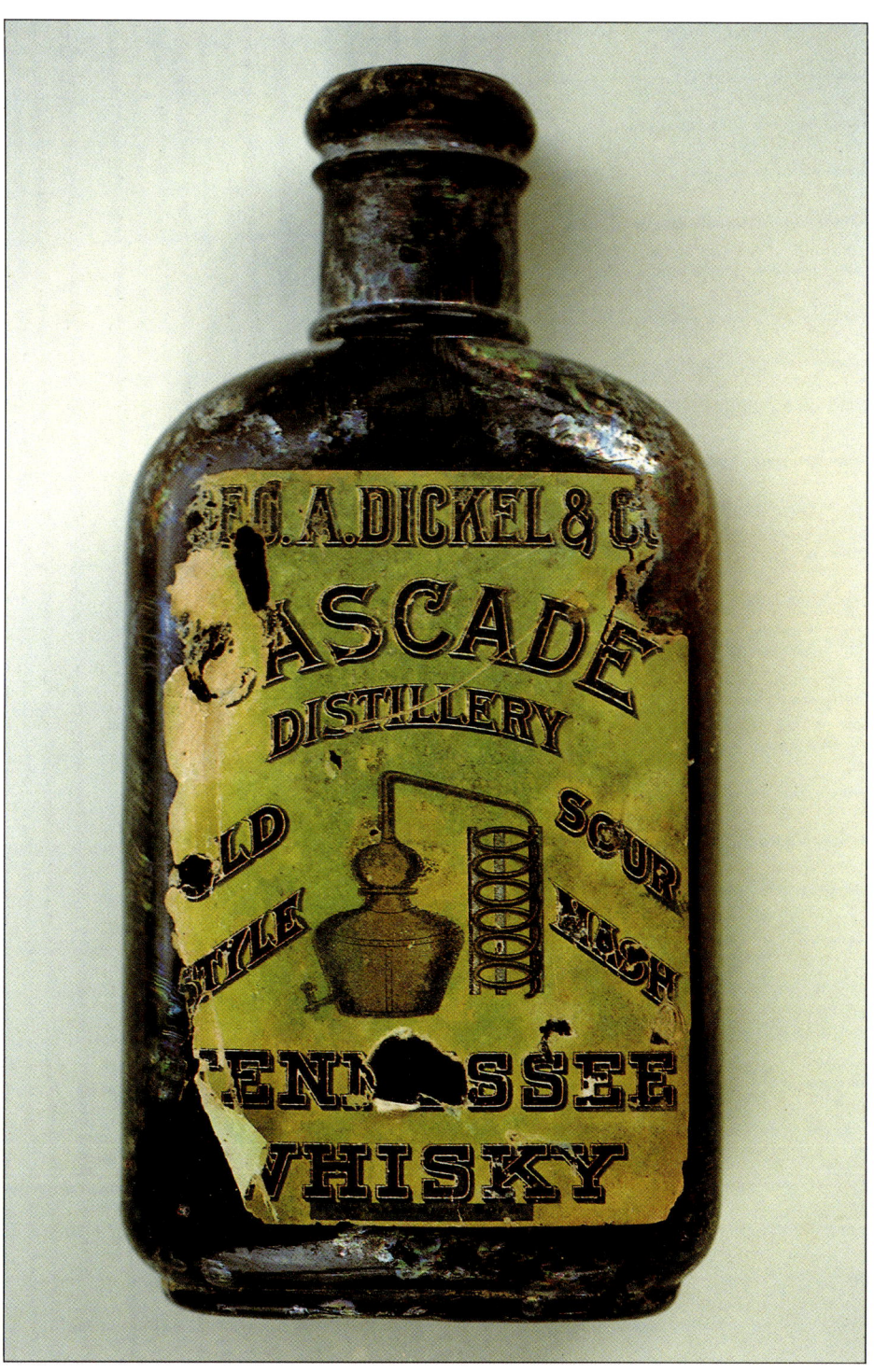

wurden die Namen Dickel und Cascade Ende der 30er Jahre von der nationalen Spirituosenfirma *Schenley* erworben. Sie ließ die angesehenen Namen wiederaufleben.

1941 wurde *Tennessee-Whiskey* als Stil anerkannt, in einer Antwort der Steuerbehörde in Washington auf einen Antrag von Jack Daniel's. Man hatte gerade mit der Vermarktung des Produktes wieder angefangen. 1951 erschien im Wirtschaftsmagazin »Fortune« ein Artikel über Jack Daniel's, der so interessant war, daß er im Kongreßbericht abgedruckt wurde. Ob das Schenley zum Handeln ansporne, bleibt Spekulationen überlassen. Es war jedenfalls die Periode des Nachkriegsaufschwungs und eine gute Zeit, neue Produkte herauszubringen, und daher wurde die Brennerei Geo. A. Dickel 1958, etwa 1 km vom ursprünglichen Standort entfernt, wiederaufgebaut. Sogar Dickels Gemischtwarenladen wurde wieder errichtet und mit einer Kollektion von Pro-

dukten aus der Vorkriegs-, wenn nicht gar Vorprohibitionszeit bestückt.

Einsam in einem langen, gewundenen, mit Bäumen gesäumten Tal gelegen, dessen Stille nur durch Vogelgesang und das Plätschern des Flüßchens durchbrochen wird, ist die Brennerei mit ihren restaurierten Gebäuden ein schönes Ausflugsziel. Dickel kocht mit Druck, hat ihre eigene Originalhefekultur in Körnerform, eine Kombination von Zypressen- und Stahlgärbehältern und Mellowing-Gefäße aus Pappelholz. Vor der Brennerei ist das harte Zuckerahornholz aufgeschichtet, aus dem die Holzkohle gemacht wird. Da sie kleiner ist als ihre berühmte Nachbarin, brennt Dickel weniger Scheiterhaufen ab, aber die Holzkohle wird in beiden Firmen auf gleiche Art benutzt. Alfred Eaton hätte seine Freude daran.

Diese Flasche von Dickels Cascade nennt sich stolz Tennessee Whisky, obwohl die Bezeichnung noch nicht anerkannt war, als der Whisky um die Jahrhundertwende abgefüllt wurde. Der Whisky kam aus einer Pot-Still, wie das Etikett erahnen läßt. Heute erzeugt die Brennerei einen herben, aromatischen Whisky. Oben: Am Kolonnenbrenner … Facharbeiterin Mary Gordon.

JAPAN

Die Japaner sind, bei aller Geschäftigkeit, ein Volk, das gerne lacht. Humor und Vergnügen sind, wenigstens unter Freunden und Geschäftspartnern, ein sehr wichtiger Teil des japanischen Lebens. Im Orient neigt man zwar nicht gerade zum Drei-Martini-Lunch, aber die längeren Abendstunden sind durch keine solche Hemmung beeinträchtigt. Tagsüber mag Seriosität herrschen, aber eine gelockerte Plauderhaftigkeit am Abend ist schnell vergeben und vergessen.

Als Drink genießt man auch im modernen Japan noch *sake* aus vergorenem Reis oder sein gebranntes Gegenstück, *shochu, shyochu* oder *jochu,* je nach Transkription. Shochu kann aus Reis, Buchweizen oder anderem Getreide oder aus Pflanzen wie der Süßkartoffel gebrannt sein. In Lokalen werden oft mehrere Versionen angeboten. Wie Sake hat sein destillierter großer Bruder meist eine klare Farbe und einen fruchtigen Geschmack. Man serviert ihn wie Sake, auf Zimmertemperatur oder »Körperwärme« gebracht, »straight« oder mit warmem Wasser verdünnt. Man mixt ihn auch mit Sprudel, Pflaumen- oder anderem Fruchtsaft. Leichte Shochus zum Mixen sind ein wichtiger Faktor in der japanischen Getränkeindustrie geworden und gleichen darin dem westlichen »Wodka«.

Des weiteren kann abends *Bier* getrunken werden, meistens Pilsner, gelegentlich auch ein bernsteinfarbenes Märzen oder ein dunkles Lagerbier nach altbayerischer Art oder sogar ein trockenes Stout. Die Bierbrauerei kam durch holländischen und bayerischen (und schließlich wohl irischen) Einfluß in der zweiten Hälfte des 19. Jahrhunderts nach Japan, nach dem gefeierten Besuch der amerikanischen Kriegsmarine unter Commodore Perry 1853 und dem anschließenden Freundschafts- und Handelsvertrag. Japans Einzug in die internationale Arena während der Regierung des Kaisers Meiji von 1867 bis 1912 ist inzwischen verstaubte Geschichte wie auch das wachsende Interesse am europäischen, vor allem britischen Leben, das sich Anfang der 20er zeigte. Daß die Japaner international denken lernen und gleichzeitig ihre Sozialstruktur so weitgehend bewahren konnten, ist vielleicht überraschend. Daß sie in Geschmacksdingen schon lange kosmopolitisch waren, ist es nicht.

Freilich tritt Gerste nicht nur in der vergorenen Form von Bier auf. Importierter Scotch galt in Japan schon als schicker Drink, als das Land in den 20er Jahren gerade anfing, seinen eigenen Whisky zu brennen. Erst nach den Unterbrechungen zweier Weltkriege stellte sich die japanische Whiskyindustrie auf eigene Füße. Heute begreift Japan seine Whiskys als eigenen nationalen Stil, obgleich es das schottische Erbe respektvoll eingesteht.

Seit der Jahrhundertwende hat Japan auch seine eigene Weinindustrie. Da die heimischen Reben Tafeltrauben tragen, waren die ersten Weine süß – vom Portweintyp. Seitdem züchten die Japaner Hybriden und bauen klassische europäische Trauben an. Einige ihrer erfolgreichsten Hybriden basieren auf der einheimischen Koshu, einer rosahäutigen, spät geernteten weißen Traube, die mit Riesling und Cabernet Sauvignon gekreuzt wurde. Neben Pinot Noir, Chardonnay, Aligoté, Sauvignon Blanc und Semillon werden diese beiden Trauben im Hauptanbaugebiet, dem Yamanashi-Bekken, zwei Stunden westlich von Tokio, großzügig angepflanzt. Japanische Weine haben im allgemeinen einen frischen, fruchtigen Charakter und sind oft kräftig im Körper. In den letzten Jahren sind die Reben wieder zur Süße zurückgekehrt, allerdings in einer ganz anderen Ausprägung, in der sie vortreffliche »edelfaule« Weine hervorbringen. Als Weinbauland erzeugt Japan auch *Weinbrand,* der dem in *Cognac* produzierten im Stil meist ähnelt, mit einem herben, sauberen, trockenen Geschmack.

Ein Land, das zu seinen traditionellen Getränken wie Sake und Shochu auch Bier und Whisky, Wein und Weinbrand erzeugt, stellt vermutlich auch die anderen Spirituosen her. In der Tat gibt es ein paar gediegene Gins im Londoner Dry-Stil, und Japan ist in den letzten Jahren für exotische Liköre wie den nach Melone schmeckenden *Midori* bekannt geworden.

Japan hat mit den niedrigsten Alkoholkonsum der hochentwickelten Länder, aber seine Konzentration auf Sake und Shochu, Bier und Whisky verschafft diesen Produkten eindrucksvolle Verkaufsziffern. Der Whiskykonsum pro Kopf ist in Japan höher als in Großbritannien oder den USA.

Für Japaner kann die Wahl des Lokals über den Drink des Abends entscheiden. Am bodenständigsten ist die Stehkneipe, oft im Umkreis der großen Endstationen für Pendelzüge zu finden, manchmal im Freien, in den Unterführungen oder an den Bahnhofspassagen. Man taucht einfach hinter einen schulterlangen Halbvorhang und lehnt sich an die Theke. Der Halbvorhang soll Ungestörtheit bieten, doch man sieht dahinter aus, als ob man das Käppi eines Fremdenlegionärs aufhätte. Manche dieser Primitivkneipen haben auch Sitzzonen mit nackten Bänken. Serviert werden für gewöhnlich Sake, Shochu oder Bier sowie Imbisse wie Tempura oder Kebab. Wenn Fabriken und Büros Feierabend machen, sind diese Kneipen voll, eher wegen ihrer niedrigen Preise und günstigen Lage als wegen des Komforts. Falls ein Japaner tatsächlich einmal eine Ausrede für einen Feierabenddrink braucht, kann er sagen, er hätte seinen Zug verpaßt und auf den nächsten warten müssen. Wenn er mehrere Züge verpassen will, mag ihm die Primitivkneipe nicht komfortabel genug erscheinen und ihre spätabendliche Kundschaft vielleicht doch zu bunt gemischt. Es gibt viele andere Möglichkeiten, wo man einkehren kann.

Wie in vielen Kulturkreisen gilt in Japan ein öffentliches Lokal als Männerdomäne. Bis vor kurzem war an dieser Diskriminierung nicht zu rütteln. Jetzt bröckelt sie, langsam, an den Rändern ab. In Begleitung eines Mannes kann eine Frau sich in manchen Lokalen recht wohl fühlen, besonders in den »Café-Bars«, die in den 80er Jahren emporgeschossen sind. Diese Etablisse-

Markennamen aus Japan erleuchten jede moderne Weltstadt... und ihre Heimatstädte. Im Westen ist Suntory noch am ehesten für Golfturniere und den Melonenlikör Midori bekannt. In den Großstädten Japans, vor allem den Vergnügungsvierteln, fallen Neonreklamen für Suntory-Whisky ins Auge ... und die Gerste sprießt.

ments, von den Yuppies der Großstädte bevorzugt, sind eine liebevolle Huldigung an die amerikanische Eisbar der James-Dean-Ära. Ihr Dekor besteht größtenteils aus Chrom, Spiegeln und Barhockern, und auf ihren Getränkekarten können einige der besseren Spezialitätenbiere stehen sowie Whiskys, vor allem amerikanische Importe.

Wenn ein Yuppie es zum Abteilungsleiter bringt, zieht er vielleicht einen *Biergarten* oder *-keller* vor. Diese Lokale gehen auf die Ausbreitung des von deutschen Sitten inspirierten Biertrinkens im Japan des 19. Jahrhunderts zurück und sind so gut besucht und »in« wie eh und je. In den dicht und hoch gebauten Städten tut es auch ein Dachgarten. Ein gutes Beispiel ist der Biergarten auf dem Dach des Verwaltungsgebäudes der Brauerei, Brennerei und Likörfabrik *Suntory* in *Tokio*. Er liegt günstig zwischen Geschäfts- und Luxushotelbezirken am Rand des Vergnügungsviertels *Akasaka*. Ansonsten hat in Tokio noch die Brauerei *Sapporo* einen traditionsreichen Bierkeller im Einkaufsviertel *Ginza*. Der bekannteste aller Biergärten und -keller ist eine Kombination der beiden, geführt von derselben Firma in ihrer Hauptbrauerei in Sapporo auf der nördlichen Insel Hokkaido. Diese Lokale schenken Bier literweise aus, oder in Teilen oder Vielfachen dieses großzügigen Maßes, und auf ihren runden Tischen befindet sich oft ein Gasring zur Zubereitung von Schnellgerichten wie Brathähnchen mit Nudeln – einer glücklichen Verbindung von Oktoberfest und Orient. Zum Essen bekommt man einen Latz, und es überrascht kaum, daß die herzliche Atmosphäre zu Geschäftsparties und Freitagsabendgeselligkeit einlädt.

Zwischen Bierkellern und Dachgärten in ihrem extremen Unten und Oben besteht keinerlei Rangunterschied. Im Westen meint man oft, eine gutgehende Bar müsse unterhalb der Gehsteighöhe liegen – weil Keller etwas »Unterweltliches« hätten –, und ein Nachtclub sei zum Scheitern verdammt, wenn man zu ihm hinaufsteigen muß. Für Japan gilt das nicht. Einfach auf-

Japans Frauen... die junge Frau links in einer klassischen Werbung der 20er Jahre für Suntory-Wein wirkt scheu und keck zugleich. Das Plakat schockierte Japan, trug aber dem Graphiker Mokuda Inoue einen internationalen Preis ein. Heute sind die Frauen auch im Arbeitsleben Japans stark vertreten wie bei Suntory (rechts) ...

grund der Bevölkerungsdichte muß das Zechen vertikal strukturiert sein. Dennoch wundert sich der Abendländer, daß der beschilderte Eingang zu einer Bar lediglich in einen Aufzug führt. In den Tokioer Vierteln Akasaka und Ginza und den neueren Vergnügungsbezirken der Stadt wie *Roppongi* und *Shinjuku* und in ähnlichen Gegenden in anderen Großstädten gibt es Hochhäuser mit Bars und Nachtclubs in jedem Stockwerk und Flur. Es wirkt komisch, mit dem Aufzug zu fahren und Korridore entlangzugehen, um einen »Pub« zu erreichen. Noch komischer ist es, daß man eine ausgedehnte Kneipentour machen kann, ohne das Gebäude zu verlassen.

Wie in vielen anderen Ländern gibt es in Japan Imitationen englischer Pubs, doch deren Eigenarten haben auch in Lokalitäten Eingang gefunden, die sich weniger offen britisch geben. Obwohl solche Häuser in etwa englisch klingende Namen haben, ein paar Biere von den Britischen Inseln ausschenken und ein gutes Scotch-Sortiment führen mögen, nennt man sie wohl am be-

sten japanische Pubs. Sie sind meist klein, ruhig, gesprächsfreundlich, mit viel Holztäfelung und Lederpolsterung. Es gibt auch ähnliche Lokale, wo Scotch zwar ebenso zu haben ist wie einheimischer Whisky, das Dekor aber traditionell japanisch gehalten ist und der ruhige Anblick der Wandschirme aus Holz und Papier nicht durch Werbung gestört wird. Solche »japanischen Bars« findet man am ehesten in älteren Städten wie Kioto.

Daß Englands Pubs und Schottlands Whiskys in Japan so frohe Stunden miteinander verbringen, hat zwangsläufig Früchte getragen. Aus dem Zusammenfluß zweier Ströme entsteht Kreativität, und in diesem Fall war die Frucht die in Japan geborene *Whiskybar*. Sie gleicht einem Pub, aber sie führt nur Whisky, vor allem japanischen. Sie wurde in der Nachkriegszeit von Brennereien, insbesondere Suntory, aufgebracht, um den einheimischen Whisky durchzusetzen. Das hat so gut geklappt, daß sie ihre Schuldigkeit getan hat und die Whiskybars in Japan jetzt weniger werden.

Eine ihrer Eigentümlichkeiten, wenn auch nicht ausschließlich dort gepflegt, ist der Brauch des Reservierens einer Flasche: Der Kunde kauft eine Flasche Whisky, die dann für ihn in einem Schließfach aufbewahrt wird. Wenn er einkehrt, bekommt er stets Whisky aus der eigenen Flasche, bis sie wieder nachgefüllt werden muß. Der Sinn dessen ist es angeblich nicht, die Umsätze der Bar zu steigern (trotzdem ist es attraktiv für die Barbesitzer) oder einen Kunden an die Leine zu legen (was es aber tut), sondern den japanischen Brauch zu erleichtern, daß der Gastgeber seinen Gästen zu trinken einschenken muß. Das ist eine wichtige Höflichkeitsregel in Japan, und beim Trinken oder Essen wird unter Freunden eifrig gegenseitig nachgegossen. Man hat behauptet, der Wunsch, Gäste zu bewirten, habe die Beliebtheit von Whisky und Weinbrand gefördert, im Gegensatz zu den normalerweise gemixt oder in Cocktails servierten Spirituosen wie Gin, Wodka oder Rum.

Zwar trinken die Japaner ihren Whisky in der Regel keineswegs straight, doch sie verdünnen ihn nur mit Wasser und Eis – und zwar beträchtlich: 3 cl Whisky kommen in ein großes Becherglas (ein Highball- oder gar ein Collins-Glas), dann wird großzügig mit Wasser und Eis aufgegossen. Die Verdünnung kann zwei Teile Wasser auf einen Teil Whisky sein, aber auch 4:1 und mehr, ganz wie man gestimmt ist. Dies wiederum kann von der Abendstunde oder der Situation abhängen. Es ist nicht ungewöhnlich, daß ein Feierabenddrink sich bis in die Nacht hinzieht und noch von einem Essen begleitet wird. Auch während des Essens kann man beim Whisky bleiben, aber er wird dann stark verdünnt (Puristen sind vielleicht entsetzt, aber die Schotten bezeichnen so etwas gern als »Landwein«).

Verdünnung mag den Geschmack des Whiskys dämpfen, aber sie nimmt ihm auch die Wirkung. Das wort *mizuwari* (»verdünnt mit Wasser«) bezeichnet fast immer einen Feierabendwhisky. Der Mizuwari ist als gemütlicher Drink zum Gespräch gedacht. Erst später kommt wahrscheinlich der Übergang zur *karaoke*, einer Bar, wo Kunden ermuntert werden, zu einer Begleitung vom Band zu singen; noch eine japanische Erfindung, die auf andere Länder übergegriffen hat.

In nachtclubähnlichen Bars gibt es oft Hostessen, die Gläser einschenken, plaudern und dezent flirten. Beide Seiten gehen in der Regel davon aus, daß dieses kokette Verhalten nichts weiter nach sich zieht. Das Bargirl ist einfach die moderne Version der eleganten Dame, die in einem abgeschirmten Privatzimmer auf Tatami-Matten ihren Gästen Sake aus einem traditionellen irdenen Gefäß serviert.

Hat sich nichts verändert? Oder alles? Wie jede tiefverwurzelte Sozialkultur kann Japan viel Neues verkraften. Das wird in seinen Trinkgewohnheiten und der Vielfalt seiner Küche ersichtlich. Die Biere europäischer Art löschen nach der obligatorischen Misosuppe wunderbar den Durst (wenn auch nicht so gut wie Tee). Whisky mit seiner Öligkeit und Torfigkeit (die in Japan allerdings schwach ist) ist ein trefflicher Aperitif zu Räucheraal, Bonito und Lachsrogen der Sushi-Bar. Es ist gewiß für mehr Getränke Platz in einem kulinarischen Repertoire, das Sashimi, Shabu-Shabu, Tempura, Tonkatsu, Teppan-Yaki, Yakitori, Nabeyaki, Sukiyaki, Soba, Kabayaki umfaßt... Mit all dem, was sie adoptiert und adaptiert hat, und besonders in ihren ureigensten Ausprägungen ist die japanische Küche eine der größten der Welt: fein, gewiß, aber keineswegs so leicht, wie sie sich gibt; vielseitig, erfinderisch und exquisit in ihrer Präsentation. Zweifellos werden die alkoholischen Begleitgetränke in dem Maß zunehmen, wie die Hersteller von Wein vermehrt auf seinen Genuß zum Essen hinwirken, wie das Trinken weniger eine reine Männersache wird und Japan eine Gesellschaft mit mehr Muße.

Japans Whiskys

An der schottischen Verwandtschaft der wesentlichen japanischen Whiskys, historisch wie geschmacklich, besteht kein Zweifel. Scotch inspirierte den japanischen Whisky. Schottische Lehranstalten bildeten Japans erste Whiskyhersteller aus. Schottlands Destillate standen, und stehen noch, bei Japans Whiskyproduzenten in hohem Ansehen. In der internationalen Familie der Whiskys sind der schottische und der japanische Typ enge, aber charakterlich etwas verschiedene Verwandte.

Wie die Schotten fangen die Japaner mit einer Maische aus reinem, meist getorftem Gerstenmalz an und machen daraus, in Pot-Stills doppelt destilliert, einen Single Whisky, der dann in Sherry- oder Bourbonholz oder neuer, angekohlter Eiche gelagert wird. Wie die Schotten füllen sie einen kleinen Teil als Single Malt ab, nehmen aber den Löwenanteil als Grundlage für Blends mit Grain Whisky aus Column-Stills.

Der deutlichste Unterschied zwischen schottischen und japanischen Whiskys ist der Torf. Die klassischen Whiskys Schottlands haben alle eine eindeutige Torfrauchnote, wenn auch unterschiedlich stark. Auch in Japan ist die Torfnote meistens vorhanden, aber sehr fein. Weil er wenig getorft wird, hat der japanische Whisky nur eine leichte Nase. In Kosmetika und Parfümen bevorzugen die Japaner schwache Duftnoten, und das gleiche gilt offenbar für Whisky. Daß die Japaner, wie man sagt, an Aromen einfach nicht interessiert sind, könnte nach Ansicht des Anthropologen Kinji Imanishi daher kommen, daß sie, als Volksgruppe, praktisch keinen Körpergeruch haben. Wahrscheinlich hat keine Sprache einen ausreichenden Wortschatz, um die Aromen der großen geistigen Getränke zu beschreiben, aber das Japanische ist hierin besonders arm. Bei seiner abwechslungsreichen und erfinderischen Küche kann jedoch von mangelndem Interesse Japans am Geschmack – oder an optischer Präsentation – keine Rede sein.

Wie diese Vorlieben zu einem Stilunterschied zwischen schottischen und japanischen Whiskys geführt haben, entbehrt nicht der Ironie. Daß ein guter Whisky außerhalb Schottlands erzeugt werden könnte, hielt der japanische Verbraucher für absurd, als in den 20er Jahren das erste einheimische Produkt auf den Markt kam. Aber erst, als die schottische Torfnote im japanischen Produkt gemildert wurde, verkaufte es sich langsam. Seither hat die Torfigkeit in den meisten japanischen Whiskys nach und nach abgenommen. Ob dieser Trend sich fortsetzt, bleibt abzuwarten. Japan mag seine Traditionen hegen, aber es ist auch ein dynamisches Land, und der Geschmack bewegt sich mit.

Die Verwendung getorften Gerstenmalzes geht zwar auf schottischen Einfluß zurück, aber es gibt auch in Japan Torf, vor allem auf der nördlichen Insel Hokkaido, obgleich er in der Art anders ist, nicht so kohlenstoffhaltig. Japan baut auch Mälzgerste an, wenn auch nicht annähernd genug, um den Bedarf zu decken. Obwohl man Gerstenmalz auch schon mit japanischem Torf geräuchert hat, hält man ihn im allgemeinen nicht für ideal. Torf für japanische Mälzereien wird jedoch aus Schottland importiert. Auch schottisch getorftes *Malz* wird importiert. Obwohl es eigens »schottisch getorft« heißt, können *Malz* oder Gerste von anderswoher kommen. Beide werden aus vielen Ländern in Australasien, Europa und Nordamerika importiert. Unter den Bestandteilen des Whiskys ist das *Wasser* ein Element, auf das Japan besonders stolz ist. Wie das der schottischen Highlands ist sein Wasser kristallklar, entspringt meistens im Granit und fließt auch manchmal über Torf. Solch ein Wasser kann dem Whisky einen ganz feinen Torfhauch verleihen und eignet sich hervorragend zum Verdünnen. Die Zartheit ihrer Torfnote beläßt den japanischen Whiskys eine ausgeprägte und saubere Malzigkeit. Das ist ihr Erkennungsmerkmal. Der saubere, malzige Stil hat auch etwas mit der Anzahl der Brennereien und ihrem Alter zu tun.

In Schottland sind viele Brennereien an-
derthalb Jahrhunderte alt, und es gibt über hundert. Jede hat ihre eigenen, eingefleischten Schrullen, die sie sorgsam beibehält, weil ihre besonderen Resonanzen den Whiskyblendern bekannt sind. Würde sie ihren Charakter ändern, könnte sie womöglich nicht mehr die ihr von den Blendern zugedachte Rolle spielen. In Schottland kann ein Blender 30 oder 40 Whiskys heranziehen, um zu seinem Endprodukt zu kommen. Schottische Whiskys werden auch von japanischen Blendern genommen. Alles in allem stellen sie zwischen 12 und 15% des Malt-Anteils japanischer *Blended Whiskys*. Das Ziel jedoch ist, nicht schottische, sondern japanische Whiskys zu erzeugen. Die schottischen Malts sorgen für Abwechslung, nicht Masse, und man nimmt sie, weil Japan relativ wenige Brennereien hat. Selbst mit der schottischen Komponente kann ein japanischer Blender in der Regel nur mit einem runden Dutzend Whiskys arbeiten. Saubere, volle Whiskys machen den Charakter der japanischen Blends aus. Der schottische Blender orchestriert Beethoven; der japanische führt ein Vivaldi-Streichquartett auf.

Die Brennerei mit den größten Reserven im Land ist *Suntory,* die mehr als 71% des Inlandwhiskys produziert und, Importe eingerechnet, 67% vom Gesamtmarkt hat. Keine japanische Brennerei verkauft auswärts sehr viel, Suntory immerhin 2 bis 3% – hauptsächlich ins Pazifikgebiet. Die Firma hat auch eine winzige Whiskybrennerei in Mexiko. Zu Hause erweitert Suntory ihre Blending-Möglichkeiten, indem sie in jeder ihrer Brennereien mehr als einen Single Malt produziert. Das macht nicht nur Suntory so, aber was Maisch-, Gär- und Brenntechniken anbelangt, ist die Firma mit führend in der Welt. Mit verschiedenen Malzen und Hefen und wechselnden Abbruchpunkten beim Destillieren erzeugt man eine Palette von Whiskys zum Blenden. Die Stammbrennerei der Firma in *Yamazaki* bei Kioto produziert mehrere Whiskys in zwei Destillationsstraßen. Ihre zweite Brennerei in *Hakushu,* Präfektur Yamanashi, hat zwei Straßen vom Maischen bis hin zum Brennen. Es gibt noch eine dritte komplette Brennerei auf dem Gelände in Hakushu. Zusätzlich beschloß die Firma 1984, eine weitere Brennerei in *Noheji,* Präfektur Aomori, zu bauen. Sie alle sind Malt-Brennereien. Die Firma besitzt auch eine Grain-Brennerei und ist Teilhaber an einer anderen. Diese Grain-Brennereien produzieren je zwei Hauptwhiskys, können aber ein halbes Dutzend machen.

Jede von Suntorys Malt-Brennereien hat ihre eigenen Lagerhäuser. Obwohl in keiner Weise unterirdisch, nennt die Firma sie gern Lagerkeller. Zusätzlich zu den Lagerkellern jeder Brennerei gibt es noch zwei freistehende Reifekomplexe, einen bei Hakushu und den anderen in Ohmi, Präfektur Shiga. Dort gibt es auch große Küfereien. Neben dem Orchestrieren der Whiskys ist Suntory sehr bemüht, das gleiche mit den Fässern zu tun. Die Firma benutzt eine Mischung aus Sherry-, Bourbon- und einfachem Eichenholz. Das Sherryholz ist in Spanien oder Japan mit Wein behandelt. Dies erfolgt teils in Spanien, teils in Japan. Die Eiche ist entweder japanisch oder amerikanisch. Suntory ist vertikal verflochten, angefangen von der eigenen Mälzerei in Kantobakuga, Präfektur Tochigi; doch vor allem ihre Fähigkeiten im Maischen, Vergären und Brennen schaffen den sauberen Charakter ihrer Whiskys. Das Lagern gibt nur noch den letzten Schliff.

Die zweitgrößte japanische Whiskyfirma, *Nikka,* hat eine charaktervolle kleine Malt-Brennerei in *Yoichi* auf Hokkaido sowie ihre größere und ihre Grain-Brennerei in *Sendai.* Die Firma legt Wert auf ihre Blending-Künste und die eingeräumte »Vermählungszeit«. Nikka hält über 16% der japanischen Whiskyproduktion und 15% vom Gesamtmarkt. Die nach ihrem Marktanteil dritte Firma, *Sanraku Ocean* (4,1% und 3,9%), hat zwei Brennereien, eine für Malt, die andere für Grain. Sie betont vor allem die geringe Größe ihres Betriebs und die Handarbeit, und sie bringt ihre Produkte sehr preisgünstig auf den Markt. Die vierte Firma auf dem Markt, *Kirin Seagram* (3,9% und 3,6%), hat nur ein Werk mit Malt- und

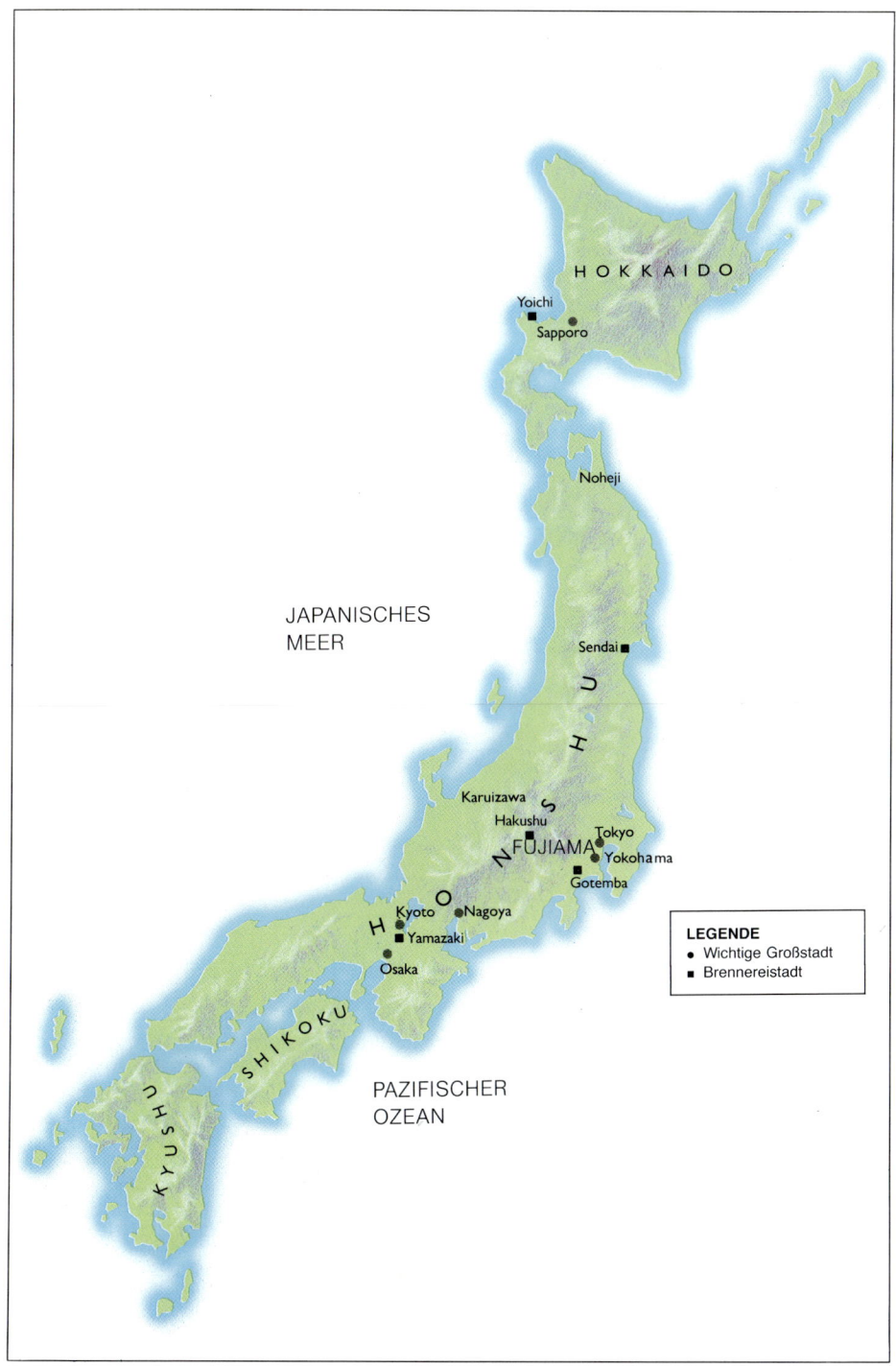

Links: Hafenfront in Chita bei Nagoya. Mit seinen Werften und Getreidesilos könnte es ein neues Clydeside sein. Die Kräne haben lange Rüssel, um das Getreide aufzusaugen (oben rechts). Schiffe von 80 000 Tonnen bringen US-Mais zur Brennerei Sungrain, die mit einem Shinto-Schrein gesegnet ist (unten rechts).

Grain-Brennerei unter einem Dach. Ihr kommen Seagrams berühmte Malt-Brennereien in Schottland zugute und das Können der kanadischen Firma in der Grain-Destillation und im Blending. Alle diese Elemente machen sich in ihren Whiskys bemerkbar.

In die restlichen etwas über 4% des japanischen Whiskymarktes teilen sich nicht weniger als 20 Firmen mit primärem Inlandabsatz. Sie produzieren eine Vielfalt von Spirituosen auf der Basis von säulendestilliertem Kornsprit. Ihre Whiskys entstehen durch das Blending dieses Kornsprits mit lose in Schottland gekauften Malts. Sie sind oft ziemlich scharf.

In Japan beeinflußt der Malt-Anteil eines Whiskys seine Steuerklasse. Manche Super-Premium-Marken enthalten mehr als 40% Malt; die Verkaufsschlager, die Premiums, haben meist zwischen 40 und 35%. Alles über 30% liegt in der *Special*-Klasse, und das steht auf dem Etikett. Dann kommt die *First*-Gruppe, die wesentlich die Supermarktprodukte umfaßt; sie reicht hinunter bis zu 20%. Die *Second*-Gruppe, entweder sehr billige oder extrem leichte Whiskys, geht bis 10% hinunter. Wichtige Marken haben 43% vol. Alkohol, einige der leichte-

ren oder geringeren Produkte 40%. Das Mindestalter japanischer Whiskys ist 3 Jahre, obwohl manch einer 12, 15 oder gar 20 Jahre reift. Die meisten Marken tragen jedoch keine Altersangabe.

In den 80er Jahren erweiterten die Brennereien ihr Angebot durch neue Whiskyarten, weil sie meinten, wie in anderen Ländern so etwas wie eine Polarisierung der Geschmäcker zu sehen. Einerseits wurden sehr leichte, auf den Jugendmarkt abgestellte Whiskys herausgebracht. Trotz ihrer extremen Leichtheit haben diese Produkte noch den typisch schottisch-japanischen Whiskygeschmack, wenn auch wirklich sehr zart. Ihr niedriger Malt-Gehalt wird mit besonders leichten Grain Whiskys versetzt. In dieser Gruppe hat es jede Menge neue Markennamen gegeben. Die Jugend wurde auch als ein Markt für Whiskys angesehen, die zwar in Japan produziert, aber im Stil eher amerikanisch waren. Dieser neue Whiskytyp hatte ebenfalls wenig Malt und einen maissüßen Grain-Charakter mit deutlichen Bourbonholztönen. Man ging davon aus, daß ein junger Mann den leichten Whisky bestellte, wenn er mit seiner Freundin ausging, aber den »japanisch-amerikanischen«

stärkeren Typ bevorzugte, wenn er unter Männern war.

Als anderes Extrem stellten japanische Brennereien in den 80er Jahren auch ihre ersten Single Malt Whiskys vor. Sie sollten den Kenner ansprechen. Mit ihrem sauberen, malzigen Stil bilden sie eine Gruppe, die auch individuellere Whiskys umfassen könnte, wenn es einen Markt dafür gäbe. Nachdem Suntory und Sanraku Ocean vorausgehen, folgen ihre Rivalen bestimmt nach.

Kleine Geschichte des japanischen Whiskys

Die erste Whiskybrennerei Japans wurde 1923 gebaut. Nimmt man das als Geburtsdatum, dann wurde der japanische Whisky 1944 volljährig, keine leichte Zeit für die Welt. Praktisch waren die 60er Jahre die Zeit, in der Charakter, Qualität und Vielfalt des japanischen Whiskys sich mit einer wachsenden Zahl erstklassiger Blends durchzusetzen begannen.

In der ersten Hälfte der 70er Jahre verdoppelte sich die japanische Whiskyproduktion. Das Mitte der 70er Jahre erreichte Niveau wuchs im folgenden Jahrzehnt um rund 50% und überstieg 375 Mio. Liter im Jahr. Mit seinem viel kleineren Binnenmarkt liegt Schottland (nur 5 Mio. Einwohner und 50 Mio. in ganz Großbritannien) im Umfang der Whiskyproduktion hinter Japan (100 Mio. Einwohner). Nur die USA (200 Mio.) produzieren noch mehr. Als einzelne Brennerei hat Suntorys Werk in Hakushu mit 55 Mio. Litern in Faßstärke pro Jahr die größte Malt-Whiskyproduktion der Welt.

Die Japaner verkaufen ihren Whisky zum größten Teil im eigenen Land und machen nur bescheidene Exportanstrengungen. Im allgemeinen haben sie bisher internationale Märkte als Domäne der ursprünglichen Whiskynationen angesehen.

Ob jedoch bei Whisky, Kameras oder Autos: Japan hat längst die Hülle des Nachahmers abgestreift. Inzwischen lächeln die Japaner über sich selbst wegen ihrer Begeisterung, mit der sie die Gebräuche anderer übernehmen, fügen aber bei etwas Nachdenken hinzu, daß sie diese im Grunde umwandeln.

Japanischer Sake ist die Verfeinerung eines roheren alten Reisweins aus China. Die japanischen Hiragana- und Katakana-Alphabete sind Umwandlungen der chinesischen Schrift. Japan hat seine eigene abgewandelte Form des Buddhismus. Japans Teezeremonie wandelte eine chinesische Tradition ab und sein Porzellan den koreanischen Stil.

Wie manche anderen Nationen, die geographisch Inseln sind, war Japan zeitweise

Lagerkeller und Gerstensäcke in den Anfängen der Brennerei Yamazaki. So große Mischfässer sind ungewöhnlich, obwohl manche Brennereien sie noch haben. Gerstensäcke werden in einigen Mälzereien noch von Hand geleert, z. B. bei Kanto-Bakuga.

abgekapselt und dann wieder durchlässig. In seiner empfänglichen Stimmung hat es mit einem, wie es die Japaner nennen, *akogare* (von George Fields in *From Bonsai to Levis* vage als »Sehnen« übersetzt) am Whisky Gefallen gefunden. Es ist ein romantisches Sehnen, aber glaubhaft durch Japans Gefühl der Verwandtschaft mit einer anderen gebirgigen, oft verschneiten Inselnation… einem Land von Fischern, Meeresingenieuren, Brücken- und Eisenbahnbauern… einem Land, das in seiner Freizeit golfbesessen wirken kann. Mit seiner Altstadt, seinen Hügeln, seinen endlosen Schulen und Universitäten könnte *Kioto Edinburgh* sein; mit einer riesigen Grain-Whiskybrennerei, Schiffsbau- und Stahlindustrie könnte *Nagoya Glasgow* sein. Kiotos Traditionen sind natürlich mindestens so alt wie die Edinburghs; es war 1000 Jahre lang die Hauptstadt Japans und lange bevor das Land eine Whiskyindustrie hatte, berühmt für seine Pagoden. Nagoya gibt dagegen ein recht junges und aufstrebendes Glasgow ab.

Suntory

Es gibt noch andere Erzeuger, aber der Name *Suntory* ist synonym mit japanischem Whisky. Suntory war die erste japanische Whiskybrennerei. Sie ist mit ihrem Marktanteil von 71% die weitaus größte, und ihre Produkte entsprechen, laut Umsatzzahlen, dem heimischen Geschmack am besten.

In Japan wie auch international (wo sie größenmäßig neben Giganten wie Seagram, Hiram Walker und DCL steht) ist Suntory ein fester Begriff. Der Name ist eine Verbindung zweier Worte; die erste Silbe spielt auf das japanische Nationalemblem der aufgehenden Sonne an, die zweite ist eine Zusammenziehung von *Torii*, dem Familiennamen des Gründers. Die Firma wird noch von der Familie kontrolliert und vom Sohn des Gründers geleitet. Daß das Tor zu einem Schrein auf japanisch *torii* heißt, kann ihr nur recht sein.

Die Zentrale von Suntory ist in *Osaka*, der zweiten Stadt Japans und dem traditionellen Wirtschaftszentrum des Landes. Die Firma hat auch ein großes Verwaltungsgebäude in *Tokio*. Gebrannt wird in keiner der beiden Städte, aber die Suntory-Gebäude haben Weinkeller, Restaurants und Biergärten, einen Informationsschalter für jeden, der etwas über Spirituosen erfahren möchte, und für anderweitig interessierte Besucher beherbergt das Tokioer Gebäude auch ein Kunstmuseum. Suntory ist ein großer Kunst- und Musiksponsor und engagiert sich für etliche kulturelle, soziale und Umweltbelange, etwa den Vogelschutz. Sie sponsert auch Sport, vor allem Golf, dies aber recht offen zu Werbezwecken.

Der Firmengründer Shinjiro Torii begann das Geschäft 1899 in Osaka. Er war erst 21, ein wagemutiger junger Unternehmer. Nachdem er zuerst als Weinhändler Importe aus Spanien verkauft hatte, begann er 1907 einen süßen Wein aus japanischen Trauben im Portweinstil herzustellen. Als Pionier der japanischen Weinbranche entwickelte Torii Fertigkeiten, die ihm schließlich seinen Ruf als »Nase von Osaka« eintrugen. Letztlich machte er auch gute Profite mit seinem Geschäft.

Diese Profite reinvestierte er aller Skepsis zum Trotz in den Versuch, ein zweites neues Produkt einzuführen: japanischen Whisky. Torii baute seine Brennerei 1923 im Yamazaki-Tal bei Kioto, und sein Whisky kam 1929 auf den Markt. Er war kein sofortiger Erfolg, sondern warf erst nach zwei Jahrzehnten, in den 50er Jahren, erkleckliche Profite ab.

Diesmal wurden die Gewinne in die Bierbrauerei reinvestiert. 1963 drängte Suntory auf den Biermarkt, wo bereits drei große eingesessene Firmen aktiv waren. Als vierter auf dem Markt verschaffte Suntory sich rasch eine Position unter den nunmehr großen Vier im Brauereigewerbe. Die anderen drei sind der Größe nach *Asahi*, *Sapporo* und *Kirin*. Abermals trug ein neuer Geschäftszweig Profite für weitere Investitionen ein.

Mit Wein, Whisky und Bier in der Tasche steckte Suntory in den späten 70er Jahren ein beträchtliches Kapital in die Entwicklung und den Verkauf von Likören. Er kam gerade rechtzeitig zur Neuentdeckung des Likörs, einem Gezeitenwechsel, der die internationale Getränkebranche in den frühen 80er Jahren ziemlich überraschte. Suntorys neuer Melonenlikör *Midori* wurde, besonders in den USA, ein beachtlicher Erfolg.

Suntory ist auch in Restaurants, Imbißketten, Limonaden, Süßigkeiten, Alltagsbedarfswaren und Pharmazeutika diversifiziert. Über die Geschäfte mit Restaurants, Bars und Pubs erwachte das Interesse an anderen Freizeitaktivitäten, was ein Engagement im Zeitschriften- und Buchverlagswesen und Versandgeschäft zur Folge hatte.

Was am Anfang von Suntorys Brennereitätigkeit eine Forschungsabteilung für Alkoholika und Gärtechnik war, wuchs sich zunächst zu einem richtigen Institut und schließlich zu einem Campus aus mit eigenen Instituten für bioorganische und biomedizinische Forschung. Suntory ist auf dem heißumkämpften Gebiet der Biotechnologie sehr aktiv und entwickelt Techniken der DNS-Rekombination und -Synthese.

Der Jahresumsatz der Firma übersteigt 800 000 Mio. Yen, das sind über 3 Milliarden US-Dollar. Zu ihren weltweiten Unterneh-

mungen gehören Weinberge in Frankreich und den USA (wo sie einen Anteil an der angesehenen Weinkellerei Firestone hat) und mehrere Tochterfirmen in Lateinamerika. Sie ist ein wichtiger Lebensmittel- und Getränkeimporteur; die Zahl der eigenen Produkte liegt zwischen 300 und 400. Davon sind ca. 20 Whiskys, doch sie scheinen der Firma am meisten am Herzen zu liegen.

Als sich das als unpopulär erwies, wurde er geschmacklich gemildert und hat, als »Extra White«, immer noch eine treue Gefolgschaft. In dieser selben Gruppe älterer, relativ preiswerter Suntory-Whiskys liegen, unten angefangen: *Red Extra* (eine beliebte Marke für den häuslichen Verzehr), *Gold* und *Extra Gold* sowie *Kaku* (»eckige Flasche«). Dieser letzte setzte auf dem Binnenmarkt den japanischen Whiskystil durch. Er war auch Suntorys erste Premium-Marke.

Heute ist die wichtigste Premium-Marke und der große Verkaufsschlager *Suntory Old.* Er hat Suntorys typische leicht getorfte Malznote mit einem Körper, den man fast kauen kann, und schwachen Spuren bitterer Frucht im Abgang. Dann folgt auf der Luxusskala *Suntory Reserve*, ein leicht fruchtiger Whisky, beliebt bei Jungmanagern; der trockenere, elegante *Royal;* der saubere, malzige *Excellence;* der würzige *Imperial,* auf manchen Exportmärkten als *Signature* bekannt; der sherryartige »*1899*«, benannt nach dem Gründungsjahr der Firma und mit irgendwie schottischem Charakter; und der Suntory mit dem definitiven Namen »*The Whisky*«, der so manchen bemerkenswert ausgereiften Geist enthält und viel Reife im Abgang zeigt. Neben all diesen Produkten, sämtlich Blends, hat Suntory auch ihren *Yamazaki Pure Malt Whisky.* Er ist ziemlich körperleicht für einen Single, mit herbem Auftakt und malzigem Abgang.

Auf dem Markt der jüngeren Konsumenten hat Suntory zwei leichte Whiskys in grünen Flaschen mit Groteskschrift, die aussehen, als enthielten sie etwas, was man in der Dunkelkammer braucht. Es sind Whiskys für eine visuell orientierte Generation; selbst ihre Namen meiden das Wort. Der günstigere der zwei heißt einfach »*Q*« und der teurere »*21*«. Die Firma hat auch einen Whisky amerikanischen Typs namens *Rawhide,* er ist ebenfalls für die Einsteiger gedacht. Trotz solcher Konzessionen ist Suntory stolz auf die Rolle, die sie bei der Entwicklung von, wie sie sagt, Japans ureigener Whiskytradition gespielt hat.

Oben: Die Dämpfe im größten Malt-Whisky-Brennhaus der Welt, einem glänzenden Tempel, könnten selbst Bacchus berauschen. In Suntorys Forschungszentrum (links) kann die Skyline verändert werden, um bei der Prüfung neuer Produkte ein anderes Ambiente vorzuspiegeln.

Dabei könnte es übertrieben erscheinen, fast 20 Marken in einer einzigen Produktgruppe zu haben: Whisky. Wie bei anderen großen Brennereien im Ausland hat ihre Angebotspalette einfach über einen gewissen Zeitraum zugenommen. Alte Marken mit treuen Kunden wurden beibehalten, als neuere herauskamen.

Einige der frühesten Marken haben nach den ersten Anzeichen des Alterns als preiswertere Produkte auf dem Studentenmarkt neuen Auftrieb erhalten. Ein Beispiel ist *Tory's* (keiner politischen Partei gewidmet, sondern, abgewandelt wie Suntory, nach dem Gründer benannt), der jetzt der günstigste Suntory-Whisky ist. Der allererste Suntory-Whisky, »*White Label*«, war schottisch in Geschmack und Aufmachung.

Suntory – Yamazaki

Da Suntorys Gründer seine Unternehmerkarriere als Weinhändler in der großen Geschäftsstadt Osaka begonnen hatte, lag es nahe, in diesem Teil Japans – allerdings auf dem Land – nach einem Platz zum Bau seiner Whiskybrennerei zu suchen. Nördlich der Stadt, bewässert von drei Flüssen, bewaldet mit Rot- und Schwarzkiefern und üppigen Bambushainen, liegt zwischen zwei Bergzügen das Yamazaki-Tal, auf dem Weg zu den Pagoden von Kioto, Japans alter Hauptstadt und religiösem und kulturellem Zentrum. Hier, noch in der Präfektur von Osaka, aber schon näher bei Kioto gelegen, entstand 1923 Japans erste Whiskybrennerei.

Mit der Wahl dieser gebirgigen, kiefernbedeckten Flußlandschaft für seine Brennerei meinte Shinjiro Torii vielleicht – wie andere japanische Brenner nach ihm –, ein orientalisches Gegenstück zu Schottland gefunden zu haben. Die äußeren Ähnlichkeiten zwischen den Ländern sind verblüffend, womöglich ist Japan noch gebirgiger. Es besteht überwiegend aus Highlands und hat kaum Lowlands. Jedoch sehen Japans Berge anders aus; die dunkelgrüne Fülle der Vegetation mildert ihre Konturen, und auch ihre Form ist abgerundeter. Sie können jäh und steil aufragen, mit einer Krone anstelle einer Spitze. Diese kann noch mit Bäumen bestanden sein, um wie ein Zierhelm das Ungestüm vulkanischer Jugend zu verbergen. Schottlands Berge sehen im Vergleich wie eckige alte Männer aus. Derselbe Kontrast besteht zwischen den Dörfern und Kleinstädten der beiden Länder: die Japans betriebsam, ungepflastert, mit kurzlebigen Holzhäusern, pastellfarbenen Dächern oder gewellten, überhängenden Terrakottadachziegeln; die Schottlands bedächtig, mit grobem Gestein, Rauhputz und Schiefer.

In ihrer steilen Hanglage, halb versteckt zwischen den Bäumen, gab die Yamazaki-Brennerei das Vorbild für die Waldstandorte und die in die Landschaft eingebetteten Gebäude ab, die Suntory auch für ihre zweite Brennerei, die Lagerhäuser und Forschungsanlage gewählt hat. Yamazaki unten

im Tal ist eines der besagten ziegelgedeckten Städtchen.

Über den Bergen Japans liegt fast immer Nebel, der im Yamazaki-Tal die vollkommene Atmosphäre für Sagen und Gedichte aus einer Zeit schafft, als die Kriegsherren dort Entscheidungsschlachten schlugen. Ein wichtiger Tempel stand einst dort am Hang. Heute steht ein Schrein auf dem Brennereigelände, in dem sich zwei Fässer Whisky befinden, als Opfer an die Götter. Durch das *torii*, das Tor des Schreins, und die Bambushaine fällt der Blick ins Tal auf den Hochgeschwindigkeitszug. Unermüdlich fährt er zwischen Osaka, Kioto und Tokio hin und her – 500 km in nicht einmal 3 Stunden. So ein Nebeneinander gibt es überall in Japan. Vom Dach der Brennerei aus kann man den Zusammenfluß der Ströme sehen, einen breiten Korridor mit langsamen Wassern und schnellen Zügen.

Die steile Straße vom Schrein führt an einem der ursprünglichen Brennereigebäude vorbei. Der cremefarbene Bau mit seinem tempelartigen Giebel, Fenstern mit braunen Läden und einem Backsteinpostament ist von Platanen umfriedet. Er dient jetzt als Gästehaus. Jedes Haus in Japan, selbst in den zugebautesten Gebieten, ist mit Sträuchern oder Bäumen verschönt, mit Magnolien, blühenden Kirschbäumen, Buchs- und Gingkobäumen. Die modernen Hauptgebäude der heutigen großen Brennerei mit ihren Terrakottaziegeln sind von Büschen und Bäumen gesäumt, jeder namentlich gekennzeichnet. Das ursprüngliche Gebäude hatte Mälzereien mit Zwillingspagoden, die ein Steg verband, aber seit 10 oder 12 Jahren wird nicht mehr gemälzt. Trotzdem hat es noch Pagoden, aber ungewöhnliche, modernere, die an die Lautsprecher eines Radios der 50er Jahre erinnern.

Ein ähnlich modernistisches Design haben die riesigen, zylindrischen roten Malzsilos mit schwarzen Kästen obenauf. Man verwendet leicht, aber dennoch unterschiedlich getorfte Malzsorten aus japanischer und importierter Gerste. Maischhaus und Maischraum sind vereint, aber im Brennhaus wird in zwei Straßen gearbeitet.

Oben: Die Kleinstadt Yamazaki, kaum mehr als ein Dorf. Bemerkenswert an Yamazaki jedoch ist sein Single Malt Whisky, ungewöhnlich seine Pagoden (rechts), die wie HiFi-Anlagen wirken.

Wie alle Suntory-Brennereien macht Yamazaki Whisky nach traditioneller Art, aber mit den allermodernsten Apparaten. Traditionalisten dürften die Porteous-Malzmühlen beruhigen und die Herstellerangabe »New Mill Engineering, Elgin, Scotland«

auf den großen Stahlmaischbottichen. Das Wasser zum Maischen kommt aus einem Brunnen unter der Brennerei. Die Gärbehälter sind aus stahlverkleidetem Eisen. Zweierlei Hefe wird benutzt, aber jede soll einen anderen Whisky produzieren. Mit diesen beiden Hefen und Destillierstraßen kann Yamazaki offenkundig zwei grundverschiedene Whiskys herstellen, doch in Wahrheit sind es mehr. Ihre Reihen mit je 12 großen Pot-Stills stehen sich gegenüber, Wash-Stills hüben, Spirit-Stills drüben. Ihre Form ist herkömmlich und wurde gewissen-

haft nachgebildet, als man sie in doppelter Größe baute.

Obwohl Suntory einen eigenen Reifungskomplex hat, hält man in Yamazaki immer noch Lagerhäuser. Manche sind von traditioneller schottischer Art, je vier Fässer übereinander gestapelt, andere haben die Zementböden und offenen Schober der Amerikaner, aber ohne Heizung oder Ventilatoren. Ein Großteil des in Yamazaki benutzten Faßholzes ist leicht angekohlte neue Eiche, aber wiederhergestellte Bourbonfässer werden auch genommen; Sherryfässer in

der Regel nicht. Zudem herrscht, dank der Bergnebel, in Yamazakis Lagerhäusern eine Feuchtigkeit, die die Reifung des Whiskys begünstigt. Der Single Malt ist Suntorys Stolz.

Die Firma ist auch stolz, daß dies Japans erste Whiskybrennerei war. Eine kleine Ausstellung erinnert daran … und zwei Denkmäler draußen. Eines ist eine Skulptur des Gründers. Das andere ist einer der ursprünglichen Brennkessel, aufgestellt zum Gedenken an Suntorys bescheidene Anfänge.

Suntory – Hakushu

Der Freund interessanter Getränke hat zwei gute Gründe, um von *Tokio* aus etwa 120 km westwärts zu reisen, an den Kanto-Bergen und der Stadt *Koshu* vorbei, der Hauptstadt der Präfektur Yamanashi, tief in das Becken der Japanischen Alpen hinein. Dieser Landstrich ist Japans wichtigste Weinbauregion, und hier bietet die Suntory-Weinkellerei Besuchern einen umfassenden Überblick über die Branche. Und wo die Hänge in die alpine Region ansteigen, findet man in *Hakushu* die größte Malt-Brennerei der Welt mit einem eigenen *Whiskymuseum*. Wer weiteren ästhetischen Freuden aufgeschlossen ist, findet Brennerei und Museum von einem Vogelschutzgebiet umgeben, und im Bergland dahinter, anziehend für Wanderer und Kletterer, steht der *Fujiyama* (3776 m), Japans höchstes und berühmtestes Wahrzeichen.

Die Reise wirkt zunächst nicht sehr vielversprechend, einfach weil das ausufernde Tokio schier kein Ende nehmen will: seine unaufhörlichen Wohnblocks mit kleinen Stützen auf den Dächern, die weiße, kugelförmige Wassertanks halten, die wie Golfbälle beim Abschlag wirken (manchmal sind auf den flachen Dächern wirklich Übungsfelder, wo Penthousegolfer ein wenig probieren können). Doch auf einmal weichen die Telegraphenmastenwälder den Zedern der Präfektur Yamanashi.

Jetzt ist es das Land selbst, das steigt und fällt, und die weißen Kugelformen unten in den Tälern oder Schluchten sind die sonnengebleichter Kieselsteine in den breiten, flachen Flüssen. Frauen mit breitkrempigen Strohhüten bestellen die Familienreisfelder. Dazwischen Felder mit kleinen Auberginen, Birnen- und Pfirsichgärten, Maulbeersträucher für die Seidenindustrie... und Weinstöcke in Terrassen an den Hängen. Suntorys Weinkellerei liegt in den Weinbergen, mit Blick auf den *Fujiyama*. Sie hat eine Probierstube, einen Laden, ein kleines Museum und ihre eigene Weinbrennerei. Die Whiskybrennerei liegt einige Kilometer entfernt, näher an den Bergen.

Die Präfektur *Yamanashi* ist Teil des gebirgigen Distrikts Chubu, des zentralen Brockens der Hauptinsel Japans. Im Süden liegt der Fuji und im Nordwesten eine Reihe mächtiger paralleler Bergrücken, die *Akaishi, Kiso* und *Hida* heißen. Diese drei Bergketten nennt man allgemein die Japanischen Alpen. Das Vorgebirge Akaishi ist aus Granit, und dort entspringt das Wasser, das selbst für japanische Begriffe rein ist. Die spektakuläre Lage, die idyllische Umgebung – und das Wasser – überzeugten Suntory davon, daß dies der perfekte Standort für ihre zweite Brennerei sei. Die langgestreckten Bergrücken mit ihrem dichten Kiefernbewuchs verschlucken die riesige Anlage geradezu und lassen sie für einen Augenblick lächerlich klein erscheinen. In einer liebevollen Huldigung an die erste Suntory-Brennerei hat diese die ungewöhnliche Anlage der Pagoden mit Verbindungssteg nachgeschaffen – als Wehr- und Wahrzeichen Hakushus. Die Brennerei hat nie eigenes Malz gemacht und speichert ihre Bestände in den rot-schwarzen Silos, die offenbar ein weiteres Element des Suntory-Designs geworden sind. Das Rot ist die Rostschutzfarbe auf einer Eisen-Kupfer-Legierung. Die herkömmlicher geformten Gebäude sind in unaufdringlichem Grau verplattet.

Hakushu wird als Komplex dreier Brennereien betrieben, von denen jede mehrere verschiedene Whiskys herstellt. Eine der Brennereien ist eine geschlossene Einheit, die anderen zwei haben getrennte Maisch-, Gär- und Brennstraßen, aber in einem Gebäude.

Die Flüsse sind hier so sauber, daß keine Fische darin leben können, bemerken die Whiskymacher in Hakushu trocken. Das Wasser aus Hakushus Brunnen hat tatsächlich einen bemerkenswert sauberen Geschmack, der sich auf die dort hergestellten Whiskys überträgt. Wieder nimmt man leicht getorftes Malz, dazu Kupfer- und Stahlmaischbottiche von Suntorys Lieblingslieferanten in Elgin, Schottland. Für die Vergärung werden mehrere Hefesorten benutzt. Die Gärbehälter sind aus Stahl mit einem typischen Mattanstrich.

Am eindrucksvollsten jedoch ist das

Nur die traditionellen Pagoden verraten die riesige Brennerei Hakushu. In den Türmen befindet sich ein hervorragendes Whiskymuseum, angrenzend ein Vogelschutzgebiet.

Hauptbrennhaus. Ein elektronischer Roll-laden gleitet hoch, und man sieht eine lange, schmale Halle mit rotem Klinkerboden und 24 Stills, die sich, Wash- und Spirit-Stills ge-trennt, in zwei Straßen gegenüberstehen.

Obwohl Suntory die Form ihrer Stills sorgfältig kopierte, als diese in Yamazaki er-neuert wurden, entschied man sich in Ha-kushu für ein leicht verändertes Design. Die Hauptapparate hier sind in der Mitte schma-ler, damit sie einen andersartigen Weingeist erzeugen. Von beiden Werken hat Hakushu die kleineren Stills, produziert aber seltsa-merweise einen leichteren Weingeist.

Das Wasser und die Form ihrer Stills lei-sten einen wichtigen Beitrag zum Charakter ihrer Whiskys, einen anderen leistet die hohe, nebelige Lage. Hakushu hat zwei Dutzend Lagerhäuser mit offenen Scho-bern, die abgesetzt voneinander zwischen dichten Kiefernbeständen liegen. Es werden alle wichtigen Holzarten genommen, vor al-lem aber Bourbonfässer, die in einer Küferei am Ort wieder zusammengebaut werden, und zwar nicht weniger als 600 Fässer am Tag.

Der Bau eines zweiten Brennereikomple-xes, zumal eines so großen, war für Suntory

Anlaß für die Gründung eines *Whiskymu-seums*. Es sollte die Geschichte des Whiskys von seinen Anfängen in Irland und Schott-land an erzählen und zudem seine ersten 50 Jahre in Japan dokumentieren.

Umfangreiche Nachforschungen wurden in Europa, Nordamerika und Japan ange-stellt. Das daraus hervorgegangene Museum fängt mit Stücken aus dem 15. Jahrhundert an und umfaßt Dokumente, frühe Wörter-bucheinträge, Gemälde, Artefakte, Appa-rate, im Lauf der Zeit benutzte Flaschen und Behältnisse sowie Werbematerial. Es ist überlegt zusammengestellt und im Mälz-turmgebäude sehr schön in einem Halbdut-zend jeweils themenbezogener Räume un-tergebracht. Es zeigt Brennanlagen, die in der Edo-Zeit (1603–1867) zur Arzneiher-stellung verwendet wurden. Man sieht eine dem Firmengründer gewidmete Ecke mit dem Tisch, an dem er aus einem Sutra rezi-tierte (er war ein frommer Mann). Ein Ford-laster von 1922 ist ausgestellt, der einst die Suntory-Produkte auslieferte, und das In-nere eines englischen Pubs mit einem vikto-rianischen Barregal, versnobten Zwischen-wänden und Bierhandpumpen. Es gibt sogar einen Raum, der humorvoll wiedergeben soll, wie einem zumute ist, wenn man zuviel getrunken hat.

Hakushu bietet nicht nur Führungen, das Museum, eine Probierstube und einen Ge-schenkeladen. Es hat auch Gehwege durch einen der Öffentlichkeit zugänglichen Teil des Vogelschutzgebietes angelegt mit einem Sommerhaus, einem Zierteich mit Karpfen und Schautafeln der 60 Vogelarten dieser Gegend. Dahinter erstreckt sich eine große Hangfläche, die Suntory den Vögeln über-lassen hat. Ihren Frieden stört dort nichts anderes als das Spreizen des Bambusfasans, der Gesang des Haarvogels und das Schwat-zen der Zikade.

Nikka

Zwei Männer haben Anspruch auf den Titel »Vater des japanischen Whiskys«. Einer war *Masataka Taketsuru*, der in den 20er Jahren nach Schottland ging, um an der Universität Glasgow angewandte Chemie zu studieren. In Schottland faszinierte ihn der Whisky, und er suchte daraufhin eine Praktikantenstelle in einer Brennerei. Damals, um 1918, muß die Bewerbung eines Japaners in einer schottischen Whiskybrennerei noch mit großer Skepsis betrachtet worden sein. »Unter Überwindung zahlloser Hindernisse besuchte er eine Brennerei nach der anderen«, erinnern sich die Japaner, »bis er schließlich durch reine Hartnäckigkeit in einer Brennerei in Rothes Einlaß fand.« Wenn die Brennerei wirklich in Rothes lag, war es vielleicht *Glen Grant*. Der Zweifel regt sich, weil er den Japanern zufolge sein Praktikum bei *The Glenlivet* machte, die jetzt denselben Besitzer hat, aber nicht in Rothes liegt. Heute ist es keineswegs ungewöhnlich, daß Japaner als Teil ihrer Vorbereitung für die Arbeit in der einheimischen Industrie in Schottland studieren.

Taketsurus Liebe zu Schottland war so groß, daß er eine Schottin heiratete und sie 1921 mit nach Japan nahm. Dort wurde er von *Shinjiro Torii* zur Mithilfe beim Aufbau von Japans erster Whiskybrennerei angeworben, die 1923 ihren ersten Durchlauf hatte (aber erst sechs Jahre später Whisky auf den Markt brachte). Torii, der Gründer der späteren Suntory, hat also seinerseits Anspruch darauf, Vater des japanischen Whiskys zu sein. Einer lieferte das Wissen aus erster Hand, der andere die Unternehmerinitiative und das Kapital.

Natürlich wollte Taketsuru gern seine eigene Brennerei aufmachen und unternahm 1934 erste Schritte dazu. Wie Torii zuerst Wein gemacht und dann seine Profite in Whisky gesteckt hatte, so gründete Taketsuru anfänglich eine Fruchtsaftfirma, um das Kapital für seine Brennerei aufzubringen. Er produzierte einen Apfelsaft namens Kaju. Aus dem Firmennamen Nippon Kaju wurde dann die Whiskymarke Nikka. Wie Suntory Japans größter Whiskyhersteller

wurde, so wurde Nikka der zweitgrößte, und ist es noch. Genau wie Toriis Sohn noch bei Suntory ist (als Direktor), so ist der Taketsurus noch an der Leitung von Nikka beteiligt, obwohl er der Firma nicht vorsteht, die jetzt der Brauerei *Asahi* gehört. Keiner der Väter des japanischen Whiskys lebt mehr, wenn auch beide in der Branche unvergessen sind.

Für seine erste Brennerei hatte Torii einen Standort unweit seiner Zentrale in Osaka gesucht, in einem Gebirgstal mit hervorragenden Bedingungen für die Whiskyproduktion; Taketsurus Blick schweifte weiter, zur nördlichen Insel *Hokkaido*.

Auf den Britischen Inseln ist Schottland (historisch und kulturell, wenn auch geographisch nicht ganz) ein eigenes Land im Norden, in Japan ist Hokkaido etwas ähnliches. Japan ist zum Großteil gebirgig, aber Hokkaido hat auch Torf – und die völlige Abgetrenntheit einer Insel. Deshalb war sie vor der Meiji-Restauration von Japanern kaum besiedelt. Ihre Bewohner waren die bärenjagenden Ainu, und darin ist sie vielleicht eher mit Kanada oder mehr noch mit Alaska zu vergleichen, auch ihres Pioniergeistes wegen. Es gibt auf Hokkaido noch wilde Bären und Hirsche, aber außerhalb zweier Modelldörfer und eines Nationalparks nur noch wenige vollblütige Ainu (ein hellhäutiges, rundäugiges, bärtiges Volk ungewissen Ursprungs).

Sapporo, die Hauptstadt von Hokkaido, ist eine große, lebhafte und moderne Stadt, die mit Hilfe eines amerikanischen Stadtplaners während der »Öffnung« Japans nach 1870 angelegt wurde. Sie hat einen amerikanischen Schachbrettgrundriß mit neueren Einkaufspassagen, ihrer berühmten Brauerei samt Biergarten, berühmten Sushi-Bars und regem Nachtleben und steht in merkwürdigem Gegensatz zum Rest der Insel. Die kleineren Städte und Dörfer haben viel mehr das zufällige, nüchterne Aussehen des Pionierlandes, noch eine weitere Parallele zu Alaska. Von Sapporo aus fährt man eine Stunde mit dem Zug (oder länger auf der kurvenreichen, steilen Straße) in westlicher Richtung zur Ishikari-Bucht am Japani-

schen Meer, an dem wichtigen Hafen Otaru vorbei nach *Yoichi*, der Kleinstadt, die Nikkas Hauptsitz ist. Yoichi (27 000 Einwohner) ist ein bescheidener Ferienort mit einem Badestrand und einer kleinen Flotte von Fischerbooten.

Gleis und Straße von Sapporo nach Otaru und Yoichi klammern sich an Berghänge und bohren sich ab und zu durch den Fels, der sich fast bis zur Küste vorschiebt. 1200 bis 1800 m hohe Gipfel beherrschen diesen felsigen Winkel der Insel. In der Bucht unten importiert Otaru u. a. Gerstenmalz für die Brennerei. Dichter bei Yoichi liegen Torflager, die man abbaute, als die Firma noch selbst mälzte.

Von Yoichis endloser Hauptstraße aus sieht man, durch einen burgartigen Steinbogen, die eigentümlichen roten Dächer der Nikka-Brennereigebäude. Diese Dächer, die alten mit Ziegeln, die neueren mit sauber gestrichener Metalleindeckung, sind quasi das Wahrzeichen einer Brennerei, die fast schon zu schön ist. Kleine Gebäude aus gelbgrauem Stein mit breiten Türen, Sprossenfenstern, hellroten Dächern und pyramidenförmigen Abzügen beherbergen die Verwaltung, die ehemalige Mälzerei, das Maisch- und Brennhaus, die Gärräume, zwei Dutzend Lagerhäuser und ein Empfangszentrum für Besucher. Zierrasenflächen mit Sommerhäusern, ein See mit

Die roten Dächer von Yoichi und die klotzigen Steinbauten scheinen aus glücklichen Tagen in Schottland herzurühren. Ein Liebhaber Schottlands hat diese Brennerei gegründet.

Schwänen, Bankette mit japanischen Eiben und Strauchwerk, Apfelbäumen und Azaleen lockern das Bild auf.

Obwohl die Mälzerei seit 15 Jahren außer Betrieb ist, wird dort noch ein kleiner Stapel Hokkaido-Torf zur Erinnerung an die Vergangenheit gelagert. Das umliegende Land ist torfig, und das teilt sich dem Wasser mit, das in die Brennereibrunnen gelangt. Unter-

schiedlich getorftes Gerstenmalz wird aus etlichen Ländern importiert. Der Maischbottich ist ein älteres Behältnis traditionellen schottischen Stils aus Gußeisen mit einer Stahlkuppel, eingelassen in einen Mosaikboden. Die Maische wird viermal mit Wasser aufgefüllt. Weniger traditionell sind die horizontalen, zylindrischen Tanks für die Gärung. Es gibt keine Schalter an den Tanks, und die Haushefe sorgt für einen ruhigen Gärprozeß. Nikka nimmt nur diese eine Hefe, die viel Fruchtigkeit in Geschmack und Aroma an die Whiskys abgibt.

Am eindrucksvollsten und traditionellsten sind die kohlegefeuerten Stills. Sie werden mit einer weichen, auf Hokkaido abgebauten Pulverkohle geheizt, die britischem Anthrazit ähnelt. Es gibt vier birnenförmige Rauhbrandkessel und zwei etwas anders geformte für den Feinbrand. Brennhaus und Lagerhäuser sind beide mit den weißen Papiertroddeln geschmückt, die *gohei* oder *nusa* heißen und ein Shinto-Talisman sind. *Gohei* stammen von Stoffopfern an die Götter. In den Lagerhäusern, manche mit Erdfußboden, sind die Fässer nach traditioneller schottischer Art auf Bohlen gestapelt. Man nimmt leicht angekohlte einheimische Eiche- und Bourbon-, aber keine Sherryfässer.

Nikka bezeichnet Yoichi als den »Kern« ihrer Whiskyproduktion, hat aber seit 1969 eine viel größere Malt-Brennerei in *Sendai*, im Norden der Hauptinsel. Die roten Dächer von Yoichi und die klotzigen Gebäude klingen in Sendai in der Farbe des Mauerwerks und den Bauformen an; für ihre Größe und ihr junges Alter ist sie eine attraktive Brennerei. Von Yoichi aus sind es etwa 320 km nach Sendai, einer ansehnlichen Stadt, die das kulturelle Zentrum der waldigen, rauhen und relativ dünn besiedelten *Tohoku*-Region ist, die sich bis zur Nordspitze der Hauptinsel erstreckt. Die Firma betrachtet den Yoichi-Malt gern als ihren »Highland«-Typ und das Sendai-Destillat als »Lowland«-Whisky. Geographisch ist das etwas weit hergeholt: Mit seinen Bergen und Fischerdörfern ähnelt Hokkaido vielleicht den schottischen Highlands, aber Tohoku ist auch ziemlich bergig, ob-

Maschinen und Handarbeit: beide sind beim Heizen der Kohleöfen für die Brennkessel in Yoichi beteiligt. Japan überrascht immer wieder durch Treue zu solch altmodischen Details, bis hin zum Reisigbesen.

gleich die dortige Brennerei ein Stück waldiges, sehr fruchtbares Hinterland hat. Geschmacklich ist der Vergleich nicht so abwegig: Yoichi mit ihren kleinen, birnenförmigen Stills erzeugt einen vollaromatischen, »kauigen«, scharfen Whisky; Sendai hat größere, höhere Stills mit einem »Kummerbund«-Design und ein weicheres, milderes, leichteres Produkt.

Die typische Milde der Nikka-Whiskys kommt zum Teil auch von der Verwendung traditioneller Coffey-Stills bei der Erzeugung des Kornsprits, die in *Nishinomiya* bei Osaka stattfindet. Nikka machte in Japan als erste diesen Schritt zurück von der modernen Spielart der Continuous Stills. Zu ihren Malt- und Grain-Brennereien hat Nikka

noch einen besonderen Reifungskomplex in *Tochigi,* nördlich von Tokio.

Nikka betont sehr die Bedeutung des Lagerns und Blendens bei anschließender »Vermählung« von sechs bis zwölf Monaten, um den Charakter zu erzielen, den sie ihren Produkten geben will. Langjährige Anhänger meinen, daß die Nikka-Whiskys mit den Jahren an Torfigkeit verloren haben, aber sie haben immer noch eine charakteristische Geschmackstiefe. Sie stammt zum Teil von der bittersüßen Fruchtigkeit durch die Haushefe, von der Mildheit des Grain Whiskys aus der Coffey-Still und von der Einstellung des Hauses zum Lagern und Blenden. In manchen mittelschweren und leichten Marken schmeckt man das Bourbonfaß.

Die Firma läßt sich mit einem Single Malt Zeit. Viel kräftige Malzigkeit kennzeichnet jedoch ihren *Memorial 50* (zum Gedenken der Firmengründung produziert) und ihre teure Spitzenmarke *Specialage* (was sich als »Special Age« leichter lesen ließe). Beide sind vollmundige Whiskys innerhalb einer breiten Palette vor allem mittelschwerer Marken: *Black Nikka* (und in ähnlicher Vierkantflasche das schlicht Nikka Whisky genannte Produkt), *Gold & Gold* sowie *The Nikka Whisky* in einer weißen Flasche. *Super* ist mittelschwer bis leicht, *Fortune 80, Black 50* und *Kingsland* sind alle leicht. *Northland* ist extraleicht, und *Hi* ist eine der neuen »Junge-Leute«-Marken.

Sanraku Ocean

Wenn Tokios Mächtige, Finan- ziers und Politiker, einen zweiten Wohnsitz oder einen Ruhestandsitz suchen, dann an der Spitze der Bergzüge Kanto und Mi- kuni, im Kurort *Karuizawa,* von wo aus die Pfade zum rauchenden Gipfel des 2542 m hohen *Asama* hinaufführen. Zwar erinnert dieses Bergland eher an Aspen in Colorado als an Tomintoul im Glenlivet. Dennoch ist dies eine Whiskybrennerstadt mit der übli- chen schottischen Inspiration.

Alte und neue Premiers – Sato, Tanaka, Nakasone – haben bescheidene zwei Bahn- stunden vor sich, wenn sie zu ihren Landsit- zen aufbrechen. Wenn der Zug Takasaki passiert, geht das flache Land um Tokio deutlich in ein breites Tal über, dann steigen die Gleise, mit ständigen Tunneln und Blik- ken auf kurvige Straßen, rasch ins Bergland empor, bis in *Yokokawa* eine zweite Loko- motive dazugekoppelt wird, um den letzten Anstieg anzugehen.

Als die Hauptlinie von Tokio 1893 an die kleine Bergeisenbahn zwischen Yokokawa und Karuizawa angeschlossen wurde, hatte der Kurort bereits seinen ersten wichtigen Gast begrüßen dürfen. Er muß sich dort inmitten der zahlreichen Lärchen zu Hau- se gefühlt haben, der britische Geistli- che schottischer Abstammung Archidiakon Alexander Croft Shaw, als er 1886 auf einer Missionsreise in Karuizawa Halt machte. Vielleicht reiste er nur gerade durch – die Stadt war lange schon eine Zwischenstation auf dem Weg über die Berge zur heiligen Stadt Nagano –, aber Karuizawa gefiel ihm besonders gut.

Auf sein Anraten hin begannen seit der »Öffnung« des Landes neu in Japan statio- nierte britische Diplomaten, Karuizawa als Sommerfrische zu benutzen. Andere Aus- länder und auch Japaner folgten ihrem Bei- spiel. Es gab bereits natürliche Attraktionen wie Wasserfälle und Seen; mit der Zeit ka- men Golf- und Tennisplätze dazu. Ein Ho- tel in einem Baustil, der das viktorianische England zu imitieren sucht, erinnert an »westviktorianische« Gebäude in Colorado. Auf Schildern werden Leihfahrräder ange-

boten. Neben Golf spielenden Finanziers und Tennis spielenden Politikern zieht Ka- ruizawa auch radelnde und wandernde Stu- denten an.

Die dortige Whiskybrennerei *Sanraku Ocean* ist eine winzige Anlage, fast verbor- gen zwischen Bäumen, Sträuchern und Blu- men, und die niedrigen Gebäude – manche aus Vulkangestein vom Asama – überwu- chert die Efeu.

Sanraku ist eine poetische Anspielung auf Freude; der Ozean ist fern, aber das Wort hatte damals, als Japan sich der Welt jenseits der Meere aufschloß, einen romantischen Klang. Obwohl ein Zweig der Firma auf die Anfangstage der japanischen Weinindustrie nach 1870 zurückgeht, tauchte der Name Sanraku erst 1937 auf, als Markenname für einen Sake. Erst in den 60er Jahren begann man richtig Whisky zu produzieren. Wein wird unter der angesehenen Markenbe- zeichnung *Mercian* hergestellt. Sanraku ist immer noch eine große Sake- und Shochu- Marke, *Ocean* ist dem Whisky vorbehalten.

Sanraku Ocean produziert u. a. Dosen- nahrung, Tierfutter, landwirtschaftliche

und medizinische Chemikalien, letztere zum Teil als Frucht ihrer Kenntnisse der Gärtechnologie und Mikrobiologie. Die Firma wird von einer Familie namens *Su- zuki* kontrolliert, die nichts mit dem gleich- namigen Autohersteller zu tun hat. Ihre Zentrale ist in Tokio, und es gibt die Firma in der jetzigen Form seit den 30er Jahren. Die älteren Gebäude in Karuizawa stammen aus derselben Zeit, die Brennerei dort macht nur Whisky und ist die einzige Malt-Bren- nerei der Firma. Karuizawa ist der Größe nach vergleichbar mit den kleinsten schotti- schen Malt-Brennereien, arbeitet aber in ei- nem 3-Schichten-System 24 Stunden am Tag. Die Firma hat auch eine Grain-Brenne- rei in Kawasaki.

Quellwasser wird vom Asama zur Bren- nerei in Karuizawa geleitet. Es ist ein Wasser mit einem gewissen Kalziumkarbonat- und Magnesiumgehalt und daher etwas härter als das, welches Erzeuger schottischer und ja- panischer Whiskys gemeinhin bevorzugen. Sanraku Ocean meint, daß dieses härtere Wasser das Verhalten der Hefe im Gärpro-

Im Frühsommer singt Karuizawas üppiges Grün ein Lied von der japa- nischen Liebe zu Bäumen und Sträu- chern. Die hinter dem Laubwerk versteckten Fässer werden in der hie- sigen Küferei auf- bereitet. Ein einge- wachsener, friedli- cher Platz in einem Gebirgserholungs- ort der Reichen, fern vom Ozean, auf den das Etikett verweist.

Küfer in der Brennerei Sanraku Ocean… Fässer werden repariert und nach traditioneller Art mit Riedgras gefüllt. Manche Fässer werden oft benutzt. Die Firma ist stolz auf die Sorgfalt, die sie auf sie verwendet. Sanraku Ocean achtet bei der Sorge für ihre Whiskys genau auf Details.

zeß kontrollieren hilft, und es kann durchaus zum sauberen, kräftigen Geschmack ihrer Whiskys beitragen. Das leicht getorfte Malz der Brennerei wird u. a. aus Schottland importiert.

Der winzige gußeiserne Bottich mit Kuppelaufsatz für die dreimal aufgefüllte Maische; die geschlossenen Gärtanks, aufrechte, nilgrün gestrichene Zylinder, die mit ihren Beinen wie altmodische Waschwannen wirken; die Zeile der vier dampfgeheizten, in den Klinkerboden eingelassenen Stills, konisch bis zur Gürtellinie und mit geraden Abzügen – alles ist eng in ein Gebäude gepackt, das ein Stall oder eine ziemlich große Scheune sein könnte. Die neun Lagerhäuser haben Erdfußböden und Holzgalerien wie spanische Kirchen im amerikanischen Westen. Die aus Bimsstein vom Asama gebauten Lagerhäuser »atmen« angeblich besonders gut.

Der Whisky wird zuerst in neuem Holz gelagert – angekohlte Weißeiche, die aber niemals Bourbon gesehen hat – und dann entweder in weinbehandelte oder Sherryfässer umgefüllt. Holz, das bereits Sherry für

Macallan in Schottland gekostet hat, steht neben Fässern mit dem Aufdruck Duff Gordon.

Ein Single Malt von Karuizawa ist in der Flasche erhältlich. Das Behältnis sieht weniger wie eine Whiskyflasche als wie ein elegantes, damenhaftes Parfümflakon aus. Der Whisky heißt schlicht *Ocean Karuizawa Single Malt* und ist ein gediegener, gefälliger Tropfen. Echt japanisch hat er einen saubereren Malzton; im Körper ist er eher leicht mit schwacher, malziger Süße und einem nachhaltigen, trockenen Abgang; im Aroma und stärker noch im Abgang hat er einen ausgeprägten Sherryholzduft. Das Alter wird nicht angegeben, aber die ältesten Whiskys in Karuizawa haben 18 Jahre geruht, und es ist gewiß manch ein reifer Geist in dem Single Malt.

Die Süße kommt stärker heraus, wenn etwas weniger Whisky mit Sherryholzlagerung darin enthalten ist, wie in dem Super-Premium Blended Whisky *Asama*. Die Blends der Firma sind *Status*, wieder mit malzigem Charakter, und der trockenere *Gloria*. Es gibt auch zwei Premium-Blends,

die aufgrund sehr günstiger Preise hohe Umsätze erzielt haben: *SP* (Special Old) und *Route*, eine japanische Interpretation des von *Cutty Sark* und *J & B* geschaffenen Whiskystils. Preisgünstigkeit gehört wesentlich zu Sanraku Oceans Strategie, sich auf dem japanischen Whiskymarkt durchzusetzen. Die meisten Marken der Firma werden mit 43% vol. Alkohol abgefüllt, aber am billigeren Ende hat sie ein 42%iges Produkt namens *Victory* und eines mit 39% vol., das *Bright* heißt und auf den Jugendmarkt abzielt, vermutlich als Stärkung für die wandernden Studenten.

Kirin Seagram

Japans größte Whiskybrennerei Suntory besaß die Unverfrorenheit, 1963 ins Bierbraugeschäft einzusteigen; ein Jahrzehnt später fing *Kirin*, die größte Brauerei des Landes, an, Whisky zu produzieren. Anstatt ganz unten anzufangen, nahm Kirin die Whiskyproduktion als Gemeinschaftsunternehmen mit *Seagram* auf, der größten Brennerei der Welt. So kommt ihr die Erfahrung zugute, die Seagram als Brenner, Blender und Verkäufer ihrer Whiskys im heimischen Kanada, auf dem riesigen US-Markt und in Schottland hat, wo ihr berühmte Marken wie *Chivas* und so namhafte Brennereien wie *The Glenlivet* und *Glen Grant* gehören. In Japan hat Kirin Seagram nur eine Brennerei, wenn auch groß und expansionsfähig, ist aber mit einem Anteil von 3,9% bislang vierte auf dem Markt für einheimische Whiskys.

Kirin hat ihren Namen von einem mythischen Wesen, halb Pferd, halb Drache, das die Mutter des Konfuzius vor dessen Geburt heimgesucht haben soll. Die Geschichte gleicht der vom Engel Gabriel, und das Kirin galt später im chinesischen und japanischen Volksglauben als Vorbote freudiger und festlicher Ereignisse. Solche Ereignisse verlangen freilich einen Festtrunk. Als Brauerei geht Kirin auf ein 1869 in Yokohama begonnenes amerikanisches Unternehmen zurück. Dieses ging später in japanischen Besitz über und nahm 1888 den Namen Kirin an. Heute hat Kirin ein Dutzend über Japan verteilte Brauereien und ist, dank der Stärke ihres Binnenmarktes, der drittgrößte Bierproduzent der Welt (hinter Miller und Anheuser-Busch in den USA).

Wie Suntorys Brennerei Hakushu liegt Kirin Seagrams einziges Whisky produzierendes Werk nicht weit vom *Fujiyama*, aber im Süden und etwas näher am Berg. Es liegt in der Präfektur *Shizuoka*, nahe *Gotemba*, einem der Zentren für Besucher des Berges. Gotemba ist etwas über eine Fahrstunde von Tokio entfernt.

Kirin Seagrams Werk südlich des Fujiyama, das Ergebnis einer Allianz zwischen Brauern und Brennern.

Von Talsenken, Hügeln und steinigen Gebirgsbächen im Hintergrund träumt jeder Whiskybrenner, aber nichts könnte mächtiger sein als der Fuji, die erregendste Naturschönheit des Landes, ein im Shinto heiliges Symbol des Nationalstolzes, das Herz und Geist der Japaner seit den Anfängen ihrer Geschichte mystisch gefangenhält. Kein Wunder, daß Kirin Seagram in ihrer Werbung gern ein Photo der Brennerei benutzen, das sie allein vor dem gewaltigen schneegekrönten Fuji zeigt. Wenn die Bergnebel es zulassen, ist es ein dramatischer Anblick.

Zedern, Rhododendren und Azaleen umgeben die Brennerei, die 20000 Bäume, Sträucher und Pflanzen gezählt und es sich zur Regel gemacht hat, daß wenigstens 50% der Anlage grün sind. Selbst das Wasser zur Feuerbekämpfung bildet einen künstlichen Goldfischteich. Besucher sind willkommen und werden in typisch japanischer Gastfreundlichkeit mit einem Wald von Schirmen geschützt, wenn es während ihres Spaziergangs über die weiten Freiräume der Brennerei regnen sollte.

Die weißen Gebäude werden beherrscht von eckigen Betontürmen in angenehmer Größe, mehr im Stil der 50er als der 70er Jahre, in denen sie erbaut wurden. Obwohl sie Fenster haben und zum baulichen Ganzen gehören, beherbergen sie keine Menschen, sondern Gerstenmalz und Getreide – es sind Silos. Kirin hat Brennhäuser auf dem Gelände, die Malt und Grain Whiskys produzieren. Die Brennerei stellt mehrere her, hält es aber immer noch für nötig, eine Reihe von Whiskys aus Schottland zum Blenden zu importieren.

Gemälzte Gerste, unterschiedlich stark getorft, wird hauptsächlich aus Großbritannien importiert. Jede Kirin-Seagram-Marke verlangt ein anderes Malz. Das meiste Import-Malz ist leicht bis mittelstark getorft, manches auch stark. Das Wasser, das sehr weich und sauber ist, kommt von drei Quellen auf dem Fuji. Der große, moderne Maischbottich aus Stahl und die Kocher für den Grain Whisky stehen zusammen in einem belüfteten, weiß gestrichenen, rauhge-

Hinter der schön angelegten Brennerei von Kirin Seagram (oben) steht das futuristisch anmutende Hochregallager, das schnellen Zugriff zu jedem gewünschten Faß erlaubt. Die Reihen sind 40 Fässer lang, das Lagerhaus ist 21 Etagen hoch. Es enthält 35000 Fässer. Ein ähnliches System benutzt Suntory.

kachelten Komplex. Es gibt ein Dutzend Stahlgärbehälter herkömmlicher Form in getrennten Reihen, die *malt wash* und *grain beer* erzeugen. Die zwei großen Pot-Stills für den Rauhbrand haben eine »Kummerbund«-Form, während die Feinbrandkessel in der Mitte eingeschnürt sind. Diese Malt-Stills gehören zum Hauptkomplex, die Column-Stills für den Grain stehen in einer eigenen Halle. Grain Whiskys werden in verschiedenen Arrangements einer Beer-Still, vier herkömmlicher Columns-Stills und kesselförmiger Doubler produziert.

Die Whiskys reifen in sechs großen Lagerhäusern, von denen jedes 35000 Fässer enthält. Es werden einige angekohlte neue Eichenfässer benutzt, aber meist erfolgt die Reifung in Bourbonfässern, nur selten in Sherryfässern.

Kirin Seagram ist darauf bedacht, daß ihre Whiskys als japanisch gelten, und zu Recht. Dennoch sind sie die trockensten in Japan, zum Teil wohl daher, weil die Firma daran festhält, auch stark getorftes Malz zu verwenden. Zudem verleiht das Überwiegen von Bourbonfässern beim Reifen dem Aroma und Geschmack einen eindeutigen »schottisch-amerikanischen« Charakter. Endlich ergibt die Verwendung einiger klassischer Speyside-Whiskys einen ausgeprägt kräftigen, aber weichen Körper.

Die Firma füllt bis jetzt noch keinen Single Malt ab. Ihre Super-Premium-Marke *Crescent* ist ein ausgewogener Whisky, be-

merkenswert weich, vollmundig und mit einer Spur Rauch. Ihre Premium-Marke *Emblem* ist im Stil ähnlich, mit etwas Süße in der Nase und einem ausgeprägt trockenen Abgang. Für einen nicht so teuren Whisky hat *Robert Brown* viel Körper, abermals einen süßen Auftakt und einen trockenen, nachdrücklichen Abgang. Unter den konventionellen Whiskys ist *Dunbar* der günstigste, süß im Geschmack und leichter im Körper. Alle diese Marken haben 43% vol. Alkohol. Die Firma bietet auch eine 40%-Marke namens *News* an, leicht und mit deutlichem Bourbonaroma, deren Etikett an Tinte denken läßt und die auf den trendbewußten Markt der Jüngeren abzielt. Sie ähnelt sehr den anderen Whiskys für diese Zielgruppe auf dem japanischen Markt, aber ihr ausgeprägtes Bourbonaroma tendiert ebenfalls in die amerikanische Richtung.

Eine japanisch-kanadische Firma produziert mit amerikanischen und schottischen Techniken ein kosmopolitisches Statussymbol der aufstrebenden Konsumenten – und dies alles vor dem Hintergrund des Fuji-san, Japans heiligem Symbol…

DIE WICHTIGSTEN JAPANISCHEN WHISKYS – EIN GESCHMACKSFÜHRER

Vier Malt-Brennereien, neben vielen Blendern, zeigen, daß es Japan Ernst ist mit dem Whiskymachen. Dem Umfang nach ist Japan eine wichtige whiskyproduzierende Nation. Dem Stil nach sind seine Whiskys den schottischen eng verwandt. Die Qualität der wesentlichen japanischen Produkte ist hervorragend, manchen fehlt es vielleicht an Komplexität.

Suntory

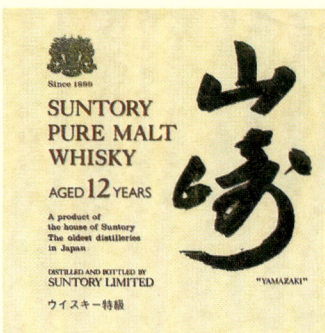

Suntory »Yamazaki« Pure Malt Whisky

Suntory Old

Royal

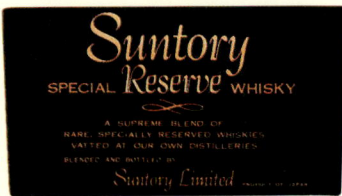

Suntory Reserve

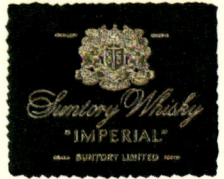

Imperial

Excellence

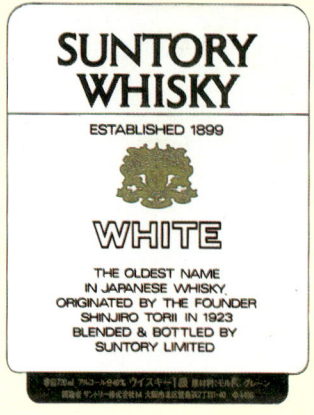

Suntory Whisky (»White Label«)

Nikka

Memorial 50

Nikka Whisky

Black Nikka

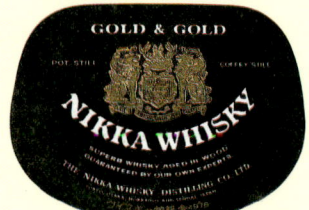

Gold & Gold

Suntory produziert einen »Yamazaki« Pure Malt Whisky, ein Pioniererzeugnis, das andere japanische Brenner ermutigte, »Singles« abzufüllen. Es ist ein körperleichter Malt mit herbem, trockenem Auftakt und langem, mildem, wärmer werdendem, malzigem Abgang. Typisch für die Art des Hauses bei den Blends ist Suntory Old, die wichtigste Premium-Marke mit seiner leichten Torfmalznote, dem fast kaubaren Körper und den Fruchtspuren im Abgang. Es gibt mehrere »Super-Premium«-Marken: Suntory Reserve ist etwas fruchtiger, der elegante Royal trockener und Imperial (oder *Signature*) voller im Geschmack. Der saubere, malzige Excellence hat kein Etikett – er trägt seinen Namen auf einem »Halsband« aus Metall. Auch der reife Spitzenblend Suntory »*The Whisky*« ist etikettlos – er wird in einer Emailflasche abgegeben. »White Label«, wie White genannt wird, war der erste Suntory-Whisky, ursprünglich ganz im schottischen Stil. Seine Rauchigkeit wurde dann gemildert, jetzt ist er typisch japanisch.

Kirin Seagram — Sanraku Ocean

Super

Crescent

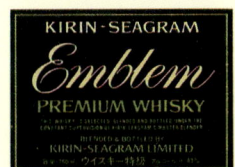

Crescent

Karuizawa

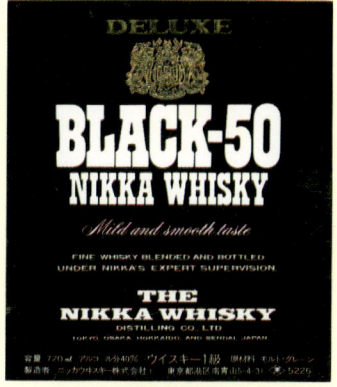

Black 50

Emblem

Asama

Kingsland

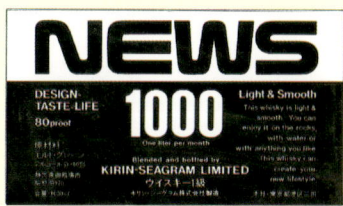

Robert Brown

Status

Northland

News

Kirin Seagram produziert die trockensten Whiskys in Japan. Obwohl es eindeutig japanische Whiskys sind, haben sie den stärksten schottischen Einschlag. Die Art des Hauses ist relativ torfig, mit einem kräftigen und weichen Körper und oftmals Bourbontönen. Der »Super-Premium«-Blend Crescent ist bemerkenswert weich, vollmundig, mit einem Anflug von Rauch. Der Premium Emblem hat eine leicht süße Nase und einen herben, trockenen Abgang. Für einen nicht so teuren Whisky hat Robert Brown viel Körper und Charakter. News mit seinem leichten Körper und Bourbonaroma ist einer der neueren Blends für junge Leute.

Special Old

Route

Nikka produziert Whiskys mit eher sanftem Geschmack und Körper, doch mit typischer Geschmackstiefe, in der sich Torf-, Frucht- und mitunter Bourbontöne finden. Die Firma legt großen Wert auf ihre Lagertechniken. Ihr malziger Memorial 50 ist ein vollmundiger Blend. Nikka Whisky, Black Nikka und Gold & Gold sind alle mittelschwere Blends. Super, Black 50 und Kingsland sind im Körper leicht. Northland ist extraleicht.

Sanraku Ocean produziert einen Single Malt, Karuizawa, kenntlich an einem Porzellananhänger um den Hals. Er ist eher leicht, sauber, mit malziger Süße, Sherryholztönen und einem herben Abgang. Die malzige Süße ist so etwas wie ein Hauskennzeichen. Der Super-Premium-Blend der Firma, Asama, hat auch einen Anhänger. Status ist ein malziger Blend und Special Old etwas leichter. Route ist eine japanische Interpretation des von Cutty Sark und J&B Rare geschaffenen Stils.

DEUTSCHLAND ÖSTERREICH · SCHWEIZ

Im Laufe der Whiskygeschichte sind ungezählte Marken in den Ursprungsländern entstanden und viele sind im aktuellen Marktgeschehen, sind in den Regalen der einschlägigen Geschäfte und Bars noch immer anzutreffen. Wohl niemand aber hat den Versuch unternommen, die Erzeugnisse aller Länder vereint zu registrieren. Einen recht guten Überblick über die Fülle des Angebots, wenn auch längst keinen vollständigen, bietet eigenartigerweise ein Italiener namens *Edoardo »Baffo« Giaccone* aus Gardone am Garda-See. Er hat weit über 2000 Whiskys aus aller Welt zu einer bemerkenswerten Whiskothek zusammengetragen, und viele davon kann man in seiner »Toast-Bar« probieren. Einige haben einen hohen Wert, da es sonst keine Flaschen davon mehr gibt.

Viele Whiskymarken oder -namen sind den Zeitläuften zum Opfer gefallen, andere haben die Jahrzehnte unbeschadet überdauert. Echte Markenartikel, also Erzeugnisse, die für längere Zeit überall in gleicher Qualität und Aufmachung zu haben sind und beworben werden, gibt es ja überhaupt erst seit Ende des vorigen Jahrhunderts. Die Bundesrepublik ist kein ausgesprochenes Whiskyland. Hier regieren zunächst einmal die sogenannten klaren Spirituosen (Korn, Aquavit, Wodka u. ä.) mit 37% *Marktanteil*; dann folgen Weinbrände aller Art mit 27%, Liköre mit 17% und Rum mit 10%. Erst an fünfter Stelle kommt Whisky mit nur noch gut 5% Marktanteil (GfK).

Eine ganze Reihe von Whiskys könnte man aufzählen, die in der Bundesrepublik meist mit großem Elan in der Nachkriegszeit eingeführt wurden. Doch, aus welchen Gründen immer, sie verschwanden oft schon nach kurzer Zeit, manchmal nach längeren Bemühungen wieder sang- und klanglos von der Bildfläche. Wo sind sie geblieben, die Scotch-Whiskys Queen Anne, Black Jack, Marlborough, Buchanan's de Luxe, Lang's, Old Smuggler, Teacher's oder Passport, und wo blieben die Bourbon-Whiskeys Kentucky Tavern, Old Family, Old Fitzgerald, Old Forester, Walker's de Luxe, Four Roses, Seagram's Benchmark, Tom Dooley, Early Times, Georg Dickel, wo blieb der irische Power's oder die vielen anderen, dem Kenner nicht gerade unbekannten Marken?

Die Marken kommen und gehen, wenngleich es eine ganze Anzahl gibt, die unverändert seit dem Beginn des großen Whiskyaufschwungs nach dem Kriege angeboten werden. Wenn man ein Whiskyverzeichnis der Jahrhundertwende durchsieht (*Blüher, »Meisterwerk der Speisen und Getränke«*), so gibt es von den dort aufgeführten 40 Whiskys heute bei uns nur noch Dewar's und Canadian Club. Aber nicht nur bei den Marken dreht sich unentwegt ein Karussell, auch bei den Firmen, die sie einführen und hier vertreiben, bei den Importhäusern also. Manche Whiskymarken haben schon mehrfach ihren Importeur gewechselt. Wenn die Verkäufe nicht ausreichend sind, sehen sich Hersteller oft nach einem anderen, »besseren« Importeur um. Manchmal verderben sie aber selbst den Markt, indem sie keine festen Preise haben und in andere Länder aus markttaktischen Gründen billiger liefern.

Sogenannte *Parallelimporteure* besorgen sich Ware dann von dort, können sie den Händlern günstiger anbieten und bringen das Marktgefüge bei uns durcheinander. Ein großes Problem, unter dem fast jeder Importeur leidet; nicht allerdings der Verbraucher, der so manches Mal seinen Whisky bei etwas Suche in einem Geschäft preisgünstiger findet als im anderen.

Recht interessant ist ein Blick auf den sogenannten »Bekanntheitsgrad«. Der »Spiegel« macht alle paar Jahre eine wissenschaftlich abgesicherte Großuntersuchung, bei der Tausenden von Verbrauchern Abbildungen aller gängigen Spirituosen vorgelegt werden. Sie müssen dann sagen, welche Marken sie kennen. Die Ergebnisse bilden den »gestützten« Bekanntheitsgrad (beim »ungestützten« wird ohne bildliche Hilfe gefragt). Whisky spielte in dieser Untersuchung eine große Rolle, und wenn die Ergebnisse auch nicht aussagen, wieviel jeder verkauft und an welcher Stelle er vom Absatz her im Markt liegt, so kann man doch einiges über die Bedeutung der Marken ablesen. Von allen Erwachsenen in der Bundesrepublik kennen:

Black & White	Scotch	56%	Jack Daniel's	Bourbon	16%
Dimple	Scotch	55%	Seven Crown	American	15%
VAT 69	Scotch	54%	Tullamore Dew	Irish	12%
Jim Beam	Bourbon	53%	Canadian Club	Canadian	10%
Johnnie Walker	Scotch	47%	Glenfiddich	Malt	10%
Ballantine's	Scotch	44%	100 Pipers	Scotch	9%
Medley's	Bourbon	35%	Paddy	Irish	9%
Racke rauchzart	Deutscher	31%	Old Canada	Canadian	8%
White Horse	Scotch	28%	The Glenlivet	Malt	7%
Chivas Regal	Scotch	24%	Jameson	Irish	6%
Long John	Scotch	24%	Old Bushmills	Irish	6%
Double Q	Scotch	18%	Black Velvet	Canadian	5%
J & B	Scotch	17%	Glenmorangie	Malt	5%
Pennypacker	Scotch	17%	Lochnagar	Malt	4%

In jedem Land gibt es naturgemäß eine andere Situation, aber auch eine andere Whiskymentalität. Iren und Schotten kaprizieren sich recht chauvinistisch auf ihre eigenen Erzeugnisse. Wer kann sich schon vorstellen, daß ein Schotte Bourbon-Whiskey anrühren würde. Umgekehrt aber ist es in den Vereinigten Staaten. Dort spielen ausländische Whiskys eine größere Rolle als inländische. So liegt bei einem generellen gigantischen Rückgang des Whiskyverbrauchs in den letzten zehn Jahren Canadian

Auch in den anderen freien, dem Alkoholgenuß aufgeschlossenen Ländern wird es meist ein mehr oder weniger begrenztes Angebot aus allen vier wichtigen Ursprungsgebieten Schottland, Irland, USA und Kanada geben. Die deutschsprachigen Länder sind da Musterbeispiele einer weltoffenen Einfuhrpolitik und gestatten es jedem, dort Whisky zu verkaufen. Marktmacht, gekonntes Marketing, starke Werbung (nicht zuletzt also hoher Geldeinsatz) entscheiden Whisky deutlich in den USA an der Spitze. Von ihm wird wesentlich mehr getrunken als vom eigenen Bourbon. Ebenso spielt Scotch durchaus eine bedeutende Rolle.

neben anderen Marktfaktoren und ausreichend guter Qualität über das Schicksal der Whiskymarken. Weltweit beansprucht Scotch 35% der gesamten Whiskyherstellung, American Whiskey (Bourbon) 26%, Canadian Whisky 15%, japanischer Whisky 14% und alle anderen (incl. irischem und deutschem Whisky) 10%.

In der Bundesrepublik sehen diese Proportionen ganz anders aus. Hier dominiert eindeutig der Scotch und nimmt mit über Dreiviertel des gesamten Whiskymarktes den Löwenanteil ein. Dann folgen die amerikanischen Whiskeys mit gut einem Zehntel. Den kleinen Rest teilen sich deutscher, irischer und als Schlußlicht kanadischer Whisky.

Ein den Absatz mit beeinflussender Faktor ist die *Spirituosensteuer*, die in jedem Land unterschiedlich ist. Neben restriktiver Steuerpolitik zum Beispiel in den skandinavischen Ländern und in Großbritannien, wo pro Liter Alkohol DM 47,- abgeführt werden müssen, gibt es äußerst tolerante Länder wie Griechenland (DM 0,87) oder Spanien (DM 6,06) und Italien (DM 5,84). In der Bundesrepublik muß der Whiskykäufer pro

Liter reinem Alkohol DM 25,50 an Steuern entrichten. Das sind bei einer 0,75-l-Flasche 40%igem Whisky immerhin DM 7,65 – wozu noch die Mehrwertsteuer kommt. Nach der bis Ende 1992 voraussichtlich durchgeführten Harmonisierung der *Alkoholsteuer* in der EG wird für die Bundesrepublik eine weitere Erhöhung der Steuer um fünf Prozent zu erwarten sein.

In Österreich sind pro Liter Alkohol öS 43,50 (+ 10% Alkoholsteuer beim Verkauf) und in der Schweiz sfr 55,- zu entrichten. Einige Staatsführungen wollen mit hohen Steuersätzen den Konsum der gefährlichen »Droge« eindämmen. Die Bundesverfassung der Schweiz schreibt zum Beispiel vor, daß die Gesetzgebung so zu gestalten ist, daß sie den Branntweinverbrauch einschränkt. Hier sieht man eine klare gesundheitspolitische Aufgabe in der prohibitiv hohen Steuer. Andererseits dürften keinem Finanzminister die Steuereinnahmen für den Staatssäckel unangenehm sein.

Der *Verbrauch* an Spirituosen generell ist in der Bundesrepublik tatsächlich in den letzten Jahren von der Rekordmarke – pro Kopf und Jahr acht Liter – kontinuierlich auf sechs Liter abgesunken. Mit ziemlicher Sicherheit waren aber nicht nur die durch ständige Steuererhöhungen gestiegenen Preise dafür verantwortlich, sondern ebenso ein Wechsel der Einstellung vieler Verbraucher zu alkoholischen Getränken.

Eine kleine Auswahl der in der Bundesrepublik erhältlichen Standardwhiskys aus Schottland.

Deutscher Whisky – eine kleine Vorkriegsgeschichte

Versuche, Whisky in aller Welt nachzuahmen, gab es erst, nachdem der durch Auswanderer zunächst in den Vereinigten Staaten verbreitete irische und schottische Whisky allmählich Weltgeltung erlangt hatte. Von der Namensgebung her bestanden keine Probleme. Die »Erfinder« haben versäumt, den Begriff »Whisky« schützen zu lassen, so wie es die Franzosen für *Cognac, Armagnac, Calvados, Champagner* beispielsweise taten. Nun wäre das sicher nicht so einfach gewesen. Eben jene Auswanderer nahmen ihre Whiskykultur ohnehin in alle Gegenden der USA mit, und der Name war somit schon weit verbreitet, ehe die ersten Schutzbestimmungen überhaupt aufkamen.

Da Whisky bei uns heutzutage nach dem Deutschen Lebensmittelrecht als Gattungsbegriff gilt, braucht nicht einmal »deutscher« Whisky auf dem Etikett zu stehen. Irgendwo muß der Hinweis *»deutsches Erzeugnis«* in der vorgeschriebenen Größe, ebenso wie der Hersteller und der Ort der Herstellung angegeben sein. Außerdem darf die Ausstattung nicht geeignet sein, den Käufer über die Herkunft der Ware irrezuführen. Im Klartext heißt das: Man darf nicht einmal bei flüchtigem Hinsehen annehmen, das Getränk käme zum Beispiel aus Schottland. Ein guter Graphiker würde so etwas zusammen mit einem begabten Werbetexter ja spielend fertigbringen. Aber eine englische Markenbezeichnung für deutschen Whisky hat das Hanseatische Oberlandesgericht Hamburg schon einmal verboten. Keiner würde heutzutage mit solch einer Warenanmutung durchkommen.

Jeder konnte und kann also Whisky (nicht natürlich »schottischen Whisky«) herstellen und ihn so nennen. So lag es nahe, in einem Land mit recht intensivem Getreideanbau zu versuchen, dieses damals noch exotisch anmutende Getränk zu produzieren. Die Rohstoffe waren reichlich vorhanden; reines Quellwasser – dem man bei Whisky soviel Bedeutung zumißt – gab es auch; geräuchertes Malz zu erzeugen, war eine geübte

In einem Land mit intensivem Getreideanbau lag es nahe, auch an die Produktion von eigenem Whisky zu denken…

Praxis für das traditionsreiche Bamberger Rauchbier; warum hätte man nicht eine Handvoll Torf in das Buchenfeuer werfen sollen, um den erwünschten Torfrauch zu bekommen? Alles das stellte so wenig ein Problem dar wie der Bau geeigneter Lagerfässer. Woran also sollten die Plagiate scheitern?

Man hat es wohl, mit einer Ausnahme, nie in aller Konsequenz versucht, denn ein so bedeutendes Thema war Whisky nun wieder nicht. Er war ja vor der Jahrhundertwende so gut wie überhaupt nicht bekannt, und in den Jahrzehnten danach immer noch ein Außenseiter. Französischer Cognac, Weinbrand – vor dem Versailler Vertrag durfte man in Deutschland dazu noch Kognak oder Cognac sagen –, Korn, klare Schnäpse und besonders unzählige Liköre der verschiedensten Art waren die beliebte-

sten Spirituosen dieser Zeit. An exotischen Getränken kannte man überwiegend nur Rum und Arrak. Calvados, Tequila und andere heute stärker verbreitete Spirituosen waren den Konsumenten kaum bekannt.

In der Literatur sind eine Reihe von Versuchen zur Herstellung eines deutschen Whiskys beschrieben worden. Doch meist erkennt man schnell, daß es – wenn auch ernst gemeint – nur ein schwacher Ersatz ge-

wesen sein konnte. Da nahm beispielsweise ein Herr *E. Duntze* im Jahre 1913 *Kartoffelsprit*, reduzierte ihn auf 45% Alkohol und lagerte das Gemisch mehrere Jahre in slawonischen Eichenholzfässern mit 250 Litern Inhalt. Der Faßboden wurde vor der Füllung entfernt und im Innern des Fasses ein helles Spanfeuer entzündet, bis die Innenwand mit einer 1–2 Millimeter starken Kohleschicht bedeckt war. Dann wurde das Faß geschlossen, mit kaltem Wasser ausgespült und mit dem verdünnten Kartoffelsprit gefüllt. Die Lagerung erfolgte in ebenerdigen, im Winter beheizten Räumen. Dieser Vorgang deutet auf den amerikanischen und nicht auf den schottischen Whisky hin. Die Beschreibung haben wir der noch heute verkauften »Bibel« der Destillateure »*Trinkbranntweine und Liköre*« (*Wüstenfeld/Haeseler;* 1964) entnommen. Bei der Charakterisierung des fertigen Ergebnisses müssen wir – es sei uns zugestanden, ein wenig ungläubig – der folgenden Beschreibung folgen. Sie lautet: »Die so gewonnenen Branntweine besaßen eine dem amerikanischen Whiskey durchaus ähnliche Beschaffenheit. Die lange Lagerung bei hoher Temperatur bedingte eine wertvolle Esterbildung, deren Fortschritte von Jahr zu Jahr analytisch nachgeprüft wurde; auch trat der erwünschte Eichenholzgeschmack und der rauchige Charakter deutlich, aber nicht aufdringlich in den gut gelagerten Produkten zutage.«

Wenn man das so gedanklich nachvollzieht, stört eigentlich nur der verwendete Kartoffelsprit. Die Amerikaner unterscheiden akribisch zwischen Mais-, Roggen- und Weizenrohstoffen und den präzisen Anteilen dieser Getreidesorten in ihren Whiskeykompositionen. Sie haben für die verschiedensten Mischungen über 30 gesetzlich beschriebene Whiskysorten. Und hier soll es gelungen sein, so etwas ausgerechnet aus Kartoffeln herzustellen?

Besonders kurios erscheinen Angaben einer anderen Quelle. Im »*Lexikon der Spirituosen-Industrie*« von 1922 finden wir unter

dem Stichwort »Whisky« eine zum Schmunzeln verleitende Rezeptur: Whisky ist eigentlich Maisbranntwein, wenn auch viel Whisky in den Handel gebracht wird, der nicht aus Mais gebrannt worden ist. Künstlich kann Whisky auf folgende Art hergestellt werden:

45 l	Sprit
2 l	Weinbrand
100 g	Johannisbrotessenz
10 g	Nordhäuser Kornöl
5 g	Kognaköl
3 kg	Zucker
10 g	Vanilleessenz
5 g	Essigäther
55 l	Wasser.

Doch die Geschichte geht noch weiter. Nach Angabe der Rezepte einiger künstlicher »*Originalverschnitte*« für irischen und kanadischen Whisky mit Nelken, Muskatnuß, Kardamom, Safran, anderen Gewürzen sowie Rosinen- und Dattelauszügen, die insgesamt einem Magenlikör zur Ehre gereichen würden, folgen schließlich noch Rezepte für einen »*künstlichen Whisky-Ersatz*«, eine »*Whiskygewürzessenz*« und andere abstruse Whiskyrezepturen. Verraten wird weiterhin – unter dem Stichwort »Whisky, Räucherung desselben« –, wie man edlen Rauchgeschmack in den Whisky bekommt: »Es ist vielfach üblich, den Whisky mit Holzrauch durchziehen zu lassen, um ihm einen beliebten abgelagerten Geschmack zu verleihen.«

Als drittes und letztes Beispiel soll von den 1942 beschriebenen Versuchen des »Instituts für Gärungsgewerbe und Biotechnologie, Berlin« für einen »*Deutschen Rauchkorn*« berichtet werden. Sie muten schon professioneller an und liefen getreu der originalen Herstellungsmethode ab. Daß man nicht Whisky dazu sagen wollte, ist verständlich. Schließlich war er ein Nationalgetränk der damals feindlichen Mächte. Trotzdem wurde eigenartigerweise nach ei-

Das typische Aroma und Bukett des schottischen Whiskys entsteht durch Trocknen des Malzes über Torffeuer. Der Bedarf an gutem Torf ist deshalb groß.

nem Urteil des Kammergerichts von 1939, wenige Wochen vor Kriegsbeginn, festgelegt, daß in Deutschland hergestellter Whisky nicht als »deutscher Whisky« bezeichnet zu werden braucht; es genügte, ihn als »Whisky« zu deklarieren. Das wurde nach dem Krieg auch in die heutige Gesetzgebung übernommen.

Bei diesem »*Rauchkorn*« wurde Gerste bis zu einem Drittel der Kornlänge angekeimt, und in einer eigens gebauten Rauchdarre über Torffeuer, mit Torf aus der Lüneburger Heide, gedarrt. Auch die folgenden Vorgänge der Schrotung, Maischung und zweifachen Destillation wurden genau nachgeahmt, sogar hin bis zu einer mehrjährigen Lagerung in gebrauchten 300-Liter-Eichenholzfässern. Wir konnten leider keinen Probeschluck dieser Rarität mehr ergattern und sind auf ein Zitat aus dem erwähnten Werk »Trinkbranntweine und Liköre« angewiesen: »Es ist erstaunlich, zu beobachten, wie das Produkt bei längerer Lagerung an Güte gewinnt und allmählich einen blumig-weinigen, reintönigen Charakter ohne irgendwelche besonderen Veredlungszusätze annimmt. Die Versuche haben gezeigt, daß man in Deutschland Whiskytypen erzeugen kann, die den Vergleich mit schottischen und amerikanischen Originalprodukten aushalten. Soweit bisher zu beurteilen ist, läßt sich ein mehrjähriges Faßlager nicht vermeiden…«

Wir werden gleich mit diesem Zitat fortfahren, denn es reicht in seiner Aussage bis in unsere Tage. Alle damaligen Versuche, einen Whisky deutscher Machart zu entwickeln, waren mit Sicherheit ebensowenig erfolgreich wie die eben geschilderten und führten nie zu einer brauchbaren und erfolgreichen Spirituosenmarke.

Schauen wir aber zuerst noch auf die generelle Situation des importierten Whiskys während des tausendjährigen Reiches. Zunächst hatte man gegen Whisky nichts einzuwenden. Alles war ja noch einigermaßen friedlich. Daß bei Kriegsbeginn mit England das »feindliche« Getränk nicht mehr eingeführt werden konnte, liegt auf der Hand. Wir konnten die Verkaufszahlen der bekannten Berliner Generalvertretung *Polthier & Maisinger* einsehen. Sie besagen, daß die letzten Vorräte an *Johnnie Walker* Red Label 1940 verkauft wurden, nachdem Black Label bereits 1939 nicht mehr zur Verfügung stand. Damit können wir wohl das Kapitel des deutschen Whiskys aus der Zeit bis zum 2. Weltkrieg abschließen.

Deutscher Whisky – eine große Nachkriegsgeschichte

Die keimende Gerste muß unentwegt gewendet werden, damit der Keimvorgang gut vonstatten gehen kann.

Um mit unserem eben unterbrochenen Zitat fortzufahren: »...zur Vereinfachung der Produktion sind deutsche Hersteller oft dazu übergegangen, verschnittkräftige, gelagerte schottische Malzwhiskys zu beziehen, um durch deren Mitverwendung wesentlich zum Charakter des Endproduktes und zur Abrundung beizutragen. Als Grundlage dient zweckmäßig ein aromatischer malziger Kornbranntwein, der möglichst abgelagert sein soll. Neutralere Kornbranntweine erfordern um so größere Anteile vom kräftigen Whisky.« Das ist nun klar in der Nachkriegszeit geschrieben wor-

den und könnte aus der »Gebrauchsanweisung« jener Firma stammen, die den Weg des deutschen Whiskys, ja wir können ruhig sagen, des Whiskys generell in Deutschland geebnet hat.

Fangen wir ganz vorn an. Es war das Jahr 1958, und während der Whiskykonsum in den Herstellerländern längst eine lange Tradition hatte, war er in Deutschland fast unbekannt. Dennoch, dem Namen nach kannten ihn viele. Eine Welle amerikanischer Wildwestfilme und englischer Kriminalfilme kam in unsere Kinos, die ausgehungerten Filmfreunde zu erfreuen. Immer wieder tranken in diesen Filmen die Helden

Whisky, die Flaschen rutschten nur so über die Tresen und in den breiten zylindrischen Gläsern klingelten die Eisbrocken, Verzeihung, die »rocks«. So etwas mußte einfach die Neugier wecken und Schule machen bei einer jungen Generation, die nie Berührung mit diesem exotisch anmutendem Getränk gehabt hatte.

In den fünfziger Jahren galt Whisky aber wegen seines damals noch sehr hohen Preises – es gab ja noch keine EG und die Einfuhrzölle waren recht hoch – für den Normalbürger als reines Prestigegetränk. Man trank ihn kaum wegen seines aufregenden Geschmacks als vielmehr wegen seines ho-

223

hen Snob-Appeals, und man schlürfte ihn eher in Bars und anderen Gastronomiebetrieben als zu Hause. Eine Flasche Scotch kostete damals immerhin DM 25 bis 30, ein Preis, den sich in der Aufbauphase einige Jahre nach der Währungsreform nur wenige Verbraucher leisten konnten. So wurden zum Beispiel 1958 nur 850 000 Flaschen Whisky in der Bundesrepublik getrunken. Kurz: Whisky war zwar ein bekannter und durchaus populärer Begriff, doch der Konsum war kaum meßbar und blieb eher den »oberen Zehntausend« vorbehalten.

Die »praktische« Popularisierung begann in jenem Jahr 1958. Es wurde der deutsche Whisky »*Red Fox*« eingeführt und das Markensymbol des neuen Getränkes – der rote Fuchs – war bald überall zu sehen. 1959 begann die Firma *Racke* mit einer starken Werbekampagne und rührte die Trommel für den roten Fuchs in allen damals zur Verfügung stehenden Medien.

Doch wie kam es überhaupt zu dieser Idee? Immerhin hatte Racke damals über 400 Produkte im Programm, aber es war ein ausgesprochener Mischbetrieb ohne deutliches Image beim Verbraucher. »Mit Gott angefangen« schrieb *Adam Josef Racke* am 12. November 1855 auf die erste Seite seines »Geheimjournals«, mit dem er seine Buchführung als selbständiger Kaufmann in Bingen eröffnete. Seine aus Frankreich stammenden Vorfahren, sie hießen noch Raquet, ließen sich schon im 17. Jahrhundert im Rheingau nieder und widmeten sich später in Mainz dem Weingeschäft. Adam Josef Racke begann in Bingen seinen Wein- und (heute mutet es eigenartig an) Essighandel. Als er 33 Jahre später den Betrieb seinem Sohn übergab, gehörten schon ein angesehenes Weingut und eine Weinessigproduktion dazu. Über die Generationen Georg Racke, Schwiegersohn Heinrich Moller-Racke und schließlich dessen Sohn Harro Moller-Racke spannt sich der Bogen der Entwicklung dieses Unternehmens.

Harro Moller-Racke erst begann mit einer konsequenten Markenpolitik, straffte das Sortiment und brachte den ersten deutschen

Ein Mann bleibt ruhig — ein Mann trinkt

RACKE
rauchzart

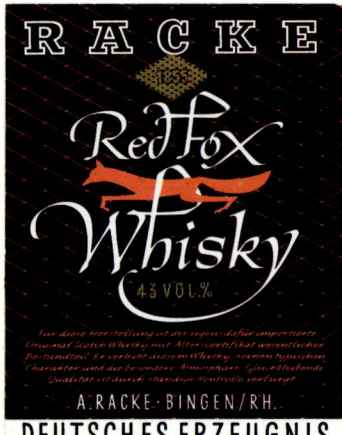

Gegen die Bezeichnung »Red Fox« erhoben die schottischen Whiskyproduzenten Einspruch – der Name klang zu englisch und war irreführend. Daher hieß das Produkt ab 1961 »Racke rauchzart« – doch der rote Fuchs blieb das Markensymbol.

Whisky zum richtigen Zeitpunkt auf den Markt. Damit geschah der bedeutende Schritt vom Vielsortimenter zum Markenartikelunternehmen und zur vollen Konzentration auf Weine und Spirituosen. Heute gehören ja so bedeutende Hersteller wie Pott, Kupferberg, Dujardin und einige ausländische Unternehmen zur großen Racke-Familie.

Doch zurück zum Whisky. Red Fox wurde – nach der Rezeptur des Racke-Brennereileiters *Heinz Heß* – besonders zurückhaltend in seiner Rauchnote und ausgesprochen mild komponiert und erleichterte den deutschen Konsumenten den richtigen Einstieg in das noch ungewohnte Getränk, das vorher keine große Bedeutung hatte. Außerdem konnte er natürlich preiswerter sein als die Importe. Auf Grund des maßgeschneiderten Produktes und der großangelegten Werbung, aber auch der Aktivitäten für die

Importmarken gab es eine beachtliche Expansion in den nächsten Jahren. 1966 wurden fast 14 Millionen Flaschen Whisky verkauft, was angesichts des gesamten Spirituosenmarktes noch nicht so viel war.

In einem bemerkenswerten psychologischen Werk von *Dieter Uhr*, »*Alles über den Durst*«, wird eingehend unter anderem auf den Whisky eingegangen. Da wird klar herausgearbeitet, daß zunächst nur ein kleiner Kennerkreis sich dem Whisky widmete, daß dann aber in den 50er und 60er Jahren eine starke Ausweitung der Nachfrage einsetzte, die am Anfang von einem modischen »Lawineneffekt« getragen wurde. Es war einfach chic, Whisky zu trinken und sich als Whiskykenner zu erweisen. Immer mehr fanden Gefallen an den spezifischen Produkteigenschaften und am erlebnismäßigen Produktumfeld von Whisky. Wenn der Autor dann erläutert, daß zunächst die schotti-

Der Leiter der Racke-Brennerei, Heinz Heß, entwickelte die Rezeptur für den mild komponierten »Red Fox«.

schen Whiskymarken die Herzen der Zentraleuropäer eroberten und dann in einer neuen Welle amerikanische und kanadische Provenienzen Aufnahme fanden, so ist das zumindest für Deutschland nicht ganz vollständig: Es war Racke, der den Acker hier besonders tief pflügte.

Die Schotten haben recht aufmerksam verfolgt, wer da so erfolgreich in ihre ureigenste Domäne eindrang, und sie haben an dem sich auftuenden Potential immer stärker mit ihren Marken partizipiert. Erleichtert wurde ihnen das Vordringen später noch durch Zollsenkungen. Dabei nahmen sie aber erst einmal in durchaus verständlicher Abwehrhaltung gegenüber dem neuen Wettbewerber, der so unbekümmert und energisch ihr Revier betrat, Rechtsposition ein. Der Name »Red Fox« war ihnen wohl doch zu englisch und demnach irreführend. Eine Bremer Tageszeitung glossierte das

Vordringen des deutschen Whiskys damals so: »In Edinburgh und Glasgow, in Aberdeen und Inverness wird Halbmast geflaggt. Die Männerwelt trägt einen Trauerflor, Patrioten trinken jetzt doppelte Mengen ihres Whiskys, um den Exportausfall auszugleichen. Die Sippenverbände der MacKintosh und MacFailand wollen einen staatlichen Trauertag proklamieren, und jeder Whiskytrinker des Landes soll in Zunkunft sein Glas nur noch mit entblößtem Haupt leeren.«

Harro Moller-Racke sagt zu diesem Angriff auf seinen Red Fox: »Unser Whisky kam durch Geschmack und Preis beim Verbraucher hervorragend an. Warum sollten wir uns auf einen womöglich langen Streit um den Namen einlassen.« Der rote Fuchs blieb Markensymbol bis heute – er wurde 1986 sogar zum Symbol für die gesamte Firma erkoren –, aber das Produkt hieß ab

1961 *Racke Whisky rauchzart*, was sich als Glückstreffer herausstellen sollte. 1962 wurden gleich 80% mehr verkauft als 1961. Insgesamt war der Whiskymarkt der Bundesrepublik auf fünf Millionen Flaschen angewachsen und es gab über 200 Marken. 1969 war Racke rauchzart mit knapp drei Millionen Flaschen immer noch absoluter Marktführer, wurde aber schon verfolgt von *Johnnie Walker* (2,7 Mio. Fl.) und *Black & White* (2 Mio. Fl.).

1968 führte Racke dann noch als Innovation einen fertig gemixten Whisky mit Sodawasser in Portionsflaschen »rauchzart mit« ein, der aber nach kurzem Anfangserfolg wieder vom Markt genommen wurde, ebenso wie ein 1972 aus Kentucky eingeführter Bourbon *»Old Red Fox«*. Und im Erfolg dieser Jahre vergab man auch Herstellungslizenzen nach *Österreich* und *Jugoslawien*. In Österreich wurde eine Produk-

Kupferne Brennblasen (Stills), der Stolz jeder Destillerie.

Fässer und Lagerzeiten werden sorgfältig registriert; der Brandstempel (rechts) ist wohl mehr für die Besucher ein Indiz, daß der »richtige« Whisky im Faß ist.

tion von Racke rauchzart inzwischen wieder eingestellt, in Jugoslawien wird er weiterhin in Lizenz hergestellt. Rauchgeschmack, ob im echten Scotch oder dem deutschen Racke Whisky rauchzart, war also durchaus »in«, wie man heute sagen würde. Die Bezeichnung »Whisky« verbannte Racke übrigens später unmittelbar aus dem Markennamen.

Doch in den 60er Jahren sollte noch eine weitere, ziemlich anders ausgeprägte Geschmacksrichtung dazukommen: Bourbon. Auf der Suche nach dem Besonderen oder nach individuellen Geschmackserlebnissen wurde er speziell von jungen dynamischen Menschen entdeckt. Die gut eine Million Flaschen, die 1966 davon verkauft wurden, sollten bis 1975 auf immerhin 14 Millionen

ansteigen. Damals betrug der Marktanteil dieser Spezies 34%, während Scotch 57% ausmachte. Anteile, die sich wieder – wie früher – zugunsten des Scotch verschoben haben. Er hat heute (lt. GfK im Handel) einen Anteil von 77% und der Bourbon von 14%. Trotz des vielfältigen Angebots von Whiskys aller Produktionsländer – nur Japan ist kaum vertreten – hat aber auch Racke rauchzart einen Marktanteil im Lebensmittelhandel von zur Zeit knapp 6%. Er liegt damit deutlich über irischen und kanadischen Whiskys, die in der Bundesrepublik nie so recht Fuß fassen konnten. Im Lebensmitteleinzelhandel gehört Racke rauchzart zu den führenden Whiskymarken.

Racke war also Wegbereiter und Schritt-

macher des Whiskys in Deutschland, wenngleich der große Absatz anfangs der 70er Jahre nicht bis in unsere heutige, ganz anders geartete EG-Zeit herübergerettet werden konnte. Höchste Konsumansprüche, der Hang zu ausländischer und exotischer Ware, Preiskämpfe unter den Importmarken und vor allem genügend Kaufkraft bei Millionen von Verbrauchern, ließen die ausländischen Produkte groß werden. Wenn Racke rauchzart trotzdem heute noch – nach fast drei Millionen Flaschen auf dem Höhepunkt in den Jahren 1969/1970 – jährlich eine gute Million Flaschen bei einem Gesamtmarkt von 32 Millionen Flaschen absetzt, so muß doch etwas dran sein, an dieser deutsch-schottischen Allianz.

Daß von Anfang an schottischer Malt im Racke rauchzart enthalten war, haben wir eingangs schon erfahren. Es gab nie den Versuch, einen völlig inländischen Whisky zu produzieren, wie es in so manchem anderen Land kaum erfolgreich geschah. 20 bis 30% Malt – je nach Sorte – aus 24 Destillerien bilden die Basis. Die Destillate werden zwischen drei und zwölf Jahren gelagert und stammen zu einem Drittel aus den Gebieten *Lowland* und *Islay* und zu zwei Dritteln aus dem *Highland*. Im Laufe der Geschichte des Racke Whiskys seit 1958 wurden zwar die Maltbrennereien manchmal gewechselt, denn seit damals haben einige ihren Brennbetrieb eingestellt, doch an der Auswahl kraftvoller, charakterstarker Provenienzen

der klassischen Maltgebiete wurde nichts geändert. Schwächere Malts würden ohnehin einen größeren Anteil davon erforderlich machen, um den Grundcharakter des Produktes beibehalten zu können.

Hier sollte eingefügt werden, daß der Anteil des Maltwhiskys im Scotch unglaublich großen Schwankungen bei den einzelnen Marken unterliegt. Seine Menge ist leider nicht gesetzlich vorgeschrieben, und es kommen durchaus Blends auf den Markt, in denen nur 5% enthalten sind. Aufgrund schrecklicher Qualitäten einzelner schwarzer Schafe, die eine ganze Branche in Verruf bringen könnten, sind Bestrebungen für eine Änderung im Gange. Man will den Malzanteil auf mindestens 20% festsetzen

und alles, was darunter liegt, als Verschnitt deklarieren.

Da der für den Scotch in mehr oder weniger großen Anteilen (50 bis zu 95%) verwendete Lowland- oder seltener Highland-Grain recht hochprozentig und neutral destilliert wird, sprach tatsächlich nie etwas dagegen, diesen Teil des Racke rauchzart in der Bundesrepublik zu destillieren. Kraft und Fülle, Rauchnote und andere typische Charaktereigenschaften des Scotch-Whiskys stammen ohnehin aus dem Malt. Der ganze Welterfolg des Scotchs ist überhaupt dieser Tatsache zuzuschreiben, daß der für die meisten Konsumenten zu strenge pure Malt erst durch neutralen Grain »trinkbar« gemacht wird.

Zwischen dem Grain aus Schottlands elf Lowland- und drei Highland-Brennereien und dem Racke-»Grain« besteht im Rohstoff ein Unterschied. Der schottische wird durchschnittlich aus 90% Mais und 10% (überwiegend gemälzter) Gerste gebrannt. Doch Deutschland ist ein Roggen-, Gerste-, Weizen- und weniger ein Maisland – wenngleich man das »goldene Korn« für diesen Zweck einführen könnte. Aus folgenden Bestandteilen setzen sich die 70 bis 80% Grainanteil im Racke rauchzart zusammen: Weizenfeindestillat aus der Hildesheimer Börde, Kornfeindestillat – beides »urdeutsch« – und speziell in Schottland aus Mais gebrannter Grain mit einer »ausgearbeiteten« Note im Geruch und Geschmack. Diese bewußte Note entsteht durch ein besonderes Maische- und Destillationsverfahren. Dies ist also die Zusammensetzung des Racke rauchzart; mehr würde man wohl von keinem »Blendmaster« herausbekommen. Ein kleines Geheimnis, etwas Rätselhaftes muß wohl in dieser Branche immer bestehen bleiben, obwohl kaum jemand den anderen so direkt nachahmen wollte oder könnte.

Doch was wäre ein Whisky ohne das entsprechende Wasser und ohne ein Faßlager. Das zum Einmaischen des geschroteten Getreides verwendete Wasser entstammt selbstverständlich den Quellen der einzelnen Herstellungsbrennereien, bei denen man die Destillate einkauft. Das sind immerhin insgesamt über zwei Dutzend verschiedene. Auf dem Rückenetikett jeder Flasche ist zu lesen: »Kristallklares Wasser aus 240 Metern und die sorgfältige Lagerung in kleinen Holzfässern bei ausgeglichenen Temperaturen vollenden seinen reifen milden Charakter.« Das bezieht sich also nur auf das Wasser, das nach dem Blenden zur Reduzierung des von den Destillationen her zu hohen Alkoholgehaltes auf Trinkstärke verwendet wird.

Es ist ein Tiefenwasser aus Quellen des Wesergebirges, das zwar ungewöhnlich rein, aber für diesen Zweck zu hart ist. Trübungen im fertigen Produkt wären kaum zu vermeiden. Das Wasser wird also vor der Verwendung sorgfältig von allen Kalzium- und Magnesiumverbindungen und in einem zweiten Verfahren von allen anderen mineralischen »Elementen« befreit.

Das Faßlager befindet sich in einem modernen Betrieb in Rinteln, unmittelbar an der Weser, der Mitte der 60er Jahre errichtet wurde. Unabhängig von den verschieden langen Lagerzeiten der verwendeten Malts und den weniger langen der Grains hat diese Lagerung den Zweck einer letzten ausgleichenden Harmonisierung und abschließenden Reifung.

Die Destillate werden nach dem Blenden und Reduzieren in kleinen Fässern aus amerikanischer Steineiche mit 200 Litern Inhalt drei bis vier Monate gelagert. Ein anderer Teil der Fässer besteht aus der auch für die Cognacproduktion verwendeten Limousin-Eiche; sie sind fast doppelt so groß und haben 350 Liter Inhalt. Damit sind sie aber immer noch klein genug für einen guten Luftaustausch durch die Faßporen. Es sind zunächst neue Fässer, die aber immer wieder, insgesamt 20 bis 30 Jahre lang, verwendet werden.

Mögliche zu hohe Gerbstoffnuancen (Holzton) bei den Whiskys aus neuen Fässern werden vermieden, indem man diese Chargen mit denen aus älteren, bereits ausgelaugten Fässern mischt, ebenso wie es bei den Whiskys aus beiden unterschiedlichen Faßarten der Fall ist. Aus dieser Sicht ist das Produkt also stets egalisiert und gleich.

Die gut belüftete, unter Zollaufsicht stehende Lagerhalle ist, wie heutzutage bei den Neubauten dieser Branche üblich, oberirdisch und wird in ihrer Luftfeuchtigkeit und Temperatur optimal gesteuert. Spinnwebenromantik wird man hier vergeblich suchen. Der »Anteil der Engel« – wie man poetisch jene Menge des Whiskys nennt, die durch die Faßporen verdunstet – beträgt jährlich 2 bis 3%. Aber das ist ja überall so, wo man edle Erzeugnisse in Fässern ihrer Reife entgegenschlummern läßt, und fördert nur die Qualität. Annähernd 1000 Fässer, in vier, manchmal fünf Reihen übereinander gestapelt, haben in der Halle Platz. Vor dem Abfüllen wird der Racke rauchzart mit ge-

ringen Mengen Raffinade-Zuckercouleur farblich abgestimmt; so, wie es fast immer auf der Welt gemacht wird. Gebrannt wird übrigens im Racke-Betrieb in Rinteln nicht. Alle Destillate kommen aus den verschiedensten in- und ausländischen Brennereien und werden hier geblendet, reduziert, gelagert und abgefüllt.

Früher war international für Whisky ein *Alkoholgehalt* von 43% vol. üblich (»vol.« = Volumenprozente im Gegensatz zu Gewichtsprozenten). Doch inzwischen hat man sich allgemein auf 40% vol. geeinigt – nicht zuletzt wegen der zwar unterschiedlichen, aber in einigen Ländern hohen Steuerbelastung. In der Bundesrepublik kostet ein Prozent Alkohol zur Zeit 20 Pfennig Spirituosensteuer, das kann also bei drei Prozent schon (incl. Mehrwertsteuer und Spannen) einen Unterschied im Endpreis von einer Mark ausmachen.

Nach den deutschen Begriffsbestimmungen müßte Racke rauchzart noch heute 43% vol. aufweisen. Ein Urteil des Europäischen Gerichtshofes gestattet aber, ausländische Erzeugnisse mit niedrigerem Alkoholgehalt – Whisky bis zu 37,5% vol. – einzuführen, wenn dieser im Ursprungsland üblich ist. Einige Billighersteller verkaufen geringere Mengen Whisky in England mit 37,5%, nur um ihn dann als »üblich« exportieren zu können. Die allgemeine »Verkehrsauffassung« erlaubt Racke, auf den bei fast allen Whiskys angewandten Wert von 40% vol. herunterzugehen.

Der Alkoholgehalt ist aber generell beim Whisky kein großes Thema und schon gar nicht ein Qualitätsmerkmal. Der Verbraucher weiß, daß Whisky etwa 40% Alkohol hat, und achtet viel eher auf Herkunft, Marke, Alter, Preis und andere Kriterien.

Racke rauchzart kommt in zwei Qualitäten auf den Markt, dem »Spezial Blend« und einem 12jährigen in einer ausgefallenen taillierten Viereckflasche. Ein Vergleich zwischen zwei Standardabfüllungen – einem vor zwölf Jahren abgefüllten (dunkle Flasche; ungeöffnet und kühl aufbewahrt) und einem »nagelneuen« in heller Flasche – zeigt, daß sich die Rezeptur seither etwas

verändert hat. Der ältere (hellere) ist malziger, torfiger, einfach »scotch-typischer« sowohl im Geruch als auch im Geschmack, bei einem recht langen Abgang, während der neue (etwas dunklere) zurückhaltender in all diesen Eigenschaften ist. Er ist neutraler im Geschmack, fast lieblich und weich, hat aber Holztöne (Vanille) im Bukett.

Über alle möglichen Diskussionen erhaben ist der 12jährige, der in so mancher Blindprobe seine Prüfung als Vollblut-Scotch bestehen würde. Hier ist der Anteil an kräftigerem Malt wesentlich höher, und die zwölf Jahre Faßlager haben ein übriges getan. Ein von der Nase her vollgültiger Scotch, im Geschmack nachhaltig, ausreichend rauchig mit schönem, ausgeglichenem Abgang.

Doch langes Lagern und hoher Maltanteil kosten Geld und so wird man für eine Flasche Racke rauchzart etwa nur DM 15,– berappen müssen, während der 12jährige rund DM 25,– kostet.

Sogar im Whiskyland Japan kann Racke mit diesem 12jährigen mehr als einen Achtungserfolg verbuchen. In vielen Läden dort ist der »Racke« zu haben, und man hat sogar schon einige Trinksprüche mit ihm erfunden.

Es stellt sich die Frage, ob es denn nur diesen einen deutschen Whisky gibt, von dem jetzt unentwegt die Rede war. Auf dem Höhepunkt der Whiskywelle waren noch ein paar kleinere Marken zu entdecken, die mit anonymer Ware oder Hausmarken – 1970 etwa 30% der Produktion – bestritten. Nur einer hat als Marke etwas mehr Wirbel durch eine auffällige Werbung gemacht. Er ist aber schon einige Jahre verschwunden. Es war *»Jacob Stück Whisky«*, der sich – ausgestattet mit einem »Lederhalfter« – ganz unverblümt als Wildwest-Whisky gab. Er brachte es damals auf etwa 750 000 Flaschen pro Jahr.

Ernsthafte Bemühungen um einen zweiten deutschen Whisky sind zur Zeit auf dem Markt nicht mehr festzustellen und wird es wohl in Zukunft kaum geben. In den Vorschriften gibt es aber durchaus Zugeständnisse für die Herstellung eines rein deutschen Whiskys. Die Bundesmonopolverwaltung erteilt Kornbrennereibesitzern auf Antrag die Genehmigung, Malzbranntwein eigener Erzeugung bis zu 75% vol. als Whiskygrundstoff herzustellen und an Spirituosenhersteller zur Bereitung von Whisky zu verkaufen.

In Österreich wird kein inländischer Whisky hergestellt und in der Schweiz ist ohnehin die Verarbeitung von Getreide, Wein, Kartoffeln usw. zu alkoholischen Getränken verboten. Spirituosen werden dort nur aus Obst und der Monopolsprit (für Liköre usw.) aus Zellulose hergestellt. Selbstverständlich aber gibt es in beiden Ländern eine rege Einfuhr ausländischer Whiskys jeglicher Art.

Trinksitten

Für wertvolle Whiskys, speziell aber für den Malt, der ja auch in diesem Werk die führende Rolle übernommen hat, gibt es für unseren Freund *Baffo*, dessen großartige Whiskysammlung oben schon beschrieben wurde, nur eine Art, ihn zu genießen: Ein guter Schuß Whisky – in allen internationalen Profibars sind es meist per Augenmaß geschätzte oder mit dem Meßbecher abgezirkelte 4 cl – wird in einem kleineren Wein-, Sherry- oder Cognacglas serviert. Während aber der Whisky zimmerwarm ist (man kann ja schließlich nicht Hunderte von Flaschen kaltstellen) werden die *Gläser* vorher für einige Zeit in den Tiefkühlschrank gestellt. Das eiskalte Glas gibt dann seine Kälte an den Whisky ab, so daß dieser ein wenig kühler wird. Kalt im eigentlichen Sinne ist er dann aber noch längst nicht.

Was nun den »Schuß« angeht, so wird er sich immer um die 4 cl (40 ml) bewegen. Nur Profis werden dieses Maß korrekt, ohne zu messen, einschenken können, aber es ist durchaus keine Schande für den Barkeeper, wenn er einen Meßbecher zu Hilfe nimmt. In den USA und vielen internationalen Bars ist man etwas großzügiger und verwendet den »jigger«, das sind 42 ml, während in England öfter Whisky mit 1/4 gill eingeschenkt wird. Nachdem ein gill das Viertel einer pint (0,57 l) ist, bekommt man somit also nur 36 ml des dort besonders hoch besteuerten, wertvollen Stoffs ins Glas.

Eis und Sodawasser sind bei Baffo streng verpönt. Er würde jeden schief ansehen, der solch ein Ansinnen an ihn stellte. Doch so denken wohl alle wahren Whiskykenner und -liebhaber dieser Welt. Bestenfalls ein Schuß reinen, stillen *Wassers* ist erlaubt, in Schottland sogar üblich. Diese strenge Handhabung gilt freilich in erster Linie für den Malt – den König aller Whiskys – und langjährig gelagerte Scotch-Whiskys der Premiumklasse.

In Schottland, also direkt an der Quelle, nimmt man gerne auch jenes Wasser, das der Herstellung des jeweiligen Malts diente. Aber das ist eigentlich nur in der Destillerie oder ihrer näheren Nachbarschaft zu praktizieren. Manchmal wird solch ein Wasser auch abgefüllt und kommt in den Handel, ebenso wie es Grönlandwasser und andere einwandfreie Gletscher- und Urzeitwässer in Flaschen oder Dosen gibt.

Wer bei uns Wert auf eine gewisse Whisky- oder besser, Maltkultur, legt und das Getränk perfekt anbieten möchte, sollte auf ein nicht zu mineralhaltiges stilles Wasser achten. Davon gibt es eine ganze Reihe, und an den oft auf dem Etikett angegebenen Analy-

---

Weltweit trinkt man Whisky mit Sodawasser oder auf Eiswürfeln. Der Kenner bevorzugt Malt allerdings zimmerwarm aus dem leicht gekühlten Schwenkglas.

Einer der Klassiker unter den Mixgetränken ist der links abgebildete »Old fashioned« (Abbildung aus »Cocktails, Drinks & Longdrinks« von G. Marcialis, Hädecke Verlag). Irish Whiskeys wie die nebenstehend gezeigten sind bei uns problemlos erhältlich und haben viele Freunde – nicht nur unter den Liebhabern des Irish Coffee.

sewerten kann man ablesen, was da alles enthalten ist. Beim Natrium z. B. gibt es Schwankungen von 3 bis 1500 Milligramm. Andererseits muß man auch nicht übertreiben auf der Suche nach »armen« Wässern, denn kaum eine Zunge ist in der Lage, die Wasserbestandteile bei einem etwas verdünnten Whisky herauszuschmecken. Wohl spüren und sehen kann man allerdings die Kohlensäure, und auf die sollte man unbedingt verzichten. Leitungswasser wäre eigentlich ideal, wenn es nicht zu stark gechlort ist. Bourbon, Irish, Canadian, Scotch oder andere Provenienzen kann man auch sehr gut pur trinken, doch wird man sie schon eher in Mixgetränken, on the rocks oder mit kohlensäurehaltigem Wasser »verdünnt« angeboten bekommen.

Hunderte von Mixrezepten, weniger mit »rauchigem« Whisky als vor allem mit dem viel besser dazu geeigneten Bourbon oder Canadian – also den amerikanischen oder kanadischen Varianten ohne Torfrauchgeschmack –, sind im Laufe der Jahrzehnte entwickelt worden. Ein paar wurden Bestseller und jeder Barkeeper hat die Rezeptur davon im Kopf.

Einer der bekanntesten Klassiker ist der *Old fashioned*. Dazu wird ein Zuckerwürfel mit zwei Spritzern Angostura-Bitter getränkt und im Glas zusammen mit drei Barlöffeln Sodawasser zerdrückt; dann kommen einige Eiswürfel dazu und 5 cl Bourbon. Garniert wird mit zwei der unerläßlichen Cocktailkirschen und einer halben Orangen- und Zitronenscheibe.

Geradezu berühmt ist der *Manhattan*. Dazu werden ein bis zwei Spritzer Angostura, 1/3 roter Vermouth und 2/3 kanadischer Whisky mit Eiswürfeln im Rührglas etwa zehn Sekunden gerührt und in ein Cocktailglas abgeseiht. Eine Kirsche ergibt die »Dekoration«. Für den Manhattan dry wird einfach der rote durch trockenen weißen (französischen) Vermouth ausgetauscht.

Unter den 50 »Weltcocktails« (Rezepte in »Cocktails, Drinks & Longdrinks«; Hädecke-Verlag) sind selbstverständlich diese beiden aufgeführt und noch der Affinity, Bobby Burns, Brooklyn, Old Pal, Oriental und einer der seltenen Scotch-Cocktails Rob Roy. Whisky »beherrscht« geschmacklich alle diese Cocktails und nimmt die

Hälfte oder mehr der Zutatenmenge in Anspruch. Für viele andere Mixgetränke ist Whisky ebenfalls eine wichtige Geschmackskomponente.

Auf den legendären Irish Coffee brauchen wir hier nicht mehr einzugehen, er wird bei den irischen Whiskys ausführlich abgehandelt. Aber zum Abschluß unseres kleinen Barausflugs wollen wir noch den in allen Bars dieser Welt gemixten, fantastischen *Whisky-Sour* aufführen. Viele Genießer sind so eigen und bestellen nicht einfach einen Whisky-Sour, sondern geben gleich die Marke an – meist wird es ein Bourbon sein –, aus der dieser fruchtige, erfrischende Cocktail gemixt werden soll. Wer ihn selber herstellen will, braucht sich nur die Formel 4:2:1 zu merken und schon kann das Mixen beginnen. In den Shaker gibt man zu einigen Eiswürfeln vier Teile Whiskey, dann zwei Teile Zitronensaft und einen Teil Zuckersirup. 20 Sekunden kräftig schütteln, in einen Tumbler abseihen und mit Cocktailkirschen, Zitronen- und Orangenachtel garnieren.

231

Whisky für Genießer und Sammler

Wenn Sie auf Reisen in die Ursprungsgebiete der verschiedenen Whiskys gehen, werden Sie – besonders in Schottland – viele Marken und Malt-Kreszenzen entdecken, von denen Sie noch nie etwas gehört haben; es sei denn, Sie haben den vorderen Teil dieses Werkes schon ausführlich studiert. Solche Flaschen zu besitzen, zu Hause liebevoll zu hüten und vielleicht hin und wieder einen Schluck daraus mit Freunden zu genießen, ist ein interessantes Hobby. Es gleicht durchaus dem Sammeln und Bewerten zum Beispiel wertvoller Cognacs oder Bordeaux, denn auch beim Malt gibt es Jahrgänge, Provinzen und Provenienzen, unterschiedliche Lagerzeiten, Faßarten und andere Unterscheidungskriterien.

Für instruktive Reisen hat Michael Jackson gute Hinweise gegeben. Wir führen auf Seite 251 noch einmal einige wichtige Händler aus London und Schottland gesondert auf. Dort werden Sie eine große Auswahl auch seltener alter Malts vorfinden. Mit einer guten Karte von Schottland (z. B. Michelin 401) wird man leicht auch winzige Orte finden, und die Destillerien dort kennt dann jeder, falls sie nicht mit ihren Pagodentürmen ohnehin das Ortsbild beherrschen.

In den kleineren Brennereien wird man Ihnen vielleicht sogar einen der ganz selten im Handel befindlichen Malts in »Faßstärke« – also noch nicht auf Trinkstärke herabgesetzt und mit etwa 55 bis 60% Alkoholgehalt – verkaufen oder wenigstens zu probieren geben. Sagen Sie, daß Sie an einem Whisky »straight from the wood« interessiert sind. Mit etwas Glück bekommen Sie einen – wie die Destillateure auch sagen – »as we get it«, notfalls direkt aus dem Faß geschöpft.

Es gibt durchaus Sammler, die versuchen, aus allen noch existierenden 100 Destillerien eine Flasche zu erwerben. Ein nicht ganz einfaches Unterfangen, denn nicht alle sind in purer Form, also als »Single«, im Handel und manche Destillerien empfangen einfach überhaupt keine Besucher. Andere wiederum stellen Malt ausschließlich zum Blenden für Scotch oder die selteneren Blended Malts her.

Die folgende Aufstellung der Whisky-Importeure kann keinen Anspruch auf Vollständigkeit erheben. Hin und wieder beginnen neue Firmen mit dem Importgeschäft oder es schließen andere. Weitere geben freiwillig oder gezwungenermaßen Whisky-Marken auf und bekommen möglicherweise andere dafür. Gerade in dieser Zeit ist das sehr häufig der Fall. Die Gründe liegen nicht selten darin, daß Firmen von größeren geschluckt werden. So hat der mächtige Bierkonzern *Guinness* 1987 – nachdem er sich vorher schon die freie Whiskyfirma Arthur Bell's einverleibt hatte – die gesamte DCL (Distillers Company Limited) für 7 Milliarden DM gekauft. Unter den mehr als 100 Malt- und Scotch-Marken ist vieles, was Rang und Namen in der Welt des Whiskys hat. Im Grunde sind es vier Mammutkonzerne, die die internationalen Fäden spinnen: Seagram, Grand Metropolitan, Allied Lyons und jetzt auch Guinness.

Daß die Schachzüge und Markenverschiebungen dieser Großfirmen auch Einfluß auf die Auswahl der Importeure haben, liegt auf der Hand. Da kann zum Beispiel ein Johnnie Walker jahrzehntelang erfolgreich von einem Importeur gehandelt worden sein; wenn Guinness die DCL kauft – zu der »Johnnie« gehört –, dann geht die Marke eben an eine mit Guinness irgendwie verdrahtete Importfirma. So gab es einige markante Fälle in der letzten Zeit, und es wird sie weiter geben. In späteren Auflagen werden wir natürlich solche Änderungen berücksichtigen und den neuesten Stand der Entwicklung angeben.

Alle im folgenden alphabetisch sortierten Importeurverzeichnis aufgeführten Marken, enthalten 40% vol. Alkohol, falls nicht eine abweichende Angabe gemacht wurde. An Privatpersonen liefern diese großen Importfirmen im allgemeinen nicht, aber sie geben sicher gern Auskunft über nächstgelegene Bezugsquellen. Außer den genannten Importeuren gibt es noch eine Reihe von Billiganbietern, die Supermärkte und Kaufhäuser mit der untersten Preisklasse bedienen. Sie führen meist Whiskys, die speziell für den hiesigen Markt abgefüllt und mit einprägsamen Namen versehen sind und die es in dieser Aufmachung überhaupt nicht im Ursprungsland gibt. Nicht selten sind es reine Plagiate, die sich eng an die Ausstattungsmerkmale bekannter Marken anlehnen. Wir sahen im Markt unter anderem: Golden Pipe, Old Rover, Scotch Label, Wood Pecker, American Star. Bei den Importeuren May und Berentzen sind weitere preiswerte Marken aufgeführt. Es sind alles Erzeugnisse aus Schottland und Kentucky, doch welche ungeheuren Qualitätsunterschiede selbst dort möglich sind, dürfte bekannt sein.

Etikettenabbildungen und Angaben zum Whisky erfolgen hier nur, sofern dies im Hauptteil des Buches nicht schon geschehen ist. Um unseren Lesern die Suche auch nach selteneren Whiskys, speziell nach den begehrten Malts, zu erleichtern, geben wir auch die Adressen einiger besonders gut sortierter Einzelhandelsgeschäfte an (Seiten 249–251).

WEITERE WICHTIGE MARKEN – EIN GESCHMACKSFÜHRER

Nicht alle Whiskys gibt es in jedem Land. Die Märkte verlangen oft besondere Ausstattungen und spezielle Marken. Hier eine Auswahl von Whiskys, die im Hauptteil des Buches nicht behandelt wurden.

———— BOURBON ————

Medley's. Ein reinrassiger Straight Kentucky mit der unverwechselbaren und traditionellen Bourbonnote, körperreich und ausdrucksstark auf der Zunge. Der Maisanteil ist mit 75% recht hoch angesetzt.

Kentucky Rifle. Ein sogenannter Old-Style-Bourbon nach einer alten Rezeptur aus Bardstown, dem Herzen von Kentucky. Es ist ein aromareicher, dabei aber milder und weicher Bourbon.

Pennypacker. Ein Straight Bourbon Whiskey von besonders mildem Geschmack. Der hohe Maisanteil von 70% und die langjährige Lagerung in innen ausgekohlten Steineichenfässern verleihen ihm seine typische weiche Art.

———— MALT ————

Blairmhor. Einer der seltenen geblendeten Pure Malts mit ausgewogener Reife und leichtem, milden Geschmack. Zwölf verschiedene, acht Jahre gelagerte Malts bieten gewissermaßen einen Highland-Querschnitt. 20% des Malts stammen aus Lowland-Destillerien.

The Edradour. Ein Highland Malt aus der kleinsten Destillerie Schottlands (im Besitz von Pernod/Ricard), die manchmal auch Glenforres genannt wird. Neuerdings kommen kleine Mengen dieser Rarität als Originalabfüllungen auf den Markt. Ein komplexer Whisky mit Süße, Aroma und Geschmack; rauchig und an gebrannte Mandeln erinnernd.

Glenleven. Bei Haig arbeiten besonders erfahrene Blendmaster, und so gibt es aus diesem Hause auch einen der selteneren Blended Malts. Sechs der besten Malts verschiedener Provenienzen sind vereint. Das würzige Bukett, ein leichter Körper und ein langer trockener Abgang sind Merkmale dieses 12jährigen Malts.

WEITERE WICHTIGE MARKEN

VAT 69. Eine der bekanntesten Whisky-marken der Welt, die 1882 vom Chef der William Sanderson & Son Ltd. geschaffen wurde. Unter 100 Blends wählten Experten das Faß 69 als bestes aus. 45 Single-Whiskys, darunter wertvolle alte Malts, prägen den kraftvollen Körper und vollmalzigen, aber milden Charakter des VAT 69.

Dunhill. Ein außergewöhnlicher Scotch aus dem Hause männlicher Luxusartikel. Der unüblich hohe Anteil von Malt – weit über 50% – und ein perfektes Blending sind im Bukett und Geschmack deutlich spürbar. Bei aller Milde ist es ein kraftvoller, nachhaltiger Scotch mit recht süßlichem Abgang. Man »muß« ihn zimmerwarm und unverdünnt genießen.

Slaintheva. Ein Scotch der Premium-Klasse, ausgezeichnet durch ein zartes Malzbukett und einen runden vollmundigen Geschmack mit langem nußartigen Abgang. Der Markenname ist hier weitgehend zurückgedrängt, denn man schreibt jedem Käufer gerne den eigenen Namen groß in das Etikett.

Double Q. 12 Jahre Faßlager machen diesen Whisky weich und rund. Ein typischer Scotch, der in der Bundesrepublik vom Absatz her die Nummer 1 unter den zwölfjährigen Scotch-Marken ist.
Als »Junior« kommt der Double Q auch in einer fünf Jahre gelagerten Version heraus.

Old Parr. Über 30 hochwertige Whiskys werden für Old Parr verwendet. Jeder ist über 12 Jahre lang gereift. Die geschmacksbestimmenden Malts stammen aus den besten (teils eigenen) Highlanddestillerien. Old Parr ist ausgewogen, hat eine feine Blume und einen ausgeprägt milden, vollmundigen Geschmack.

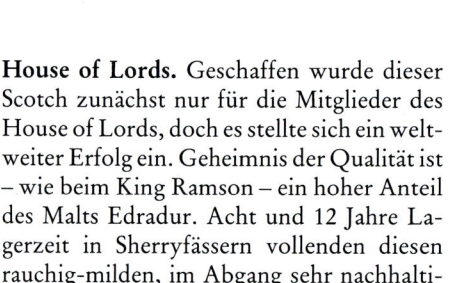

House of Lords. Geschaffen wurde dieser Scotch zunächst nur für die Mitglieder des House of Lords, doch es stellte sich ein weltweiter Erfolg ein. Geheimnis der Qualität ist – wie beim King Ramson – ein hoher Anteil des Malts Edradur. Acht und 12 Jahre Lagerzeit in Sherryfässern vollenden diesen rauchig-milden, im Abgang sehr nachhaltigen Scotch der Premium-Klasse.

King's Ramson. Der Scotch wurde von Truman, Stalin und Churchill nach Unterzeichnung des Potsdamer Abkommens im Juli 1945 getrunken und soll nach einer schläfrigen Periode jetzt wieder forciert werden. Er ist weich, sehr aromatisch und bezieht seinen kraftvollen Körper vom Malt Edradour.

Logan. Die besten Destillate der ältesten und berühmtesten Destillerien prägen den »persönlichkeitsstarken« Scotch alter Schule. Es ist die Luxusausgabe des bekannten White Horse. Ausgeprägtes Raucharoma mit subtilem Torfanklang. Über 12 Jahre Lagerung in gebrauchten Eichenholzfässern machen ihn rund, ausgewogen und verleihen ihm einen zwar nachhaltigen, aber doch milden Abgang.

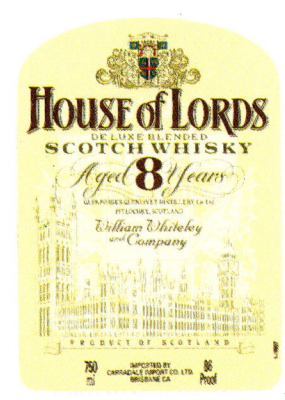

WEITERE WICHTIGE MARKEN

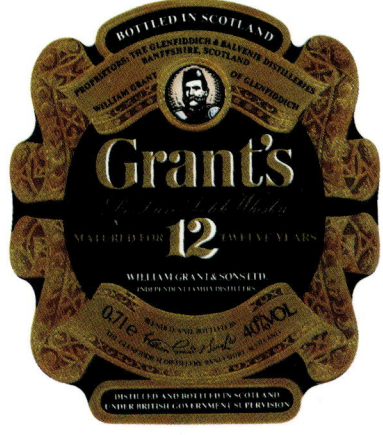

Clarion. Ein preiswerter Scotch von harmonischer, abgerundeter Art. Der Hersteller empfiehlt, ihn pur zu genießen, da so seine Weichheit und Reife, ebenso wie die kräftige typische Rauchnote besonders gut herauskommen.

Morrison's Machrie. Benannt nach dem Hotel Machrie auf der Insel Islay wird dieser perfekte Scotch von Morrison's destilliert und geblendet. Was den zur leichten Whiskyklasse zählenden Scotch auszeichnet, ist Eleganz und beträchtliche geschmackliche Tiefe. Der Malt ist zum Teil Islay Bowmore.

Grant's. Ein urwüchsiger und deutlich rauchiger Scotch in traditioneller Machart aus dem Hause des Familienunternehmens William Grant & Sons, aus dem auch der berühmte Glenfiddich stammt. Neben der De Luxe-Qualität gibt es noch den weniger lange gelagerten Grant's Finest.

Cluny. Ein vollmundiger, mit nur zartem Torfrauchanklang ausgestatteter Standard-Scotch. Kräftiges Bukett und trockener, recht nachhaltiger Abgang.

Cluny 12 Jahre. Die Spitzensorte von Cluny. In der Farbe dunkler, mit vom langen Faßlager stammenden Vanilletönen im Bukett; malzig und insgesamt weich, aber nicht übermäßig rauchig im Geschmack.

John Haig. Einer der großen Scotch-Klassiker, im Geschmack und in der Nase kraftvoll, nicht übermäßig rauchig und mit langem Abgang.

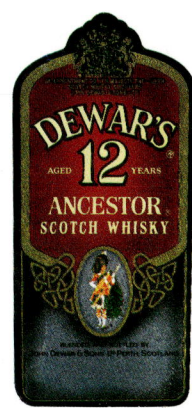

Dewar's Ancestor. Die Luxusausgabe des bekannten Dewar's White Label. 12 Jahre und ein recht hoher Malt-Anteil kennzeichnen diesen Premium-Scotch. Bei aller Weichheit ist ein kräftiger Rauchton vorhanden.

John Begg. Aus der Destillerie Lochnagar stammt der Scotch John Begg Blue Cap – wenngleich Flaschenform und Etikett ein wenig an Bourbon erinnern. Ein charaktervoller, typischer Scotch, in der Art, die den Ruhm dieses Getränkes begründet hat. Die Verwandtschaft zum Malt Lochnagar ist im Bukett und Geschmack zu spüren.

Importeure in Deutschland

GEBR. ANRATHS GMBH
Bilker Allee 57
4000 Düsseldorf 1
Telefon: 0211/307027
Telex: 8582657

Sehr interessant ist das Whiskyprogramm dieses alteingesessenen, 1871 gegründeten Handels- und Importunternehmens. Ausgefallenere, aber nicht so bekannte und verbreitete Marken zieren die Importliste. Unter den Whiskys fällt als Besonderheit einer der äußerst seltenen Roggen-Whiskys auf. Es ist der einzige in Europa erhältliche (wie der Importeur versichert).

Scotch
House of Lords (8 Jahre)
King's Ramson
Malt
The Edradour
Single Highland (10 Jahre)
Rye
Old Overholt 43%
Straight Rye Whiskey
Canadian
Windsor Supreme

I. B. BERENTZEN & CO.
Postfach 120
4473 Haselünne
Telefon: 05961/5021
Telefax: 981213

Berentzen ist jene Firma, die den wohl sensationellsten Spirituosenerfolg in der Bundesrepublik für sich verbuchen kann. 1976 schoß der Apfelkorn »Berentzen Appel« aus den Startlöchern, um blitzschnell zur steilsten Karriere im Likörmarkt abzuheben. Zwei Jahre später wurden schon 23 Millionen Flaschen davon verkauft. Eher im Verborgenen, aber mit sehr großen Umsätzen besonders an loser Ware, blühte auch die traditionsreiche Firma Pabst & Richarz. Beide sind 1987 zu einer Firma verschmolzen. Neben einer reichen Likörpalette und anderen Spirituosen hat man einige selbstab-

gefüllte Whiskys der unteren Preisklasse im Programm, die man überall in den Supermärkten vorfindet.

Scotch
Macbeth 37,5%
Club Man (12 Jahre)
Scottish Majesty
Bourbon
Old Wabble Kentucky Straight

LUCAS BOLS GMBH
Graf-Landsberg-Str. 3–5
4040 Neuss
Telefon: 02101/524-0
Telex: 8517860

Bols ist eine der ältesten Destillerien und hat seine ersten Spirituosen schon 1575 gebrannt. Heute haben vor allem die Liköre dieser holländischen Firma Weltgeltung. Über 30 Jahre hat sich Bols auch einen Namen als aktiver Importeur des Scotch Ballantines gemacht. Von kleinsten Anfängen wurde die Marke zur Nr. 1 im Handel entwickelt, mußte dann aber an Seagrams Deutschland abgetreten werden. Zur Zeit wird noch der bekannte irische Whisky Tullamore Dew geführt.

Irish
Tullamore Dew

BORCO-MARKEN-IMPORT
Matthiesen & Co. KG
Winsbergring 22
2000 Hamburg 54
Telefon: 040/8502031
Telex: 212925

Borco – 1948 zunächst als Spirituosenhersteller gegründet – gehört zu den großen deutschen Importeuren mit einem recht beständigen, breitgefächerten, etwa 50 Produkte enthaltenden Programm. Unter den privaten unabhängigen Spirituosenimporteuren ist das zu 100% im Besitz der Familie

Matthiesen befindliche Unternehmen die Nr. 1. Whisky ist innerhalb dieser Auswahl mit folgenden Marken vertreten:

Scotch
John Begg
The Antiquary (12 Jahre)
VAT 69
Malt
Lochnagar
Single Highland (12 Jahre)
Irish
Paddy
Bourbon
Pennypacker
Kentucky Straight Sour Mash
Wild Turkey
Kentucky Straight 50,5% (8 Jahre)
Canadian
McGuinness Old Canada (8 Jahre)

BREMER WEINKOLLEG
A. & H. Segnitz GmbH + Co
Löwenhof 2
2800 Bremen 1
Telefon: 0421/388007

Anliegen dieses traditionsreichen Bremer Handelshauses ist der Qualitätswein. Hier hat man einen einmaligen Namen in der Branche. Nur wenige Spirituosen runden das Bild ab, so auch ein ausgefallener Scotch der Premiumklasse.

Scotch
Morrison's Machrie 43% (8 Jahre)

L. CLAUZY & FILS NACHF.
Ebertplatz 15-17
5000 Köln 1
Telefon: 0221/726642

Ein kleineres, kaum bekanntes Unternehmen, 1935 in Frankreich gegründet, das sich in der Bundesrepublik fast ausschließlich dem schottischen Whisky widmet. Zur Zeit führt man acht ausgefallene Varietäten. Neben dem in Schottland besonders bekannten und beliebten Scotch Whyte & Mackay sind es noch einige selten zu bekommende Malts.

Scotch
  Whyte & Mackay
    Special
    12 Years old
    43%, 21 Years old
  Pinwinnie 43% (12 Jahre)
Malt
  Oban 43% (12 Jahre)
    Single Highland (Western)
  Dalmore 43% (12 Jahre)
    Single Highland (Northern)
  Tomintoul-Glenlivet 43% (8 Jahre)
    Single Highland
  Old Fettercairn 43% (8 Jahre)
    Single Highland (Eastern)

DEINHARD & CO. KG A.A.
Deinhardplatz
5400 Koblenz
Telefon: 0261/104-0
Telex: 8–62757

Das traditionsreiche Sekthaus führt neben den eigenen Sekten schon lange auch ein ausgewogenes Importprogramm. Nachdem man viele Jahre lang unter anderem den Scotch VAT 69 erfolgreich vertrieb, werden heute die Marken von Bell's geführt. Neben der besonders in England beliebten Standardmarke Bell's Scotch und drei Luxusausgaben importiert Deinhard zwei hervorragende Single Malts aus dem Bell-Guinness-Clan gehörenden Destillerien.

Die in Deutschland erhältlichen 12jährigen Scotch-Whiskys.

Scotch
  Bell's
    Extra Special
    De Luxe 43% (12 Jahre)
    Royal Reserve 43% (20 Jahre)
    Decanter Specially Selected
Malt
  Dufftown Glenlivet
    Highland Single (8 Jahre)
  Inchgower
    De Luxe Highland Single (12 Jahre)

HERM. G. DETHLEFFSEN
GMBH & CO.
Schleswiger Str. 107
2390 Flensburg
Telefon: 0461/802-0
Telex: 22828

Ein traditionsreiches, schon 1738 gegründetes Haus, das sich unter anderem besonders nordischen (Bommerlunder) und spanischen Spirituosen sowie einer breiten Rum-Palette widmet. 1986 fusionierte man mit dem Rumhaus Hansen und bekam dadurch den vieldiskutierten Whisky Double Q in das Programm. Er ist für einen 12jährigen ungewöhnlich preiswert und nach Firmenaussage die Nr. 1 in dieser Klasse. Medley ist die zweite große Marke, diesmal ein Bourbon, der ebenfalls im unteren Preisbereich liegt.

Scotch
  Double Q (12 Jahre)
  Double Q (5 Jahre)
Bourbon
  Medley's
    Kentucky Straight Sour Mash

DIVERSA-SPEZIALITÄTEN GMBH
Postfach 1455
4134 Rheinberg 1
Telefon: 02843/18-0
Telex: 812426

Gegründet wurde das Unternehmen im Jahre 1846 am Rathaus zu Rheinberg, und es ist noch heute im Besitz der Familie. Die Rede ist von der bekannten Firma Underberg. Die Diversa ist ein Diversifikationsunternehmen dieses Hauses. Als Firmengründer Hubert Underberg damals seinen Magenbitter mit Kräutern aus 47 Ländern herausbrachte, hat er sicher noch nicht an Whisky gedacht. Erst 1987 übernahm die Diversa ein Spitzenquartett von einem anderen Importeur. Das sind nun Perlen, die jedem Whiskyfreund das Herz höher schlagen lassen: Haig, Dimple, Dewar's als Scotch und dazu einer der kaum üblichen Blended Malts Glenleven.

Scotch
John Haig
Dimple »De Luxe« (12 Jahre)
Dewar's White Label
Dewar's Ancestor (12 Jahre)
Black & White*)
Black & White Premium (12 Jahre)*)
Malt
Glenleven
   Highland Blended (12 Jahre)
Dalwhinnie
   Speyside Single (15 Jahre)*)

---

*) Bei Drucklegung war noch nicht endgültig entschieden, ob diese Marken von Euromarken zu Diversa gehen.

EGGERS & FRANKE
Töferbohm 8
2800 Bremen
Telefon: 0421/3053-0
Telex: 244983

Das traditionsreiche Bremer Weinhandelshaus Eggers & Franke hat sich beim Scotch die speziell in den USA bekannte und beliebte Marke Cutty Sark an Land gezogen. Sie ist eine der wenigen Ausnahmen, die nicht durch einen Whiskyhersteller, sondern durch eine Londoner Weinhandelsfirma, Berry Bros & Rudd, sowohl komponiert als auch erfolgreich vertrieben wird. Dieser Whisky schreibt sich übrigens »Scots«; man müßte also nicht sagen schottischer Whisky, sondern Whisky der Schotten. Daneben führt man seit vielen Jahren die preiswerte Scotchmarke Clarion No. 7, die von Flagmann Ltd. stammt, und als Malt den Blair Athol, einen der selteneren Midland-Malts aus dem Hause Bell-Guinness. Zwei Kentucky Straight Bourbons runden das Sortiment der bekannten Weinspezialisten ab. Es sind der Old Kentucky Rifle, der schon lange im E&F-Programm geführt wird, und der Sour Mash Whiskey Evan Williams aus der ältesten, 1783 gegründeten Destillerie Kentuckys.

Scotch
Cutty Sark
   Blended Scots
   Blended Scots (12 Jahre)
Clarion No. 7
Malt
Blair Athol
   Midland Single (8 Jahre)
Bourbon
Old Kentucky Rifle
   Kentucky Straight »White Label«
Evan Williams
   Kentucky Straight (6 Jahre)

EDGAR GEMBRYS GMBH & CO.
Eckermannstr. 4
2090 Winsen/Luhe
Telefon: 04171/3034-37
Telex: 2189907

»Warenhandel« steht schlicht im Untertitel dieses 1953 gegründeten Unternehmens. Mittlerweile wurde eine »Importfirma moderner Prägung« daraus, die exklusiv importiert oder eigene Produkte entwickelt. Auch zwei Malt Whiskys hat man im Programm, darunter einen ganz besonderen. Er stammt von den Orkney-Inseln, ganz oben in Schottland, auf dem gleichen Breitengrad wie die Südspitze Grönlands liegend. Es ist damit der nördlichste Whisky der Welt und einer der beiden, die aus dieser recht rauhen Gegend zu uns kommen. Im Kapitel Orkney erfährt man besonders viel über die Highland Park Distillery der James Grant Company und ihren geschmacklich ganz außergewöhnlichen Whisky.

Malt
Highland Park 43% (12 Jahre)
   Highland (Orkney) Single
Glengoyne (12, 17 Jahre)
   Highland (Western) Single

GENUPORT GMBH & CO KG
Internationale Spezialitäten
Giessemer Bruch 174
4150 Krefeld
Telefon: 02151/541051/2
Telex: 0853491

Eine Importfirma, die sich überwiegend auf Süßwaren spezialisiert hat. Malt-Whisky nimmt nur eine randständige Position ein und ist mehr ein Hobby des Inhabers. Doch es gibt einige außergewöhnliche Single-Provenienzen, darunter den einzigen der Insel Mull und einen der seltenen Lowlands.

Malt
Glenfarclas Single Highland
   43% (15, 21, 25 Jahre)

Glengoyne Single Highland
43% (12 Jahre)
Bunnahabhain Single Islay
43% (12 Jahre)
Auchentoshan Single Lowland
43% (12 Jahre)
Tobermory Pure Isle of Mull
(8 Jahre)
Lagavulin Single Islay
43% (12 Jahre)
Glenfairn Blended Malt
(8 Jahre)

HANSEATISCHE WEINHANDELSGESELLSCHAFT MBH & CO. KG

Neustadtbahnhof 3
2800 Bremen 1
Telefon: 0421/506338
Telex: 246317

Eine exklusive Importfirma, die 1974 gegründet wurde. Sie hat sich nicht nur durch ihre Weinauswahl – besonders französischer Edelkreszenzen – einen Namen gemacht, sondern vor allem auch durch das wohl umfangreichste und bestsortierteste Maltangebot. Die Preisliste enthält über 70, teilweise sehr seltene Single Malts. Viele der Whiskys sind Jahrgänge zurück bis 1939. Die Firma ist auch Importeur eines großen Teils der in diesem Buch unter der einheitlichen Ausstattung »Connaisseur's Choice« vorgestellten 30 Single Malts des bekannten englischen Whiskyhauses Gordon & Mac Phail, Elgin. (Außer denen in der folgenden Übersicht hat man noch viele weitere Malts, die wegen kleinerer Mengen nicht in der Liste stehen. Einzelhändler werden gerne auf Anfrage genannt.)

Highland Malt
Glenfarclas
(6 von 43–60%, 12 – 25 Jahre)
Glen Garioch
(43% 10 Jahre; 50% 1965er)

The Macallan
(43% 12 Jahre; 43% 1969er)
(59% »As we get it« 15 Jahre)
Smith's Glenlivet
(15 Jahre; 1961er; 1940er)
Strathisla (3 von 15 - 30 Jahre)
Linkwood (15, 21 Jahre; 1939er)
Glen Grant (21, 25, 35 Jahre)
Longmorn (12 Jahre)
Mortlach (12 Jahre)
Islay, Sky, Orkney Malt
Bowmore (12 Jahre; 1972er; 1965er)
Talisker (12 Jahre)
Scapa Orkney (8 Jahre; 1963er)
Ardbeg (10 Jahre)
Highland Park (12 Jahre)
Lagavulin (12 Jahre)
Lowland Malt
Auchentoshan (10, 18 Jahre)
Cambeltown Malt
Springbank (12, 15, 21 Jahre)
Connaisseurs's Choice
Abfüllungen von *Gordon & McPhail*
(28 Single Malts 1954er – 1973er)

HENKELL & SÖHNLEIN

Biebricher Allee 141
6200 Wiesbaden
Telefon: 06121/633–1

Die beiden großen traditionsreichen Sekthäuser haben in ihrem über 125jährigen Bestehen wichtige Kapitel im Buch des deutschen Sektes geschrieben. Mit ihren bekannten Sektmarken aller Preisklassen sind sie seit 1986 in einer gemeinsamen Firma vereint. Tradition beider Häuser ist es aber auch, wichtige Importmarken zu führen. Während Henkell solche Marken geschlossen einer Beteiligungsfirma (Euromarken) anvertraute, brachte Söhnlein seine Spirituosenmarken als Mitgift in die Ehe. Drei renommierte schottische Whiskys gehören auch dazu, unter anderem die Weltmarke White Horse. 40 Malts werden allein für das Blending dieser Marke verwendet, die von der englischen Königin mit dem sogenannten »Export-Oscar« ausgezeichnet wurde.

Scotch
White Horse
Logan De Luxe 43% (12 Jahre)
Malt
Glen Elgin
Single Highland 43% (12 Jahre)

CHARLES HOSIE GMBH

Spitalerstr. 16
2000 Hamburg 1
Telefon: 040/339500
Telex: 216 11 35

Hosie – seit 1983 im Besitz von Barcardi International Ltd. – gehört zu den bedeutendsten Spirituosenimporteuren der Bundesrepublik (1987 16 Mio. Fl. = 263 Mio. DM). Gegründet wurde das Importhaus 1919 in Hamburg, eigenartigerweise von einem Schotten namens Charles George Hosie. Schon 1920 führte er Dewar's und Hiram Walker nach Deutschland ein. Im Programm findet man alle wichtigen Spirituosenarten, meist mit sehr bekannten und renommierten Marken. Einige Importmarken werden im eigenen modernen Betrieb abgefüllt. Nachdem 1987 der bekannte Tennessee Whiskey Jack Daniels (von Sturm/Asbach) und 1988 der legendäre, meistverkaufte Scotch Johnnie Walker (nach fast 40 Jahren Betreuung durch Kupferberg/Racke) bei Hosie landeten, verfügt dieser Importeur über ein besonders umfangreiches und attraktives Whiskysortiment. Beim irischen Whisky hat man sogar zwei Marken und den einzigen Malt der grünen Insel; und vom schottischen Malt werden ebenfalls zwei bekannte Singlemarken angeboten.

Scotch
Johnnie Walker Red Label
Johnnie Walker Black Label (12 Jahre)
Swing Johnnie Walker De Luxe
Malt
Cardhu Speyside Single (12 Jahre)
Glenmorangie Highland Single (10 Jahre)
Irish Malt
Bushmills Single (10 Jahre)

*Die teuersten
Scotchs in
Deutschland*

Irish
    Black Bush (Bushmills) Special Old
    John Jameson
    Jameson 1780 (12 Jahre)
Tennessee
    Jack Daniels Old Nr. 7
        Tennessee Sour Mash 43%

JUMAC MARKENIMPORT AGENCY
GMBH
Drachenburgstr. 36 A
5300 Bonn 2
Telefon: 0228/345061
Telex: 8869258

Grand Cru Select
Drachenburgstr. 36 A
5300 Bonn 2
Telefon: 0228/342011
Telex: 8869258

Mit einem Lastwagen, der vor einigen Jahren vom berühmten Pariser Großmarkt hier nicht erhältliche Lebensmittel für anspruchsvolle Gastronomen heranfuhr, fing alles an. Daraus entwickelte sich ein großes Unternehmen, bekannt geworden als Rungis Express Wolf, und daraus wiederum diversifizierten sich ein paar Wein- und Spirituosenfirmen, zusammengefaßt unter einer Wolf-Holding. Die zwei oben aufgeführten (mit unterschiedlichen Verkaufspraktiken) sind unter anderem für Whisky zuständig. Sie haben einen der bekanntesten Malts im Programm.

Malt
    The Macallan 43% (12, 25 Jahre, 1968er)
        Highland (Lower Speyside) Single

DIETER KIRSCH
Import
2808 Syke-Schnepke
Schnepkerstr. 24
Telefon: 04242/1537

Ein 1976 gegründetes Spezialunternehmen, das sich auf zwei Dinge kapriziert und dabei eine sehr große Auswahl bietet: Es sind einmal Miniaturflaschen, von denen 800 geführt werden, und Malt-Whisky. Über 150 Sorten und Marken, die direkt von den Brennereien oder zum größeren Teil von englischen Spezialhändlern beschafft werden, stehen zur Zeit in der (freibleibenden und naturgemäß in der Auswahl wechselnden) Preisliste. Besonders spezialisiert ist man auf die in einheitlicher Ausstattung gelieferten Abfüllungen von Gordon & Macphail sowie auf verschiedene Altersklassen einer Sorte und High-Proof-Versionen (Faßstärke). Hier nur wenige Beispiele:

Malt Highland
    Balblair (5, 10 Jahre)
    Glenfarclas (8, 10, 12, 15, 21, 25 Jahre)
    Glen Grant (10, 15, 21, 25, 35 Jahre)
    Glen Mhor (8, 15 Jahre)
    Strathisla (8, 15, 21, 25, 30, 35 Jahre)
Malt Islay
    Ardbeg (10 Jahre)
    Bowmore (12 Jahre; Jubiläumsfüllung)
    Bruichladdich (10 Jahre)
    Bunnahabhain (12 Jahre)
    Caol Ila (1972, 1966, 1969, 12 Jahre)
    Laphroig (10, 15 Jahre; 1973, 1969)
    Port Ellen (1970, 1969)

Malt Campeltown
  Glen Scotia (8 Jahre)
  Springbank (8, 10, 12, 15, 21 Jahre)

MARTINI & ROSSI
Bosenheimer Str. 218
6550 Bad Kreuznach
Telefon: 0671/6030
Telex: 42812

Das bekannte italienische Vermouthhaus
hat seit langem eine Dependance in
Deutschland. Innerhalb eines kleinen zusätzlichen Spirituosenprogramms werden
einige Whiskymarken geführt.

Scotch
  William Lawson's
    William Lawson's (12 Jahre)
Malt
  Glen Deveron
Bourbon
  I. W. Harper Kentucky Straight
  I. W. Harper 43% (12 Jahre)

MAY-WERKE GMBH & CO. KG
5042 Erftstadt
Telefon: 02235/8080

In vielen Geschäften und Supermärkten
wird man die im Preis niedrigen Handels-
marken dieser Firma finden.

Scotch
  Balmoral 37,5%
  Black Rose (5 Jahre)
  Old Castle
Bourbon
  Maryland Kentucky Straight

MAX PIEHL
Wein- und Spirituosenimport
Hardenstr. 51
2000 Hamburg 28
Telefon: 040/781313
Telex: 2163676

Der rührige Importeur hat ein breit gefä-
chertes Weinangebot und daneben einige,
eher bei Insidern bekannte Spirituosen. Weniger bekannt, jedoch nicht zu verachten, ist
auch der von dieser Firma seit 20 Jahren importierte Scotch Cluny. Er stammt von der
bereits 1857 gegründeten schottischen
Firma John E McPherson & Sons Ltd., die
1933 Hoflieferant für King George V wurde
und diese Auszeichnung stolz noch auf ihren Etiketten vorweist. Cluny geht in kleineren Mengen in zwei Dutzend Länder. Bekannter ist er in Italien und besonders in Kalifornien, wo er der meistverkaufte schottische Whisky ist.

Scotch
  Cluny (4 Jahre)
  Cluny 43% (12 Jahre)

ROLAND MARKEN-IMPORT KG
GMBH & CO.
Postfach 102149
2800 Bremen 1
Telefon: 0421/3994-200
Telex: 244102

Eine wohl abgestimmte Palette bekannter
und exklusiver Spirituosen- und Weinmar-
ken bietet dieses 1948 gegründete Bremer
Importhaus. Es ist (jetzt wieder) ein
100%iges Tochterunternehmen von Reide-
meister & Ulrich, nachdem der Minder-
heitsgesellschafter IDV (International Distillers & Vintners) ausstieg und ein paar er-
folgreiche Marken (u. a. auch Baileys Irish
Cream Liqueur) mitnahm. Rege war man
hier schon immer auch bei den Whiskys.
Das berüchtigte Markenkarussell spürte
man in der letzten Zeit allerdings auch bei
Roland eindrucksvoll: Bushmills Irish
Whiskey ging zu Hosie, dafür übernahm
man (von Schweppes) den weltweit und
auch in Deutschland mit großem Abstand
meistverkauften Malt Glenfiddich; und
zwei »Old«-Bourbonmarken kamen ebenfalls dazu. Darunter der alkoholstärkste
amerikanische Whiskey, der mit 57% vol.

ausgeliefert wird. So ist das Portefeuille wieder ganz gut ausgeglichen.

Scotch
  Grant's Finest
  Grant's 12 Years Old
Malt
  Glenfiddich
  The Balvenie Founder's Reserve
    Single Highland
  The Balvenie Classic Oldest Choice
    Single Highland 43%
Bourbon
  Old Grand Dad
    Kentucky Premium
  Old Grand Dad 114
    Barrel Proof 57% (Faßstärke)
  Old Crow
    Kentucky Straight

D. V. SCHLUMBERGER KG
Buschstr. 20
Postfach 1128
5309 Meckenheim
Telefon: 02225/8809-0
Telex: 8869940

Das 1970 gegründete Unternehmen gehört
gut zur Hälfte dem österreichischen Unternehmen Schlumberger Wein- und Sektkellerei, das wiederum zu 75% Underberg, Zürich, gehört. Musterbeispiel einer komplizierten Verschachtelung. Es hat sich durch
die Einfuhr hochwertiger Weine, Schaum-
weine und Spirituosen einen Namen gemacht. Zwei bekannte »Schotten« zieren das
ausgewogene Programm – beide kommen in
der schottischen Whisky-Standard-Flasche
heraus.

Scotch
  The Famous Grouse
Malt
  Tamdhu
    Single Highland (10 Jahre)

SEAGRAM DEUTSCHLAND GMBH
Geheimrat-Hummel-Platz 4
6203 Hochheim/Main
Telefon: 06146/50-0
Telex: 176146912

Die Deutschland-Dependance des kanadischen Spirituosen-Giganten wurde hier 1978 eingerichtet und fährt einen starken Expansionskurs. Zu den hauseigenen Marken aus der großen Seagrams-Palette und einem kleinen Ergänzungsprogramm kamen unter anderen noch die der deutschen Firmen Matheus Müller und Scharlachberg. Bis auf irischen Whiskey sind alle Whisky-Sorten im Programm – ausnahmslos weltweit sehr bekannte und starke Marken. Kürzlich kam noch das gesamte Ballantine's-Sortiment einschließlich des Malt-Whiskys Milton Duff dieses Hauses dazu. Damit bietet Seagram 14 Whiskys an, eine beachtliche Bandbreite.

Scotch
  Seagram's 100 Pipers De Luxe
  Chivas Regal 43% (12 Jahre)
  Chivas Royal Salute 43% (21 Jahre)
  Ballantine's Finest
  Ballantine's The 12 43% (12 Jahre)
  Ballantine's 17 Years
  Ballantine's 30 Years
Malt
  The Glenlivet 43% (12 Jahre)
    Highland (Speyside) Single
  Milton Duff 43% (12 Jahre)
    Highland (Speyside) Single
Canadian
  Crown Royal Premium
  Seagram's V.O.
Bourbon
  Jim Beam – Kentucky Straight
  Beam's Black Label 45% (8 Jahre)
    Kentucky Straight
American
  Seagram's Seven Crown (blended)

J. B. STURM MARKENIMPORT GMBH
Am Rottland 2–10
6220 Rüdesheim am Rhein
Telefon: 06722/12-0
Telex: 42114

Sturm ist ein Tochterunternehmen der bekanntesten deutschen Weinbrennerei Asbach & Co. Es hat einige recht bekannte, von der Qualität und Art gut zu dem berühmten Weinbrand passende Spirituosen im Programm, darunter auch einen Whisky.

Scotch
  Grand Old Parr
    De Luxe (12 Jahre)

WM. TEACHERS & SONS
Basedowstr. 14
2000 Hamburg 26
Telefon: 040/257051
Telex: 2163808

Seit 1969 hat das bekannte englische Whiskyhaus aus Glasgow in der Bundesrepublik eine eigene Vertretung, die sich ausschließlich dem Verkauf des Scotch-Whiskys Teacher's und eines der Malts dieses Hauses widmet.

Scotch
  Teacher's Highland Cream
Malt
  Glendronach
    Highland (Speyside) Single

UNI-HANDELSGESELLSCHAFT MBH
Am Felsbrunnen
6600 Saarbrücken
Telefon: 0681/8707-02
Telex: 044286 21

Ein gemeinsames Unternehmen der mittelständischen, sehr aktiven Unternehmensgruppe Rolf Herzberger (75%) und des Giganten Allied Lyons. Die Uni widmet sich der Einfuhr internationaler Spezialitäten und Raritäten; d. h. bekannter und weniger bekannter Spirituosen aus allen Preisbereichen. Den preisgünstigsten Amaretto gibt es dort genauso, wie einen Armagnac aus dem Jahre 1893 für weit über 1000 DM. Die Whiskyauswahl ist klein, aber ungewöhnlich fein. Neben zwei Long John-Ausgaben, stechen vor allem die beiden Malts hervor. Diese bemerkenswerten Singles sind in den Kapiteln Speyside und Islay Malts ausführlich beschrieben. Der Laphroig kann sicher für sich in Anspruch nehmen, zu den »kräftigsten« Whiskys der Welt zu gehören. (Wenn Superlative nicht so fraglich wären, würden wir der Anmerkung auf dem Etikett »the most richly flavoured of all Scotch Whiskies« zustimmen.) Wer sich als Maltgenießer zu solcher Spezialität hoch getrunken hat, wird immer wieder gerne darauf zurückgreifen wollen. Vor kurzem kam als interessante Bereicherung des Sortiments noch der weltbekannte Canadian Club in zwei Sorten und einer der besten Bourbon-Whiskys dazu, ausnahmsweise ohne »e« geschrieben.

Scotch
  Long John
  Long John 12 Years 43%
Malt
  The Tormore Glenlivet 43%
    Highland (Speyside) Single
  Laphroig 43% (10 Jahre)
    Islay Single
Bourbon
  Maker's Mark 45% Kentucky Straight
Canadian
  Canadian Club (Hiram Walker's)
    (6 Jahre)
  Canadian Club Classic (12 Jahre)

VEUVE CLICQUOT IMPORT GMBH
Taunusstr. 21
6200 Wiesbaden
Telefon: 06121/521011
Telex: 4186081

Wie der Name vermuten läßt, ist dieser Importeur eine Dependance des berühmten Champagne-Hauses. Das heißt nun aber nicht, daß es dort nur schäumenden Wein aus Frankreichs feinster Weißweingegend gibt. Ein wohlüberlegtes, elitäres Spirituosenprogramm wird ebenfalls angeboten, und die zwei Whiskys darunter sind von edelster Machart. Neben dem bekannten Aberlour Single Malt, der bei den Lower Speyside-Malts besprochen ist, fällt besonders ein Dunhill Scotch auf. Alfred Dunhill, bekannt für männliche Luxusartikel, hat vor nicht zu langer Zeit diversifiziert und einen ansehnlichen Scotch zuerst in Deutschland herausgebracht. Die Marke ist recht neu, doch der Inhalt ist älter als sonst beim Scotch üblich: Die 40 verschiedenen Malts sind über 20 Jahre alt, der Grain acht bis zehn Jahre. Alt ist aber auch die außergewöhnliche Flaschenform. Es ist die Nachbildung einer Bottle aus dem Jahre 1845. Die Flaschenschultern sind asymmetrisch und der Flaschenhals leicht schräg. Und wenn auf dem Siegel die Initialen AD eingeprägt sind, so könnte das ohne weiteres bedeuten, der Albrecht Dürer unter den Whiskys; gemeint ist aber wohl schlicht Alfred Dunhill.

Scotch
Dunhill Old Master 43%
Malt
Aberlour Glenlivet 43%
   Highland Single (12 Jahre)

HEINRICH VILLINGER
5TH AVENUE GALERIE
Martin-Luther-Str. 4
7890 Waldshut-Tiengen 2
Telefon: 07741/607250
Telex: 7921 1410

Bekannt ist Villinger zunächst durch seine exklusiven Zigarren. Doch Heinrich Villinger ließ es nicht bei dem Rauchwerk bewenden und hat sich eine feine Galerie zugelegt, in der weniger bekannte Spirituosen-Raritäten angeboten werden. Bei ihm kaufen nicht nur Gastronomen und der gehobene Handel, sondern auch Endverbraucher. Vier Whiskys sind im Programm, die jeweils auf ihrem Gebiet zu den Spitzenerzeugnissen gehören. Beim Scotch mit dem »Malt-Namen« Slaintheva malt Villingers Kalligraph sogar jeden gewünschten Namen (ohne Preisaufschlag) auf das Etikett.

Scotch
Pinwinnie 43% (12 Jahre)
Slaintheva (12 Jahre)
Malt
Blairmhor Blended Pure (8 Jahre)
Bourbon
Ezra Brooks Kentucky Straight

WELTMARKEN IMPORT
GMBH & CO.
Bahnstr. 10
6200 Wiesbaden 1
Telefon: 06121/716-0
Telex: 4064463

Es war einmal eine recht bekannte Weinbrandfirma namens Texier, die 1949 anfing, ausländische Spirituosen zu importieren. 1964 war man dann fast ausschließlich in diesem Zweig tätig, benannte sich in »Schneider-Import« um (der damalige Besitzer hieß Schneider) und ließ sich einige Jahre später von Cointreau aufkaufen. 1987 bildete Cointreau einen Firmenverbund mit Cinzano und der IDV (International Distillers & Vintners) zu je einem Drittel Beteiligung, und unter dem Namen Weltmarken Import strebt man neuen Ufern zu. Diese Entwicklungsgeschichte zeigt beispielhaft, wie rasch sich Besitz- und Vertriebsverhältnisse ändern können. Durch die neue Konstellation hat die Firma alle Whiskymarken abgeben müssen (z. B. Dimple und Haig an Underberg) und sich aus dem Kuchen neu bedienen können. Im Programm sind jetzt alle J & B Whiskys und der Malt Knockando (übernommen von Moët & Chandon, die damit z. Zt. ohne Whisky sind) sowie der Canadian Black Velvet (von Roland). Ein guter Neubeginn, aber sicher kommt noch etwas dazu.

Scotch
J & B Justerini & Brooks Rare
J & B 15 Years Old 43%
Malt
Knockando 43% 1975er
   Highland (Lower Spay) Single
Canadian
Black Velvet

Importeure in Österreich und der Schweiz

ÖSTERREICH

**ASBACH DOORNKAAT
IMPORT-GES.M.B.H.**
Stephansplatz 10
1010 Wien
Telefon: 0222/5336300

Scotch
Old Smuggler

BAUER GROSSDESTILLERIE
Prankergasse 29–31
8021 Graz
Telefon: 0316/913856

Scotch
Carlton Club
Grant's Standfast, Royal Scotch
Malt
The Balvenie, Glenfiddich
Irish
Jameson
Bourbon
Kentucky Star

**GETRÄNKE HANDELSHAUS
GMBH & CO**
Bäckermühlweg 44
4010 Linz
Telefon: 0732/80469

Scotch
The Antiquary
Clan House, Vat 69
Malt
Glenesk
Bourbon
Medley

GISS HANDELSGES.M.B.H.
Stockerauer Straße 181
2100 Korneuburg
Telefon: 02262/4361, 4362

Scotch
J & B Rare Scotch
Spey Royal Scotch
Malt
Knockando
Canadian
Black Velvet

**GUGGENTHALER GETRÄNKE-
HANDELSGES.M.B.H.**
Bachstr. 75
5023 Salzburg
Telefon: 0662/73361

Scotch
Long John
Malt
Laphroaig, Tormore

GÜRTLER GES.MBH
(Underberg-Gruppe)
Scheringgasse 4
1140 Wien
Telefon: 0222/972514-16

Scotch
Famous Grouse
Malt
Highland Dark
Tamdhu
Irish
Tullamore Dew
Canadian
Canadian Club

HENKELL & SÖHNLEIN
Vertriebs-Ges.m.b.H.
Schwarzparkstr. 7–9
5020 Salzburg
Telefon: 0662/73383, 75475

Scotch
Glendronach, Teacher's
Bourbon
Jim Beam

KELLERAMT CHORHERRENSTIFT
Klosterneuburg
Stiftsbetriebe Ges.m.b.H.
Am Renninger 2
3400 Klosterneuburg
Telefon: 02243/6375

Scotch
Highland Queen
Muirehead's
McDonald & Muir
Grand 15
Malt
Glenmorangie

**KLEINOSCHEG
SEKTKELLEREI, IMPORT**
Anton-Kleinoscheg-Str. 66
8051 Graz-Gösting
Telefon: 0316/51501

Scotch
Club 99
Irish
Old Bushmills
Canadian
Garrison Club

KOFA GETRÄNKEINDUSTRIE
Anton Kotlowski
Linzer Straße 3
4493 Wolfern
Telefon: 07253/296

Scotch
Chivas Regal
Glendronach
Teacher's
Malt
Glenlivet
Bourbon
Four Roses
Jim Beam
Canadian
Crown Royal

KÖNIG H. C. GES.M.B.H.
Ziegeleistr. 29a/31a
5022 Salzburg
Telefon: 0662/75772

Scotch
  Dimple
Malt
  Glenleven

**LAUDA DESTILLERIE UND
GETRÄNKEHANDEL
GES.M.B.H. & CO. KG**
Heiliggeiststr. 2
6020 Innsbruck
Telefon: 05222/28311-12

Scotch
  Black & White
  Chivas Regal
  Clan House, John Haig
  King Edward I
  White Horse
Irish
  Old Bushmills
Bourbon
  Jim Beam
Canadian
  Canadian Club

**LEHAR LIKÖRE WIESBÖCK
GES.M.B.H. & CO. KG**
Sportplatzstr. 13
2483 Ebreichsdorf
Telefon: 02254/2556

Scotch
  Ballantines, Chivas Regal
  Dimple, Glen Kiddy
  Kilt Scotch, Scotch Castle
  White Horse
Bourbon
  Four Roses, Jim Beam
  Madison
  Old Henry Clay
Tennessee
  Jack Daniels

TH. & G. MAUTNER MARKHOF AG
Mautner-Markhof-Gasse 39–41
1110 Wien
Telefon: 0222/7480-0

Scotch
  Ballantines, Milton Duff
Malt
  Glenlivet
Tennessee
  Jack Daniels

MARTINI & ROSSI GES.M.B.H.
Richard-Strauss-Str. 8
1232 Wien
Telefon: 0222/611531

Scotch
  King Edward I
  Logan de Luxe
  White Horse
  William Lawson's
Bourbon
  I. W. Harper
  Mayflower
  Schenley XL

**JULIUS MEINL GROSSHANDELS-
GESELLSCHAFT**
Zeillergasse 3–5
1171 Wien
Telefon: 0222/461604, 4680

Scotch
  White River

MOUNIR P. M. & CO.
Ungargasse 20
1031 Wien
Telefon: 0222/736255, 736167

Scotch
  Johnnie Walker Red Label
  Johnnie Walker Black Label
Bourbon
  Old Taylor

**POLACEK, ERSTE GERASDORFER
LANDBRANDMANUFAKTUR,
INT. MARKENSPIRITUOSEN**
Resselgasse 1
2201 Gerasdorf
Telefon: 0222/221505, 222388

Scotch
  John Begg
  Cutty Sark
Malt
  Lochnagar
Irish
  Powers
Bourbon
  Old Kentucky Tavern Premium
  Yellowstone

**JACQUES ROULLET & CO.
WEINBRENNEREI/IMPORT**
Pyrkergasse 31
1190 Wien
Telefon: 0222/365198, 365215

Scotch
  Bell's
Malt
  Inchgower
Canadian
  Captains's Table
Bourbon
  George Dickels

SCHNAPS EXPRESS SCHWAB
Glaser Straße 32a
5026 Salzburg
Telefon: 0662/23234

Scotch
  Green Highland
  Old River
Bourbon
  Great Bear

245

SEAGRAM SPIRITUOSEN
GES.M.B.H. AUSTRIA
Gumpendorferstraße 65
1060 Wien
Telefon: 0222/565526

Scotch
  Chivas Regal
  100 Pipers
  Royal Salute
Bourbon
  Four Roses
American
  Seagram's V. O.
Canadian
  Crown Royal

ALOIS STANGL »VINOTHECK«
EXKLUSIVE WEINE
& SPIRITUOSEN
Untersbergstraße 14
5020 Salzburg
Telefon: 0662/849684

Malt
  Macallan

SEBASTIAN STROH GES.MBH
Strohgasse 6
9010 Klagenfurt
Telefon: 04222/25222

Scotch
  White Lable

ANDRÄ VERGEINER,
WEINKELLEREI/IMPORT
9900 Lienz/Osttirol
Telefon: 04852/2018, 3418

Scotch
  Burberry's

ADOLF WUNDERLICH
DESTILLEREI UND
LIKÖRFABRIK
Kaiserstraße 63
1070 Wien
Telefon: 0222/933227-0

Scotch
  Lang's
Malt
  Glengoyne

SCHWEIZ

AUX PLANTEURS RÉUNIS SA
22, Av. Reller
1800 Vevey
Telefon: 021/9226852

Scotch
  Cutty Sark
  Cutty 12

BOLS-CYNAR AG
Weinbergstraße 29
8006 Zürich
Telefon: 01/2523300

Scotch
  Ballantine's Finest
  Ballantine's 12 Years
  Ballantine's 17 Years
  Ballantine's 30 Years
Tennessee
  Jack Daniels
Bourbon
  Old Forester

C. AUGUST EGLI & CO. AG
Leimbachstr. 5
8041 Zürich
Telefon: 01/4822666

Irish
  Tullamore Dew

CINZANO SA
8, Rue Grd.-Chene
1002 Lausanne
Telefon: 021/222772

Scotch
  Old Parr

DISTILLERIE WILLISAU SA
(DIWISA)
6052 Willisau LU
Telefon: 045/811815

Scotch
The Antiquary
Vat 69

EMIL BENZ IMPORT AG
6414 Oberarth SZ
Telefon: 041/823452

Scotch
Logan de Luxe
White Horse

EMIL EBNETER & CO. AG
Weissbadstr. 27
9050 Appenzell
Telefon: 071/871717

Scotch
Queen Anne

ERNEST FAVRE SA
7, rue Antoine-Jolivet
1227 Acacias-Genève
Telefon: 022/820701

Scotch
Black & White
Black & White Premium
Buchanan's de Luxe

ESCHER SA
5, rue de Sablières
1214 Vernier-Satigny (Genève)
Telefon: 022/410800

Scotch
Black Moor
Derby Club (Eigenmarke)

HAECKY IMPORT AG
Im Kaegen
4153 Reinach BL
Telefon: 061/768181

Scotch
Dewar's Ancestor
Dewar's White Label
Malt
Dewar's Pure Malt
Irish
John Jameson
Bourbon
Jim Beam

LATELTIN AG
Haldenstrasse 31
8045 Zürich
Telefon: 01/4622822

Scotch
Lord Richmond (Eigenmarke)
Malt
Glenmorangie

LOUIS GOLAY SA
33c, Av. de Miremont
1211 Genève
Telefon: 022/461344

Scotch
Dimple
Malt
Glenleven

MARMOT KELLEREI
8832 Wollerau
Telefon: 01/7845050

Scotch
Churchill (Eigenmarke)

MARTINI & ROSSI SA
267, Rte. de Meyrin
1217 Meyrin-Genève
Telefon: 022/825353

Scotch
William Lawson's
William Lawson's 12 Years
Malt
Glen Deveron Macduff

MARTEL AG
Poststraße 11
9000 St. Gallen
Telefon: 071/226451

Malt
Laphroig

P. F. NAVAZZA
3, rue de Sablières
1214 Vernier-Satigny (Genève)
Telefon: 022/411750

Scotch
Grant's Finest
Grant's 12
Malt
Glenfiddich
Grant's Malt

RENÉ WENGER IMPORT AG
Thannerstr. 30
4009 Basel
Telefon: 061/397007

Scotch
Long John
Long John Royal Choice
Bourbon
I. W. Harper
I. W. Harper 12 Y

RODICA SA
1, rue de Sablières
1214 Vernier-Satigny (Genève)
Telefon: 022/41 25 45

Malt
The Macallan

RUM COMPANY LTD.
Güterstrasse 141–145
4008 Basel
Telefon: 061/35 74 00

Scotch
Old Smuggler
Scotch Nr. 10 (Eigenmarke)
Bourbon
Old Grand Dad

SCHMID & GASSLER
14, Bd. de la Cluse
1205 Genève
Telefon: 022/20 36 55

Scotch
J & B Reserve
J & B Royal Ages 15 Years
Malt
J & B 20 Years

F. SIEGENTHALER SA
39, Av. Florissant
1008 Prilly-Lausanne
Telefon: 021/25 88 22

Scotch
Johnnie Walker Black Label
Johnnie Walker Red Label
Malt
Cardhu
Canadian
Canadian Club

POMMERY-DISTRIBUTION SA
58, Av. Gén. Guisan
1800 Vevey
Telefon: 021/9 21 02 51

Scotch
Bell's De Luxe
Bell's Extra Special
Bell's Royal Reserve

SEAGRAM (SCHWEIZ) AG
Talacker 41
8022 Zürich
Telefon: 01/2 11 06 86

Scotch
Chivas Regal
Chivas Royal Salute
Seagram's 100 Pipers
Malt
The Glenlievet
Irish
Old Bushmills
Irish Malt
Old Bushmills
Canadian
Seagram's V. O.
American
Seagram's Seven Crown

Whisky-Quellen für Sammler

Bei den folgenden Anschriften handelt es sich überwiegend um Spirituosen- oder Delikatessengeschäfte mit überragendem oder ausgefallenem Whiskysortiment, die aber gerne auch einzelne Whiskyflaschen zusenden, falls man nicht in der Nähe wohnt. Preislisten gibt es allerdings nur in den seltensten Fällen, da das Sortiment immer wieder wechselt – einzelne Whiskys sind nicht mehr lieferbar, andere kommen neu dazu. Es empfiehlt sich, seine Wünsche oder Preisanfragen telefonisch oder schriftlich zu äußern, falls man nicht in der Nähe wohnt. Die Zusammensetzung der Liste erhebt keinen Anspruch auf Vollständigkeit. (Die Zahlenangaben beruhen auf Selbstauskünften und werden möglicherweise in der Praxis schwanken.)

Die Anschriften sind nach dem Städte-Alphabet geordnet. Adressen in England und Schottland sowie die Empfehlungen einiger Restaurants in Deutschland folgen im Anschluß.

WEINHAUS SCHULMEISTER
Lange Str. 9
7570 Baden-Baden
Telefon: 07221/24170
(75 Whiskys, davon 45 Malts)

BIG MARKET
(Spirituosen und Antiquitäten)
Buckower Damm 86–90
1000 Berlin
Telefon: 030/6045686
(mit über 280 Sorten eine ungewöhnlich große Whiskyauswahl; daneben über 2000 weitere Spirituosen)

KADEWE
Tauentzienstr. 21–24
1000 Berlin 30
Telefon: 030/21210
(120 Whiskys aller Sorten)

JULIUS KALBHENN
Schüsselkorb 12
2800 Bremen
Telefon: 0421/326062
(u. a. 40 Malt-Whiskys)

KARL LORENZEN
Rickmerstraße 19
2850 Bremerhaven
Telefon: 0471/56580
(über 50 Whiskys; je ein Scotch und Bourbon vom Faß)

FEINKOST BAUER
Meckenheimer Allee
5300 Bonn
Telefon: 0228/637171
(20 Whiskys)

SIEGFRIED FISCHER
Kapuzinergasse 8
4000 Düsseldorf
Telefon: 0211/329972
(130 Whiskys, davon 80 Malts)

BANNEKE – WEINE UND
SPIRITUOSEN AUS ALLER WELT
Inh. Werner Faber
Kreuzeskirchstr. 37
4300 Essen (Mitte)
Telefon: 0201/237098
(Größte Spirituosenauswahl der Bundesrepublik. 3500 Spirituosen, darunter 280 Whiskys)

LUDWIG BURKARD KG
Eschersheimer Landstr. 75
6000 Frankfurt am Main
Telefon: 069/556773 + 592725
(150 Whiskys)

PLÖGER DELIKATESSEN
Große Bockenheimer Straße 30
6000 Frankfurt am Main
Telefon: 069/20941
(70 Spitzen-Whiskys)

WEINHANDLUNG DRECHSLER
Merianstr. 4
7800 Freiburg
Telefon: 0761/33923
(100 exklusive Whiskys, davon 90 Malts bis DM 700,–)

HELLMUTH BELGER
Goethe-Allee 13
3400 Göttingen
Telefon: 0551/56598
(150 Whiskys, davon 107 Malts)

CALEDONIAN HOUSE
Slim Cowell
Valentinskamp 24
2000 Hamburg
Telefon: 040/344557
(über 150 Malts)

G. J. KRUIZENGA
Maria Luisen Str. 11–13
2000 Hamburg 60
Telefon: 040/465007
(30 Whiskys aller Sorten)

FEINKOST BACKHAUS
Königstraße 49
3000 Hannover
Telefon: 0511/345028
(30 Whiskys, davon 20 Malts)

DELIKATESSENHAUS
NIKOLAI HOHWÜ
Holstenstraße 80
2300 Kiel
Telefon: 0431/91038
(über 120 Whiskys; speziell Malts)

DELIKATESSEN
WILLI ORTSIEFER KG
Neusser Str. 550
5000 Köln 50
Telefon: 0221/741592
(über 300 Whiskys, speziell Malts)

BERNHARD STEINMETZ GMBH
Gottesweg 165
5000 Köln
Telefon: 02 21/41 15 97
(über 50 schottische und irische Whiskys)

RUDOLF SCHLATTER
Hussenstraße 2–4
7750 Konstanz
Telefon: 07 5 31/2 26 60
(u. a. 40 Malt-Whiskys)

CARL KESSLER
Marktgasse 17
3550 Marburg
Telefon: 0 64 21/2 57 35
(110 Malts, 30 andere Whiskys)

W. DÜRSELEN
Stresemannstraße 42
4050 Mönchengladbach 2
Telefon: 0 21 66/4 25 76
(30 Malt-Whiskys)

ALOIS DALLMAYR
Dienerstr. 14–15
8000 München
Telefon: 0 89/21 35-0
(30 Whiskys aller Sorten)

FEINKOST KÄFER
Schumannstr. 1
8000 München 80
Telefon: 0 89/41 68-1
(50 Whiskys aller Sorten)

WEINZENTRUM
Josef A. Korn GmbH
Landshuter Allee 61
8000 München
Telefon: 0 89/16 08 63
(80 Malts, 40 andere)

FRUCHTECKE
Helmut Schlösser
Wodanstr. 42
8500 Nürnberg 40
Telefon: 09 11/32 55 44
(70 Scotchs, 80 Malts, 50 andere Whiskys)

DIE WEIN- UND
SPEZIALITÄTENHANDLUNG
Am Esbaum 5
8200 Rosenheim
Telefon: 0 80 31/1 74 63
(25 Malts)

SCOMA
Scotch Malt Whisky GmbH
Körtlandweg 15
2948 Schortens 1
Telefon: 0 44 23/61 71
Das Haus ist seit elf Jahren auf diesem Spezialgebiet tätig (ausgezeichnete Versandliste mit ständig geführten 180 Malts und Dutzenden weiterer Raritäten).

ALTE TABAKSTUBE
Peter Knyrim
Am Schillerplatz 4
7000 Stuttgart 1
Telefon: 07 11/29 27 29
(60 Malts)

FEINKOST BÖHM
Calwer Str. 18
7000 Stuttgart 1
Telefon: 07 11/22 12 44
(50 Whiskys aller Sorten)

TABACUM
Siegfried Schäuble
Schwabstraße 120
7000 Stuttgart-West
Telefon: 07 11/29 52 28
(40 Malts)

DEITERMANN & HENSELER
Hauptstraße 76
4476 Werlte
Telefon: 0 59 51/8 40
(u. a. 20 Malt-Whiskys)

EGON HEES
An den Quellen 2
6200 Wiesbaden
Telefon: 0 61 21/30 23 87
(60 Whiskys aller Sorten)

PFEIFEN RÖSCH
Dominikaner Platz 3 d
8700 Würzburg
Telefon: 09 31/5 22 18
(40 Malts, 20 andere Whiskys)

ORTMANN WEIN GMBH
Friedrichstr. 40
5600 Wuppertal 1
Telefon: 02 02/45 39 91
(60 Malts, 60 andere Whiskys; 250 Whisky-Miniaturen)

Wer Kontakt zu gleichgesinnten Malt-Sammlern und -Freunden sucht, findet dazu Gelegenheit in:

THE SCOTCH MALT WHISKY
SOCIETY
WILLIAM H. MILLER MA
Scheibenstr. 18
4000 Düsseldorf 30
Telefon: 02 11/4 98 18 80

Für DM 90,– kann man Mitglied in dieser Vereinigung werden (eine Flasche Malt im Wert von DM 60,– inbegriffen). Der weitere Jahresbeitrag beträgt dann DM 25,–. Dafür gibt es laufend Informationen und einmalige Angebote mit präzisen Beschreibungen der einzelnen Kreszenzen. Der Non-Profit-Club wurde 1983 in Edinburgh gegründet und widmet sich ausschließlich dem unverdünnten originalen Single Malt in Faßstärke (zwischen 51,5 und 64,6 %vol. Alkohol zu Preisen von 18 bis 28 £). Weltweit wurden bisher über 7000 Mitglieder aufgenommen, in der Bundesrepublik 300.

Adressen von Händlern mit überdurchschnittlicher Malt-Auswahl in London und Schottland:

HARRODS LTD.
Knightsbridge
London SW 1
Telefon: 01-730 1234
Von Deutschland: 0044 1-730 1234

JOHN MILROY LTD.
Soho Wine Market
3 Greek Street
London W1V 6NX
Telefon: 01-437 0893/2385/9311
Von Deutschland: 0044 1-437 0893

GORDON & MACPHAIL
58-60 South Street
Elgin, Moray, Scotland IV30 1JY
Telefon: 0343-45111
Von Deutschland: 0044-343-45111

WILLIAM CADENHEAD LTD.
172 Canongate (The Royal Mile)
Edinburgh EH8 8BN
Telefon: 031-556 5864
Von Deutschland: 0044 31-556 5864

SCOTCH MALT WHISKY SOCIETY
Edinburgh EH8 8BN
Telefon: 031-553 1003
(Verkauf nur an Mitglieder; gibt es auch in der Bundesrepublik)

Restaurants mit besonders guter und großer Auswahl an Malt-Whiskys

Als Digestif werden bei uns im allgemeinen Cognac, Armagnac, Obstgeister aller Art und anderes bevorzugt. Whisky nimmt eher eine Randposition ein. Doch es gibt ein paar Restaurants der oberen Kategorie, in denen auch eine ausgezeichnete Auswahl an Malts geboten wird.

IM SCHIFFCHEN
Kaiserswerther Markt 9
4000 Düsseldorf 31-Kaiserswerth
Telefon: 0211/401050

GOLDENER PFLUG
Ortsstr. 40
6901 Heiligkreuzsteinach-Eiterbach
(bei Heidelberg)
Telefon: 06220/8509

RESTAURANT KYRBURG
Bei der Burgruine
6570 Kirn
Telefon: 06752/6544
(Über 300 Whiskys im Ausschank, davon 150 Malts mit 20 Macallan's)

ULRICHSHÖHE
Herzog-Ulrich-Str. 14
7440 Nürtingen-Hardt
Telefon: 07022/52336

DIE ENTE VOM LEHEL
Kaiser-Friedrich-Platz 3
6200 Wiesbaden
Telefon: 06121/133666

Whisky und Whiskey von A bis Z

Hunderte von Fachausdrücken, speziellen Bezeichnungen und slanghaften Umschreibungen gibt es bei der Whiskyherstellung oder im Umgang mit Whisky in den verschiedenen Ländern. Alle aufzuführen würde ein eigenes Werk ergeben. Hier die wichtigsten Begriffe, die immer wieder in Gesprächen, beim Studium der »Materie« oder bei Reisen in die Whiskygebiete auftauchen.

Aging (Maturation, Mellowing) = Whiskyalterung (komplizierter chemischer und biochemischer Austauschvorgang durch die Faßholzporen; abhängig von vielen Faktoren wie Holzart, Daubendicke, Faßgröße, Lagertemperaturen, Reifezeit u. v. m.)

Barley = Gerste

Baby Whisky = Ein wasserklarer, junger Whisky kurz nach dem Brennen

Beer = anderer Ausdruck für wash (s. dort)

Blend, Blending = Verschneiden, Vermischen verschiedener Whiskys; Malt und Grain zu Scotch oder unterschiedliche Malts zu Blended Malt u. ä.

Blendmaster = Wichtigste Person beim Verschneiden verschiedener Whiskys. Meist sucht er aus Hunderten von Proben die geeigneten heraus und legt ihren Anteil für den gewünschten Typ fest.

Bootlegger = Schwarzbrenner, Schmuggler (USA)

Bottled in Bond = Unter Zollaufsicht gelagerter Straight Whiskey (muß vier Jahre in 120-Liter-Fässern lagern und mit 50% Alkohol abgefüllt werden)

Bourbon Whiskey = Gattungsbegriff für USA-Whisky mit mindestens 51% und höchstens 79% Maisanteil (Bourbon = Kreis in Kentucky). Kann überall in den USA nach den Kentucky-Vorschriften erzeugt werden.

Burn = Bach (schott.)

Butt = Halbfuder-Lagerfaß mit 500 Litern Inhalt (s. auch Hogshead)

Continous Still = säulenförmiger Brennapparat für kontinuierliches Destillieren speziell des Grain Whiskys (Destillate haben 80–90% vol.)

Column Still = Continous Still (s. dort)

Coffey Still = Von dem Zollbeamten Äneas Coffey 1891 erfundene **Continous Still** (s. dort)

Corn, Corn Whiskey = Mais, Mais Whiskey (mindestens 80% Mais)

County = Grafschaft, Landkreis

Feints = Nachlauf beim zweiten Brennvorgang (wird wieder in die Brennblase gegeben)

Foreshots = Vorlauf beim zweiten Brennvorgang (wird wieder in die Brennblase gegeben)

Glen = Talschlucht, enges Tal

Grain = Getreide; neutraler Whisky aus verschiedenen Getreidesorten, überwiegend Mais. Nur selten als Single (s. dort) verkauft. Wird zum Verschneiden mit Malt für Scotch verwendet.

Grist = Geschrotetes Getreide

Hogshead = Oxhoft-Lagerfaß mit 200–300 Litern Inhalt (s. auch Butt)

Kiln = Trockenofen für die Malzdörre

Loch, Lough = See, Meeresarm (schottisch/irisch)

Low Wine = Ergebnis der 1. Brennblase mit ca. 20% vol. Alkohol (s. Wash Still)

Malt House = Mälzhaus

Malt = Angekeimte, getrocknete Gerste; Malt Whisky, der zu 100% daraus destilliert wird

Malting = Mälzen

Maturation = Aging (s. dort)

Mellowing = Aging (s. dort)

Moonshiner = Alkoholschmuggler oder Schwarzbrenner (USA)

Patent Still = Continous Still (s. dort)

Peat = Torf

Pot Still = Kupferbrennblase für den klassischen diskontinuierlichen Destilliervorgang. Dazu gehören zwei leicht unterschiedliche Destillierblasen, der Wash und Spirit Still (s. dort).

Proof = Alkoholgrad; bei USA Proof den Wert durch 2 teilen (86 USA Proof = 43% vol.); bei Brit. Proof mit 0,57 multiplizieren (70 Brit. Proof = 40% vol. Alkohol).

Safe = Plombiertes Kontrollgerät (nach der 2. Brennblase)

Rye, Rye Whiskey = Roggen, Roggen Whiskey (USA)

Scotch = Generell Whisky schottischer Herkunft. Im Sprachgebrauch hat sich die Unterscheidung »Malt« für reinen Malzwhisky und »Scotch« für aus Malt und Grain (Kornwhisky) geblendeten Whisky durchgesetzt.

Sour Mash = übliche Methode bei der Bourbonherstellung, nach der immer ein Rest der vorangegangenen Maische in die folgende kommt (Fortpflanzung der Mikroorganismen)

Spirit Safe = Plombierter Glaskasten mit Flüssigkeits- und Alkoholmeßgeräten. Der Brennmeister regelt von außen den Weg der Destillatstufen (Feinbrand usw.).

Single = Whisky aus einer einzigen Brennerei (Malt oder Grain), er kann jedoch aus mehreren Jahrgängen bestehen.

Spents Lees = Nicht verwendbarer Rückstand in der Spirit Still

Spirit = Alkohol generell

Spirit Still = Zweite Brennblase zur Destillation des Feinbrandes mit 64 bis 70% vol. Alkohol (Mittellauf)

Still = Pot Still (s. dort)

Straight = Unvermischter Whiskey einer Gegend oder aus einer Getreidesorte in den USA (z. B. Straight Kentucky oder Straight Rye); die angegebene Getreidesorte muß zu mindestens 51% verwendet und das Destillat über zwei Jahre in neuen, innen angekohlten Steineichenfässern gelagert worden sein; in Schottland nicht üblicher Begriff.

Tennessy Whiskey = Durch meterhohe Holzkohleschichten geleiteter Whiskey

Ullage = Verdunstung aus dem Faß während der Lagerzeit (»Anteil der Engel«; etwa 2 bis 3% jährlich

Vat = Faß

Vatted, Vatting = Mischung mehrerer Malts miteinander oder mehrerer Grains. Von der Bezeichnung Vat (Faß), weil der Whisky nach der Mischung noch einige Zeit im Faß gelagert wird und sich geschmacklich verbindet. (Ähnlich wie »Blending«, wo aber Malt mit Grain gemischt wird).

Warehouse = Faßlagerhaus (meist unter Zollverschluß = bounded)

Wash = Low Wine (s. dort)

Wash Still = Erste Brennblase zur Destillation des niedrigprozentigen Rohbrandes (Low Wine)

Wheat, Wheat Whiskey = Weizen, Weizen-Whiskey

Wort = Würze; gemälztes oder ungemälztes Getreide, das mit heißem Wasser übergossen wird. Die Wort enthält den Zucker und die Geschmacksstoffe. Nach dem Abkühlen und Filtern erfolgt Weiterleitung in die Gärbottiche.

Wash = Der vergorene Getreidesud, der der Brennblase zugeführt wird. Der Gärvorgang wird durch Hefe eingeleitet.

Yeast = Gärhefe

ANMERKUNGEN

Whisk(e)y-Produzenten in Schottland, Irland, Nordamerika und Japan waren bei der Entstehung dieses Buches behilflich. Mein besonderer Dank gilt Suntory, deren Hilfe mich in die Lage versetzte, nicht nur ihre eigenen Produkte, sondern auch die ihrer Mitbewerber korrekt und umfassend vorzustellen. Viele Persönlichkeiten aus der Whisky-Industrie standen mir hilfreich zur Seite – weit über die Interessen ihrer eigenen Firmen hinaus. In diesem Zusammenhang gilt mein spezieller Dank Ron Ralph von Early Times und Bill Samuels jun. von Maker's Mark und seinem Kollegen von der Kentucky Distiller's Association, Frank Dailey. Ich danke auch Dixie Hibbs vom Oscar Getz Museum und der Familie Bunch für ihre Auskünfte über die Sozial- und Kulturgeschichte Kentuckys.

Viele Organisationen aus der Welt des Whiskys unterstützten mich, und hier bedanke ich mich vor allem bei Wallace Milroy von Milroy's Soho Wine Market, London (für endlose Beratung und Hilfe), und Ian Urquhart von Gordon and MacPhail (für seine freundliche Geduld). Die Whiskys und Whiskeys dieses Buches wurden mit Hilfe der folgenden Personen zusammengetragen und beschrieben: Daniel Beck (»Keens«, New York City); Jumping Joe Danno, »der Jazz-Philosoph« (»Bucket of Suds«; Chicago), Geschäftsführung und Personal von »Cutter's«, Santa Monica; Cyril Boyce (Washington Square Bar and Grill, San Francisco); Mick McHugh (F. X. McRory's und Jake O'Shaugnessy's, Seattle.

Für ihre Freundschaft und Ermutigung möchte ich mich bei dem Autor Derek Cooper und dem Fernsehjournalisten Andrew Jennings bedanken. Für Rat und Tat gilt mein spezieller Dank Alan Dikty und Mark Gruber und schließlich für ihre Gastfreundschaft und Geduld in ganz besonderem Maße Larry Popelka und Pat Kelley.

LITERATUREMPFEHLUNGEN

Während dieses Buch entstand, schrieb mein Freund und Berater, Wallace Milroy, seinen eigenen Taschenführer, »Malt Whisky Almanac« (Lochar Publishing, Moffat, Schottland).

Unter den vielen Büchern, auf die ich mich bei meinen Recherchen stützte, fand ich die folgenden bemerkenswert hilfreich: »The Making of Scotch Whisky« von Moss und Hume (James and James), ein gründliches wirtschaftsgeschichtliches Werk mit Einzelheiten über jede Brennerei; den »Schweppes Guide to Scotch« von Philip Morrice (Alphabooks), besonders hilfreich für das Zuordnen von Bränden und Etiketten zu Gesellschaften und Brennereien; die »Scotch Whisky Industry Review« von Alan Gray (Campbell-Neill, Glasgow und London), eine alljährliche Veröffentlichung mit informativen Statistiken; den »Century Companion to Whisky« von Derek Cooper, eines seiner hervorragenden Bücher über Eigenheiten und geographische Hintergründe schottischer Single Malts.

Scotch Whisky wird in vielen Büchern beschrieben, während es über die Whiskys anderer Länder weniger Literatur gibt. Mir erschien besonders hilfreich »1.000 Years of Irish Whiskey« von Malachy Magee (O'Brien Press), »Kentucky Bourbon« von Henry G. Crowgey (University Press of Kentucky) und »Canadian Whisky« (im Selbstverlag von William Rannie, P. O. Box 700, Lincoln, Ontario).

Claus Arius stützte sich beim Verfassen des Ergänzungskapitels »Deutschland« auf zusätzliche Literatur, auf die unmittelbar im Kapitel verwiesen wird.

INDEX

A

Abbeylix 99
Abbot's Choice 69
Abbotsford 14
Aberdeen 61, 89, 90
Aberfeldy 95
Aberlour 73, 74
Acadian 125
»1899« 203
Adams 130
Adams' Antique 131
Adam's Private Stock 132
ADP 24
Aeneas Coffey 26
Ahorn 190
Airdrie 28
Akaishi 206
Akasaka 196
Albany 178
Albee, Edward 154
Alberta Destillers 124
Alberta Springs 124, 133
Ale 15
Alkoholgehalt 9–13, 228
Alkoholsteuer 6, 25, 123, 219
Allegheny 147
Allied Breweries 24, 95
Allied Lyons 232, 242
Alloa 96
Allt à Bhainne 83
Alness 59
Alter s. Reifen
Ambassador 24
American Brands 155, 158, 169
Amish 148
Ancient Age 155–158
Andrew Usher 26, 68
Anheuser-Busch 213
Ankohlen (der Fässer) 146, 155, 161, 198, 205, 212, 215
»Anteil der Engel« 228
Antiquary, The 65
Antrim 114
Aquavit 5, 6
Ardbeg 21, 31, 36, 37
Ardmore 87, 92

Argyll 24, 29, 155, 162
Armagnac 220
»Art of Eating, The« 136
Asahi 202, 208
Asama 211, 212, 217
Auchentoshan 28, 31
Auchroisk 74
Aultmore 85
Austin Nichols 148, 155, 159–161
Australien 4, 5
Aviemore 61, 71
Avon 71, 78, 80
Ayrshire 30, 44

B

»Baffo«, Edoardo 218, 230
Bailey, R. & A. 120
Bailey's Irish Cream 119–121
Baker, Jack 131
Balblair 57, 58, 59
Ballantine's 21, 22, 24, 30, 91, 218
Ballindalloch 80
»Ball of Malt« 100, 101, 108
Balmenach 71, 72
Balmoral 90
Balnauld 95
Baltimore (Irland) 111
Baltimore (USA) 147
Baltimore Rye 147
Balvenie Castle 83
Balvenie, The 82, 83, 84
Balvenie, The Classic 82
Balvenie, Founder's Reserve 82
Balzer, Robert Lawrence 75
Banff 87, 88, 92
Barclay, Captain R. 90
Bardstown 147, 154, 155, 162–171
Barley 5, 17, 29, 32, 55, 58, 68, 101–104

Barnard, Alfred 40, 46
Barnhill 45
Barrel-Proof-Whiskey 158
Bars 14, 99, 100, 101, 113, 134, 194
Barton 24, 145, 162, 181
Barton International 29, 34
Barton Reserve 163
Beam, James B., Distilling Company 169
Beam's Black Label 168, 171
Beam's Choice 168, 171
Beam, Familie 168, 169
Beams Blended Eight Star 168
beer 10, 252
Bekanntheitsgrad 218
Belfast 99, 103
Belleville 123, 126
Bellows 158
Bell's 22, 24, 75, 83, 94, 95
Bell's Haig 94
Benchmark 155, 159
Beneagles 94
Bénédictine 113
Benmore 67
Bennet's 15
Ben Nevis 51, 53
Benriach 68, 69
Benrinnes 74
Benromach 65, 67
Ben Wyvis 59
bere 55
Bernheim, Isaac Wolfe (I. W. Harper) 179, 180
Berry Brothers & Rudd 21
Bethel 135
Bier 5, 10, 15, 58, 101, 111, 122, 123, 135, 194, 202, 213
Biergarten 196
Bierkeller 196
Big »T« 66
Bisset 63
Black & White 23, 71, 218, 225

Black 50 210, 217
Black Bottle 40, 41
Black Bush 114, 118
Blackford 96
Black Nikka 210, 216
Black Velvet 125, 132, 218
Bladnoch 30, 31
Blair Athol 95, 97
Blairmhor 233
Blended Whiskys 7, 24, 46, 49, 123, 140–141
Blenden, Blending 13–26, 103–104, 140–141, 210, 228
Blindverkostung 35
Blüher, »Meisterwerk der Speisen und Getränke« 218
Böhm 168
Bogie 87
Bols 122
Bonded Stock 129
Bonnie Prince Charlie 48, 78
Bon Vivant 127
Boodles gin 130
Boone, Daniel 154, 175
Boone, Wattie 154
Boone County, Kent. 156
Boston, Kent. 169
Boswell 46
»Bothies« 24
Bottled in Bond 140
Bourbon 13, 16, 55, 82, 134–146, 154–182
Bourbonfässer 7, 16, 20, 26, 124, 205, 209, 215
Bowman 151
Bowman, DeLong 152
Bowmore 29, 37, 39, 42, 43
Brackla 63
Braes of Glenlivet 79, 83
Brandy 5, 26, 135, 138
Brandyfässer 124
Brechin 91
»Brendan Behan's Island« 107

Brennapparate 7–13, 25, 26, 28, 30, 35, 67, 82, 103, 104, 106, 110, 181, 203, 210
Brennen 7, 10, 27, 103, 128
Brennhaus 163, 181, 203
Bridge Bar 89
Bright 212
British Proof 96
Bronfman 129–131
Brora 58
Brown Forman 126, 155, 175, 191
Brown, George 175
Brown, James 175
Bruce, Lockhart, Sir Robert 71
Bruichladdich 37, 38, 42, 43–44
Buchan 46
Buchanan's 19, 24
Buchanan-Blends 71, 74
Buckie 61, 74
Buena Vista, San Francisco 119, 120
Bullit County 162
Bulloch & Lade 44
Bunnahabhain 19, 37, 39, 42, 44
Burke's 126
Burke's Select 132
Burlington, Ont. 124
Burnett, Sir Robert 130
Burns 25, 252
Bushmills 46, 99, 104, 114–115, 218, 231
Bushmills Malt 118, 231
Byrd, William II. 152

C

Cabin Still 179
Cadenhead, William 14, 17, 35, 82
Café Royal, Edinburgh 14
Cairn Gorm 61
Cairngorm Whisky

Centre and Museum 71
Caledonian 19
Calgary 124
Calvados 76, 220
Cambus 96
Cameronbridge 19, 96
Cameron Brig 19, 96
Campbells 53
Campbeltown 17, 19, 32–35, 52
Canada Dry 178
Canadian 128
Canadian Club 128, 129, 133, 218
Canadian Club Classic 133
Canadian Company 125, 132
Canadian Mist 126, 155
Caol Ila 37, 39, 44
Caperdonich 77
Cardhu 72, 74, 75
Cardow 75
Carlisle, Penns. 147
Carolan's 120, 121
Carron 75
Cascade Whisky 192
Cawdor 63
Central Canadian 125
»Century Companion to Whiskies« 48
Champagner 220
Chattanooga 184, 192
Chequers 69
Chesapeake Bay 147
Chita 200
Chivas 21, 80, 83, 85, 213
Chivas Regal 23, 218
Chivas Royal Salute 21
Chruschtschow, Nikita 76
Cincinatti, Ohio 128
Clan Campbell 74
Claret 15
Clarion 235
Classic of Schenley, The 126
Clermont, Kent. 168–169
Clermont-Beam 169
Club Man 236
Cluny 235

Clyde-Forth-Gürtel 30
Clynelish 56, 58
Coal Ila 37
Cockeysville Rye 147
Cocktail 134
Coffey still 26, 124, 210
Cognac 5, 59, 62, 76, 194, 220
Cointreau 96, 113
Coleburn 68, 70
Coleraine 114
Coleraine Irish Whiskey 118
Colonel Lee 163
Colony House 125
Columba Cream 47
Column still 10, 11, 13, 111, 148, 161
Comber 104
Congrow 35
Continuous still 10
Connoisseur's Choice 17
Convalmore 83, 84
Cooper, Derek 46, 48, 74, 90
Corby's 126
Cork 99, 103, 104, 105, 110–111
Cork Distilleries Company 110
Corn 140, 155, 181
Corn, J. W. 163
Courvoisier 129
Cowie, George 83
Crabbie 71
Cragganmore 71, 72
Craigellachie 71, 74
Craignure 46
Craig, Reverend E. 155
Crawford 74
Cream of Kentucky Rye 180
Cream of the Barley 95
Crescent 215, 217
Crested Ten 108
Crieff 95
Croft, Shaw, Archidiakon 154
Cromdale Hills 71
Crow, Dr. James 158
Crowgey, Henry G. 154, 155

Crown Royal 130, 132
Cumberland 147
Cutty Sark 21, 22, 44, 212

D

Dailuaine 74, 75, 77
Dallas Dhu 65, 67
Dallas Mhor 67
Dalmore 57, 59, 60
Dalmore Highland Malt 59
Dalwhinnie 71, 72
Daniel, Jack u. Joseph 189, 190
Darren 7
David Nicholson 179
Daviess County 182
Dawe, Art 131
Dawson 60
DCL 21, 24, 27, 28, 37, 41, 46, 52, 62, 63, 68, 71, 74, 83, 101, 129, 232
Deacon Brodie's 14
Deanston 96
Deanston Malt 97
Decanter 55
Dee 90
Definition (von Whisk[e]y) 26, 128, 140
De-Luxe-Blend 21
De Kuyper 122
Derry 99
Derry, Penns. 166
Destillieren 7–14, 27, 45, 128 (s. auch Brennapparate, Brennen)
Deutscher Rauchkorn 221
Deutsches Erzeugnis 220
Deutschland 4, 5, 148, 156, 218 ff.
Deveron 73–74, 87
De Voto, Bernard 134, 139
Dewar, Tommy 96
Dewar's 23, 24, 60, 94

Dewar's Ancestor 235
Dickel, George 192
Dimple 218
Distilerias y Crienza 91
Distillers Company s. DCL
Distiller's Row 163
Distillery Row 172, 175
Doheny & Nesbitt 101
Don 90
Donegal 100
Double Distilled 131
Double Q 218, 234
»Doubler«-Still 167
Douglasie 7
Drambuie 34, 48, 113
»83« 129, 130, 131
Drumore 35
Duart Castle 47
Dublin 98, 99, 101, 103, 104, 105, 108–109, 119, 120
Dufftown 61, 82, 83
Dufftown-Glenlivet 83, 84
Dullan 82
Dumbarton 19, 29
Dunbar 215
Dundee 78, 94, 95
Dunhill 234
Dunphy's 110, 117
Duntze, E. 221
DYC 91

E

Eagle Rare 155, 159, 160
Eaglesome's 35
Eagleville 184
Early Times 146, 155, 175, 176
Eastern Highlands 89
Eaton, Alfred 192
Eau-de-vie 5
Edinburgh 14, 15, 17, 26, 27, 201
Edradour 74, 95, 97, 233, 236
Eichenfässer, ange-

kohlt 198, 205, 212, 215, 228
Eisenhower, Dwight 159
Elgin 17, 61, 68
Emblem 215, 217
Emmet's 120, 121
England 5, 134
Enniskillen, Irland 101
Evan Williams 154, 164, 172
Excellence 203, 216
Extra Gold 203
Extra White 203
Ezra Brooks 181, 182

F

Fälschungen 5, 128
Fässer 5–13, 139, 141, 148, 156, 164, 184, 212, 215, 228
Fairfax County 151, 152
Fairfield, USA 162
Fairlie, James 95
Famous Grouse 22, 24, 55, 94
»Farm«-Brennerei 95
Faröer Inseln 94
Fayette 147
Faßlager 13
Faßstärke 232
Fell's Point 147
Ferryhill House Hotel, Aberdeen 89
Fettercairn 60, 91
Fiddich 82
Filter 184
Findhorn 56–57, 66
Fingal 46
Firestone 202
Fisher, M.F.K. 136
Fitzgerald, John E. 178
Five Star 130, 131
Five Thirty 127
Flavour 103, 105
Flavourings 124
Fleischmann 181
Fleischmann's Prefered 141

Forman, George 175
Forres 67
Fort William 53
Fortune 80, 210
Foster, Stephen 162
Founder's Reserve 82
Four Roses 131, 155
Frankfort 147, 154–158, 159
Frankreich 5, 26, 122, 138
Fraser, Sir Hugh 60
Fujiyama 206, 213, 214

G

Gärung 9, 10, 25, 76, 139, 140, 178, 211
Gallwey's 119, 120
Garioch-Tal 89
Genever 122
Gentlemen of the Press 152
George-Dickel-Brennerei 184, 192, 193
George Dickel Whiskys 183
Georgia Moon 140
Gerbsäure 13
Gerste 102, 194
Gesetzliche Definition 26
Getz, Oscar 162
Giaccone 218
Gibson's Finest 126, 133
Gibson's Medaillon 127
Gibson Extra Dry 127
Gilbey's 77, 108, 120
Gilbey Canada 125
Gillon's 90
Gin 5, 122, 123, 134, 194
Ginza 196
Girvan 30
Gläser 230
Glasgow 15, 28, 29, 36, 52, 94, 201, 208
Glen 68
Glen Albyn 62, 64
Glenallachie 73, 74
Glenburgie 65, 67

Glencadam 91, 93
Glen Catrine 29
Glencoe 53
Glencraig 67
Glencrinan 19
Glen Deveron 92
Glen Dew 91
GlenDronach 87, 88, 92
Glendullan 83, 84
Glen Elgin 68
Glen Esk 90, 91
Glen Flagler 28
Glenfarclas 72, 74, 75
Glenfiddich 17, 30, 82, 84, 218
Glenforres 95, 97
Glen Garioch 28
Glengarioch 89, 93
Glen Garry 52
Glengoyne 11, 19, 51, 52
Glen Grant 17, 73, 76, 77, 203, 213
Glengyle 35
Glen Ila 38, 44
Glen Keith 85, 86
Glenkinchie 27, 31
Glenlassaug 88
Glenleven 19, 233
Glenlivet 25, 62, 68, 78–81
Glenlivet, The 16, 21, 78, 79, 81, 208, 213, 218
Glenlivet, The, Distillers 68
Glenlochy 51, 53
Glenlossie 68, 70
Glen Mhor 62
Glenmorangie 11, 17, 57, 58–59, 68, 218
Glen Moray 59, 68, 70
Glenmore 155, 175, 178, 181
Glenordie 57
Glenrothes 77
Glen Royal 52
Glens 17
Glen Scotia 17, 33, 34
Glen Spey 73, 77
Glen Talla 44, 94
Glentauchers 73, 74, 85
Glenturret 95–96, 97
Glenugie 89, 93

Glenury 90
Glenury Royal 90, 93
Gloag's 94
Gloria 212
Gold & Gold 210, 216
Golden Velvet 125
Golden Wedding 127
Gold Extra 203
Gold Label 109
Gold Seal Whiskey 146
Gold Tassel 125
Gooderham & Worts 129
Gordon & MacPhail 17, 44, 55, 69, 78
Gotemba 213
Govan 14
Gow's 88
Grain Whisky 19, 20, 96, 114, 129, 228
Grain-Brennereien 28
Grande Canadian 127
Grand Macnish 24
Grand Metropolitan 21, 108
Grand Old Opry 184
Grand Old Parr 234
Grant's 83, 235
Grant, John & George 74
Grant, William 30, 82
Grantown 61
Great Oakes 130
Great West 123
Greyfriars Bobby 14
Grossman's Guide 75
Grouse 24
Grünmalz 8
Guinness 24, 111, 155, 232
Gulliver, Jimmy 24, 34

H

Haig 23, 24, 27, 94
Hakushu 66, 198, 201, 206, 213
»Half and Half« 15
Happy Hour 134
Harper, I. W. 155, 176, 179, 180
Harrods 40

»Harrods Book of Whiskies« 85
Harvard-Whiskey 146
Harvey, J. & R. 85
Harwood 130
Hatch 129
Haughs of Cromdale 71
Heather Dew 91
Heaven Hill 147, 155, 162–164, 170
Heavenhill, William 164
»Hebriden-Ouvertüre« (Mendelsohn) 46
Hefe 9, 10, 189
Heineken 66
Henchy's, Cork 101
Henderson's 15
Heß, Heinz 224
Heublein 125
Hewitt's 110, 117
Hi 210
Hida-Berge 206
Hielanman 26
Highland 227
Highland Distilleries 24, 44, 55, 75, 76, 88
Highland Fusilier 26
Highland Park 17, 54–55, 56
Highland-Queen 59
Highland Welcome 26
»Highland Whisky-brennereien« (Landseer) 24
Hill & Hill 158
Hillside 91
Hiram Walker 24, 30, 37, 55, 58, 67, 68, 123, 126, 128, 155, 167, 202
Hokkaido 196, 198, 199, 208, 209
Holy Hour 98
Holz 7, 13
Holzkohle 184–187, 193
Holzton 5, 228
Hot Toddy 119
House of Lords 6, 74, 95
House of Lords (Whisky) 234, 236

Hudson's Bay Distillers 131
Hudson's Bay Special 132
100 Pipers 218
Huntly 87

I

IDV 21, 74, 77
Illinois 136, 146
Imperial (Kanada) 129
Imperial (Japan) 203, 216
Imperial (Schottland) 74, 75
Inchgower 74
Inchmurrin 29
Indien 4
Invergordon 45, 59, 80, 96
Invergordon-Gruppe 44
Inver House 28, 29
Inverleven 30
Inverlochy Castle Restaurant 53
Inverness 53, 61–64
Iona 46
Irische Whiskeyliköre 199–121
Irish Coffee 119, 120
Irish Cream 120
Irish Distillers 104, 108–110, 119, 120
Irish Mist 112, 113, 117
Irish Velvet 119
Irish Whiskey Corner 108
Irish-Stil 101, 102
Irving, W. 147
Islay 17, 227
Islay Malts 40
Islay Mist 39, 41
Isle of Jura 45, 50
Isle of Man 4, 5
Isle of Skye 49

J

J & B 21, 22, 74, 212, 218
J & B Rare 21, 22
J. W. Dant 155, 180
Jack Daniel's 5, 135, 138, 146, 155, 175, 183, 184–191, 192, 193, 218
Jack Daniel's No 7 191
Jacob Stück Whisky 229
Jamaika 4
James Buchanan 91
James Deuchar 91
James Foxe 130
Jameson 108, 116, 231
Jameson Crested Ten 116
Jameson Irish Whiskey 108, 109, 116, 218
Jameson 1780 116
Japan 5, 7, 194–217
Jefferson, Thomas 154
Jim Beam 145, 148, 155, 162, 164, 168–169, 171, 218
jochu 194
John Barr 83
John Begg 90, 235
John Dewar & Sons 95
John Haig 19, 235
John Hopkins 46, 52
John O'Groats 58
John Power 109
Johnnie Walker 5, 22, 24, 30, 48, 74, 75, 83, 178, 218, 222, 232
Johnson, Dr. Samuel 25, 46
Jugoslawien 225
Jura 45
Justerini & Brooks 21, 74, 75, 85
J. W. Corn Whiskey 163
J. W. Dant 155, 176, 180

K

Kahlua Kaffeelikör 129
Kaku 203
Kalifornien 135, 158
Kalkstein 146, 156
Kanada 122–133, 140, 147, 208, 213
Kansas 136, 146
karaoke-Bar 197
Kartoffelsprit 221
Karuizawa 211, 212, 217
Kawasaki 211
Keats 46
Keens (Bar), New York 75
Keith 61, 74, 85
Kennethmore 87
Kentucky 5, 11, 12, 135, 136, 138, 145, 151, 154–182
Kentucky Beau 182
»Kentucky Bourbon« aus Kanada 130
Kentucky Derby 155, 178
Kentucky Gentleman 155, 163, 170
Kentucky Rifle 233
Kentucky Straight Bourbon 140
Kentucky Tavern 155
Kessler 141
Kilbeggan 104
Kilmarnock 30
Kinclaith 19, 29, 31
King George IV 28
King's Ransom 74, 95, 234
Kingsland 210, 217
King William IV 90
Kingston, Ont. 123
Kinsale 111
Kintyre 32
Kioto 196, 198, 201, 202, 204
Kirin Seagram 199, 213–215
Kirk's Rye 148
Kirkwall 54
Kiso-Berge 206
Knockando 73, 74, 75
Knockdhu 85, 86
Kochen 9, 167

Korn 5
Koshu 206
Küfer 12
Kupfer 7

L

Ladyburn 30, 31
Lärche 7
Lagavulin 36, 39, 40
Lancaster County 148
Lang's 24, 55
Lang Brothers 24
Laphroaig 6, 36–41
Lauder 24
Lawrenceburg, Ind. 131, 159
Lawrenceburg, Ky. 148, 155, 159–161
Lawson, W., Distillers 88
Ledaig 46
Lee, Hancock 156
Lee, Robert E., IV 151
Leestown 156
Leith 15
Lembeck, Harriet 75
Lem Motlow 183, 184, 190–191
Leroux-Liköre 130
Lethbridge 125
Leven 30
Lexikon der Spirituosen-Industrie 221
Lexington Ky. 154, 161, 162
Lexington Market 147
Light Whiskey 141
Lincoln County Process 192
Linkwood 69, 70
Lismore 88
Little Brown Jug 129
Littlemill 17, 29, 31
Livet 17, 19, 61, 78–81
Loch Lomond (Brennerei) 29
Loch Lomond (See) 5, 32, 52
Lochnagar 89, 90, 93, 218
Loch Ness 53, 61

Lochside 91, 93
Lockhart, Sir Robert Bruce 71
Logan 40, 234
Lomond (-still) 30
Long John 23, 40, 41, 53, 71, 89, 218
»Long John« Macdonald 53
Longmorn 68, 69, 70
Longrow 33, 35
Lonrho 60
Lord, Tony 107
Lord Byron 90
Loretto 162, 165–167, 171
Los Angeles Times 75
Lossie 61, 68–70
Lough Neagh 4
Louisville 154, 155, 172–180
Low, Robertson 41
Lowland 227
Lowland Malts 27
Lowrie-Stil 28
Lowrie's 83
Lynchburg, Tennessee 175, 184–191

M

Macallan, The 72, 75, 76
Macallan-Glenlivet 17
Macdonalds 41, 53
Macdonald & Muir 59
Macduff 88
MacGregor, James 71
Mackenzies 60
Mackinlay's 45, 74
Mackinnons 48
Macleay-Duff 62
Macleod 49
MacNaughton 127
Macpherson, James 46
Mac Quitty, Jane 35
Mälzen (s. Malz)
Mainland 54
Maischen 9
Mais 5–26, 124, 138–141, 154–155, 201, 221, 228

Maker's Mark 155, 162, 165–167, 171
Malt Whiskys 16–21, 24, 100–101, 102–105, 115, 198–200, 227
Malz 7–26, 100–101, 102–105, 198, 227–229
Manhattan 136, 231
Mannochmore 68
Manzanilla 58
Marcialis, G. 231
Margadale 41, 44
Marktanteil 218
Martini & Rossi 88
Maryland 135, 136, 138, 146, 147–149, 153
Massachusetts 145
Matthew Gloag 24
Mattingly & Moore 155
Maysville 154
McCabe, James 104
McCallum 71
McCartney, Paul 32
McCormick 140
McEwan 69
McGuinness Distillers 125
McKenna, Henry 162
McNeill, M., »The Scots Cellar« 48
Meagher's 126
Meagher's 1878 133
Medley, John 181
Medley's 147, 155, 181, 218, 233
Melcher, Jan 122
Melchers Very Mild 126
Mellow Corn 182
Mellowing 184 (s. auch Reifen)
Memorial 50 210
Mencken, H. L. 147
Mennoniten 148
Mercian 211
Mexiko 129, 198
Michter 148–149, 153, 161
Midlands 94
Midleton 102, 103, 104, 110, 111
Midleton Very Rare 104, 110, 117
Midori 194, 195, 202

Millburn 62, 64
Mill Burn, The 62, 64
Milton 85
Milton Duff Glenlivet 68, 70
Miltonduff-Glenlivet 68
Mississippi 154
Missouri 146, 155, 175, 191
Mitchell Brothers 91
mizuwari 197
Moller-Racke, Harro 224
Montreal 123, 125, 126, 129, 131
Montrose 91
Moonshine 144, 145, 185
Moray Firth 53, 60, 61
Morrice, Philip 53, 68, 69, 85
Morrison's Machrie 235
Morrison, Stanley P. 28, 43
Mortlach 83, 84
Morton, H. V. 49
Mosstowie 68, 69
Motivkaraffe 179
Motlow, Lem 190, 191
Mount Vernon Rye 150
Mount Vernon Whiskey 153
Mr. Boston 178
Mulben 74
Mull 32, 45, 46–47, 52
Mulligan 119
Mull of Kintyre 36
Murphy's 110, 111, 117
Murphy Stout 111
Museum, Whisk(e)y:
  Bardstown 162
  Caingorm-, Aviemore 71
  Frankfort 158
  Glenlivet 78
  Hakushu 206, 207
  Kanada 131
  Scotch Malt Whisky Society 15
  Spalding Hall 162

Washington D.C. 150
Waterloo 131

N

Nagoya 201
Nashville 184, 192
Natchez 154
National Distillers 125, 150, 155, 158
Nelson County 155, 162–164, 169
»909« 127
Newcastle, Virg. 175
New Orleans 154
News 215, 217
New York 5, 131, 136
Nichols 161
Nikka 199, 208–210
Nikka Whisky, The 210, 216
Nishinomiva 210
Noheji 199
North Brook Straight Rye 163
North Carolina 45, 146, 179, 185, 190
Northern Highlands 58
Northern Light 129
Northland 210, 217
North of Scotland 96
North Port 91, 93

O

Oban 46, 51–53
Ocean Karuizawa Single Malt 212
O'Darby 120, 121
O'Donoghue's 100
O'Flaherty 110
Österreich 225
Ohio 146, 150, 154, 181
Ohmi 199
Old Bourbon 156
Old Bushmills 114, 118, 218
Old Bushmills Malt 115

Old Cameron Brig 19
Old Canada 218
Old Charter 155, 176, 180
Old Comber 104
Old Court 33, 34
Old Crow 155, 157, 158
Old fashioned 136, 231
Old Fettercairn 91, 93
Old Fitzgerald 155, 167, 176, 178–179
Old Fitzgerald Prime Bourbon 1849 178
Old Forester 172, 175, 176
Old Grand-Dad 147, 155, 157, 158
Old Hickory 182
Old Inverness 64
Old Kentucky 233
Old Kentucky Tavern 176, 178
Old Meldrum 89
Old Mr. Boston 178
Old Mull 48
Old Orkney 55, 56
Old Overholt 147, 148, 153, 168, 236
Old Parr 83, 234
Old Pulteney 56, 58
Old Red Fox 225
Old Smuggler 24
Old Spring Water 146
Old St Andrews 66
Old Taylor 155, 156, 157, 158
Old Thompson 178
Old Wabble Kentucky Straight 236
Old Weller 179
Ontario 49, 123
Order of Merit 126
Originalverschnitte 221
Orkney 17, 54–55
Osaka 202, 204, 208, 210
Otaru 208
Ottawa 123
Overholt, A. 147
Owensboro, Kentucky 147, 155, 178, 181, 182
Oxydation 13

P

Paddy 116, 218, 231
Paddy Old Irish Whiskey 110
Paps 45
Parallelimporteure 218
Park & Tilford 126
Passport 21
Patent still 26
Peebles Hydro Hotel 14
Pencaitland 27
Pennsylvania 135, 136, 138, 145, 146, 147–149, 153, 161
Pennsylvania Dutch 148
Pennsylvania Rye 147, 148
Pennypacker 218, 233
Pepper, James E. 180
Pernod Ricard 74, 95, 159
Perth 78, 94, 95, 96
Peterhead 89
Phenol 36
Piedmont-Ebene 151
Pikesville Rye 147, 153, 164
Pinwinnie 28
Pitlochry 95
Pittyvaich 83
Platte Valley 140
Plymouth 134
»P. M.« 127
Poit Dhubh 49, 50
Polthier & Maisinger 222
»Pony« 15
Port Askaig 43, 44
Port Charlotte 44
Port Ellen 37, 38, 40, 41
Pot Still 7–13, 17, 26, 103–105, 110, 113, 114, 124, 148, 181, 205, 215
»Pot Still« Pub 15
Potter 123
Power's Gold Label Irish 109, 116
Preisgruppen 124
Premium 163

Premium Campbel-town Loch 35
Pride of Islay 44
Pride of Orkney 55, 56
Pride of Strathspey 71
Pride of the Low-lands 28
Privat Stock 131
Prohibition 5, 105, 123, 129, 130, 136, 139, 151, 156, 158, 164, 166, 172, 175, 189, 191, 193
Publicker 28
Pubs 14, 15, 98, 99, 100, 101, 108, 123
Pulteney 58
Putachieside 35

Q

Q 203
QT 163
Quarter Whiskey 149
Quebec 122, 123

R

Racke 224
Racke, Adam Josef 224
Racke Whisky rauch-zart 218, 225
Rannie, William: »Canadian Whisky« 123
Rauchkorn 222
Rawhide 203
Rebel Yell 179
Reblauskrise 26
Redbreast 108, 116
Red Extra 203
Red Fox 224
Red Velvet 125
Regal 21
Regal Velvet 125
Reife, Reifung 12–19, 26, 61, 104, 108, 124, 128, 140, 156, 163, 164, 168, 181, 199, 210, 228
R. H.-Thomson-Blends 60

Rich and Rare 129
Rieclachan 35
Rieder 126
Rittenhouse Rye 147, 153, 181
Robbie Burns 60
Robert Brown 215, 217
Robertson 76
Robertson & Baxter 21, 24, 52
Roggen s. Rye
Rob Roy 90
Roppongi 196
Rosebank 17, 27, 28, 31
Rothes 61, 74, 76, 77, 208
Route 212, 217
Royal 203, 216
Royal Brackla 63, 64
Royal Canadian 129
Royal Command 127
Royal Culross 33, 34
Royal Findhorn 65
Royal Heritage 88
Royal Lochnagar 90
Royal Reserve 132
Royal Salute 21
Royal Tara 120
Royal Velvet 125, 132
Rum 5, 134, 135, 145
Ryan's 120, 121
Rye 4, 5–13, 122–133, 134, 138, 139, 140, 145, 146, 147–149, 150, 155, 158, 161, 163, 168, 178, 180, 221

S

Safes 7
sake 194, 201, 211
Saladin-System 9, 60
Samuels 155, 166
Sandy Macnab's 91
San Francisco 119, 135, 137, 138
St. Columbanus 46
St. Magdalene 27, 31
St. Patrick 99, 105, 114, 145
Sanraku Ocean 199, 200, 211–212, 217

Sapporo 196, 202, 208
Sassoon, Siegfried 46
Sazerac-Cocktail 154
Scapa 54, 55, 56
Schaefferstown 148
Schenley 126, 155, 156, 159, 180, 193
Schenley Award 127, 133
Schenley O.F.C. 127
Schiedam 122
Schwarzbrennerei 32, 46, 68, 78, 80, 85, 106, 107, 144, 145
»Schweppes Guide to Scotch« 53
Sconie 32, 34
»Scotch« 25
Scotch Apple 48
»Scotch-Irish« 145
Scotch Malt Whisky Society 15, 17, 250, 251
Scottish & Universal Investments 60
Scotia Royale 33, 34
»Scots-Cellar, The« 48
»Scotsman, The« 55
Scott, Sir Walter 14, 25, 46
Scottish Malt Distill-ers 74
Scottish Majesty 236
Scrabster 54
Seagram's 21, 24, 29, 68, 77, 78, 79, 83, 85, 123, 124, 126, 129–131, 141, 155, 159, 199, 202, 213–215, 232, 242
Seagram's 100 Pipers 218
Seagram, Joseph Emm 129
Seagram's 7 Crown 141, 218
»Seetangnote« 17, 40
Sendai 199, 209, 210
Sherry 5, 76, 124, 129, 199
Sherryfässer 5, 16, 20, 26, 61, 76, 77, 79, 82, 108, 115, 124, 198, 199, 212, 215
Shetland-Inseln 54

Shinjiro Torii 202, 204, 208
Shinjuku 196
Shizuoka 213
shochu 194, 211
shyochu 194
Signature 203
Single Malt 16, 19, 115, 198
Singleton of Auchro-isk, The 74
Skye 17, 36, 48–49
Slaintheva 234
Smith Bowman Dis-tillery 151
Smith, G. and J. G. 78
Smith, George 78
Smith, John Gordon 78, 80, 112
Snug 119
Solera-System 126
Sour Mash 138, 140, 156, 161, 164, 184–193
Southern Comfort 119, 154, 155, 175
SP 212
Spalding Hall 162
Specialage 210
Special Old 217
Spey 17, 61, 71, 78, 82, 85
Spey Royal 77
Speyburn 61, 76
Speyside 17, 19, 30, 34, 60, 61–88, 215
Spiegel 218
spirit safe 11
Spirituosensteuer s. Steuern
Springbank 17, 34, 35, 82
Springside 35
Staffa 46
Stanley 181
Stanley P. Morrison 28, 43, 89
Status 212, 217
Stein, Robert 26
Steuern 6, 25, 123, 147, 150, 219
Stevenson, Robert Louis 46, 48
Stewart's Cream of the Barley 94
Stewart, J. and G. 68

Stewart & Son 68
Still s. Pot-Still, Column-Stil
Stitzel, Philip & Frederick 178
Stitzel-Weller Bour-bon 179
Stonehaven 90
Straight Rye 124, 140, 147
Strathclyde 29
Strathconon 19
Strathisla 85, 86
Strathmill 85
Strathspey 61, 71
Strathspey, Malt 77
Stromness 54
Sunny Brook 158
Sunset Hills 150
Suntory 24, 66, 195, 196, 198–207, 213, 215, 216
Suntory Old 203, 216
Suntory Reserve 203, 216
Suntory »White La-bel« 216
Super 210, 217
Suzuki 211
»Sweet mash« Whis-key 152, 164, 167
Süffelwhiskey 181

T

Tain 58, 59
Takara, Shuzo & Okura 66
Taketsuru, Masataka 208
Talbott's Tavern 162
Talisker 17, 48–49, 50, 74, 75
Tamdhu 19, 74, 75
Tamnavulin 80, 81
Tannin 13
Tay 94
Taylor 158
Taylor, Oberst Ed-mund Haynes Taylor jr. 158
Tayside 44
Tayside-Whisky 38, 94
Teacher's 21, 87, 242

Teacher's Highland Cream 87
Teaninich 57, 60
Té Bheag 50
Té Bheag nan Eilean 49
Temperaturen 9
Tennessee 124, 135, 136, 138, 140, 145, 146, 155, 164, 183–193
Tennessee Sour Mash 138, 184
The Hollow 185
The Hour 134
The Whisky 203
Three Feathers 127
Three Lancers 127
Three swallows 109
Toberanrigh 35
Tobermory 46, 50
Tochigi 199, 210
Tohoku 209, 210
Tokio 138, 196, 202, 204, 206, 209, 211, 214
Tomatin 66
Tomintoul 60, 80, 211
Tom Moore 163
Tomnavoulin 80
Torf 5, 7–13, 16–26, 36–44, 102, 112, 114, 198, 208, 209, 220–222
Torfrauchnote 16
Torfstechen 42, 222
Torii 202, 208
Tormore 71, 72
Toronto 123, 126, 129, 208
Tory's 203
»Tradition« 127
»Trinkbranntweine und Liköre« 221
Trinksitten 136, 137, 230, 231
Triple-A 156
Truthahn 159, 161
try-boxes 7
Tschechoslowakei 4
Tullahoma (Ken-tucky) 183, 192–193
Tullamore 112
Tullamore Dew 113, 117, 218, 231, 236
Tullibardine 96, 97
Turnberry Hotel 30

U

Ugie 89
Uhr, Dieter: »Alles über den Durst« 224
Uisge beatha 25, 71, 105
Uisge Beatha (Whiskey) 113
US-Proof 140
Usquaebach 21
Usquebaugh 25

V

Vanillin 13
Van Winkle 179
Van Winkle, »Pappy« 178
VAT 69 91, 234
Vatted Malts 17–19, 104

Verbrauch 219
Verschneiden s. Blending
Very Old Barton 163
Very Old Fitzgerald 178
Very Very Old Fitzgerald 178
Victory 212
Virginia 135, 136, 145, 146, 150–153
Virginia Gentleman 152
V. O. 129, 130
vol. 228

W

Wales 5
Walker, H. 128
Walker's Special Old Rye 129

Walkerville 128
Walliwallstein 54
wash 10
wash-backs 25, 27
Washington, D.C. 128, 150, 151
Washington, George 145, 150
Wasser 5, 7, 14, 16, 21, 61, 68, 167, 198, 211, 215, 228, 230
Waterford 120, 121
Waterloo, Kanada 123, 126, 131
Wein 194, 202, 208, 211
Weinbrand 5, 194
Weizen 7, 128, 167, 221, 228
Weller, William La-Rue 178, 179
Western Highlands 52
Westmoreland 147

Westmoreland County 147
Whisk(e)y Liköre 113, 119–121, 161
Whiskeyrebellion 147, 150
Whisky-Museum s. Museum
Whiskybar 196
Whiskyersatz 221
Whiskygewürzessenz 221
Whiskypanscher 128
Whiskyproduktion 201
Whisky Sour 136, 231
White Heather 74
White Horse 23, 24, 37, 68, 74, 218
White Horse Pub, Canongate 14
White Label 94
»White Label« 203
White Rabbit Saloon,

Lynchburg 135, 189
Whyte & Mackay 23, 60, 80, 91, 237
Wick 54, 58
Wild Turkey 5, 135, 148, 155, 159–161
Wild-Turkey-Likör 161
Wile, Julius 181
Willett 162
Williams 113
Williams, Evan 154
Willet 162
Windsor Deluxe 125
Windsor Supreme 125, 130, 236
Wiser's 126
Wiser's Oldest 126, 132
W. L. Weller 177
W. L. Weller Special Reserve 179
Wm Sanderson 91
wort 9, 10

Wüstenfeld/Haeseler 221

Y

Yamanashi 194, 199, 206
Yamazaki 198, 201, 202, 204, 205
Yamazaki Pure Malt Whisky 203, 216
Yellowstone 142, 172, 175, 178
Yoichi 199, 208, 210
Yokokawa 211
Youngson, Peter 45

Z

Zuckerahorn 7
Zypresse 7

Genuß für Kenner

Cognac

von Gert v. Paczensky mit Fotos von Jürgen D. Schmidt, Aquarellen und Zeichnungen von Jean-Pierre Haeberlin. In derselben schönen Ausstattung wie der vorliegende Band erschien in verbesserter Neuauflage dieses Standardwerk: Jetzt mit 3000 Cognacs, über 1000 Marken und aktualisierten Adressen. Alles über Herkunft, Klassifizierung, Pflege und Genuß. Ein prachtvoller Bildband, für den Fachmann zum Nachschlagen unentbehrlich und für den Liebhaber dieses edlen Getränks mit jeder benötigten Information, vollständig wie nie zuvor. Ein Buch, das auch in Frankreich neue Maßstäbe setzte und daher inzwischen ins Französische übersetzt wurde. Ausgezeichnet mit der Goldmedaille der Gastronomischen Akademie. 223 Seiten mit über 150 zum großen Teil farbigen Abbildungen. Leinen.

Cocktails, Drinks & Longdrinks
Die Welt des Cocktails

von Gino Marcialis und Dario G. C. Querini. Das Barbuch, in dem jeder Drink farbig fotografiert ist. Von Bild zu Bild findet man phantasievolle Serviervorschläge und Dekorationsideen. Jedes Rezept ist gut verständlich beschrieben und leicht zu mixen. Gino Marcialis, der international renommierte italienische Barmeister präsentiert rund 200 Mixdrinks mit vielen Tips, Erfahrungen und allem Wissenswerten für die perfekte Bar. Ausführliche Beschreibung der über 30 Drinks-Kategorien, internationales Produktglossar und übersichtliche Gläserkunde »Welcher Drink in welches Glas?«. 144 Seiten, 110 Fotos, Großformat 27 × 20 cm. Glanzeinband oder *Luxusausgabe* in Ganzleder und repräsentativer, hochwertiger Ausstattung.

Champagner

von Gert v. Paczensky mit Fotos von Jürgen D. Schmidt, Aquarellen und Zeichnungen von Jean-Pierre Haeberlin. Alles Wissenswerte über Herstellung, Pflege und Genuß dieses prickelnden Getränks, amüsant und sachkundig beschrieben. Über 1000 Champagner sind erfaßt mit den Adressen aller wichtigen Produzenten und Importeure, einem Verzeichnis aller Champagnerorte mit deren Crus-Zuordnung (dazu Übersichtskarte der Champagne mit allen Grands Crus- und Premiers Crus-Gemeinden) und mit einer Auswertung der aktuellen Experten-Empfehlungen. Großes ABC der Marken und Adressen mit Angaben der angebotenen Sorten, Produktionszahlen, Personen usw.
Ein repräsentativer Bildband in exquisiter Ausstattung und ein unentbehrliches Nachschlagewerk für jeden, der von Berufs wegen oder aus Liebhaberei mit diesem Getränk zu tun hat. 225 Seiten mit rund 300 Abbildungen. Ganzleinen.

Liköre – hausgemacht

von Claus Arius. 100 Rezepte für fruchtige und würzige, süße und bittere Liköre. Alle Handgriffe, Geräte und Techniken werden in Wort und Bild genau beschrieben. 151 Seiten mit 12 Farbtafeln.

Armagnac

von Jean und Georges Samalens/Horst Scharfenberg. Heimat und Entstehung des Armagnac. Land und Leute, typische Rezepte der Gascogne. Ein kulinarischer Reiseführer und ein fundiertes Fachbuch über Herstellung, Lagerung, Pflege und Genuß dieses exquisiten Getränks. Silbermedaille der Gastronomischen Akademie! 87 Seiten, viele Abbildungen.

Großtante Hortense
Bowlen, Punsche & Amouren

von Leonhard Reinirkens, illustriert von Tony Munzlinger. In jeder Hinsicht hochprozentig sind die Amouren der Großtante Hortense und ihre Erfolgsrezepte für Punsche und Bowlen: süffige Kompositionen, pikante Geschichten, lockere Illustrationen. Geschenkband mit 160 Seiten und rund 30 Illustrationen.

Vollwertküche für Gourmets

Feinschmecker-Rezepte, die höchsten Ansprüchen genügen: sowohl im ambitionierten Haushalt als auch in der Gastronomie. Alles ohne Fleisch und absolut vollwertig! Rund 150 Rezepte mit Menüvorschlägen, meisterhaft fotografiert. 206 Seiten, 60 Fotos, hochwertiger Kunststoffeinband.

Die Küche der Toscana
Land und Menschen

von Bruno Hausch und Leonhard Reinirkens. Ein prachtvoller Bildband, der die einfache unverfälschte Küche dieser Region vorstellt, der das Land beschreibt, in dem sie ihren Ursprung hat, und die Menschen, die dort leben. Mehr als ein Kochbuch, mehr als ein Reiseführer und mehr als ein Landschaftsbuch. 192 Seiten mit über 100 Fotos.

Die kulinarischen Abenteuer
des FRA BARTOLO

von Leonhard Reinirkens. Ebenfalls vor allem in der Toscana spielen die genüßlichen Geschichten vom sinnenfrohen Klostergärtner Fra Bartolo, der die unglaublichsten Abenteuer erlebt, die – dem Himmel sei Dank! – immer mit einem köstlichen italienischen Rezept ihr glückliches Ende finden. Was Hunderttausende mit Vergnügen im Rundfunk hörten, kann man jetzt im Buch nachlesen: auf über 400 Seiten mit über 50 echt italienischen Rezepten.

Alle Bücher erhalten Sie in Ihrer Buchhandlung. Sollte ein Titel nicht vorrätig sein, kann er von Ihrem Buchhändler kurzfristig besorgt werden. Prospekte und Informationen erhalten Sie vom

HÄDECKE VERLAG
D-7252 Weil der Stadt